Philip Clayton
Rationalität und Religion

Religionen/Dialog der

Philip Clayton

Rationalität und Religion

Erklärung in Naturwissenschaft und Theologie

Aus dem Amerikanischen von Martin Laube
mit einem Vorwort von Wolfhart Pannenberg

Ferdinand Schöningh
Paderborn · München · Wien · Zürich

Titel der amerikanischen Originalausgabe:

Explanation from Physics to Theology
An Essay in Rationality and Religion

Vom Verfasser autorisierte Übersetzung

Die Deutsche Bibliothek – CIP-Einheitsaufnahme

Clayton, Philip:
Rationalität und Religion: Erklärung in Naturwissenschaft
und Theologie / Philip Clayton. Aus dem Amerikan. von Martin Laube
mit einem Vorw. von Wolfhart Pannenberg. –
Paderborn; München; Wien; Zürich: Schöningh, 1992
Einheitssacht.: Explanation from physics to theology < dt. >
ISBN 3-506-71881-9

Printed in Germany. Herstellung: Ferdinand Schöningh, Paderborn

ISBN 3-506-71881-9

Inhaltsverzeichnis

Geleitwort von Wolfhart Pannenberg

Dies ist das Buch eines Philosophen, der sich über viele Jahre hin mit Fragen der Wissenschaftstheorie beschäftigt hat und der in diesem Buch einen aus souveräner Kenntnis der einschlägigen Literatur geschriebenen Überblick über den Gang der wissenschaftstheoretischen Diskussion gibt. Daß ein philosophischer Autor dabei die Theologie in die wissenschaftstheoretische Diskussion mit einbezieht, ist in dem säkularistischen Klima der westlichen Kultur exzeptionell. Das Verhältnis von wissenschaftlicher Rationalität und Religion steht sogar im Brennpunkt des Buches, und die Erfordernisse wissenschaftlicher Rationalität einerseits, die theologische Aufgabe vernünftiger Rechenschaft für den Glauben andererseits beleuchten sich darin gegenseitig.

Die Forderung nach Kohärenz von Beschreibungen und Erklärungen schält sich als das wichtigste Kriterium der Rationalität heraus, das die Erörterungen über Sinn und Bedeutung mit der Frage verbindet, wie die Wahrheitsansprüche zu beurteilen sind, die sowohl in den Wissenschaften als auch in den religiösen Traditionen auftreten und die nach Claytons Urteil auch in der Theologie nicht zu umgehen und nicht eliminierbar sind.

Als der Autor des Buches vor vielen Jahren als Student nach München kam, ehrte er den Verfasser dieses Geleitwortes damit, die Alternativen zu dessen eigenen Vorstellungen von der Wissenschaftlichkeit der Theologie gründlich zu erproben. Desto mehr freue ich mich des Grades der Übereinstimmung, der im Ergebnis der Untersuchungen dieses Buches zum Ausdruck kommt.

Im Nachwort zur deutschen Ausgabe geht Clayton auf neueste Entwicklungen der wissenschaftstheoretischen Diskussion und in den Erörterungen der Aufgabe der Theologie ein, besonders im Hinblick auf den sich entwickelnden Dialog der Weltreligionen. In bezug auf die von verschiedenen Seiten vorgelegten Entwürfe einer Theologie der Religionen legt Clayton überzeugend dar, daß der Pluralität der Religionen auf der Ebene theologischer Reflexion nicht ohne Würdigung ihrer kontroversen Wahrheitsansprüche Rechnung getragen werden kann. Die Fülle der Information über Entwicklung und aktuellen Stand der wissenschaftstheoretischen Diskussion und der Bemühungen um die Wissenschaftlichkeit oder zumindest Rationalität und intersubjektive Geltung von Philosophie und Theologie macht das in der englischen Sprachwelt viel beachtete Buch von Clayton unentbehrlich für jeden, der sich über diese Frage orientieren oder etwas zu ihrer Klärung beitragen möchte.

Wolfhart Pannenberg

Vorwort zur deutschen Ausgabe

Dies ist ein Buch über den interdisziplinären Dialog. Der Gedanke einer kohärenzorientierten Theorie intersubjektiver Rationaliät, der hier entfaltet wird, rückt einen solchen Dialog in die Mitte der Frage nach der »Wissenschaftlichkeit«. Das Buch behandelt im einzelnen drei Themen, bei denen ich solche disziplinübergreifende Fragestellungen für besonders fruchtbar halte: (1) die Relevanz der Sinnthematik, wie sie ihre gründlichste Ausarbeitung in den Geisteswissenschaften gefunden hat, für eine Theorie der Erklärung in den Naturwissenschaften; (2) die Bedeutsamkeit wiederum des Sinnbegriffs für das allgemeine Verständnis der Struktur der Religionswissenschaft; und (3) schließlich die Implikationen einer wissenschaftlich begründeten Theorie der Erklärung und Rationalität für eine Entfaltung der Basiskriterien theologischer Reflexion.

Für die deutsche Ausgabe habe ich erneut die gesamte Argumentation des Buches detailliert durchgesehen und zahlreiche Verbesserungen des Textes vorgenommen - wenngleich keine, die in den Kern des Gedankengangs eingreift. Das Nachwort setzt sich mit den bisher veröffentlichten Reaktionen auf die englische Ausgabe auseinander und betrachtet die neuesten Entwicklungen auf den Gebieten, die das Buch behandelt: der Philosophie der Naturwissenschaften, der Philosophie der Sozialwissenschaften, der Hermeneutik, der Methodologie der Religionswissenschaft und der theologischen Methodologie.

Ich bin der Fulbright-Kommission zu Dank verpflichtet, die mir während der Zeit, in der die Übersetzung ausgearbeitet wurde, ein Forschungsstipendium in München gewährte. Wieder einmal hatte eine Reihe von Gesprächen (und eine beinahe gleiche Anzahl von Kritiken!) mit Prof. Pannenberg einen bestimmenden positiven Einfluß auf meine Auffassungen. Vielleicht ist der deutsche Leser eher als der amerikanische in der Lage, die wichtigen Punkte zu erkennen, in denen meine Argumentation Pannenbergs Ansatz folgt - und auch die (ebenso wichtigen) Punkte, in denen sie wesentlich von ihm abweicht. Prof. Lorenz B. Puntel hat - in seinem Denken wie auch im Gespräch - ein Modell der Verknüpfung gegenwärtiger analytischer Philosophie und traditioneller europäischer und deutscher Philosophie entwickelt, zu dem dieses Buch einige Grundlagen bereitzustellen versucht.

Die Übersetzung wäre ohne die intensiven Bemühungen und den persönlichen Einsatz von Herrn Dr. Hans J. Jacobs nicht zustande gekommen. Er hat die ganze Zeit hindurch den Verlag F.Schöningh in professioneller und herzlicher Weise repräsentiert. Es war eine besondere Freude, mit dem Übersetzer des Buches, Herrn Martin Laube, zusammenzuarbeiten. Er hat zu dieser Übersetzungsaufgabe nicht nur ein ausgezeichnetes Sprachgefühl, sondern auch ein beeindruckendes Wissen um die gegenwärtige analytische Philosophie und Theologie beigesteuert. Ich glaube, daß es sich hier um einen der seltenen Fälle gehandelt hat, in denen das Ideal eines Zusammen-Denkens von Autor und

Übersetzer erreicht wurde. Während der Zeit, in der das Buch für die Übersetzung überarbeitet wurde, habe ich auch von Gesprächen mit Prof. Steven Knapp, Prof. Kevin Vanhoozer und Dr. Bernd Burkhardt profitiert.

Philip Clayton

Vorwort zur englischen Ausgabe

Dieses Buch versucht, zwei gänzlich disparate Themen miteinander zu verknüpfen, deren Schnittpunkt oftmals nur im Dunkeln bleibt: auf der einen Seite die Frage nach Struktur und epistemischer Rechtfertigung explanativer Behauptungen in der Wissenschaft, und auf der anderen Seite die Frage nach Struktur und Status religiöser Erklärungen. Wissenschaftler haben schon seit langem die Verbindungslinien ausfindig gemacht, die von bestimmten Aspekten der Religion oder Metaphysik zu ihren eigenen Disziplinen laufen. Dabei haben die neueren Entwicklungen in der Wissenschaftstheorie viele der einstmaligen Gegensätze entschärft. Wir wollen jedoch gerade in umgekehrter Richtung vorgehen und uns von den Naturwissenschaften aus den religiösen Erklärungen zuwenden. Meine These lautet, daß Religionswissenschaft und Theologie in der Frage nach dem kognitiven Status religiöser Überzeugungen keinen entscheidenden Fortschritt erzielen können, wenn sie sich nicht auf eine sorgfältige Auseinandersetzung mit der Struktur und Prüfung von Aussagen in anderen Wissenschaften einlassen.

Der Titel des Buches - *Explanation from Physics to Theology* - bringt noch nicht das zum Ausdruck, was ich in den meisten Verhältnisbestimmungen zwischen Wissenschaft und Religion vermisse und selbst für das entscheidende Bindeglied halte: das Problem des Sinns in den Sozialwissenschaften. Ich werde zeigen, daß direkte epistemologische Verknüpfungen zwischen den Naturwissenschaften und der Theologie eine Art von Kategorienfehler begehen: Erst wenn die Diskussion der wissenschaftlichen Rationalität - die nur zu oft auf die naturwissenschaftliche Rationalität beschränkt bleibt - dahin ausgedehnt wird, die semantischen Perspektiven des Forschers ebenso wie des Erforschten integrieren zu können, ist die Ebene erreicht, um die Verknüpfungen zwischen wissenschaftlichen und religiösen Erklärungen ins Auge zu fassen.

Das erste Kapitel des Buches hebt - gewissermaßen zur Einleitung - verschiedene wichtige Typen religiöser Erklärungen voneinander ab und setzt sie in Beziehung zu der Diskussion um das Verhältnis zwischen Glaube und Vernunft, wie sie in der westlichen Tradition von Tertullian bis hin zu Lindbeck geführt wird. Kapitel 2 untersucht die Gründe, die an die Stelle einer formalen bzw. strukturalen Behandlung wissenschaftlicher Erklärungen zunehmend die Konzentration auf kontextuelle Faktoren treten lassen. Mit Hilfe des Werkes von I.Lakatos steuere ich dabei einen mittleren Kurs zwischen rein formalen und rein kontextuellen Auffassungen der Rationalität. Kapitel 3 bildet dann den sachlichen Wendepunkt meiner Argumentation: Die Philosophie der Sozialwissenschaften ist gespalten zwischen denen, die natur- und sozialwissenschaftliche Erklärungen einander gleichsetzen wollen, und denen, die statt einer explanativen eine rein interpretative Auffassung der Sozialwissenschaften vertreten. Der Ansatz von Jürgen Habermas weckt hier die Hoffnung, in der Auseinandersetzung eine vermittelnde Rolle spielen zu können und verdient daher - auch wenn ich seinem Kompromiß letztlich kritisch gegenüberstehe - unsere ungeteilte Aufmerksamkeit.

Nach einem Exkurs über die Struktur philosophischer Erklärungen (Kapitel 4) wende ich mich dem Problem der Erklärung in Religionswissenschaft und Theologie zu. In Kapitel 5 weist die zentrale Stellung der Sinnfrage in der Religion auf einige wichtige Gemeinsamkeiten mit den Sozialwissenschaften. Dennoch müssen auch die starken Unterschiede zwischen beiden Bereichen zugestanden werden. Ich versuche, durch eine Untersuchung der Funktionen von Vernunft und Zweifel in der Religion einige Verbindungslinien zwischen Wissenschaft und Religion offenzulegen; das Ergebnis ist die Konzeption des *säkularen Gläubigen*, der Glaube und grundsätzliche Offenheit für Kritik nicht länger als inkompatibel ansieht. Im letzten Kapitel wende ich mich dem vielfach diskutierten Problem der theologischen Methodologie zu. Dabei verwahre ich mich gegen allzu oberflächliche Versuche, die theologische Methode den Natur- und Sozialwissenschaften gleichzustellen; die Bindung der Theologie an eine religiöse Gemeinschaft weist ihr in der Tat eine Sonderstellung zu. Dennoch muß die Theologie, will sie sich mit vernünftigen Erklärungen beschäftigen und als wissenschaftliche Disziplin gelten, mit den Privilegien auch die damit verbundenen Verantwortlichkeiten anerkennen.

Das Manuskript dieses Buches erwuchs aus einer dreifachen Gestaltungsperiode: Eine erste Skizze wurde in München unter dem Einfluß vor allem von Wolfhart Pannenberg und Lorenz B. Puntel entworfen. Ich bin diesen beiden Wissenschaftlern für ihren Rat und ihre Freundschaft dankbar; ebenso bin ich dem Deutschen Akademischen Austauschdienst (DAAD) zu Dank verpflichtet, der mir mit einem zweijährigen Stipendium den Aufenthalt in München ermöglicht hat.

Das Manuskript erfuhr dann während meines Promotionsstudiums in Yale eine gründliche Umarbeitung. Wie in den meisten Fällen, so ist es auch mir nicht möglich, den Einfluß meiner Betreuer, Louis Dupré in der religionswissenschaftlichen und Karsten Harries in der philosophischen Fakultät, jeweils im einzelnen aufzuzählen; er kann nur durch diesen allgemeinen Hinweis angedeutet werden. Schließlich waren noch einige Jahre weiteren Studiums und Nachdenkens notwendig, während derer ich am Williams College unterrichtete, um das Manuskript in seine jetzige Fassung zu bringen. Ich bin Präsident und Vorstand des Williams College für einen großzügigen Druckkostenzuschuß zu Dank verpflichtet.

Zahlreiche Diskussionen und Kritiken vorhergehender Entwürfe haben diesen Text geprägt; alle, die ähnliche Arbeiten in Angriff genommen haben, wissen, wie unverzichtbar solche Kritik ist. Ich möchte besonders Dustin Anderson, R.I.G.Hughes, Steven Knapp, George Lindbeck, Peter Lipton, Steven Millhauser, John E. Smith und Kevin Vanhoozer danken. Diese Freunde und Kritiker haben mein Augenmerk auf eine Vielzahl von Sünden gelenkt; viele davon habe ich berichtigt, und dennoch gilt auch für meine Arbeit: *simul iustus et peccator.*

Der gnädigste Kritiker, auf den dieses Buch stieß, war Hans Frei, dessen plötzlicher Tod im September 1988 für die amerikanische theologische Gemeinschaft einen großen Verlust bedeutete. Professor Frei war für eine ganze Generation von Studenten - in Yale und darüber hinaus - ein Lehrer, Diskussionspartner und Freund, und viele Studenten werden mit ihrer Arbeit und ihrem Werdegang von seiner großzügigen Hilfe Zeugnis ablegen. Ich meine, daß Freis Einfluß überall dort zu Tage tritt, wo ich extreme Positionen zu vermeiden suche und konsequent auf eine Vermittlung zwischen gegensätzlichen theologischen Auffassungen hinarbeite.

Alle kursiven Hervorhebungen in Zitaten gehören zum Original, wenn sie nicht als meine gekennzeichnet sind. Sofern nichts anderes vermerkt wird, beziehen sich die in Klammern gegebenen Seitenverweise auf das in der vorangegangenen Fußnote angegebene Werk. Die vollständigen bibliographischen Angaben aller in den Fußnoten zitierten Literatur findet sich im Literaturverzeichnis.

Einen besonderen Dank möchte ich meiner Frau abstatten. Sie hat die Last des Arbeitens und Schreibens all die Jahre hindurch ebenso getragen wie der Autor selbst. Ohne ihre Hilfe wäre das Buch nicht das geworden, was es ist - vielleicht wäre es dann sogar überhaupt nicht geschrieben worden.

Philip Clayton

Kapitel 1
Erklärung in Wissenschaft und Religion

Religiöse Überzeugungen helfen Gläubigen, die Welt und ihre eigene Stellung in ihr zu erklären. Natürlich erfüllen sie ebensogut auch eine ganze Reihe anderer Funktionen: Sie können dazu dienen, Riten und Praktiken von Glaubensgemeinschaften zu beschreiben, psychologische und soziologische Bedürfnisse und Einflüsse in der Sprache des Glaubens auszudrücken; sie können sogar als der Versuch aufgefaßt werden, auf philosophische (ethische, ästhetische, literarische) Fragen in religiöser Begrifflichkeit zu antworten. Darüber hinaus bringt der Gläubige mit seinen religiösen Überzeugungen ein allgemeines Gefühl von Sinnhaftigkeit zum Ausdruck - eine existentielle Haltung, die bestimmten dogmatischen Inhalten zugrunde liegt. Erst mit der Formulierung als Glaubensaussagen kann diese existentielle Haltung expliziert und diskutiert werden. Die Überzeugungen selbst ordnen sich dann womöglich einem (vielleicht unaussprechlichen) Bild unter, einer Stimmung oder einem *blik* - einer Art von Stimmigkeit oder Bedeutung. Damit relativiert sich ihre Funktion als Erklärungen der Welt oder ihrer Ereignisse.

Dennoch findet sich unter den verschiedenen Funktionen religiöser Überzeugungen auch die Erklärung. Im Idealfall würde man nun einen Vergleich zwischen Erklärungen in wissenschaftlichen und religiösen Kontexten mit einer vollständigen Definition dessen beginnen, was eine *Erklärung* ist. Wenn aber eine Definition präzise genug wäre, um hilfreich zu sein, so wäre sie andererseits doch so eng, daß sie an den eigentlichen Fragen, denen wir auf unserem Weg begegnen, vorbeigehen würde - und das in sehr gravierender Weise: Denn eine der Fragen, die der Titel dieses Buches impliziert, ist ja gerade die, ob es überhaupt einen einheitlichen Begriff der Erklärung gibt, der sich von den Naturwissenschaften aus bis in die Theologie erstreckt. Wir werden feststellen, daß der Hauptteil unserer Aufgabe darin besteht, zu präzisieren, wie im Singular von *Erklärung* die Rede sein kann, wenn man sich dabei auf ein breites Spektrum von Disziplinen bezieht. Die beiden Begriffe, die im Zentrum meiner Argumentation stehen - Kohärenz und Kritisierbarkeit -, stellen bestenfalls einige notwendige Bedingungen und damit lediglich die Umrisse einer einheitlichen Theorie der Erklärung bereit.

Dem üblichen Sprachgebrauch folgend verwende ich den Terminus *Explanans* für das, was eine Erklärung leistet, und *Explanandum* für das, was zu erklären ist. Ich beginne mit der allgemeinen These, daß Erklärungen Antworten auf Warum-Fragen darstellen. Wenn jemand gebeten wird, eine Handlung zu erklären, die er ausgeführt hat, so wird er sagen, *warum* er sie getan hat, indem er als Explanans seine Gründe auflistet, seine Intentionen oder auch die äußeren Umstände, die ihn dazu veranlaßt haben. Oder: Um die Tatsache (das Explanandum) zu erklären, daß sich zwei Magneten in einer bestimmten Weise aufeinander zubewegen, wird man angeben, warum sie sich so verhalten, indem man auf die Gesetze der magnetischen Anziehung und die Ausrichtung der Magneten zueinander verweist. Gelegentlich wird behauptet, daß Erklärungen nur *Wie-Fragen* zu beantworten brauchen, d.h., daß die Erklärung eines Explanandums nicht mehr leisten kann als die Beschreibung einer Reihe von Ereignissen. Um diese Position nicht schon von vornherein auszuschließen, müssen wir den Terminus *Warum-Frage* vorerst so weit fassen, daß die Antworten auch durch einfache Beschreibungen von Sachverhalten gegeben werden können. Innerhalb dieses umfassenderen Rahmens werden Theorien der Erklärung in bestimmten Disziplinen dann darauf abzielen, die Kriterien zu präzisieren, um in ihrem jeweiligen Bereich ein Explanandum durch das Explanans als erklärt ansehen zu können: Muß das Explanandum als Wirkung bestimmter Ursachen aufgefaßt werden? Als Handlung, die sich aus bestimmten Gründen ergibt (wie im praktischen Syllogismus des Aristoteles)? Oder nur als das, was eine bestimmte Beschreibung beschreibt?

Im Allgemeinen macht eine Erklärung einen bestimmten Erfahrungsbereich für eine Anzahl von Individuen *verstehbar*, indem sie ihn entweder in seine Bestandteile aufgliedert (Analysis) oder in einen größeren Zusammenhang rückt, innerhalb dessen sein Sinn deutlich wird (Synthesis). Für die Untersuchung der Religion ist es wichtig, eine sorgfältige Analyse der religiösen Überzeugung in ihrer Funktion als Erklärung durchzuführen - es sei denn, jemand bestreitet *grundsätzlich*, daß der Aspekt der Erklärung unter den verschiedenen Funktionen, die religiöse Überzeugungen erfüllen, einen Platz hat.

Religiöse Überzeugungen dienen dazu, der Welt für den Gläubigen einen Sinn abzugewinnen. Sie sagen, warum etwas in der Welt - oder warum die Welt als ganze - ist. Dabei liefern sie einen Rahmen, innerhalb dessen das Leben insgesamt betrachtet werden kann. *Prima facie* können wir davon ausgehen, zwischen Erklärungen in der Religion und anderen Gebieten menschlicher Überzeugungen und Handlungen einige Verbindungen zu finden. Offensichtlich erreichen menschliche Erklärungsmodelle ihre am meisten entwickelte und reflektierte Form in den verschiedenen Wissenschaften. Zur Vorbereitung, um dann die religiöse Erklärung zu prüfen, untersuche ich in den Kapiteln 2 und 3 die jüngsten Entwicklungen in der Wissenschaftstheorie der Natur- und Sozialwissenschaften. Die Parallelen mit diesen Wissenschaften erweisen sich als faszinierend und fruchtbar für das Verständnis der Religion selbst. Trotzdem haben religiöse Erklärungen auch genuine Aspekte: Sie können allumfassend und zutiefst subjektiv sein; sie entstehen aus vagen und schwer faßbaren Fragen nach dem Sinn des individuellen Lebens oder der menschlichen Sterblichkeit; als religiöse Antworten dienen sie dazu, einen Zusammenhang von Bedeutsamkeit und Sicherheit herzustellen: »Sie geben dem Leben einen Sinn«. In den meisten Fällen, zumindest in der westlichen Tradition, setzen religiöse Erklärungen die Existenz eines oder mehrerer transzendenter Wesen voraus - die möglicherweise nur für den Gläubigen oder den gehorsamen Anhänger epistemisch zugänglich (erkennbar) sind. Beides, Umfang und Inhalt dieser Art von Erklärung, unterscheidet sie von Erklärungen in anderen Bereichen. Zu unserer Aufgabe gehört es, diese Diskontinuität ebenso wie die Kontinuität zwischen den verschiedenen Formen der Erklärung zu berücksichtigen.

Das Vorgehen in diesem ersten Kapitel ist weitgehend deskriptiv oder typologisch: Wir werden Typen religiöser Erklärung betrachten, die Verbindung zwischen der Erklärungsdebatte und der klassischen Auseinandersetzung zwischen Glaube und Vernunft untersuchen und uns schließlich einigen Auffassungen der Erklärung in der gegenwärtigen Theologie und Religionsphilosophie zuwenden. Da aber keine Typologie vollständig neutral ist (ein Thema, das in Kapitel 2 behandelt wird), setzt schon die Beschreibung der Alternativen selbst entscheidende Parameter für die folgenden Kapitel. Um diesen Punkt nicht zu verdunkeln, werde ich auf die normativen Voraussetzungen und Implikationen hinweisen, wenn sie im Argumentationsgang aufkommen.

1.1 Typen der religiösen Erklärung

Es können mehrere Wege eingeschlagen werden, um eine erste Liste von Typen religiöser Erklärung aufzustellen. (1) Wenn jemand solche Erklärungen für nicht mehr hält als nur Beschreibungen der Welt, wie der Gläubige sie sieht, dann ließen sich auch diese Beschreibungen selbst allenfalls wieder *beschreiben.* Das Ziel würde darin bestehen, alle philosophischen Kategorien, »externe« Ausdrücke oder was auch immer zu vermeiden, um lediglich darzustellen, wie bestimmte Überzeugungen und Praktiken zwischen religiösen Traditionen variieren. - Aber zwingt nicht auch jede neue Beschreibung oder jeder Vergleich die Beobachtungsdaten in einen schon vorgeprägten begrifflichen Rahmen? (2) Wenn religiöse Erklärungen hingegen in eine begrenzte Anzahl formaler Modelle eingeteilt werden könnten, so könnten wir diese formalen Typen analysieren, indem wir einzelne Instantiierungen unter sie subsumieren. - Die Theologen sind freilich in der Ausarbeitung solcher formalen Modelle auf gewaltige Schwierigkeiten gestoßen, so daß sie sich als allgemeine Methode nicht empfiehlt.

Im Gegensatz dazu werde ich mich auf Typ und Reichweite der Art von *epistemischer Rechtfertigung* konzentrieren, die für religiöse Erklärungen in Anspruch genommen wird. Damit setze ich voraus, daß Probleme der Erklärung und Rationalität eng miteinander verknüpft sind. Rechtfertigung betrifft die Natur und Angemessenheit der Befugnisse, die einzelnen Erklärungen zugestanden werden. Eine religiöse Gemeinschaft mag Überzeugungen formulieren, die einen extrem weiten Umfang haben und für alle Menschen *wahr* sein sollen; sie mag ebenso diese Überzeugungen als grundsätzlich für alle verständlich ansehen; und doch mag sie immer noch glauben, daß die Gründe für diese Überzeugungen allein den Gliedern der Gemeinschaft zugänglich (und nur für sie von Bedeutung) sind. Meine These lautet, daß sich ein breites Spektrum von epistemischen Positionen auftut, die zwischen absoluten, universalen oder objektiven Rechtfertigungsansprüchen und rein privaten Rechtfertigungen liegen. Unten werde ich das Augenmerk auf die Kategorien der privaten, kommunalen und intersubjektiven Erklärung richten. Wenn wir im letzten Kapitel einige nicht-triviale Vergleiche zwischen Wissenschaft und Religion skizzieren wollen, muß ich den intersubjektiven Ansatz als zumindest *eine* annehmbare Form der epistemischen Rechtfertigung in der Religion verteidigen.

Die Typologie sollte mit den privaten Erklärungen beginnen, da eine Anzahl der Alternativen, was auch immer sie darüber hinaus noch sein mögen, sich auf die private Erklärung beziehen. Diese Kategorie betrifft religiöse Erklärungen, deren Geltung allein darin besteht, daß sie der Erfahrung des Glaubenden einen subjektiven Sinn verleihen. Sie erlaubt uns, von einem *Erklärungspotential* religiöser Traditionen zu sprechen, wenngleich hier gewöhnlich kein Bezug zur Frage der (epistemischen) Rechtfertigung besteht. Stammesreligionen werden oft als Beispiele für diese Kategorie angeführt, da ihnen ein Bewußtsein der Auswahl aus verschiedenen Möglichkeiten fehlt und sie keine Tradition rationaler Verteidigung oder Apologetik entwickelt haben[1]. Wo - wie in vielen der östlichen Traditionen - religiöse Überzeugung und Praxis lediglich als Hilfen zur individuellen Rettung und Erlösung benutzt werden, reduziert sich die Rechtfertigung religiöser Erklärungen auf die persönliche Wirksamkeit bestimmter spiritueller Übungen, um den erstrebten Status zu erlangen. Man denke nur an den Buddhismus, dessen Lehren vom endlosen Rad des Werdens (*bhavacakra*), der Unbeständigkeit (*anicca*) und des Nicht-Selbst (*anatta*) in erster Linie ein spirituelles Problem erklären und den Weg aufzeigen, den der Gläubige gehen kann, um einem Leben voller Leid zu entfliehen[2]. Wenn die Rechtfertigung einer religiösen Erklärung allein in ihrer persönlichen Erschließungskraft begründet liegt, will ich von einer *privaten Erklärung* sprechen[3].

Ein besonders deutliches Beispiel für eine private Erklärung bietet die Betonung des Individuums im neueren westlichen religiösen Denken, vor allem während der letzten beiden Jahrhunderte. Paradigmatisch dafür ist Kierkegaard mit seiner These: »Die Subjektivität, die Innerlichkeit ist die Wahrheit«[4]. Seiner Auffassung nach transzendiert das totale Paradox des Christusereignisses die Fruchtlosigkeit der Philosophie, indem es zu einer »objektiven Ungewißheit, in der Aneignung der leidenschaftlichen Innerlichkeit festgehalten,« führt, einer »unendlichen Leidenschaft der Innerlichkeit«[5]. Aber auch der Gläubige, der behauptet, seine Auffassung einer Gegenwart Gottes in der Schrift sei ein hinreichender Grund für seinen Glauben, erfüllt dieses Modell. Welche epistemischen

---

1 R.Horton könnte als Verfechter einer solchen Position angesehen werden; er hat die afrikanischen religiösen Traditionen als monolithisch charakterisiert und den westlichen Religionen mit ihrer Betonung der Auswahl gegenübergestellt (in: B.Wilson [Hg.]: Rationality [Oxford, 1970], Kap. 7). Dennoch könnte die tragende Rolle der Magie als eine frühe Form des wissenschaftlichen Verifikationismus gedeutet werden: Stammesgläubige halten beispielsweise externe Ereignisse für objektive Bestätigungen ihrer eigenen Überzeugungen.

2 Vgl. J.M.Koller: Oriental Philosophies (New York, 1970), 105-145; N.Smart: Doctrine and Argument in India Philosophy (London, 1964), 97-105.

3 Es bleibt zu ergänzen, daß private Erklärungen umfassend genug sein können, um weite Bereiche der menschlichen Erfahrung abzudecken. Ich konzentriere mich hier allein auf ihre epistemische Basis.

4 S.Kierkegaard: Abschließende unwissenschaftliche Nachschrift zu den philosophischen Brocken; in: Ders.: Gesammelte Werke, Bd. 16 (Düsseldorf, 1957), 195.

5 S.Kierkegaard, aaO. 194; vgl. auch aaO. 195: »Glaube ist gerade der Widerspruch zwischen der unendlichen Leidenschaft der Unendlichkeit und der objektiven Ungewißheit«.

Garantien auch immer für religiöse Überzeugungen und Traditionen noch gefunden werden mögen, diese Art, relevante Aspekte des eigenen Lebens in eine subjektiv wahrgenommene und doch kohärente Struktur aufzuheben, bleibt eine zentrale Komponente religiöser Erklärung.

Die zweite Form der Erklärung ähnelt der privaten Erklärung darin, daß sie den Horizont ihrer Rechtfertigungsaufgabe ebenfalls eingrenzt. Allerdings bezieht sich in dieser Kategorie die Beschränkung der epistemischen Reichweite nicht auf das einzelne Individuum, sondern auf eine fest umrissene Gemeinschaft von Gläubigen oder Sprachbenutzern. In diesem Modell gelten Begründungen (z.B. Verweise auf den Koran) als autoritativ für die gesamte Sprachgemeinschaft, ohne daß ihre Relevanz für andere vorausgesetzt wird - es sei denn, sie sind Glieder der Glaubensgemeinschaft. Diese epistemische Auffassung, die durch den Einfluß des späten Wittgenstein[6] eine starke Wirkung auf die Religionsphilosophie ausgeübt hat, kann unter die Bezeichnung *kommunale Erklärung* subsumiert werden, da die Bedingungen für eine adäquate Erklärung von der jeweiligen glaubenden und praktizierenden religiösen Gemeinschaft festgesetzt werden. Da wir in diesem Zusammenhang den Modus der Rechtfertigung und nicht die Reichweite der Erklärung betrachten, brauchen kommunale Erklärungen weder inhaltsreicher als private Erklärungen noch fest umrissener als transkommunale zu sein.

Nicht alle religiöse Erklärungen können unter die Typen privat oder kommunal subsumiert werden. Gerade in der christlichen Tradition haben viele Theologen darauf hingewiesen, daß religiösen Überzeugungen eine epistemische Rechtfertigung gegeben werden kann, die die Grenzen der individuellen religiösen Gemeinschaft überschreitet. Theologiegeschichtliche Strömungen wie die apologetische Tradition, die natürliche Theologie und vielleicht sogar die Suche nach einer systematischen Theologie als solcher haben dem Begriff einer *trans*kommunalen Rechtfertigung in der christlichen Tradition einen wichtigen Platz gesichert. Christliche Überzeugungen werden - sofern sie systematisch ausgearbeitet sind - oft als Möglichkeiten einer vernünftigen bzw. rationalen Erklärung der Welt oder bestimmter Gebiete menschlicher Erfahrung angesehen, denen der Gläubige mehr als nur kommunale Gültigkeit zumißt.

Erklärungen dieses Typs brauchen ihrer Struktur nach nicht fundamentalistisch zu sein; sie können sich durchaus auf eine breite (intersystematische) Kohärenz berufen statt auf angeblich unbezweifelbare Prämissen oder Intuitionen Bezug nehmen zu müssen. Wenngleich ich der privaten und der kommunalen Erklärung innerhalb der Religion eine Funktion erhalten möchte, so besteht doch die zentrale Aufgabe dieses Buches darin, die mögliche Natur, Reichweite und Struktur einer transkommunalen Erklärung zu entfalten. Da sie für sich in Anspruch nimmt, intersubjektiv oder - zumindest prinzipiell - ohne Einschränkungen gültig zu sein, werde ich sie *intersubjektive Erklärung* nennen. Eine präzisere Bestimmung müßte *pansubjektiv* lauten, da Erklärungen dieser Art oft behaupten, für (nahezu) alle erkennenden Subjekte gleichermaßen gültig zu sein (Kommunale Erklä-

---

6 Vgl. L.Wittgenstein: Lectures and Conversations on Aesthetics, Psychology and Religious Belief (Oxford, 1966); Ders.: Philosophische Untersuchungen (Oxford, 1953).

rungen sind strenggenommen auch intersubjektiv, insofern sie innerhalb einer bestimmten Gruppe von Personen als gültig akzeptiert werden). Um aber den Neologismus zu vermeiden, werde ich dennoch im folgenden den Terminus *intersubjektiv* in dem weiteren Sinne von *pansubjektiv* verwenden. In epistemologischen Kontexten sind intersubjektive Erklärungen also Erklärungen, deren Geltung prinzipiell nicht auf ein bestimmtes Individuum oder eine Gruppe von Individuen beschränkt ist.

Intersubjektive Erklärung ist bis zu diesem Zeitpunkt ein mehr suggestiver als präziser Terminus, zumal erst im Laufe der folgenden Kapitel allmählich eine Theorie der Erklärung ausgearbeitet wird. Intuitiv läßt sich eine ganze Skala von Positionen vorstellen, die die Stärke der epistemischen Reichweite intersubjektiver Erklärungen betreffen. Sind sie (um das eine Extrem zu nennen) für alle bloß *verständlich*, doch von niemandem kritisierbar? Lassen sie sich jenseits der Grenzen der jeweiligen Gemeinschaft lediglich als *möglich* erweisen, oder kann ebenso ihre *Plausibilität* unter Beweis gestellt werden? Oder muß der Intersubjektivist auch in der Lage sein, die *Wahrscheinlichkeit* seiner Behauptungen darzulegen? Die stärkste Version des Intersubjektivismus dürfte vermutlich der Versuch sein, die religiösen Überzeugungen zu *beweisen*, ihnen deduktive Gültigkeit zu verleihen. In dieser Weise verfuhr oft die natürliche Theologie, besonders in ihrer Beschäftigung mit den Beweisen für die Existenz Gottes. Dennoch findet das deduktive Modell - als Standard für die religiöse Erklärung - zu Recht nur wenige Verfechter in der gegenwärtigen Religionsphilosophie; selbst die Gottesbeweise werden heute zumeist nur als Prädispositionen zum Glauben oder retrospektive Rechtfertigungen angesehen[7].

Indem dieses Buch auf eine Entscheidung zwischen den verschiedenen Optionen hinarbeitet, kann es als Beitrag zur Epistemologie der natürlichen Theologie verstanden werden. Damit steht es aber dennoch in einem strengen Gegensatz zu den älteren deduktiven Modellen. Meine These lautet, daß die jüngste Reflexion auf die Rationalität, die der gegenwärtigen Wissenschaftstheorie entstammt, die traditionelle Dichotomie zwischen *Rationalismus* und *Fideismus* in der Auseinandersetzung zwischen Glaube und Vernunft endgültig überwunden hat, so daß eine vollständige Neubesinnung über das notwendig ist, was eine *natürliche Theologie* enthalten sollte. Genauer: Ich verteidige die Suche nach intersubjektiven Erklärungen innerhalb der westlichen religiösen Traditionen, indem ich sowohl ihre Ähnlichkeiten, aber auch die Differenzen zu den verschiedenen Modellen der Erklärung aufzeige, die in den Natur- und Geisteswissenschaften vertreten worden sind. Solche religiöse Erklärungen können den Anspruch erheben, intersubjektiv bzw. pansubjektiv zugänglich zu sein, selbst wenn sie Inhalt und Form aus einer gegebenen religiösen Gemeinschaft oder Tradition statt einer äußeren Disziplin herleiten.

Das vorherrschende Thema des Buches ist also epistemologisch, insofern ich mich mit der Beschaffenheit und Reichweite der These auseinandersetze, daß sich die intersubjektive Erklärung *rational* rechtfertigen läßt. Letzten Endes werde ich geltend machen, daß diese Rechtfertigung ihre beiden Quellen darin hat, wie religiöse Erklärungen formuliert

---

7 Vgl. D.Burrell: Religious Belief and Rationality; in: C.F.Delaney (Hg.), Rationality and Religious Belief (Notre Dame, 1979), 84-115; L.Dupré: The Other Dimension: A Search for the Meaning of Religious Attitudes (New York, 1979), 71.

sind und in welcher Weise sie diskutiert werden. Es läßt sich keine hinreichende Liste von Rationalitätsbedingungen aufstellen, weil die Art des Diskurses und der Kontext der Diskussion eine wesentliche Rolle bei der Frage spielen, was als rational gelten kann. Dennoch tragen vier zentrale und notwendige Bedingungen dazu bei, die Diskussion zu strukturieren.

(1) *Externe Referenz.* In dem Maße, in dem eine religiöse Erklärung intersubjektiv gültig sein soll, muß sie so aufgefaßt werden, daß sie auf etwas außerhalb des eigenen Erfahrungsbereiches des Gläubigen bzw. der Gemeinschaft Liegendes Bezug nimmt (referiert). Wenn z.B. jüdisch-christliche Gläubige von Gott reden, dann haben sie eine Aussage im Sinn, die nicht nur auf ihre eigene Erfahrung beschränkt bleibt, sondern sich auf eine wirklich existierende Entität bezieht. Der Intersubjektivist nimmt die Objektivität bzw. Subjektunabhängigkeit des Referenten - und die Repräsentationstheorie der Sprache ist oft damit verknüpft - als ein wichtiges *prima facie* - Argument für den Versuch, religiöse Erklärungen in einer intersubjektiv zugänglichen Weise zu formulieren.

(2) *Wahrheit.* Eng verknüpft mit der externen Referenz (vielleicht sogar äquivalent dazu) ist die Behauptung, daß gültige religiöse Erklärungen für sich selbst wahr sein müssen und nicht nur z.B. »erleuchtend« für jemanden sein dürfen. Der Intersubjektivist argumentiert, daß das Ideal der Wahrheit auch für die explanative Geltung von Relevanz ist: Der Begriff der Wahrheit impliziert etwas über das, was in der Tat der Fall ist, ob ich nun weiß bzw. glaube oder nicht, daß es so ist. In ähnlicher Weise muß eine Theorie der rationalen Erklärung auch die Unterscheidung zwischen adäquaten und inadäquaten Rechtfertigungen einbeziehen; Erklärungen müssen »auf die Welt zutreffen«, wenn sie adäquat sein sollen. Epistemologen haben diese Forderung traditionellerweise in ihre Definition von *Erkenntnis* als »gerechtfertigter *wahrer* Überzeugung« aufgenommen. Für die Religion muß diese Verbindung zwischen Erklärung und Wahrheit allerdings sehr viel enger geknüpft werden: Es ist leicht, sich einen empirischen Wissenschaftler vorzustellen, der seine Theorien als Hilfsmittel oder »nützliche Fiktionen« ansieht, aber weniger leicht, sich einen Gläubigen vorzustellen, der es mit seinem Glauben ebenso hält. Die Tatsache, daß die Frage nach der Wahrheit für die religiöse Überzeugung unaufgebbar ist, beantwortet allerdings keineswegs die Frage, welche der verschiedenen Wahrheitstheorien die angemessenste ist. Im Gegenteil: Je nachdem welche Wahrheitstheorie jemand vertritt, kann das Verhältnis zwischen den verschiedenen notwendigen Bedingungen, von denen hier die Rede war, anders bestimmt werden[8].

(3) *Geltung.* Um die trüben Wasser der gegenwärtigen wahrheitstheoretischen Diskussion zu meiden, werde ich oft von *Geltungsansprüchen* reden, die jeweils im Laufe des Erklärungsprozesses aufgestellt werden. Religiöse Erklärungen können wir intersubjektiv gültig nennen, wenn sie der rationalen Kritik zugänglich sind und jede Person, die es wünscht, die Argumente für und gegen sie prüfen kann. Sie sind nicht nur willkürliche Reflexionen auf die Bewußtseinsinhalte eines Einzelnen und seiner Glaubensbereitschaft.

---

8 Wenn z.B. Wahrheit als Korrespondenz definiert wird, scheint sich Problem (1) auf (2) reduzieren zu lassen; wenn jemand Wahrheit als eine Art von Kohärenz oder Stimmigkeit zwischen Aussagen definiert, wird die Beziehung zwischen Wahrheit und dem Ideal der Rationalität (4) unterstrichen.

In einem intersubjektiven Kontext so die Prüfung von Argumenten zu betonen, bedeutet keine Rückwendung zum Objektivismus: Wir können immer noch aus individuellen, gesellschaftlichen und historischen Perspektiven heraus bedeutsame Einflüsse auf den Erkenntnisprozeß entdecken. Doch bleibt festzuhalten, daß mit intersubjektiven Geltungsansprüchen, die von Gläubigen aufgestellt werden, eine bestimmte Beweislast verknüpft ist, um sie zu verteidigen.

(4) *Rationalität.* Vom letzten Punkt her ist schon deutlich, daß ein intersubjektives Explanans den Anspruch erhebt, sein Explanandum in einer rationalen Weise zu erklären. Offensichtlich gibt es zwischen Erklärungen aber gewaltige Unterschiede hinsichtlich der Objekte, die erklärt werden, und der Methoden, die für ihre Erklärung verwendet werden. Darüber hinaus gibt es Unterschiede zwischen Erklärungen, die aus der alltäglichen Erfahrung stammen, und solchen, die in einer wissenschaftlichen Disziplin entwickelt werden. Meine *ad hoc*- Erklärungen über das Verhalten meines Nachbarn stimmen sehr wahrscheinlich nicht mit der Erklärung überein, die ein Psychologe geben würde. In ähnlicher Weise dürfte auch der Gläubige manchmal ganz anders darangehen, Ereignisse in der Welt zu erklären, als der Theologe dies tun würde.

Wir werden im folgenden deshalb einige bedeutsame Unterscheidungen hinsichtlich Typ und epistemischer Begründung der Erklärung erwarten, die den Erfahrungsbereich und die Frage ihres Vorkommens in individuellem oder universitär-disziplinärem Kontext betreffen. So werden wir z.B. nicht umhin können, die explanativen Bemühungen von religiösem Individuum und religiöser Gemeinschaft in den Kapiteln 5 und 6 getrennt zu untersuchen. Dennoch bestreite ich, daß individuelle und disziplinäre Bemühungen um die Erklärung gänzlich voneinander zu trennen sind. Eine wissenschaftliche Disziplin beinhaltet eine theoretische Tradition, Standards der Bewertung und Prüfverfahren, die von ihren Anwendern allgemein geteilt werden; als ein gemeinsames Unterfangen besitzt sie ein eingebautes Korrektiv gegenüber dem präjudizierenden Einfluß individueller Perspektiven. Aber es gibt keinen inhärenten Grund, daß nicht jeder dieser Faktoren ebenso auch auf der individuellen Ebene nachgebildet werden könnte.

»Verschiedene Objekte, verschiedene Formen der Erklärung« - das braucht nicht das letzte Wort zum Thema sein. Der epistemische Anspruch, der von intersubjektiven Erklärungen erhoben wird, unterstellt, daß es dort einige gemeinsame Standards geben muß, nach welchen Erklärungen zu beurteilen sind, damit der Anspruch angemessener Geltung sich nicht als nichtssagend erweist. Aus diesem Grund habe ich behauptet, daß die Erklärungsfrage nach und nach in die Diskussion um die Kriterien der Rationalität übergeht. Leider würde eine voll ausgearbeitete Theorie der Rationalität alle Ziele des menschlichen Denkens und Handelns ebenso einschließen müssen wie die unzähligen Methoden, die eingesetzt werden, um diese Ziele zu erreichen. Es ist keine Übertreibung zu behaupten - wie Hilary Putnam dies tut -, daß Philosophie »is almost coextensive with theory of rationality«[9]. In seiner Einleitung zu *Rationality To-day* z.B. betont Theodore Geraets

---

9 H.Putnam: Realism and Reason; in: Ders.: Realism and Reason (Cambridge, 1983), 202.

die zentrale Rolle des Rationalitätsproblems in aller philosophischen Reflexion[10]; die Verschiedenheit der Probleme, die - in diesem Buch und anderswo - unter der Rubrik *Rationalität* verhandelt werden, bezeugt deutlich die Breite, Komplexität und Diversität der »Rationalitätsfrage«. Auch eine Eingrenzung der Frage auf die Rationalität der religiösen Überzeugungen bringt keine wesentliche Verbesserung. So notiert C.F.Delaney zu seiner Sammlung *Rationality and Religious Belief*, die verschiedenen Ansätze »exhibit the fact that [the] specific question about the rationality of religious belief should be seen to be as much about rationality as about religion« und zeigen daher genau die gleiche Komplexität wie die allgemeinere Rationalitätsfrage[11].

Folglich wird auf diesen Seiten keine monolithische Theorie der Rationalität entworfen werden. Wie Wittgenstein, Habermas und Foucault gezeigt haben, gibt es eine irreduzible Pluralität von Rationalitäten, die den verschiedenen Zielen und Kontexten menschlicher Handlungen entspricht. Dennoch wird dieser Pluralismus etwas überschaubarer, wenn wir uns speziell auf das Ziel der *Erklärung* konzentrieren - und zwar insbesondere darauf, wie es die Methodologien der verschiedenen Disziplinen beeinflußt. Denn es mag möglich sein, bestimmte gemeinsame Standards der rationalen Prüfung abzuleiten, die dem enger gefaßten Projekt der Erklärung eines bestimmten Explanandums entstammen, selbst wenn das in Frage stehende Explanandum von Disziplin zu Disziplin variiert. Wenn der Terminus *rational* nicht bloß äquivok gebraucht wird, erscheint es in der Tat notwendig, zumindest einige Gemeinsamkeiten zwischen den Disziplinen vorauszusetzen, die den Anspruch erheben, rationale Erklärungen zu bieten.

Wie lassen sich diese potentiellen Gemeinsamkeiten am besten aufweisen? Man könnte den Versuch unternehmen, mit Hilfe einer apriorischen Analyse des Begriffs der Rationalität an sich eine formale Definition oder Kriteriologie der rationalen Erklärung zu entwickeln. Das würde bedeuten, nach notwendigen Bedingungen der Möglichkeit von Rationalität zu suchen. Aber es gibt auch weniger spekulative Alternativen: Ich untersuche statt dessen die Erklärungs*praktiken* der verschiedenen wissenschaftlichen Disziplinen selbst, wobei ich die jüngsten methodologischen Arbeiten der Natur- und Sozialwissenschaften sowie der Theologie benutze. Nach meiner Auffassung ergibt sich aus einer solchen Untersuchung eine Bestimmung der Rationalität als *intersubjektiver Kritisierbarkeit*. Im Vergleich der Rationalität von Erklärungen in verschiedenen Kontexten entdecken wir Unterschiede und Parallelen darin, wie diese Erklärungen kritisiert werden und was den Prozeß der Kritik möglich macht.

Erst am Ende dieser Untersuchung können wir dann bestimmen, ob die Erklärungen, die von religiösen Individuen gegeben werden oder der wissenschaftlichen Theologie entstammen, einige signifikante Ähnlichkeiten mit Erklärungen aus anderen Disziplinen oder Gebieten menschlicher Reflexion aufweisen. Natürlich berührt die Frage nach der Erklärung nur einen Teil des Phänomens der Religion; gleichwohl aber ist es ein wesentlicher Teil. In dem Maße, in dem religiöse Individuen oder Traditionen auf ihren unter-

---

10 Vgl. T.F.Geraets' Einleitung zum Ottawa-Symposium, veröffentlicht als T.F.Geraets (Hg.): Symposium on Rationality To-day (Ottawa, 1979), XI.

11 C.F.Delaney: Introduction; in: Ders. (Hg.): Rationality and Religious Belief (Notre Dame, 1979), 1.

schiedlichen Wegen das gemeinsame Ziel teilen, eine Reihe von Phänomenen zu erklären, gibt es einen gemeinsamen Rahmen für die Diskussion. Mein Ziel ist zu zeigen, daß diese Art der vergleichenden Studie eine ganze Anzahl von interessanten Kontinuitäten und Diskontinuitäten zwischen den verschiedenen explanativen Disziplinen aufweisen wird.

1.2 Religiöse Erklärung und die Auseinandersetzung zwischen Glaube und Vernunft

Natürlich ist die Debatte zwischen den verschiedenen Modellen der Rechtfertigung religiöser Erklärungen für die Diskussion um religiöse Überzeugungen nicht neu; die westliche Theologie hat diese Frage von Anfang an unter verschiedenen Gestalten behandelt. Tatsächlich stellt unsere allgemeine Frage nach dem epistemischen Status der Religion in einiger Hinsicht nur eine anders akzentuierte Wiederaufnahme der klassischen Kontroverse zwischen Glaube und Vernunft dar - zumindest dann, wenn letztere aufgefaßt wird als ein Disput zwischen interner Beschreibung einer Religion und ihrer Darstellung bzw. Systematisierung in der Sprache einer allgemeinen Konzeption menschlicher Rationalität. Im folgenden werde ich mich auf die christliche theologische Tradition konzentrieren, obwohl Teile der Diskussion ebenso auf andere Traditionen übertragen werden können.

Tertullian gilt als ein früher Verfechter des Fideismus - der totalen Trennung von Glaube und Vernunft und des Primats des Glaubens für das religiöse Wissen: »Quid ergo Athenis et Hierosolymis? Quid academiae et ecclesiae?«[12] Aus der Perspektive des Intersubjektivismus erscheint Tertullians Position nicht grundsätzlich verschieden von den Auffassungen anderer Theologen, die die Selbstautorisierung der göttlichen Offenbarung vertreten. Für Calvin z.B. hat Gott sich selbst in der Natur und im menschlichen Herzen offenbart[13]. Er ist daher berechtigt, uns für unseren Unglauben verantwortlich zu machen. Doch der Verstand der Menschen ist durch die Sünde verdunkelt, so daß sie Gottes Offenbarung nicht sehen können. Über die menschliche - heuchlerische - Religion schreibt Calvin: »Hinc rursus facile elicitur quantum ab hac confusa Dei notitia differat quae solis fidelium pectoribus installatur pietas, ex qua demum religio nascitur ... Manet

12 Tertullian: De praescriptione haereticorum; in: Corpus Christianorum, SL I/1 (Turnholt, 1954): VII,9: »Was hat Athen mit Jerusalem zu tun, was die Akademie mit der Kirche?« - Für eine moderne Wiederaufnahme dieser Position vgl. C.van Til: The Defense of the Faith (Philadelphia, 1955); und die Essays in E.R.Geehan (Hg.): Jerusalem and Athens (Nutley, 1974). Van Til nennt seine Position *metaphysischen Präsuppositionalismus*, da die Einzigartigkeit der christlichen Metaphysik alle gemeinsamen Grundlagen mit anderen Weltsichten ausschließe.

13 Vgl. J.Calvin: Institutio Christiane religionis (1559); in: Ders.: Opera selecta, Bd. 3 (München, 3. Aufl. 1967); I,3: »Dei notitiam hominum mentibus naturaliter esse inditam« (vgl. J.Calvin: Unterricht in der christlichen Religion; übers. O.Weber [Neukirchen-Vluyn, 2. Aufl. 1963]; I,3: »Die Gotteserkenntnis ist dem Menschen innerlich von Natur eingepflanzt«).

tamen semen illud quod revelli a radice nullo modo potest, aliquam esse divinitatem«[14]. Calvin *verwirft* die Philosophie als den Versuch, außerhalb der Offenbarung ein Wissen über Gott zu erlangen, und behauptet, daß ausschließlich während des Lesens der Schrift unsere Augen durch den Heiligen Geist »erleuchtet« werden, so daß wir sie als von Gott inspiriert und somit wahr erkennen. Wegen dieses unmittelbaren Selbstzeugnisses des Geistes brauchen für die Wahrheit der Schrift keine weiteren - unabhängigen - Gründe mehr angeführt zu werden (wenngleich solches ohne weiteres möglich wäre). Eine ganze Reihe späterer Theologen teilt im wesentlichen Calvins Überzeugung von der unmittelbaren Wirksamkeit Gottes im Glauben, etwa Pascal, Kierkegaard und Karl Barth.

Die entgegengesetzte Position, die Unterordnung des Glaubens unter die Vernunft, findet ebenso viele Ausprägungen wie die dazu verwendeten Vernunftbegriffe. Für Hegel war es die Philosophie des absoluten Geistes, für Kant die Erfordernis des moralischen Lebens; selbst Locke, der grundsätzlich eine spezielle Offenbarung zuließ, unterwarf sie in der Praxis der Vernunftkontrolle durch die Forderung, daß die Vernunft die göttliche Offenbarung als tatsächliche Quelle einer gegebenen Behauptung bestätigen müsse. Es ist wichtig, den Unterschied zwischen dem *Rationalismus* dieser Philosophen und dem *Intersubjektivismus*, wie ich ihn definiert habe, zu notieren. Die klassische rationalistische Behandlung des Christentums ordnete den Inhalt des christlichen Glaubens den metaphysischen Behauptungen eines gegebenen philosophischen Systems unter. Es ist eine andere Sache, wenn Theologen dagegen nur den Anspruch erheben, daß religiöse Überzeugungen - formuliert in der Begrifflichkeit der kanonischen Schriften oder der kirchlichen Tradition - explanative Behauptungen aufstellen, die sie in einen genuinen Kontakt mit Erklärungen in anderen Gebieten menschlicher Erfahrung bringen.

Wenn überhaupt eine Position in der Kontroverse zwischen Glaube und Vernunft klassisch genannt zu werden verdient, dann ist es die Auffassung »fides quaerens intellectum«. Zumeist wird Anselm als ihr typischer Repräsentant angeführt, obwohl diese Position schon von Augustin explizit formuliert wurde. Vielleicht läßt sie sich sogar bis auf Clemens von Alexandrien zurückführen[15]. Augustin lehrte, daß der Glaube die direkte Antwort zu Gott sei. Natürlich müssen wir eine ungefähre Idee davon haben, wem wir antworten, und einige Gründe dafür, ihn unserer Antwort für wert zu halten. Aber die christliche Erklärung - die Autorität der Kirche, deren Lehre durch mehrere Jahrhunderte ein verläßlicher Führer war - halten Clemens wie Augustin für eine hinreichende Begründung. Erst wenn die Seele Gott ihren *assensus* darbietet, indem sie ihre

---

14 J.Calvin, Institutio I,4.4 (vgl. J.Calvin, Unterricht I,4.4: »Und so kann man gerade hier wiederum leicht wahrnehmen, wie sehr sich die Frömmigkeit, die allein im Herzen der Gläubigen wohnt und aus der erst die wahre Religion geboren wird, von diesem wirren Wissen um Gott unterscheidet ... Und trotzdem lebt jener Keim, der auf keine Weise gänzlich auszurotten ist, jene Ahnung, es sei irgendein göttliches Wesen«).

15 Dennoch gibt es einige Gründe, diese Interpretation zu bestreiten. Clemens war der Auffassung, daß die Philosophie in der Lage wäre, die christlichen Wahrheiten angemessen begrifflich zu erfassen, und er rühmte die vorchristlichen Denker, besonders Platon, wegen ihrer Einsichten in Dinge, die erst später offenbart wurden. Er sollte also besser als Vertreter einer gleichrangigen Autorität von Glaube und Vernunft verstanden werden. Dennoch scheint er letztendlich eine Superiorität des Glaubens anerkannt zu haben.

Sünde eingesteht und in das richtige Verhältnis zu Gott eintritt, darf der Verstand sich - in den Parametern des Gehorsams - bemühen, die Dinge des Glaubens zu verstehen. Augustins Untersuchung über die Natur der Zeit ist eines von vielen bekannten Beispielen dafür, eine philosophische Frage im Rahmen des Glaubens gewinnbringend zu behandeln[16].

Trotz oder gerade wegen seines klassischen Status ist »fides quaerens intellectum« ein Schlagwort, das eine sehr unterschiedliche Gruppe von Nachfolgern gefunden hat. Die meditative Art, mit der Anselm diese Wendung in seinem *Monologion*[17] aufgenommen hat, zeigt Anklänge an die Schriften Augustins[18]. Im Gegensatz dazu entstammt das *Proslogion* der bewußten Frage, »si forte posset inveniri unum argumentum, quod nullo alio ad se probandum, quam se solo indigeret; et solum ad astruendum quia Deus vere est«[19]. Doch ungeachtet der Differenzen zwischen Anselms beiden Werken wurde auch das letztere geschrieben »sub persona ... quaerentis intelligere quod credit«[20], und Anselm selbst schlug dafür den Titel »fides quaerens intellectum« (29C) vor. Thomas von Aquin fällt unter die gleiche Rubrik, trotz der Tatsache, daß er die Existenz Gottes zu beweisen versuchte - und das in einer Weise, in der es Augustin nicht getan hätte. Aber auch die Anknüpfung an die aristotelische Philosophie in seinem theologischen Werk ist viel grundsätzlicher - oder zumindest viel bewußter und emphatischer - als Augustins Anlehnung an den Platonismus. Die Offenbarung ist in den Augen des Thomas für die meisten Personen hinreichend und sicher; aber mit der Hilfe philosophischer Kategorien kann man bis zu der Erkenntnis kommen, daß ein Gott (eine erste Ursache, ein notwendiges Wesen) existiert. Er betonte also die *Rechtmäßigkeit*, von der Philosophie Gebrauch zu machen - z.B. in apologetischen Zusammenhängen. Dennoch vermag allein die Offenbarung uns davon zu überzeugen, daß Gott trinitarisch strukturiert und Jesus ebenso Gott ist.

Aus diesen wenigen Beispielen wird deutlich, daß die Position »fides quaerens intellectum« einen weiten Spielraum gewährt und die Grundlage bildet für einen beträchtlichen Teil des Kontinuums zwischen Rationalismus und Fideismus. Obwohl es viel für sich hat, dieses Modell zu empfehlen[21], ist es nicht hinreichend präzise, um als eine Lö-

16 Vgl. Augustinus: Confessiones; in: Corpus Christianorum, SL XXVII (Turnholt, 1981); XI,13.

17 Vgl. Ders.: De divinitatis essentia Monologium; in: Ders.: Opera Omnia, Bd. 1, hg. J.-P.Migne (Turnholt, 1975), 141-224.

18 Anselm sagt, daß das *Monologion* geschrieben worden sei »velut exemplum meditandi de ratione fidei« (Ders.: Proslogion seu Alloquium de Dei existentia; in: Ders.: Opera Omnia, Bd. 1, hg. J.-P.Migne [Turnholt, 1975], 223-248; 29A; vgl. Anselm von Canterbury: Proslogion, hg. P.F.S.Schmitt OSB [Stuttgart, 1962], 69: »als Beispiel dafür, wie man über den Grund des Glaubens nachsinnt«) und er erst nach dem Schreiben und in der Reflexion über das Geschriebene erkannt habe, »illud esse multorum concatenatione contextum argumentorum« (ebd.; vgl. Ders., Proslogion 69: »wie dieses durch Verkettung vieler Beweise verflochten sei«).

19 Anselm, aaO. 29A; vgl. Anselm, Proslogion 69: »ob sich nicht *ein* Argument finden ließe, das keines anderen bedürfte, um sich zu beweisen, als seiner allein, und das allein hinreichte, um zu stützen, daß Gott in Wahrheit existiert«.

20 Anselm, aaO. 29C; vgl. Anselm, Proslogion 69: »in der Rolle eines, der ... zu verstehen sucht, was er glaubt«.

21 John E. Smith nennt es »the one avenue of approach whereby a form of rationality and intelligibility can be recovered within the sphere of religious belief« (Ders.: Faith, Belief and the Problem of

sung der Kontroverse zwischen Glaube und Vernunft gelten zu können - besonders im Licht unserer spezielleren Frage nach der Struktur religiöser Erklärungen. Noch weniger präzise sind die »sowohl/als auch«-Positionen, für die Schleiermachers Auffassung der komplementären Beiträge von Philosophie und Glaube paradigmatisch ist (vgl. Kapitel 6). Daß die Theologie zwei sehr unterschiedliche Aktivitäten bzw. Momente umfaßt, haben so verschiedene Theologen wie Ernst Troeltsch und Paul Tillich betont[22]. Trotz der sprachlichen Wirkung, auf die Einseitigkeit der jeweiligen Alternativen aufmerksam zu machen, bietet das »sowohl/als auch« weniger eine Lösung dieser Debatte als vielmehr eine bloße Darstellung der dafür notwendigen Desiderata. Dennoch scheinen bisher alle Versuche, die beiden Pole zu integrieren, die empfindliche Balance zugunsten eines der beiden Pole aufzugeben.

Die Theologie seit Kant ist um keinen Deut weniger von der Kontroverse um Glaube und Vernunft in Atem gehalten worden; zwar mögen die Begriffe gewechselt haben, doch sind enge Parallelen zur früheren Debatte geblieben. Die kantischen Kritiken stellen die Theologen vor die Alternative, entweder ihre begrenzte Aufgabe im Dienst der praktischen Vernunft zu akzeptieren oder aber sich gegen eine Flut von Problemen zu stellen und den kantischen Entwurf insgesamt in Frage zu stellen. Zusätzlich trugen Wachstum und Blüte der Wissenschaften dazu bei, in der Theologie ein methodologisches Durcheinander anzurichten. Im späten 19. und sogar bis in die zwanziger Jahre des folgenden Jahrhunderts diente die neukantische Philosophie für die Theologie abwechselnd als Freund (bei H.H.Wendt) und Feind (bei M.Kähler). Die *gewogene* Seite argumentierte, daß es formale Ähnlichkeiten oder sogar Gesetze zwischen allen Wissensgebieten gebe, die *ablehnende* Seite hingegen, daß das »wissenschaftliche Verfahren« allein durch das untersuchte Objekt bestimmt werde. Die Furcht vor dem Reduktionismus - den Theologen wirksam eingebrannt durch Feuerbach, Marx und Freud - und die Sorge um die Autonomie ihrer eigenen Disziplin ließen viele Theologen jeden theologischen Ansatz ablehnen, der nicht in angemessener Weise die Eigenheiten der Theologie betonte. Aus diesem Grund entdecken wir Versuche, die Theologie von der historisch-kritischen Methode abzuschirmen - von der »Gefahr« dessen, was D.F.Strauß und W.Baur eingeführt hatten; von den Methoden Harnacks und der liberalen Theologie die angeblich das Christentum auf eine Glorifizierung der europäischen (deutschen) Kultur »reduzierten«; und von Theologen wie Ernst Troeltsch, der dafür kritisiert wurde, die Theologie allzu sehr von einer psychologischen Philosophie der Geschichte abhängig gemacht zu haben.

Rationality in Religion; in: C.F.Delaney [Hg.]: Rationality and Religious Belief [Notre Dame, 1979]; 42-64, 59).

22 E.Troeltsch unterschied verschiedene Interessen der »theologischen Wissenschaften«: »Ein Teil dient der reinen Wissenschaft und nur indirekt dem praktisch-religiösen Leben, der andere dient der Kirche und der Praxis« (Ders.: Rückblick auf ein halbes Jahrhundert der theologischen Wissenschaft; in: Gesammelte Schriften, Bd. 2 [Tübingen, 1913], 198). P.Tillich hingegen unterschied zwischen der »profan-rationalen Auffassung der Theologie« als einer »Wissenschaft von der Religion« und der »religiös-heteronomen« Perspektive, die die Theologie zur »Wissenschaft von Gott« mache (Ders.: Das System der Wissenschaften nach Gegenständen und Methoden; in: Gesammelte Werke, Bd. 1 [Stuttgart, 1959], 274f.).

Als Reaktion auf diese wahrgenommenen Gefahren - und vielleicht paradoxerweise - haben die Theologen nach einer Reihe von philosophischen Strömungen des 20. Jahrhunderts Ausschau gehalten, um eine Rechtfertigung für die Abtrennung der theologischen Erklärung vom Wettbewerb mit den verschiedenen wissenschaftlichen Erklärungen zu erhalten. Bultmanns extensiver Rückgriff auf Heidegger z.B. schuf eine *Existentialisierung* der Theologie, die theologische Aussagen von den Ansprüchen wissenschaftlicher Kriterien befreite. Nach der Gefahr, die der Logische Positivismus (besonders in der Gestalt, in der er von A.J.Ayer populär gemacht wurde) und die Suche nach einer allgemeinen »Einheitswissenschaft« darstellten, nutzten eine Reihe von Theologen die Rückzugsmöglichkeit, die durch Wittgensteins späte Philosophie angeboten wurde: Wieder einmal versuchten die Theologen gegen die Behauptung, daß theologische Erklärungen bestimmten Minimalkriterien genügen müssen, geltend zu machen, daß allgemeine Begriffe von Wahrheit, Rationalität und epistemischer Methodologie nichtssagend seien: Die Theologie als ein in sich geschlossenes Sprachspiel schaffe sich ihre eigenen Regeln[23]. Ein zusätzlicher Impetus gegen die Parallelisierung von theologischer und wissenschaftlicher Erklärung kam aus der hermeneutischen Theologie (Ebeling, Fuchs) mit ihrer Betonung des vielschichtigen Geschichtshorizonts, des einfühlenden Verstehens und - im Gegensatz zur wissenschaftlichen Erklärung - dem »Anspruch des Textes« als des angemessenen *modus operandi* für die Theologie.

Allerdings haben einige große Theologen dieses Jahrhunderts ganz bewußt *jeden* Ansatz abgelehnt, der theologische Erklärungen einem allgemeinen Begriff von Rationalität unterordnen würde. Unter ihnen ist Karl Barth sicherlich am einflußreichsten gewesen. Er vertritt die Position, daß Gott allein durch seine Selbstoffenbarung erkannt werden könne und diese damit die Axiome für alle weitere theologische Reflexion bereitstelle: Erst in dem »Faktum« der Selbstoffenbarung seines Sohnes schafft Gott »Augen, die es sehen, Ohren, die es hören, ein Denken, das es versteht. ... Es öffnet gewissermaßen die Schranke, das Tor seiner Subjektivität, es erweitert sich selbst in der Richtung auf ein Subjekt hin, es umgreift und umschließt auch dieses Subjekt, es wird das erkannte Objekt dieses Subjekts. Es wird dieses Subjekt in dieser Aktion des Objekts aus einem es nicht erkennenden zu einem es erkennenden Subjekt«[24]. Der Glaube ist aber auch nicht nur eine Art des intuitiven Verstehens, das Erklärung ausschließen würde. Barth spricht von der Botschaft des Neuen Testaments als der »fortgesetzte[n] Explikation eines bestimmten geschichtlichen Geschehens: desselben geschichtlichen Geschehens, das schon mit dem Auszug aus Ägypten ... angefangen hat, dessen konkretes Ziel und dessen Totalität nun aber sichtbar wird«[25]. Barth verbietet allerdings vehement den Übergang von der

---

23 Das Werk von P.Holmer ist in dieser Hinsicht repräsentativ; vgl. neben vielen anderen Artikeln Ders.: Nygren and Linguistic Analysis: Language and Meaning; in: Charles W. Kegley (Hg.): The Philosophy and Theology of Anders Nygren (London, 1970), 70-94. Unter den Religionsphilosophen steht D.Z.Phillips für einen besonders herausragenden Gebrauch des späten Wittgenstein; vgl. Ders.: Religion and Understanding (New York, 1967); Ders.: Faith and Philosophical Inquiry (New York, 1970); und Ders.: Religion Without Explanation (Oxford, 1976).

24 K.Barth, KD IV/2, 136.

25 K.Barth, KD II/1, 20.

Objektivität der göttlichen Offenbarung zu einer allgemeinen Epistemologie der intersubjektiven Erklärung; christlichen Erklärungen können durch irgendwelche externe Kanones der Rationalität keine Zwänge auferlegt werden.

In der *Christlichen Dogmatik* widerspricht Barth heftig dem Versuch von H.H.Wendt, den Begriff der Theologie methodologisch zu spezifizieren. Er macht statt dessen geltend, »daß die Möglichkeit der Begründung auf jedem Gebiet bestimmt sein [muß] durch die Eigenart des Gegenstandes und nicht etwa umgekehrt dem Gegenstande Gewalt angetan werden darf durch einen vorgefaßten konkreten Begriff von Methode und Wissenschaftlichkeit«[26]. Statt dessen ist die hinreichende Bedingung für die *Wissenschaftlichkeit* der Theologie ihre *Sachlichkeit* bzw. Angemessenheit - ein Kriterium, das in Anlehnung an Barth ausführlich von Torrance ausgearbeitet worden ist[27]. In der oft zitierten Einleitung der *Kirchlichen Dogmatik* bestreitet Barth die Gültigkeit jener drei Postulate, die H.Scholz für das wissenschaftliche Verfahren der Theologie aufgestellt hatte[28]. Die Forderung, daß die Theologie nichtkontradiktorische Behauptungen enthalten müsse, die kohärent und kritisierbar seien, wird von Barth als unannehmbar zurückgewiesen; seiner Auffassung nach genügt es, daß die Theologie einen »in sich folgerichtigen Erkenntnisweg« in Richtung auf »einen bestimmten Gegenstand«[29] einschlägt.

Offensichtlich steht mein Buch in einem fundamentalen Gegensatz zu jedem nach Barth schmeckenden Ansatz. In ihrer schärfsten Form lautet meine These, daß die Theologie einen Rückgriff auf umfassendere Kanones rationaler Argumentation und explanativer Adäquanz auf keinen Fall vermeiden kann. Wenn die Notwendigkeit einer rationalen Argumentation als für die Theologie wesentlich anerkannt wird, sollte dieser Aspekt dem Begriff der Theologie selbst zugerechnet und in ihr Selbstverständnis aufgenommen werden. Die Versuche, eine exklusiv theologische Arena abzugrenzen, brauchen Argumente - oft sogar aus der Wissenschaftstheorie, der Hermeneutik oder der Anthropologie -, die *selbst* den Anspruch erheben müssen, rational überzeugend zu sein. Zugegebenermaßen behaupten viele Theologen, daß ihr Gebrauch von Philosophie oder Wissenschaft nicht grundsätzlich ist - daß diese Disziplinen lediglich Beispiele, Modelle und begriffliche Strukturen bereitstellen, die benutzt und verworfen werden. Die Argumente, die tatsächlich in Anspruch genommen werden, entstammen ohne Ausnahme der Theologie selbst. Nun ist ein solcher *Internalismus* - vorsichtig gesagt - keineswegs schon von sich aus selbstwidersprüchlich. Aber er hat eine starke Auswirkung darauf, wie wir den Status des internalistischen Rückgriffs auf andere Disziplinen beurteilen. In der Tat können sich die Einschränkungen in einigen Fällen sogar auf die Behauptungen selbst, die die Internalisten in ihrer jeweiligen theologischen Tradition aufstellen, negativ auswirken und sie widerlegen. Aber dies sind Probleme, zu denen wir erst später zurückkehren werden.

---

26 K.Barth: Die christliche Dogmatik im Entwurf (München, 1927), 115; gegen H.H.Wendt: System der christlichen Lehre (Göttingen, 1906), 2f.

27 Vgl. T.F.Torrance: Theological Science (London, 1969).

28 Vgl. H.Scholz: Wie ist eine evangelische Theologie als Wissenschaft möglich? in: Zwischen den Zeiten 9/1931, 8-53.

29 K.Barth, KD I/1, 6f.

Meiner Rekonstruktion der Auseinandersetzung um Glaube und Vernunft zufolge beabsichtigt die Argumentation gegen den Internalismus überhaupt nicht, die Theologie auf Philosophie oder Apologetik reduzieren zu wollen. Die Aufgabe, die interne Logik und Grammatik religiöser Überzeugungen zu erklären, behält eine wichtige Funktion. Diese Funktion ergibt sich aber erst aus einem Vergleich mit anderen wissenschaftlichen Theorien. Dennoch wird durch diese Explikation der inneren Logik der christlichen Tradition die Aufgabe der christlichen Theologie keinesfalls erschöpft.

1.3 Intersubjektive Erklärung in der gegenwärtigen Theologie und Religionsphilosophie

Viele der in der Theologie des 20. Jahrhunderts vorherrschenden Paradigmen entstammen dem theologischen Entwurf Barths und den philosophischen Konzeptionen Heideggers und des späten Wittgenstein. Dennoch haben die christliche Theologie und die Religionsphilosophie im allgemeinen keineswegs auf die intersubjektive Erklärung in dem Sinn, wie ich sie definiert habe, verzichtet. Eine Skizze einiger der relevanten Denker mag hier dazu dienen, den Gedankengang auf die Erklärung in den Natur- und Sozialwissenschaften zu konzentrieren.

(1) Der Einfluß von Barth und Wittgenstein war außerhalb der protestantischen Theologie sehr viel weniger bestimmend. Da ihre Fundamentaltheologie dem metaphysischen Denken sehr verbunden blieb, setzte die traditionelle katholische Theologie ihren Dialog mit den nichttheologischen Disziplinen im Rahmen einer allgemeinen (oder zumindest verallgemeinerbaren) Erkenntnistheorie fort. Die nicht-traditionelle katholische und weite Kreise der protestantischen Theologie - sogar solche, die von Heidegger beeinflußt waren - können als Vertreter der intersubjektiven Erklärung bezeichnet werden, da sie auf eine allgemeine Theorie zurückgreifen, die sowohl innerhalb als auch außerhalb der christlichen Theologie anwendbar ist. Man mag an David Tracys *Analogical Imagination* denken, worin er die »Öffentlichkeiten« von Gesellschaft, Kirche und Wissenschaft als Dialogpartner akzeptiert, obwohl er - in der Frage nach ihrer Erschließungskraft - allein mit christlichen Wahrheitsansprüchen beschäftigt ist. Seine Konzentration auf den jeweiligen klassischen Text, der dem Leser eine Weise des In-der-Welt-Seins offenbart, verbindet christliche theologische Behauptungen mit religiösen Aussagen anderer Glaubensweisen. Dasselbe Ergebnis kann bei solchen Theologien festgestellt werden, die andere Begrifflichkeiten verwenden - wie den Marxismus (in der Befreiungstheologie),

die Prozeßphilosophie oder eine sozialwissenschaftliche Theorie der menschlichen Meinungsbildung[30].

(2) Die liberale Theologie ist von ihrer Auseinandersetzung mit Kulturprotestantismus-Kritik und Neo-Orthodoxie abgerückt und hat sich einer Reformulierung ihres Ansatzes und der erneuten Prüfung ihrer Wurzeln bei Schleiermacher und im frühen 19. Jahrhundert zugewandt[31]. Im allgemeinen bestätigen solche Theologien, die im Gegensatz zur Heilsgeschichte die Universalgeschichte zu ihrem Gegenstand erheben, die Wichtigkeit einer allgemeinen epistemologischen Reflexion. Ihr Credo mag in der folgenden Aussage zusammengefaßt werden: »Wenn aber die Historie sich für außerstande erklärt, festzustellen, was zu Ostern ›eigentlich‹ geschehen ist, dann vermag der Glaube das erst recht nicht; denn der Glaube kann nichts Sicheres über Ereignisse der Vergangenheit ermitteln, was dem Historiker etwa unzugänglich wäre«[32]. Diese klassische liberale Position leugnet eine epistemische Rolle für den Glauben; sie schaut statt dessen auf die Entwicklung der menschlichen Geschichte oder den Dialog zwischen den Weltreligionen über die Bewährung religiöser Erklärungen. Wolfhart Pannenberg zufolge wird das Christentum bis zum Eschaton unvermeidlich »strittig« bleiben[33].

(3) Konservative (z.B. evangelikale) Theologen sehen weiterhin theologische Erklärungen in Konkurrenz mit Erklärungen außerhalb der Theologie - eine ironische Tatsache angesichts ihrer nicht ungewöhnlichen Zurückhaltung, gegenwärtige Forschung und Wissenschaft in die Ausformulierung des christlichen Glaubens zu integrieren. Dokumente wie das *Chicago Statement on Inerrancy* mit seiner Betonung der Irrtumsfreiheit der Bibel in allen wissenschaftlichen und historischen Fragen führt zu (manchmal lächerlichen) Versuchen, theologische Aussagen - z.B. über die Schöpfung - als *selbst schon* wissenschaftlich zu verteidigen. Carl F.H. Henry, dessen Beschäftigung mit theologischen Aussagen als propositionalen Wahrheiten sein extensives theologisches Opus motiviert, sieht sich selbst sicherlich als Verteidiger einer allgemeinen Erklärung; dies ist ebenso der Fall bei evangelikalen Apologeten wie Edward John Carnell, Bernard Ramm und Gordon L. Lewis[34].

(4) Die Akzeptanz der intersubjektiven Erklärung, die typisch ist für die obigen Gruppen von Theologen, findet sich auch bei den meisten Religionsphilosophen der

---

30 Vgl. (jeweils) J.L.Segundo: The Liberation of Theology (New York, 1976); J.B.Cobb Jr., D.R.Griffin: Process Theology (Philadelphia, 1976); und H.Peukert: Wissenschaftstheorie - Handlungstheorie - Fundamentale Theologie (Frankfurt, 1978).

31 Die Werke von B.A.Gerrish machen diesen geschichtlichen Fortschritt besonders deutlich; vgl. Ders.: The Old Protestantism and the New: Essays on the Reformation Heritage (Chicago, 1982); Ders.: A Prince of the Church: Schleiermacher and the Beginnings of Modern Theology (Philadelphia, 1984); und Ders.: Tradition and the Modern World: Reformed Theology in the Nineteenth Century (Chicago, 1978).

32 W.Pannenberg: Grundzüge der Christologie (Gütersloh, 2. Aufl. 1966), 107. Vgl. auch Ders.: Theologie und Wissenschaftstheorie (Frankfurt, 1973); dort findet sich die Definition der Theologie als allgemeine »Wissenschaft von Gott« (vgl. aaO. 299-348).

33 Vgl. W.Pannenberg: Der Gott der Geschichte; in: Ders.: Grundfragen systematischer Theologie, Bd. 2 (Göttingen, 1980), 112-128.

34 Vgl. E.J.Carnell: An Introduction to Christian Apologetics (Grand Rapids, 1948); B.Ramm: Varieties of Christian Apologetics (Grand Rapids, 1961) und den Überblick über verschiedene Positionen bei G.L.Lewis: Testing Christianity's Truth Claims (Chicago, 1976).

analytischen Tradition. Dies gilt von den selbsternannten »Metaphysikern« (den Antipositivisten) in Oxford während der fünfziger Jahre ebenso wie von solchen Denkern wie Richard Swinburne und Basil Mitchell[35]. Die ständige Auseinandersetzung der analytischen Philosophen mit den Beweisen für die Existenz Gottes und dem Problem des Bösen weist auf eine ähnliche Beschäftigung mit allgemein zugänglichen Erklärungen, besonders weil diese Diskussion eine implizite Antwort auf die einflußreiche Falsifikationsdebatte der frühen sechziger Jahre darstellt[36].

(5) Eine neuere Schule der Religionsphilosophie, die viel dem Einfluß von A.Plantinga verdankt, behauptet, daß jedes System von Überzeugungen bestimmte Grundüberzeugungen - *basic beliefs* - beinhaltet, die im allgemeinen nicht hinterfragt zu werden brauchen (z.B. die Überzeugung, daß es außer mir andere denkende Subjekte gibt, daß es ein Fenster in diesem Zimmer gibt, daß ich heute morgen gefrühstückt habe). Sie argumentiert, daß der Glaube an Gott in ähnlicher Weise *properly basic* ist[37]. Diese Autoren repräsentieren eine interessante Mittelposition in der Diskussion. Auf der einen Seite erheben sie den Anspruch, auf der Ebene einer allgemeinen (universalen) Theorie der Rationalität zu arbeiten. Auf der anderen Seite gesteht ihr Begriff einer *proper basicality* unausgewiesenen religiösen Überzeugungen - wie etwa Rückgriffen auf eine sich selbst autorisierende Offenbarung - ein bestimmtes epistemisches Gewicht zu. Statt solche Überzeugungen für epistemisch neutral zu erklären, wollen sie die Beweislast für die Anfechtung von Überzeugungen, die für den Gläubigen grundlegend sind, auf den Nichtgläubigen abwälzen. Aber selbst wenn man geneigt ist, an einer Überzeugung festzuhalten, solange sie nicht widerlegt ist, so leuchtet es doch nicht ein, daß das dieser Überzeugung irgendein positives epistemisches Gewicht verleiht. Wir scheinen ein stilles Eingeständnis dieser Tatsache in Plantingas Versuch zu finden (in seinen *Gifford Lectures*), die Überzeugung, daß unsere wahrnehmenden und epistemischen Fähigkeiten »richtig funktionieren«, durch einen theologischen Rückgriff zu begründen. Vielleicht ist es tatsächlich das Grundproblem der Theorie einer *proper basicality*, daß sie in ihrer Ausrichtung fundamentalistisch bleibt, auch wenn sie sich als *negativer* Fundamentalismus ausgibt - als Fundamentalismus, der sich eher auf das Fehlen von Widerlegungen denn auf positive epistemische Grundlagen stützt[38]. Aber auch diese weiche Form eines

---

35 Zu den »Metaphysikern« vgl. die Aufsatzsammlung B.Mitchell (Hg.): Faith and Logic: Oxford Essays in Philosophical Theology (London, 1957). Vgl. ebenso R.Swinburne: Faith and Reason (Oxford, 1981); und B.Mitchell: The Justification of Religious Belief (New York, 1973). Die Tradition wird fortgeführt in der neuen Sammlung W.J.Abraham; S.W.Holtzer (Hgg.): The Rationality of Religious Belief: Essays in Honor of Basil Mitchell (Oxford, 1987).

36 Diese Debatte, die oft »University Discussion« genannt wird, stellte die Frage, ob religiöse Überzeugungen überhaupt kognitiv von Bedeutung sein können, wenn nichts sie jemals verifizieren oder falsifizieren könnte. Die zentralen Artikel sind z.B. gesammelt in B.A.Brody (Hg.): Readings in the Philosophy of Religion: An Analytical Approach (Englewood Cliffs, 1974), 308ff. Brodys Anthologie enthält ebenso eine repräsentative Auswahl der jüngsten Untersuchungen über theistische Gottesbeweise und das Problem des Übels.

37 Für neuere Darstellungen dieser Position vgl. die Essays in A.Plantinga; N.Wolterstorff (Hgg.): Faith and Philosophy: Reason and Belief in God (Notre Dame, 1983).

38 Wolterstorffs Versuche, sich den »common sense realism« von T.Reid (vgl. Ders.: An Inquiry into the Human Mind on the Principles of Common Sense (London, 1764)) zu eigen zu machen (vgl. Ders.: Can Belief in God Be Rational?; in: A.Plantinga; N.Wolterstorff (Hgg.): Faith and Rationa-

negativen Fundamentalismus ist weit entfernt vom Kontextualismus der Philosophie Wittgensteins oder des unten vertretenen Rückgriffs auf die Kohärenz.

(6) Einen ähnlichen Versuch, allgemeine epistemologische Argumente zu benutzen und gleichzeitig eine normative Theorie der Rationalität abzulehnen, gibt es bei Autoren, deren epistemologische Methode sich weniger einer positiven Theorie der Rationalität als vielmehr den epistemischen Kurzschlüssen anderer verdankt. Dies sind die berühmten *tu quoque* (»du auch«) - Argumente wie z.B. die Behauptung, daß Wissenschaftler unhinterfragte Präsuppositionen voraussetzen und daher religiöse Personen berechtigt sind, das gleiche zu tun. Im Gegensatz dazu wird es hier das Ziel sein, negative Erklärungen durch positive Folgerungen, wie wir in der großen Vielfalt explanativer Kontexte von Wissenschaft und Religion fortfahren sollen, zu unterstützen.

Zwischen dem internalistischen und dem intersubjektiven Pol bewegen sich also solche Autoren, die theologische Positionen als eine unter anderen möglichen Weltanschauungen ansehen. Einige Theologen meinen, daß die Einzigartigkeit der christlichen Weltanschauung das Christentum gegenüber externer Kritik immunisiert, während andere die formalen Parallelen zwischen den verschiedenen Weltauffassungen betonen und den Versuch unternehmen, eine Kriteriologie ihres möglichen Vergleichs zu entwickeln. In letzterem Gebiet bewegen sich Whitehead mit seinem Buch *Science and the Modern World*, das einen nützlichen historischen Überblick und Vergleich einiger der modernen Weltaufassungen bietet, und Stephen Pepper, der vier »Grund-Metaphern« zusammen mit den Attributen, die sie als Weltauffassungen teilen, herausarbeitet[39].

Nun können wir uns der Frage nach der Erklärung in den Natur- und Sozialwissenschaften zuwenden. Der kurze Abriß der Diskussion in der Theologie und Religionsphilosophie mag dabei helfen, die Diskussion in den beiden folgenden Kapiteln zu strukturieren. Um nicht wichtige Aspekte der wissenschaftstheoretischen Diskussion zu übergehen - schließlich ist die Literatur voll von vorschnellen Vergleichen zwischen Wissenschaft und Religion, die beiden schmerzvolles Unrecht zufügen[40] - werde ich direkte Anwendungen auf das Phänomen der Religion bis zu den letzten Kapiteln zurückstellen.

---

lity (Notre Dame, 1983), 135-186, bes. 149-154), mögen eine offenere Form dessen repräsentieren, was ich implizit ebenso schon bei Plantingas Ansatz zu finden glaube. Darüber hinaus vermute ich, daß die Parallelen zwischen der Plantinga-Schule und den epistemologischen (und fundamentalistischen) Arbeiten von William Alston und Roderick Chisholm stärker sind als es auf den ersten Blick scheint.

39 Vgl. A.N.Whitehead: Science and the Modern World (New York, 1948); und S.C.Pepper: World Hypotheses: A Study in Evidence (Berkeley, 1961). Peppers vier Grundkategorien sind Formismus, Mechanismus, Kontextualismus und Organismus.

40 Betrachte die Vermsichung von Ebenen und Begriffen in einem Satz wie dem folgenden: »In this chapter and in the following, the methods of religion will be compared with the methods of science« (I.Barbour: Issues in Science and Religion [London, 1966], 207).

Kapitel 2

Erklärung in den Naturwissenschaften: Die kontextuelle Wende

Es sind viele Versuche unternommen worden, Beziehungen zwischen den verschiedenen Arten der Rationalität zu knüpfen, die in den Naturwissenschaften, den empirischen Sozialwissenschaften, den Geisteswissenschaften und der religiösen Reflexion verwendet werden. Die Theologie bietet hier ein besonders deutliches Beispiel: Wiederholt hat die Wissenschaft in den vergangenen Jahrhunderten wichtige methodologische oder grundsätzliche Fortschritte gemacht, woraufhin die Theologie danach strebte, die Methoden und Wahrheitsansprüche dieser frisch erneuerten Wissenschaft zu verwenden (oder zu bekämpfen)[1]. Der jüngste Fall stammt sogar erst aus den zwanziger Jahren dieses Jahrhunderts. Um 1930 begannen die Auffassungen des *Logischen Positivismus*, die von dem Wiener Kreis nahestehenden Denkern formuliert wurden, eine breite Aufmerksamkeit auf sich zu ziehen; ihre Kriterien für die Wissenschaftlichkeit gaben einen direkten Anstoß für die Suche nach einer »Einheitswissenschaft« (und damit implizit auch einer einheitlichen Rationalität). Ihr Verifikationsprinzip behauptete, daß »a sentence had literal meaning if and only if the proposition it expressed was either analytic or empirically verifiable«[2]. Die potentielle Gefahr für die Theologie war überdeutlich[3]: Nicht nur die Rationalität, sondern sogar die Sinnhaftigkeit religiöser Aussagen selbst schien vom Kriterium empirischer Verifizierbarkeit abhängig zu sein; Aussagen außerhalb des Rahmens der Verifizierbarkeit wären weder rational noch sinnvoll; Aussagen innerhalb dieses Rahmens könnten eindeutig in einer der wissenschaftlichen Disziplinen lokalisiert werden; und es könnte eine klare Beschreibung der Struktur wissenschaftlicher Argumente und Theorien - d.h. der Beschaffenheit wissenschaftlicher Rationalität - gegeben werden.

Heute ist der Logische Positivismus so gründlich wie überhaupt nur jemals eine philosophische Schule in der Geschichte der Philosophie widerlegt worden. Trotzdem hat sein Ende die Debatte über die Beschaffenheit wissenschaftlicher Rationalität noch einmal vorangetrieben[4], die seitdem immer wieder neue Implikationen für die theologische Methode hervorbringt. Als der *kritische Rationalismus* Karl Poppers in der Wissenschafts-

---

1 Der Hauptstrom der Einflußnahme ging allerdings zumeist in die *entgegengesetzte* Richtung, d.h. von der Theologie zur Wissenschaft. Dabei waren religiöse bzw. metaphysische Überzeugungen die verursachenden Faktoren und wissenschaftliche Methoden bzw. Theorien das Resultat. Vgl. E.A.Burtt: The Metaphysical Foundations of Modern Science (New York, 2. Aufl. 1951).

2 A.J.Ayer: Language, Truth and Logic (London, 2. Aufl. 1946), 5.

3 Oder: Die Gefahr für eine solche Theologie war überdeutlich, die religiöse Aussagen als rationale Wahrheitsbehauptungen auffaßte. Das Dilemma schien einige Theologen gar nicht zu berühren, während es viele Religionswissenschaftler, die gar keine Theologen waren, sehr eminent betraf.

4 Vgl. unter vielen neueren Beispielen G.Andersson; G.Radnitzky (Hgg.): Progress and Rationality in Science (Dordrecht, 1978), und W.H.Newton-Smith: The Rationality of Science (Boston, 1981).

theorie Einfluß ausübte, propagierten einige Denker seinen Gebrauch in der Theologie; als die *Kommunikationstheorie* die Oberhand gewann, wurde sie als ein Modell in Anspruch genommen; als die Wissenschaftstheorie *soziologische Ansätze* bevorzugte, wurden ihre Implikationen für die Theologie betont[5]. Die Debatte über die wissenschaftliche Rationalität behält damit eine nicht geringe Bedeutung auch für Religionswissenschaftler, selbst wenn dieser Bezug nur die negative Funktion haben sollte, ihre Disziplin vor unfairen Attacken übereifriger Wissenschaftstheoretiker zu schützen.

Auf den ersten Blick scheint das Problem der Erklärung von der allgemeinen Rationalitätsdebatte in der Wissenschaftstheorie klar getrennt zu sein - so als ob sie zwei begrifflich unterschiedene Problemkomplexe konstituieren würden. Die *Rationalitätsdebatte* - verstanden als die Frage: Was macht oder würde die Wissenschaft rational machen? - betrachtet die *epistemische* Rechtfertigung für wissenschaftliche Muster der Forschung und Schlußfolgerung. Sie behandelt umfassende Themenbereiche wie die Probleme von Induktion, Falsifikation, geschichtlichem, kulturellem oder institutionellem Kontext und die Frage nach der Rolle des individuell (subjektiven) Faktors in der Theorienwahl. Das Problem der *Erklärung* scheint demgegenüber in der Frage zu bestehen, worin die explanative Kraft eines wissenschaftlichen Explanans liegt. Allgemein gesprochen sind wissenschaftliche Erklärungen Antworten auf bestimmte Warum-Fragen, die im Kontext einer wissenschaftlichen Disziplin gestellt werden und den Versuch unternehmen, eine Gruppe empirischer Phänomene durch gesetzmäßige Rekonstruktion wissenschaftlich verstehbar zu machen.

Wir könnten unsere Analyse der wissenschaftlichen Erklärung damit beginnen, nach einer allgemeinen und normativen Theorie der Erklärung zu suchen; wir könnten uns aber auch eines solchen Versuches enthalten. Wenn wir letzteres wählten, würden wir uns vermutlich darauf beschränken, lediglich die verschiedenen Typen wissenschaftlicher Erklärungen - ihre unterschiedlichen Funktionen und die Verfahren ihrer Prüfung in der wissenschaftlichen Praxis - zu beschreiben. Wenn aber jemand von *der* Erklärung im Singular sprechen will, dann ist er dazu verpflichtet, irgendwie eine einheitliche Darstellung der Erklärung zu entfalten. Eine Strategie, um dieses Ziel zu erreichen, wäre die Konstruktion eines einzigen formalen Modells: Alle gültigen Erklärungen haben die und die Form, so daß ein Spezialist jede gegebene Erklärung prüfen könnte, um zu sehen, ob sie die grundlegenden Forderungen erfüllt oder nicht. Eine Theorie der Erklärung könnte z.B. die Forderung aufstellen, daß das Explanandum die deduktive Konsequenz allgemeiner Gesetze oder die notwendige Folge einer Kausalkette darstellen müsse. Den oft wiederholten Versuch, ein allgemeines Modell dieser Art zu entwickeln, werde ich den *formalistischen* Ansatz der Erklärung nennen.

Die Frage nach Struktur, Form und Beurteilung wissenschaftlicher Erklärungen ist also nicht *äquivalent* zu der Frage nach wissenschaftlicher Rationalität. Ich könnte eine

---

5 Vgl. jeweils W.W.Bartley: The Retreat to Commitment (New York, 1962); und H.Albert: Traktat über kritische Vernunft (Tübingen, 5. Aufl. 1991); H.Peukert: Wissenschaftstheorie - Handlungstheorie - Fundamentale Theologie (Frankfurt, 1978); und A.R.Peacocke (Hg.): The Sciences and Theology in the Twentieth Century (Stocksfield, 1981), Teil 4: »Sociological Critique«.

detaillierte normative Darstellung der Struktur wissenschaftlicher Erklärungen geben, ohne mich überhaupt mit der Rationalität der Theorienwahl zu befassen; umgekehrt könnte ich ein genaues Bild der wissenschaftlichen Rationalität zeichnen, ohne ein präzises Modell der Erklärung zu entwickeln. Dennoch steht man in der Praxis oftmals nicht einer sichtbaren Trennung beider Aufgaben, sondern dem entgegengesetzten Fall gegenüber, daß Wissenschaftstheoretiker Entwürfe konzipieren, die sowohl das Problem der Erklärung als auch die Frage der wissenschaftlichen Rationalität behandeln. In zumindest zwei Fällen ist diese Verknüpfung eindeutig gerechtfertigt: (1) Wenn jemand eine *formale* Darstellung dessen gibt, was eine adäquate Erklärung in der Wissenschaft konstituiert, so wird diese wahrscheinlich einige allgemeine Standards für die Prüfung von Erklärungen bzw. Theorien beinhalten, die schließlich zu einem allgemeinen Bild wissenschaftlicher Rationalität führen. Ich meine, daß dies bei dem Werk von Carl Hempel und Karl Popper der Fall war. (2) Wenn jemand umgekehrt argumentiert, daß keine allgemeine Darstellung wissenschaftlicher Rationalität gegeben werden kann (wie es Paul Feyerabend getan hat), dann würde es inkonsistent sein, mit einer normativen bzw. formalistischen Darstellung der wissenschaftlichen Erklärung fortzufahren.

Damit stellt sich heraus, daß die Problemkreise von Erklärung und Rationalität - obwohl sie begrifflich voneinander unterschieden sind - doch durch bestimmte implizite Relationen miteinander verknüpft sind. Es ist rational, eine gegebene Theorie zumindest teilweise deshalb zu akzeptieren, weil sie für ein relevantes Phänomen eine bessere Erklärung liefert als ihre Rivalen. So beachte man den Schritt vom »scientific reasoning« bzw. von der Rationalität zum Problem der Erklärung in Clark Glymours *curriculum vitae* für die Wissenschaftstheorie: »The ambition of philosophy of science is, or ought to be, to obtain from the literature of the sciences a plausible and precise theory of scientific reasoning and argument: a theory that will abstract general patterns from the concreta of debates over genes and spectra and fields and delinquency. A philosophical understanding of science should, therefore, give us an account of *what explanations are* and of why they are valued but, most important, it should also provide us with clear and plausible *criteria for comparing* the goodness of explanations«[6].

In den Naturwissenschaften, deren Status als explanativer Disziplinen unbestritten ist, kann zwischen der Erklärungsaufgabe und dem Rationalitätsproblem kein letztgültiger Trennstrich gezogen werden. Im Gegensatz dazu könnten wir vermutlich auch viele andere menschliche Aktivitäten (z.B. das Schlafen) anführen, die rational sind, ohne zugleich explanative Bemühungen darzustellen. In Disziplinen, in denen Erklärungen nur eine untergeordnete bzw. periphere Rolle spielen - wie z.B. in der Ästhetik und vielen anderen Geisteswissenschaften -, würden Modelle der Rationalität in Geltung stehen, die mit der Erklärung nur sehr wenig zu tun haben. Noch verwickelter liegen die Dinge in den Sozialwissenschaften; dort werde ich zunächst ihre Struktur als explanativer Disziplinen überhaupt zu begründen haben, bevor ich mich der Verknüpfung zwischen Erklärung

6 C.Glymour: Explanation and Realism; in: J.Leplin (Hg.): Scientific Realism (Berkeley, 1984), 173-192; 173 (Hervorhebungen von mir).

und Rationalität zuwenden kann. Mit der Analyse der wissenschaftlichen Erklärung in diesem und dem folgenden Kapitel will ich zeigen, daß die kritische Erklärung im *theoretischen Diskurs* eine zentrale Rolle einnimmt. Die weiteren Kapitel werden dann dieses Ergebnis auf Fragen der Erklärung und Rationalität im Bereich der Religion übertragen.

Einige der Behauptungen über die wissenschaftliche Praxis, die ich vorlegen werde, spiegeln einen relativ jungen Wandel in der wissenschaftstheoretischen Debatte um die Erklärung wider. Um diesen Wandel vorzubereiten, müssen wir zuerst die Auffassungen der Erklärung prüfen, die zum zentralen Werk von Carl Hempel hinführen und von ihm herstammen. Die Präzision und Vollständigkeit dieser formalistischen Anschauungen liefern ein gutes Bild dessen, wie ein ausgearbeitetes Modell der Erklärung aussehen könnte. Danach werden wir die grundsätzliche Umwandlung im Verständnis der Wissenschaft untersuchen, die sich in den fünfziger Jahren und danach vollzog. Statt weiterhin die *Struktur* der Erklärung im Rahmen einer induktivistischen bzw. falsifikationistischen Auffassung der Wissenschaft zu analysieren, begannen Wissenschaftstheoretiker wie Toulmin und Hanson - später auch Kuhn -, sich auf die Bedeutung des *Kontextes* in der Theorienwahl zu konzentrieren[7]. Natürlich ist die Analyse der Struktur wissenschaftlicher Theorien und Erklärungen in den Jahren danach weitergegangen und hat auch wichtige Fortschritte erzielt. Da wir aber nicht länger die Bedeutung pragmatischer Faktoren in der Konstruktion und Prüfung von Erklärungen ignorieren können, müssen formale Analysen nun durch historische und institutionelle Studien der wissenschaftlichen Praxis ergänzt werden. Ich werde mich zwar gegen die Behauptung wehren, daß die Aufnahme solcher kontextueller Aspekte einen Irrationalismus oder »epistemologischen Anarchismus« in der Wissenschaft bedeutet - und werde dabei insbesondere Imre Lakatos als meinen Bundesgenossen aufrufen. Dennoch weist die *kontextualistische* Auffassung, daß wir ohne Betrachtung des pragmatischen Kontextes nicht einmal wissen können, welche Warum-Frage aufgeworfen wurde, unmißverständlich darauf hin, daß eine rein formale Darstellung der Erklärung in der Wissenschaft nicht angemessen ist.

Diese kontextuelle Wende hat eine spezielle Relevanz für die Diskussion über die Rationalität in der Religion: Im Horizont unseres Interesses an der intersubjektiven Erklärung gewinnt nun der Vergleich religiöser Erklärungen mit solchen, die im Kontext wissenschaftlicher Disziplinen angeboten werden, an Bedeutung. Wenn in anderen Disziplinen allgemeine Kriterien zur rationalen Prüfung von Theorien ausfindig gemacht werden können, dann ist damit zumindest eine erste Möglichkeit gegeben, ihre Anwendbarkeit auch im Bereich der Theologie zu erproben. Wenn aber die Kriterien in den verschiedenen wissenschaftlichen Disziplinen willkürlich variieren, läßt sich kaum daran festhalten, die Kriterien irgendeiner Disziplin mit der Theologie zu verknüpfen.

In jedem Fall ist deutlich, daß die kontextuelle Wende das Klima für Diskussionen um die theologische Rationalität radikal verändert hat. Karl Poppers falsifikationistische Modell der wissenschaftlichen Rationalität z.B. tendierte dahin, die Natur- von den

---

7 Vgl. F.Suppes exzellente Zusammenfassung der Entwicklungen in Ders: The Search for Philosophic Understanding of Scientific Theories; in: Ders. (Hg.): The Structure of Scientific Theories (Urbana, 2. Aufl. 1977), 1-241.

Geisteswissenschaften und der Religion zu trennen - »abzugrenzen«, wie er sagt -, während Kuhns Wissenschaftsmodell daran arbeitete, jegliche Trennung aufzuheben. Popper meinte, alle philosophischen und theologischen Erklärungen der unwissenschaftlichen »Metaphysik« überlassen zu müssen, während Kuhn sanftere Übergänge zwischen den verschiedenen Disziplinen vorschlug. Da man bis in die gegenwärtige Wissenschaftstheorie Sympathien für Popper wie auch für Kuhn findet, kann man davon ausgehen, daß die Beziehungen zwischen den Erklärungen der verschiedenen Disziplinen auf sehr unterschiedliche Weise bestimmt werden. Im folgenden werde ich in der Frage der wissenschaftlichen Rationalität eine mittlere Position zwischen Popper und Kuhn vertreten, die sowohl zu einer invariablen formalen Kriteriologie als auch zu einem explanativen Relativismus im Gegensatz steht. Die hier entdeckten allgemeinen Desiderata für rationale Erklärungen werden dann meine Diskussion der Frage nach rationalen Erklärungen im Bereich der Religion strukturieren.

2.1 Der formalistische Ansatz der wissenschaftlichen Erklärung

Es herrscht heute eine weitreichende Skepsis hinsichtlich der Möglichkeit einer allgemeinen Theorie der Erklärung, die die gemeinsamen formalen Bedingungen festlegt, denen alle gültigen Erklärungen genügen müssen. Doch diese Skepsis ist keineswegs selbstverständlich; sie ergab sich allmählich aus den konkreten Schwierigkeiten, denen sich die Formalisten bei ihrem Bemühen gegenübersahen, eine solche Theorie zu entfalten. Allein vor dem Hintergrund dieses formalistischen Ansatzes können wir die Betonung kontextueller Überlegungen in der gegenwärtigen Diskussion richtig verstehen.

Ich habe für die folgende kurze Darstellung die Position von Carl Hempel als Orientierungspunkt gewählt. Die »kanonische« Darstellung unseres Themas geht von Karl Poppers Falsifikationstheorie direkt zu den Kritikpunkten Thomas Kuhns über. Allerdings ist es wichtig, Poppers Modell in den breiteren Traditionsstrom zu stellen, den ich *Formalismus* nennen möchte. Hempels Position und die Antworten auf seine Kritiker sind dabei in besonderer Weise dazu geeignet, die Stärken und Schwächen der formalistischen Schule darzustellen - und uns dann in die Diskussion um den Kontextualismus zu führen.

2.1.1 Die Geburt des formalistischen Modells

Für eine einführende Darstellung des formalistischen Erklärungsmodells genügt es uns, auf Karl Poppers *Logik der Forschung* zurückzugreifen. Hempels ganzes Programm kann in vieler Hinsicht als eine Ausführung der folgenden These Poppers aufgefaßt werden: »Einen Vorgang ›kausal erklären‹ heißt, einen Satz, der ihn beschreibt, aus *Gesetzen und Randbedingungen* deduktiv abzuleiten«[8]. Es war diese bestimmte Auffassung der wissenschaftlichen Erklärung, die Popper dazu anregte, das induktivistische Modell der wissenschaftlichen Methode durch seinen Rückgriff auf die Falsifikation zu ersetzen: Selbst wenn Humes Problem der Induktion gelöst werden könnte, könnte sie doch nicht die universalen Gesetze hervorbringen, die für die wissenschaftliche Erklärung notwendig sind[9]. Da ein wissenschaftliches Gesetz streng universal sein muß, reicht ein einziger Fall der Falsifikation aus, um seine Unangemessenheit zu zeigen - denn die Aussage »Es gibt ein S, so daß gilt: S ist nicht-P« ist äquivalent zu der Negation von »Alle S sind P«[10].

Mit der Erkenntnis, daß es leichter ist zu falsifizieren denn zu verifizieren, war Poppers früher »konklusiver Falsifikationismus« geboren. Allerdings mußten, damit er funktionierte, hinsichtlich wissenschaftlicher Erklärungen zwei Voraussetzungen angenommen werden: (1) Jede wissenschaftliche Erklärung muß die Subsumption unter Gesetze implizieren, d.h. sie muß *nomologisch* sein; (2) die implizierten Gesetze müssen schlechthin universal sein, sie dürfen also keine Individualbegriffe[11] beinhalten. Um aber schlechthin universal zu sein, müssen sie in der Form von *Nichtexistenz*-Aussagen (»Es gibt kein x«) ausgedrückt werden, so daß die Entdeckung eines x sie eindeutig falsifizieren würde.

Obwohl Popper die »metaphysische« These vermied, daß jedes Ereignis deduktiv vorausgesagt werden könne, schlug er die methodologische Regel vor (wir können sie als »Poppers Regel« bezeichnen), »das Suchen nach Gesetzen, nach einem einheitlichen Theoriensystem nicht einzustellen und gegenüber keinem Vorgang, den wir beschreiben können, zu resignieren [d.h. es aufzugeben, eine deduktive Ableitung zu suchen]«[12]. Kurz, die einzige wissenschaftliche Erklärung, mit der wir wirklich zufrieden sein können, ist die, bei der das Explanandum deduktiv aus dem Gesetzesteil des Explanans folgt. Daher kann dieses Modell als die *deduktiv-nomologische* Erklärung bezeichnet werden.

Nach Poppers Regel ist das Ziel der Wissenschaft schon von sich aus reduktionistisch: »In pure science ... explanation is always the logical reduction of hypotheses to

---

8 Karl Popper: Logik der Forschung (Tübingen, 9. Aufl. 1989), 31; vgl. Ders.: Objective Knowledge: An Evolutionary Approach (Oxford, 2. Aufl. 1979), 103.

9 Es ist interessant, daß die *Logik* Poppers Beschäftigung mit dem Problem der Induktion an den Anfang stellt und das Abgrenzungsproblem (die Frage, wie die Wissenschaft von der Metaphysik zu trennen sei) daraus erwachsen läßt (z.B. aaO. 8f.), während *Conjectures and Refutations* (London, 1963) seine Hinwendung zum Abgrenzungsproblem auf 1919 und damit vier Jahre, bevor er »became interested in the problem of induction« (Conjectures 42; vgl. aaO. 255), datiert. A.Wellmer, der behauptet, daß Popper »zunächst unabhängig vom Abgrenzungsproblem auf das Induktionsproblem [stieß], und zwar anläßlich seiner Beschäftigung mit Hume« (A.Wellmer: Methodologie als Erkenntnistheorie [Frankfurt, 1967], 30), hat leider Poppers eigene Chronologie übersehen. Trotzdem gibt die Darstellung der *Logik* die logische Reihenfolge an: Das Scheitern der Induktion führt hinsichtlich der Naturwissenschaften erneut auf das Problem der Abgrenzung.

10 Vgl. auch K.Popper: The Open Society and Its Enemies (London, 2. Aufl. 1952), Kapitel 25; bes. Anm. 7.

11 Damit sind Begriffe gemeint, in denen Eigennamen unverzichtbar sind; vgl. K.Popper, Logik 37.

12 K.Popper, Logik 33.

others which are of a higher level of universality«[13]. Mit anderen Worten: Ein Phänomen wird dann und nur dann erklärt, wenn es unter bestimmten Randbedingungen als die logische Schlußfolgerung aus einer bestätigten Theorie erwiesen werden kann; und ein Gesetz wird nur dann erklärt, wenn es deduktiv aus einer Menge einer oder mehrerer bestätigter Theorien folgt. Diese Reduktion des Singulären auf den Anwendungsfall eines allgemeinen Gesetzes konstituiert für Popper in gleicher Weise die Struktur von Erklärung, Prädiktion und Bewährung[14]. Ohne Rücksicht darauf, welches der drei Momente im Blick ist, heißt es, daß alle »theoretical or generalizing sciences« von derselben Methode Gebrauch machen: Sie gehen aus auf »offering deductive causal explanations, and in testing them (by way of predictions)« (131). Solange diese Struktur zugrunde gelegt wird, bleiben kontextuelle Erwägungen irrelevant; es tut nichts zur Sache, aus welcher Quelle der Wissenschaftler seine Theorie schöpft - aus einem Traum, einer glücklichen Eingebung oder göttlicher Offenbarung. Weiterhin ist es unerheblich, daß wissenschaftliche Erklärungen keine »letztgültigen Erklärungen« sind; sie sind in keiner Weise abhängig von metaphysischen oder theologischen Voraussetzungen[15].

Man muß beachten, daß Poppers Regel aus zwei begrifflich zu unterscheidenden Forderungen besteht - der systematischen und der nomologischen. Popper hat Recht darin, daß er die Suche nach universalen Gesetzen und einem »coherent theoretical system« als die *Ideale* der Naturwissenschaft auffaßt. Wenn in einer bestimmten wissenschaftlichen Disziplin universale Gesetze ohne Probleme angewandt werden können, sind wir berechtigt, von dieser Disziplin deduktiv-nomologische Erklärungen zu erwarten. Dennoch ist es sicherlich möglich - ohne Popper zu nahe treten zu wollen -, die Suche nach kohärenten theoretischen Systemen prinzipiell von den deduktiven Erfordernissen nomologischer Erklärungen abzutrennen. Erklärungen können durchaus Teil kohärenter, aber nicht-nomologischer wissenschaftlicher Theorien sein, denen universale Gesetze fehlen - sei es auf einer frühen Stufe ihrer Entwicklung, sei es inhärent, d.h. wegen der Beschaffenheit ihres jeweiligen Gegenstandes. Beispielsweise gibt es gute Gründe anzunehmen, daß die verstehenden Sozialwissenschaften nicht-nomologisch sind.

Darüber hinaus trifft Poppers Regel selbst in den nomologischen Wissenschaften auf Schwierigkeiten. Denn damit Poppers Wissenschaftler eine Theorie oder ein vermutliches Gesetz testen kann, muß er erst einmal in der Lage sein, hinreichend sichere singuläre Aussagen zu bekommen, um die fragliche Theorie falsifizieren zu können. Aber wir werden sehen, daß die Beobachtungsaussagen, die nach Poppers *Logik* die Grundlage der seiner Methodologie bilden sollten, selbst in einer Weise theoriegeladen sind, die in das Herz des konklusiven Falsifikationismus schneidet. Es erscheint daher als unwahrscheinlich, daß die Suche nach einer allgemeinen Übereinstimmung über die Basisaussagen ohne eine genauere Betrachtung des Einflusses kontextueller Faktoren erreicht werden kann.

---

13 K.Popper, Conjectures 63.

14 K.Popper: The Poverty of Historicism (London, 2. Aufl. 1960), 124.

15 K.Popper lehnt in *Conjectures* (104f.) ausdrücklich die Notwendigkeit letztgültiger Erklärungen ab; vgl. auch Ders., Objective Knowledge 194ff.

Welche Probleme auch immer Poppers eigentliche Position bereiten mag, sie bleibt paradigmatisch dafür, wie sehr eine Theorie der Erklärung darunter leidet, wenn sie nicht in eine Theorie der Rationalität aufgehoben wird. In seinem Widerstand gegen den »Essentialismus« - letztgültigen Erklärungen in der Begrifflichkeit von Wesenheiten - setzt Popper für die Wissenschaft als obligatorisch voraus (und als grundlegend für die Epistemologie überhaupt), daß »there can be no explanation which is not in need of a further explanation«[16]. Keine Theorie ist absolut sicher; jede Theorie kann sich als problematisch erweisen und selbst expliziert oder falsifiziert werden, da es allein die Falsifikation bewirkt, »that we actually get in touch with ›reality‹« (360). Rationalität wird also durch zwei Faktoren konstituiert: (1) ein rationales Prüfverfahren und (2) die Weigerung, diesen Prozeß an irgendeinem (notwendig willkürlichen) Punkt zu beenden: »In other words every *rational* theory, no matter whether scientific or philosophical, is rational in so far as it tries to *solve certain problems*. A theory is comprehensible and reasonable only in its relation to a given *problem-situation*, and it can be rationally discussed only by discussing this relation«[17].

Hans Albert hat Poppers Ansatz ausgearbeitet und verallgemeinert und dabei seine Forderungen in eine umfassende epistemologische Position zusammengefaßt, die er *kritischen Rationalismus* nennt. Verstanden als eine *philosophische* Extrapolation aus der wissenschaftlichen Praxis - und daher frei von problematischen Begriffen wie »Basisaussagen«, »universalen Gesetzen« und »Falsifikationismus« -, beinhaltet Alberts Reformulierung viel Bemerkenswertes. Die naturwissenschaftliche Methode, so behauptet er - »die, richtig verstanden, mit den speziellen Objektbereichen der Naturwissenschaften wenig zu tun hat«[18] -, dient als Modell für eine kritische Rationalität, die zwischen gänzlicher Neutralität und totalem Engagement liegt. Jede undogmatische Suche nach Erkenntnis verfährt in der gleichen Weise: Sie schlägt für bestimmte Problemsituationen Lösungen vor, sucht sie zu falsifizieren und revidiert dann diese Lösungen. Dieser *pankritische Rationalismus*[19] bzw. Fallibilismus ist, wie Albert behauptet, der einzige Weg, das »Münchhausen-Trilemma« zu vermeiden, welches darin besteht, daß eine rationale Prüfung unausweichlich entweder in einen infiniten Regreß oder einen logischen Zirkel fällt oder aber den Kritizismus an einem willkürlichen Punkt abbricht und sich damit auf eine »Begründung durch Rekurs auf ein Dogma«[20] zurückzieht.

Albert ersetzt Poppers früheres Verbot »konventionalistischer Strategien« durch die Geißelung von »Immunisierungsstrategien« oder Versuchen, einige Teile einer Theorie jeder Kritik zu entziehen. Das Verbot von Immunisierungsstrategien zielt darauf ab, »die Dogmatisierung von theoretischen Auffassungen und damit ihre Verwandlung in kritikimmune metaphysische Lehrgebäude zu verhindern« (64). Das Ergebnis dieser Kritik ist

---

16 K.Popper, Objective Knowledge 195.

17 K.Popper, Conjectures 199.

18 H.Albert: Traktat über kritische Vernunft (Tübingen, 5. Aufl. 1991), 185.

19 Dieser Begriff stammt von W.W.Bartley; vgl. Ders.: Rationality *versus* the Theory of Rationality; in: M.Bunge (Hg.): The Critical Approach to Science and Philosophy (New York, 1964), 3-31; und Ders.: On the Criticizability of Logic; in: Philosophy of the Social Sciences 10/1980, 67-77.

20 Albert, Traktat 16.

eine weitläufige Theorie der Rationalität - die Frucht des Popperschen Ansatzes: »Setzt man dagegen an die Stelle der Begründungsidee die *Idee der kritischen Prüfung*, der kritischen Diskussion aller in Frage kommenden Aussagen mit Hilfe rationaler Argumente, dann verzichtet man zwar auf selbstproduzierte Gewißheiten, hat aber die Aussicht, durch Versuch und Irrtum - durch versuchsweise Konstruktion prüfbarer Theorien und ihre kritische Diskussion an Hand relevanter Gesichtspunkte - der Wahrheit näher zu kommen, ohne allerdings jemals Gewißheit zu erreichen«[21].

Albert ist davon überzeugt, daß der kritische Rationalismus jeden Anspruch auf Rationalität im Bereich der Religion destruiert. Im Gegensatz dazu meine ich, daß sein Programm nach einigen Korrekturen, um auch den Sozialwissenschaften Rechnung tragen zu können, religiöse Überzeugungen nicht mehr schon als solche verwerfen wird, sondern als positive Richtlinie dient, um religiöse Erklärungen zu formulieren und zu testen.

Obwohl Popper ebenfalls der Ansicht war, daß seine fallibilistische Epistemologie verallgemeinert werden könnte, hat er die Methodologie des strengen Falsifikationismus niemals aufgegeben[22]. Folglich bleiben drei Überzeugungen hinsichtlich der Erklärung wesentliche Bestandteile der Wissenschaftstheorie Poppers: (1) Der Kontext der Rechtfertigung kann vom Kontext der Entdeckung abgetrennt werden. Es tut nichts zur Sache, wie der Wissenschaftler zu seiner Erklärung kommt; die Frage nach der Rationalität richtet sich allein auf die formale Struktur der ausgearbeiteten Theorie. (2) Erklärung vollzieht sich im Rahmen universaler Gesetze und anfänglicher »Rand«-Bedingungen, die im weiteren Fortgang präzisiert werden können. (3) In engem Zusammenhang mit dem letzten Punkt steht die These, »singuläre Es-gibt-Sätze« formulieren zu können - Poppers »Basissätze« aus den dreißiger Jahren -, die »durch ›Beobachtung‹ intersubjektiv nach-

---

21 Albert, Traktat 42. Es ist nicht so, als ob Popper selbst es versäumt hätte zu erkennen, daß sein Ansatz weitreichendere Implikationen - um z.B. philosophische Fragen zu behandeln - in sich birgt (vgl. K.Popper: The Nature of Philosophical Problems and Their Roots in Science; in: Ders.: Conjectures, 66-96; und Ders.: On the Status of Science and of Metaphysics; in: aaO. 184-200). Doch während Popper immer ein Wissenschaftstheoretiker blieb, waren seine Schüler eher geneigt, seinen Ansatz über die Grenzen der Naturwissenschaft hinaus zu erweitern. Aus diesem Grund hat Albert u.a. den Marxismus und die analytische Philosophie (vgl. Ders., Traktat Kap. 4 und 6), die moderne katholische Theologie (vgl. Ders.: Das Elend der Theologie. Kritische Auseinandersetzung mit Hans Küng [Hamburg, 1979]), die protestantische Theologie (vgl. Ders.: Theologische Holzwege. Gerhard Ebeling und der rechte Gebrauch der Vernunft [Tübingen, 1973]), den »transzendentalen Pragmatismus« in den Sozialwissenschaften (vgl. Ders.: Transzendentale Träumereien. Karl-Otto Apels Sprachspiele und sein hermeneutischer Gott [Hamburg, 1975]) und schließlich auch die gesamte hermeneutische Tradition (vgl. Ders.: Plädoyer für kritischen Rationalismus [München, 1971]) scharf angegriffen. Weniger kasuistische Bemühungen in die gleiche Richtung unternehmen J.W.N.Watkins: Confirmable and Influential Metaphysics; in: Mind 67/1958, 344-365; und W.W.Bartley: The Retreat to Commitment (New York, 1962).

22 Die Veröffentlichung von *Die beiden Grundprobleme der Erkenntnistheorie*, »aufgrund von Manuskripten aus den Jahren 1930-1933«, im Jahr 1979 (Tübingen) und die drei Bände von *Postscript to the Logic of Scientific Discovery* aus dem Jahr 1983 (Totowa; Bd. 1: Realism and the Aim of Science, Bd. 2: The Open Universe, Bd. 3: Quantum Theory and the Schism in Physics), nahezu unverändert nach den Fahnen und Notationen aus dem Jahr 1962, zeigen überdeutlich, daß Poppers Auseinandersetzungen mit Lakatos, Kuhn und anderen ihn nicht zu irgendwelchen größeren Modifikationen oder Rücknahmen veranlaßt haben.

prüfbar sein« müssen[23]. Diese drei Überzeugungen sind die gemeinsamen Lehrsätze des formalistischen Ansatzes der Erklärung[24].

Obwohl die formalistische Analyse der Erklärung ihre Wurzeln im Logischen Empirismus hat - besonders bei Carnap und Popper -, findet sie ihren klassischen Ausdruck in den Schriften von Hempel und Nagel. Vielleicht das früheste Buch dieser Tradition, das explizit dem Problem der Erklärung gewidmet war, war Braithwaites *Scientific Explanation* (eine durchgesehene Ausgabe seine *Tanner Lectures* von 1946). Gedacht als eine Einführung in die Funktionen von Theorie, Wahrscheinlichkeit und Gesetz in der Wissenschaft, setzte sein Buch das meiste von dem, was in der späteren Tradition in Frage gestellt wurde, einfach voraus - nämlich, daß »it is almost a platitude to say that every science proceeds, more and less explicitly, by thinking of general hypotheses ... from which particular consequences are deduced which can be tested by observation and experiment«[25]. Dennoch wählte Braithwaite als Hauptthemen seiner Einleitung in die Wissenschaftstheorie genau die Probleme, die später die klassischen *Loci* der formalistischen Diskussionen wissenschaftlicher Erklärungen werden sollten: den Status der theoretischen Termini, die Rolle von Modellen, die Bedingungen der hypothetisch-deduktiven Methode und die Differenzen zwischen deduktiver, statistischer und teleologischer Erklärung. Mit diesen Unterscheidungen war für Hempels systematische Ausarbeitung des formalistischen Ansatzes alles vorbereitet.

2.1.2 Carl Hempel

Die formalistische Schule erhielt ihr Manifest zwei Jahre später in Hempel und Oppenheims *Studies in the Logic of Explanation*[26]. Ihre Arbeit ergab nichts umstürzend Neues:

---

23 K.Popper, Logik 68.

24 Für diesen formalistischen Ansatz sind auch eine ganze Anzahl anderer Bezeichnungen gebraucht worden. C.Glymour spricht von den »purely logical theories« des Formalismus (vgl. C.Glymour: Explanation and Realism; in: J.Leplin [Hg.]: Scientific Realism [Berkeley, 1984], 173-192; 178); andere nennen ihn den »covering law« oder »deductive-nomological« Ansatz, obwohl ich der Meinung bin, daß diese Bezeichnung zu eng ist. Carl Hempel nennt seine Position an einer Stelle die Suche nach »a general analytic theory« von Erklärung und Prädiktion; vgl. C.Hempel: Deductive-Nomological vs. Statistical Explanation; in: H.Feigl; G.Maxwell (Hgg.): Scientific Explanation, Space, and Time (Minneapolis, 1962), 98-169; 167. In der gleichen Sammlung hatte schon Feyerabend diesen Ansatz als »a formal account of ... explanation« bezeichnet (vgl. P.Feyerabend: Explanation, Reduction and Empiricism; aaO. 28-97; 28). - Es legt sich nahe, diese Positionen - angesichts ihrer Beschäftigung mit strukturalen Betrachtungen - unter die Überschrift »strukturalistische Theorien der Erklärung« zu stellen. Der Begriff *strukturalistisch* lenkt sehr schön die Aufmerksamkeit auf ihre Behauptung einer allgemein geltenden Struktur wissenschaftlicher Erklärungen (und damit auch der Welt) wie z.B. bei R.Carnap: Der logische Aufbau der Welt (Berlin, 1928) und E.Nagel: The Structure of Science: Problems in the Logic of Scientific Explanation (London, 1961). Allerdings hat der Ausdruck *Strukturalismus* in den Sozialwissenschaften eine tiefgreifend andere Bedeutung. Außerdem hat sich die Beschäftigung mit Strukturen in der *nicht*-formalistischen Wissenschaftstheorie fortgesetzt (wie bei T.S.Kuhn: The Structure of Scientific Revolutions [Chicago, 2. Aufl. 1970]), nun aber mit dem Schwergewicht auf *pragmatischen* Strukturen.

25 R.B.Braithwaite: Scientific Explanation (Cambridge, 1953), IX.

26 C.G.Hempel; P.Oppenheim: Studies in the Logic of Explanation; in: Philosophy of Science 15/1948, 135-175; Seitenverweise beziehen sich auf den mit einem Nachwort versehenen Nachdruck in C.G.Hempel: Aspects of Scientific Explanation (New York, 1965), 245-295.

Hempel und Oppenheim zitierten Popper (und andere) als Vorläufer ihres deduktiv-nomologischen Modells und räumten selbst ein, daß ihre Darstellung »by no means novel« war (251, Anm. 7). Die formale Analyse der wissenschaftlichen Erklärung läßt sich in folgendem Schema zusammenfassen (249):

	$B_1, B_2, ..., B_i$	Aussagen über Randbedingungen	
			Explanans
	$G_1, G_2, ..., G_i$	Allgemeine Gesetze	
Logische Deduktion	————————		
	E	Beschreibung des empirischen Phänomens	*Explanandum*

Das deduktiv-nomologische Ideal der Erklärung impliziert vier notwendige Bedingungen: (1) Das Explanandum muß eine logische Folgerung aus dem Explanans darstellen; (2) das Explanans muß allgemeine Gesetze anführen und (3) einen empirischen Inhalt haben; (4) die Sätze, die das Explanans konstituieren, müssen wahr sein (247-249).

Man würde sicher erwarten, daß eine solche Analyse auf die Erklärungen in den Naturwissenschaften beschränkt bleiben würde: Sozialwissenschaftliche Erklärungen lassen sich nur selten in Prädiktionen umwandeln, und es ist sehr zu bezweifeln, daß Gleichmäßigkeiten im menschlichen Sozialverhalten überhaupt angemessen als *Gesetze* bezeichnet werden[27]. Aber Hempel und Oppenheim erheben im wesentlichen den Anspruch, daß ihre formale Analyse die notwendige Bedingung für *jede* empirische Wissenschaft formuliert. Sie behaupten explizit, daß ihre Darstellung ebenso alle »motivational and teleological« Erklärungen betrifft[28]. Menschliche Subjekte mögen vielleicht »a peculiar uniqueness« haben, aber dennoch fügen sich ihre Verhaltensformen in bestimmte allgemeine Kausalgesetze. Umgekehrt sei auch das Verhalten physikalischer Entitäten, nicht weniger als menschliches Verhalten, abhängig von einer individuellen Geschichte; dies trifft auf magnetische Hysteresis oder elastische Ermüdung ebenso zu wie auf menschliche Psychosen. Für Hempel können daher menschliche Ziele und Motive genauso wie die Randbedingungen in den Naturwissenschaften behandelt werden: »The term ›teleological‹ may be viewed ... as referring to causal explanations in which some of the antecedent conditions are motives of the agent whose actions are to be explained« (255). Selbst auf den ersten Blick schon scheint diese Ausweitung der einheitswissenschaftli-

---

[27] Selbst E.Nagel: The Structure of Science (London, 1961), 49; ist sich dieser Schwierigkeit bewußt.

[28] Hempel hatte schon in seinem frühen Aufsatz *The Function of General Laws in History* (in: Journal of Philosophy 39/1942, 35-48; wieder abgedruckt in C.Hempel, Aspects 231-243), strenge Forderungen für deduktiv-nomologische Erklärungen in der Geschichtswissenschaft aufgestellt, vgl. z.B.: »The necessity, in historical inquiry, to make extensive use of universal hypotheses ... is just one of the aspects of what may be called the methodological unity of empirical science« (243).

chen Bewegung den Geisteswissenschaften nicht gerecht zu werden. Daher werde ich unten dafür eintreten, daß menschliche Ziele und Motive grundsätzlich nicht im Rahmen des formalistischen Ansatzes der Erklärung dargestellt werden können.

Obwohl Hempel und Oppenheim im Vergleich zu Popper, der darauf beharrte, daß Gesetze nicht auf einen bestimmten Bereich begrenzt werden könnten und *nur* rein universale Prädikate enthalten dürften, ihre Forderungen für gesetzliche Aussagen ein wenig abmilderten, steht ihre Darstellung in einer bemerkenswerten Nähe zu den Positionen von Popper und Braithwaite[29]. Wir sind also berechtigt, Popper, Braithwaite, Nagel und Hempel als Vertreter einer einheitlichen Schule anzusehen. Trotz der Kritik, die ich unten geltend machen werde, bin ich davon überzeugt, daß die Arbeit dieser Formalisten für unser Verständnis der wissenschaftlichen Erklärung einen wesentlichen Beitrag geliefert hat. Sie repräsentiert ein *formales Ideal* für die Konstruktion naturwissenschaftlicher Theorien, indem sie ein Bild davon entwirft, wie eine überzeugende Erklärung im Kontext einer voll entwickelten Theorie aussehen könnte. Einer seiner Gegner notiert, daß Hempels Analysen »have uniformly exhibited the kind of clarity, depth, incisiveness, and fairness that ideally suit them to provide a solid basis for understanding the fundamental philosophical issues«[30]. Ich meine daher, daß wir das formalistische Programm nach wie vor als Bild einer idealen Erklärung in einer »vollständigen« Wissenschaft auffassen können. Denn wenn eine bestätigte Theorie Hempels Erklärungen hervorbringen könnte, dann würden an sie keine weiteren formalen Forderungen mehr zu stellen sein (Natürlich ist es eine andere Frage, ob zu der Erklärungsaufgabe noch weitere kontextuelle und pragmatische Komponenten gehören).

Trotzdem sind Hempels sorgfältige Definitionen von Gesetz und Erklärung für eine Modellsprache letztlich doch unangemessen. Da diese Schwierigkeiten nicht nur eine Besonderheit des Ansatzes Hempels, sondern Kurzschlüsse der meisten formalistischen Analysen darstellen, und da die Debatte zwischen Formalismus und Kontextualismus noch bis heute andauert, müssen wir sie hier etwas ausführlicher behandeln. Ich werde sechs größere Probleme des formalistischen Programms erwägen, die von Beschränkungen des Geltungsbereiches und einzelnen Fehlern bis hin zu fundamentalen Mängeln reichen[31]. Dieser teilweise technische Exkurs ist notwendig, wenn wir uns der inhärenten Schwierigkeiten des formalistischen Programms in vollem Umfang bewußt werden wollen - Schwierigkeiten, die den Wechsel zur Kohärenztheorie der Erklärung, auf welcher dieses Buch beruht, notwendig werden lassen.

(1) *Das Problem des Geltungsbereichs.* Deduktiv-nomologische Erklärungen fordern, daß das Explanans gesetzesmäßige Aussagen verwendet, die Hempel als *funda-*

---

29 Vgl. K.Popper, Logik 35-41. Wesley Salmon notiert, daß Poppers *Logik* eine »important anticipation« des deduktiv-nomologischen Modells der Erklärung beinhaltet, obwohl es noch zur »prehistory« des Themas gehört; vgl. W.C.Salmon: Scientific Explanation and the Causal Structure of the World (Princeton, 1984), 21 Anm. 9.

30 W.C.Salmon: Carl G. Hempel on the Rationality of Science; in: Journal of Philosophy 80/1983, 555-562; 555.

31 Daß Hempel sich in seinen späteren Jahren vieler dieser Probleme bewußt war, mag zwar auf ihn als Forscher ein gutes Licht werfen, ist aber ohne Relevanz für eine Beurteilung des Gesamtprogramms, das mit seinem Namen verknüpft ist.

mental sentences (d.h. universale Konditionalsätze, die keine »Individuenkonstanten« enthalten) bzw. ihre logischen Konsequenzen bzw. Ableitungen definiert (272). Später gestand er Nagel gegenüber die Unangemessenheit dieser Definition ein. Nagel hatte gezeigt, daß Hempels Bestimmung »far too restrictive« ist, da sie z.B. auch die Keplerschen Gesetze (sowohl vor als auch nach Newtons Theorie) wegen ihres grundsätzlichen Gebrauchs von Individuenkonstanten ausschließen würde[32]. In seiner Kritik wiederum an Nagels Vorschlag einer »unrestricted universality« von Gesetzen gab Hempel zu, daß die Formalisten noch nach einer »satisfactory version of the scope condition«[33] zu suchen hätten.

(2) *Formale Sprachen.* Am Ende seiner Analyse der Erklärung weist Hempel darauf hin, daß sie auf formale Sprachen beschränkt war. Er gesteht zu, daß »a significant application of either theory (of systematic power) in epistemology or the methodology of science requires the solution of certain fundamental problems which concern the logical structure of the language of science and the interpretation of its concepts« (288). Leider stellte sich heraus, daß die Aufgabe, die Beziehungen zwischen formalen Sprachen und der wirklichen linguistischen Praxis in den Wissenschaften zu klären, sehr viel schwieriger war als Hempel und andere angenommen hatten. Damit schien Hempels Zugeständnis, die »conditions for a sound application« (ebd.) seiner Modelle präzisieren zu müssen, ohne eine umfassendere Überarbeitung der Grundprämissen seines formalistischen Programms gar nicht möglich zu sein.

(3) *Selbsterklärung.* Es ist für Hempel nicht möglich, eine »partial self-explanation« auszuschließen - d.h. Fälle, in denen ein Explanandum E zum Teil aus einem singulären Satz im Explanans, der E als eine Konsequenz impliziert, abgeleitet wird[34]. Nun hat Hempel sicherlich Recht mit der Behauptung, daß das Phänomen der teilweisen Selbsterklärung nicht auf eine totale Zirkularität der wissenschaftlichen Erklärung hinausläuft, da das Explanans noch immer über den Inhalt des bestimmten Explanandums *hinausgeht* (276, Anm. 36). Aber kann er auch eine partiale Zirkularität zurückweisen - d.h. abstreiten, daß das Explanans teilweise vom Explanandum abhängig ist? Und wenn die Beobachtungssprache, in der wir die Randbedingungen ausdrücken, ebenso (und manchmal *gleichzeitig* mit der theoretischen Sprache) aufgebaut werden muß - haben wir dann nicht genau das, was der Kontextualist meint, wenn er die Wirkung der Theorie auf die Beobachtungssprache hervorhebt? Der spätere verwendete Begriff der theoriegeladenen Daten ist wohl nicht mehr als eine Radikalisierung der selbstreflexiven Qualität von Erklärungen, wie sie von Hempel behauptet wird.

(4) *Erklärungsentwürfe.* In vielen Fällen kann eine Theorie keine vollständigen deduktiv-nomologischen Erklärungen liefern, sondern muß sich mit »explanation sketches«

---

32 Vgl. E.Nagel, The Structure of Science 57-59.

33 C.G.Hempel, Aspects 293.

34 Vgl. C.G.Hempel, Aspects 274-276. Hempels Beispiel ist folgende Erklärung, die er für gültig hält: $G_1 = (x)(P(x) \rightarrow Q(x))$, $B_1 = R(a,b) \wedge P(a)$, $E_1 = Q(a) \wedge R(a,b)$ mit einem allgemeinen Gesetz G_1, einer Randbedingung B_1 und dem Explanandum E_1. Er gibt zu, daß es kontraintuitiv scheint zu sagen, daß möglicherweise (G_1, B_1) E_1 erklärt, da das Vorkommen der Komponente »R(a,b)« von B_1 im Satz E_1 auf eine teilweise Erklärung des Explanandums durch sich selbst hinausläuft.

zufrieden geben (423f.). Diese Entwürfe bieten eine Art Abriß der vollständigen Erklärung, ohne jedoch das Niveau adäquater Hempelscher Erklärungen zu erreichen. Doch es scheint, daß sich die wissenschaftliche Praxis sehr viel häufiger auf dieser Ebene bewegt als Hempel zugestehen möchte; zumindest die Sozialwissenschaften sind sehr viel mehr - ob notwendigerweise oder zufällig - durch Entwürfe denn durch vollständige Erklärungen charakterisiert. Eine noch bedeutendere Rolle spielen Erklärungs- bzw. Sinnentwürfe bei den Bemühungen um eine Erklärung in den Bereichen von Philosophie und Religion.

(5) *Kohärenz.* Erklärungen zielen darauf ab, Kohärenz in unsere Erfahrungsvielfalt zu bringen - mit dieser Behauptung hat Hempel bis zu einem gewissen Grad die spätere These vorweggenommen, daß Entscheidungen über Beobachtungsaussagen, Randbedingungen und Erklärungsadäquanz teilweise von systematischen Faktoren abhängt. Hempel bemerkt, daß Gesetze und Theorien versuchen, »[to] establish systematic connections among the data of our experience« (278). Obwohl er die wichtige Rolle von Kohärenzerwägungen in der deduktiv-nomologischen Erklärung niemals anerkannt hat, so hat er doch in seinem Hauptartikel über die Erklärung die »epistemic relativity« der probabilistischen bzw. »inductive-statistical« Erklärung zugestanden - daß wir also von induktiven Erklärungen bloß »relative to some class K of statements representing a particular knowledge situation« sprechen können[35]. Darüber hinaus können bei *psychologischen* Erklärungen »the many complex interdependencies among the psychological concepts in question« bestenfalls durch »quasi-theoretical connections« berücksichtigt werden (474). Es ist oft übersehen worden, in welcher Weise Hempels Wechsel zur Kohärenz an dieser Stelle sein eigenes deduktiv-nomologisches Programm relativiert und spätere Theorien der Erklärung präfiguriert. Die jüngere Debatte in der Wissenschaftstheorie tendiert dazu, sich dieses Ziel der Kohärenz - die Suche nach einem »systematic understanding of empirical phenomena by showing that they fit into a nomic nexus« (488) - zu eigen zu machen, es dabei aber - im Gegensatz zu Hempel - abzulehnen, daß diese »data of our experience« (278) immer direkt (vortheoretisch) und an sich selbst zugänglich sind.

(6) *Beobachtungssätze.* Hempels früher Gebrauch der scharfen Unterscheidung zwischen Theorie und Beobachtung, die er weithin von Carnap und dem Wiener Kreis übernommen hatte, wirft für seine Theorie der Erklärung unüberwindliche Schwierigkeiten auf[36]. Dieses Problem hat vielleicht mehr als jedes andere auf die relativierende Wirkung des Kontextes in der Wissenschaft aufmerksam gemacht. Als Hempel später seine Position zusammenfaßte, hatte er danach gesucht, die Wege zu explizieren, »in which theoretical terms are assigned specific ›meanings‹ with the help of an observational vocabulary«[37]. Natürlich muß für das Falsifikationsmodell der Rationalität ebenso wie für

---

35 C.G.Hempel: Aspects of Scientific Explanation; in: Ders.: Aspects of Scientific Explanation (New York, 1965) 331-496; 488.

36 In den *Aspects* finden sich mehr Verweise auf Carnaps Schriften als auf die irgendeines anderen Autors, Hempels eigene eingeschlossen! In seiner 240-seitigen Einleitung in die gegenwärtige Wissenschaftstheorie schreibt F.Suppe Carnap und Hempel gemeinsam zu, die »main authors« der »Received View« zu sein; vgl. F.Suppe: The Search for Philosophic Understanding of Scientific Theories; in: Ders. (Hg.): The Structure of Scientific Theories (Urbana, 2. Aufl. 1977), 1-241; 50.

37 C.G.Hempel: Formulation and Formalization of Scientific Theories; in: F.Suppe (Hg.): The Structure of Scientific Theories (Urbana, 2. Aufl. 1977), 244-254; 253.

Carnaps induktivistischen Ansatz eine gegebene Theorie auf der Basis von Beobachtungsaussagen, die noch nicht durch die in Frage stehende Theorie *korrumpiert* worden sind, prüfbar sein (jeweils falsifizierbar bzw. verifizierbar). In dem Maße aber, in dem Hempel und Nagel in irgendeiner Form an dem Verifikationskriterium festhielten (d.h. nur empirisch verifizierbare Sätze als sinnvoll auffaßten), waren sie unvermeidlich auf die Unterscheidung zwischen Theorie und Beobachtung angewiesen, um überhaupt Fragen von kognitiver Relevanz stellen zu können. Wenn ich zeigen kann, daß die theoretische und semantische Angemessenheit dieses formalistischen Ansatzes wesentlich auf einer klaren Trennung von Theorie und Beobachtung beruht, dann stellt jede Gefahr für diese Unterscheidung zugleich auch eine Gefahr für das formalistische Projekt dar.

Zugegebenermaßen ist die Theorie von Sinn und Bedeutung, die den meisten formalistischen Ansätzen zugrunde liegt, im höchsten Grade unklar, so daß eine Kritik auf diesem Terrain sehr anfechtbar ist. Frederick Suppe wirft Carnap und Hempel in der Suche nach einer in Beobachtungen gegründeten Semantik einfach zusammen[38]; aber diese Kombination braucht nicht mehr anzuzeigen als die Künstlichkeit einer Ausdrucksweise wie »*The* Received View«. Besehen wir die Beziehung zwischen deduktiv-nomologischer Erklärung und verifikationistischem Sinnkriterium allein in Hempels Veröffentlichungen, so zeigt sich, daß er schon 1950 die Suche nach allgemeinen Kriterien kognitiver Bedeutung abwies[39]. 1969 dann verwarf er in einem anderen Aufsatz alle seine früheren Versuche zur Unterscheidung zwischen Theorie und Beobachtung[40], während er in einem dritten seine nomologische Theorie der Erklärung nochmals verteidigte[41]. Ungeachtet dieses scheinbaren Widerrufs fiel Hempel nicht selten in die verifikationistische Sprache zurück, so z.B. wenn er behauptete, daß unprüfbare Erklärungen menschlicher Motivationen ihre »cognitive significance« verlieren oder - falls die Begriffe einer funktionalistischen Analyse in nichtempirischer Weise gebraucht werden - »the sentences containing them have no clear empirical meaning«[42]. Der Kontrast zu Poppers Ansatz liegt offen zu Tage: Dieser hatte theoriefreie, grundsätzliche Beobachtungssätze als potentielle Falsifikatoren von Theorien gefordert; er machte aber anders als Hempel diese Forderung niemals zu einem Kriterium kognitiver Bedeutung - er gebrauchte sie nur zur Abtrennung der Wissenschaft von der Metaphysik. Obwohl Hempel die Falsifizierbarkeit sowohl als Kriterium kognitiver Bedeutung als auch zur Abgrenzung der Wissenschaft von der Metaphysik ablehnte (121f.), stellte er in seiner früheren Arbeit zu Recht fest,

---

38 So F.Suppe über die »Received View«; vgl. F.Suppe, Structure 115-118.

39 In seinem Aufsatz *Empirist Criteria of Cognitive Significance: Problems and Changes*, nun in C.G.Hempel: Aspects of Scientific Explanation (New York, 1965), 101-119.

40 Vgl. C.G.Hempel: Formulation and Formalization of Scientific Theories; in: F.Suppe (Hg.): The Structure of Scientific Theories (Urbana, 2. Aufl. 1977), 244-265.

41 Vgl. C.G.Hempel: Logical Positivism and the Social Sciences; in: P.Achinstein; S.F.Barker (Hgg.): The Legacy of Logical Positivism (Baltimore, 1969), 163-194.

42 C.G.Hempel: Studies in the Logic of Explanation; in: Ders.: Aspects of Scientific Explanation (New York, 1965), 245-290; 255; vgl. auch Ders.: The Logic of Functional Analysis; in: Ders., aaO. 297-330; 320. Hempel könnte antworten, daß er mit »cognitive significance« oder »empirical meaning« lediglich meinte, über ihre Rolle in der empirischen Wissenschaft zu sprechen, nicht aber über allgemeine Fragen der Sinnhaftigkeit.

daß das deduktiv-nomologische Modell eine prinzipielle Einteilung des Vokabulars der empirischen Wissenschaft in theoretische Termini und Beobachtungstermini benötigte[43]. Dasselbe schien auch für Nagel notwendig zu sein[44].

Hempel gibt zu, daß er damals ein Beobachtungsvokabular für die einzige Hilfe hielt, um die Bedeutung theoretischer Termini präzisieren zu können[45]. Aber Putnams vernichtende Kritik an der Dichotomie zwischen Theorie und Beobachtung (und an Carnaps und Hempels »partial interpretation« theoretischer Termini durch Beobachtungstermini) im Jahr 1960 ließ dem Versuch, »to formalize the process of introducing technical terms«, wenig Hoffnung[46]. Es scheint nun keine Aussicht mehr zu bestehen, Beobachtungstermini einzuführen, die nicht zu einem gewissen Grade theoriegeladen sind. Hempels Unfähigkeit, diese Aufgabe zu lösen, begrenzt bestenfalls den Geltungsbereich der deduktiv-nomologischen Erklärung und läuft schlimmstenfalls auf eine Widerlegung des formalistischen Programms insgesamt hinaus. Noch genauer deutet Hempels Zugeständnis bzw. Niederlage in dieser Frage die bedeutende Rolle an, die hermeneutische Erwägungen in der Wissenschaftstheorie spielen werden. Denn Hempel gibt nun zu, daß »the internal principles and bridge principles of a theory, apart from systematically characterizing its content, no doubt offer the learner the most important access to an ›understanding‹ of its expressions, including terms as well as sentences«[47].

Was ist das Ergebnis dieser verschiedenen Kritiken an Hempels Programm? Wie ich schon oben angedeutet habe, bevorzuge ich es, im Kontext der Naturwissenschaften eher von seiner Eingrenzung denn von seiner Widerlegung zu sprechen. Man kann nicht sagen, daß die Schwierigkeiten des formalistischen Ansatzes die Suche nach formalen Desiderata der Erklärung in der Weise entkräftet hätten, daß z.B. die Kritik am konklusiven Falsifikationismus ihn endgültig falsifiziert habe. Hempel ist durchaus im Recht, wenn er sagt, daß die formale Analyse der Erklärung zusätzliche Arbeit im Rahmen weiterer Überlegungen erfordert[48]. Allerdings müssen im Licht der erhobenen Einwände bestimmte Vorbehalte geltend gemacht werden: Die Forderungen Hempels verdienen An-

---

43 So am deutlichsten in C.G.Hempel: The Theoretician's Dilemma: A Study in the Logic of Theory Construction; in: Ders., Aspects 173-228; 178f.

44 Vgl. E.Nagel: The Structure of Science (London, 1961), Kap. 5; z.B. 79-83.

45 C.G.Hempel: On the »Standard Conception« of Scientific Theories; in: M.Radner; S.Winokur (Hgg.): Analyses of Theories and Methods of Physics and Psychology (Minneapolis, 1970), 142-163; 162.

46 Vgl. H.Putnam: What Theories Are Not; in: E.Nagel u.a. (Hgg.): Logic, Methodology and Philosophy of Science: Proceedings of the 1960 International Congress (Stanford, 1962), 240-251. So weit ich sehe, findet sich hier zum ersten Mal der Begriff »The Received View«.

47 C.G.Hempel, Standard Conception 163.

48 Hempel gesteht in seinem Nachwort zu *Studies in the Logic of Explanation* zu, daß der Geltungsbereich nomologischer Aussagen noch nicht adäquat bestimmt sei (vgl. C.G.Hempel, Aspects 293), und räumt ein, daß Fragen nach Bedeutung und Referenz theoretischer Termini offen blieben (vgl. C.G.Hempel: Formulation and Formalization of Scientific Theories; in: F.Suppe (Hg.): The Structure of Scientific Theories [Urbana, 2. Aufl. 1977], 244-265; 264). Hempels Auffassung scheint also eine adäquate Theorie der Bestätigung zu brauchen, die er nie entwickelt hat; vgl. W.C.Salmon: Carl G. Hempel on the Rationality of Science; in: Journal of Philosophy 80/1983, 555-562. - Obwohl ich es hier nicht ausführlicher darlegen kann, scheinen mir die weiteren Entwicklungen in der strukturalistischen Wissenschaftstheorie noch ähnlichen Problemen verhaftet zu sein, wie ich sie hier hinsichtlich des Hempelschen Programms geltend gemacht habe.

erkennung nur dort, wo (1) eine Übereinstimmung über das exakte Explanandum und die Faktoren besteht, die für das Explanans von Bedeutung sind, (2) der Kontext eindeutig nomologisch ist und (3) der Gegenstand eher kausale statt intentionale Erklärungen erfordert (vgl. Kap. 3). Der zweite und dritte Vorbehalt begrenzen Hempels Version des Formalismus für die Naturwissenschaften (und viel mehr noch für die Geisteswissenschaften!), wohingegen ihm der erste gerade dort eine beschränkte und auf den *Idealfall* bezogene Rolle zuweist.

2.1.3 Das Schicksal des Formalismus nach Hempel

Der Reichweite der deduktiv-nomologischen Erklärung sind also engere Grenzen gesetzt als Hempel gedacht hatte - dies dürfte wohl die offensichtlichste Schlußfolgerung sein, die aus der Erklärungsdebatte der letzten zwanzig Jahre gezogen werden kann. Läßt man die pragmatischen Aspekte der Erklärung vorerst noch beiseite, so können vier Stadien der Diskussion um den Formalismus unterschieden werden, die eine Art von rationaler Rekonstruktion ihres Verlaufs erlauben.

(1) 1948 gaben Hempel und Oppenheim auf der Grundlage von Popper, Carnap, Braithwaite und anderen die erste ausführliche Darstellung des deduktiv-nomologischen Modells der Erklärung.

(2) In den folgenden zwei Dekaden stieß Hempel bei der Ausarbeitung der formalen Struktur induktiv-statistischer Erklärungen auf größere Divergenzen zur deduktiv-nomologischen Kategorie als er selbst vermutet hatte[49]. Nach dem Zugeständnis der wichtigen Rolle von Kontext und Kohärenz und der bloß probabilistischen Ableitung des Explanandums aus dem Explanans (das bei der Induktion nur statistische, wenn auch immer noch allgemeine Gesetze enthält), mußte Hempel schließlich auch die *epistemische Relativität* der statistischen Erklärung eingestehen - d.h. dieser Typ der Erklärung »is essentially relative to a given knowledge situation as represented by a class *K* of accepted statements«[50]. Die überraschende Konsequenz lautet, daß man zwar von wahren deduktiv-nomologischen Erklärungen, *nicht aber* von wahren induktiv-statistischen Erklärungen sprechen kann; die letzteren müssen auf eine gegebene Klasse akzeptierter Behauptungen relativiert werden (403).

(3) Ausgehend von diesen Zugeständnissen Hempels suchten Wesley Salmon und andere ein alternatives Erklärungsmodell der *»statistical relevance«* zu entwickeln[51]. Dieses Modell leitete aus der Wahrscheinlichkeitstheorie bestimmte allgemeine Bedingungen für statistische Relevanz ab, die als hinreichende Bedingungen für eine angemessene wis-

---

49 Vgl. C.G.Hempel: Deductive-Nomological vs. Statistical Explanation; in H.Feigl; G.Maxwell (Hgg.): Scientific Explanation, Space, and Time (Minneapolis, 1962), 98-169; und C.G.Hempel: Aspects of Scientific Explanation; in: Ders.: Aspects of Scientific Explanation (New York, 1965), 331-496.

50 C.G.Hempel, Aspects 402.

51 Vgl. W.C.Salmon; R.Jeffrey; J.Greeno: Statistical Explanation and Statistical Relevance (Pittsburgh, 1971).

senschaftliche Erklärung aufgefaßt wurden: »According to [the statistical-relevance model] ..., an explanation consists *not in an argument* but in an *assemblage of relevant considerations*. On the model, high probability is not the desideratum; rather, the amount of relevant information is what counts. ... The goodness, or epistemic value, of such an explanation is measured by the gain in information provided by the probability distribution over the partition«[52]. Salmons Versuch ist deshalb wichtig, weil er eine *formale* Analyse der Erklärung anbietet, die dennoch einem *kontextualistischen* Verständnis der Erklärung sehr nahe steht. Jedoch hat er nun der Kritik von Stegmüller, Humphreys, Rogers und besonders Peter Achinstein zugestimmt, daß sein Modell der statistischen Relevanz keine hinreichende Theorie der wissenschaftlichen Erklärung darstelle[53].

(4) Salmons jüngster Versuch geht dahin, eine eher ontologische statt epistemische oder modale Konzeption der Erklärung vorzulegen[54]. Er fügt eine neue notwendige Bedingung hinzu: »To give a scientific explanation is to show how events and statistical regularities fit into the causal network of the world«[55]. Er behandelt nun die Erklärung in den Grenzen der »ehrwürdigen« Tradition einer »mechanistischen Philosophie« (also unter Ausschluß der Quantenphysik[56]) und widmet den Hauptteil seines Buches dem Versuch einer adäquaten Analyse der Kausalität (Kap. 5-7).

Diese Betonung einer ontologischen Dimension der Erklärung hebt die engen Verknüpfungen zwischen naturwissenschaftlichen und metaphysischen Erklärungen deutlicher hervor, als dies bisher in der formalistischen Tradition geschehen war. Vielleicht ist Salmons Ansatz in den letzten Jahren gerade deshalb aus zwei Gründen heraus angegriffen worden: (1) Er maximiert statt minimiert die Abhängigkeit von metaphysischen Voraussetzungen und macht sich dabei gänzlich unattraktiv für Nichtrealisten (z.B. Konstruktivisten). (2) Die Reichweite seiner Theorie ist geringer als bei Hempel, da sie wissenschaftliche Erklärungen mit den Erklärungen der klassischen Physik identifiziert[57]. Trotzdem sind solche Einschränkungen noch nicht hinreichend, um Salmon zu widerlegen. Denn die Verknüpfung von Theorien der Erklärung mit bestimmten Forschungsgebieten wird u.a. dadurch gerechtfertigt, daß wir zwischen den Erklärungen in den Natur- und Sozialwissenschaften Unterschiede feststellen können. In ähnlicher Weise findet sich auch bei Salmons explizitem Appell an die Metaphysik etwas erfrischend Ehrliches: Er ist in der Lage, seine ontologischen Bindungen in einer Weise zu formulieren und zu vertei-

---

52 W.C.Salmon: A Third Dogma of Empiricism; in: R.E.Butts; J.Hintikka (Hgg.): Basic Problems in Methodology and Linguistics (Dordrecht, 1977), 149-166; 154 (Hervorhebungen von mir). Salmon definiert eine Eigenschaft *C* als statistisch relevant für eine Eigenschaft *B* gdw $P(A \wedge C, B) \neq P(A, B)$ - d.h. *C* darf die anfängliche Wahrscheinlichkeit von *A* bei gegebenem *B* nicht unverändert lassen.

53 Vgl. W.C.Salmon: Scientific Explanation and the Causal Struture of the World (Princeton, 1984), 22: Statistische Analysen »fall short of providing genuine scientific understanding«. Achinsteins Kritik ist enthalten in P.Achinstein: The Nature of Explanation (New York, 1983).

54 Vgl. W.C.Salmon, Scientific Explanation 16ff., 276.

55 W.C.Salmon, Third Dogma 162.

56 Vgl. W.C.Salmon, Scientific Explanation 278f.

57 Vgl. J.C.Forge: Physical Explanation: With Reference to the Theories of Scientific Explanation of Hempel and Salmon; in: R.McLaughlin (Hg.): What? Where? When? Why? Essays on Induction, Space and Time, Explanation (Dordrecht, 1982), 211-229, bes. 227.

digen, die für diejenigen nicht zugänglich ist, die metaphysische Voraussetzungen erst im Kreuzverhör durch ihre Kritiker eingestehen.

Aus unserer Prüfung dieser formalistischen Bemühungen können wir mehrere wichtige Folgerungen ziehen; insgesamt glaube ich, daß sie einen radikalen Wechsel unseres Ansatzes in der Frage der Erklärung notwendig machen. Um nur drei zu nennen:

(1) Eine *Pluralität der Modelle* ist notwendig - selbst in den Naturwissenschaften. Mary Hesse notiert dazu: »It would [be] strange if every occurence of ›explains‹ in the language could be captured by the same formal explication«[58]. Selbst Hempel gab zu, daß deduktiv-nomologische und induktiv-statistische Erklärungen lediglich analog zu verstehen seien - z.B. darin, daß beide allgemeine Gesetze verwenden. Wir haben sogar gesehen, daß auch eine solche Analogie noch sehr schwach wird, wenn man versucht, sie zu erzwingen.

(2) Sowohl für das induktiv-statistische als auch für das Modell der statistischen Relevanz muß ein grundlegender *Bezug auf einen bestimmten Kontext* hergestellt werden, um die explanative Adäquanz beurteilen zu können. Nur wenn »a class *K* of accepted statements« und bestimmte apriorische (anfängliche) Wahrscheinlichkeitsrelationen gegeben sind, können wir von einer gerechtfertigten Erklärung sprechen. Allerdings muß dann doch eine ganze Reihe zusätzlicher pragmatischer Faktoren in Betracht gezogen werden. Das ist natürlich etwas ganz anderes als ein singuläres, universales Modell der wissenschaftlichen Erklärung.

(3) Parallel zur zweiten Schlußfolgerung scheint es, daß *verschiedene mögliche explanative Faktoren explanative Relevanz haben können;* die Entscheidung zwischen ihnen trägt zu einem wesentlichen Teil dazu bei, die rationale Leistung von Erklärungen zu beurteilen. Die Einschätzung von Erklärungen ist konstitutiv mit der Gewichtung verschiedener Faktoren verknüpft. Salmon behauptet immer noch, daß Erklärungen nach einigen allgemeinen statistischen Techniken beurteilt werden können; es ist sein Eintreten für ein allgemeines Modell - entwickelt abseits von situativen Faktoren -, das seine Auffassung trotz der signifikanten Divergenzen zu Hempel als formalistisch kennzeichnet. Aber Relevanzerwägungen sind ebenso auch von subjektiven und nichtepistemischen Faktoren abhängig - mit dem Ergebnis, daß gegenwärtige Theorien der Erklärung sich wie mit der Logik so auch mit den Sozialwissenschaften eingehend beschäftigen müssen. Es könnte der Fall sein - obwohl ich mich dieser Schlußfolgerung widersetze -, daß die Wissenssoziologie *jeden* Bezug zu den formalen Aspekten der wissenschaftlichen Erklärung leugnet, wie es beim Programm einer Wissenschaftssoziologie von Barnes und Bloor behauptet wird[59]. Es ist möglich, daß pragmatische Erwägungen alle formal-methodologischen Analysen als obsolet erweisen - dies ist die zentrale Frage, die z.B. durch die Theorie des kommunikativen Handelns von Jürgen Habermas aufgeworfen wird (vgl.

---

58 M.Hesse: Comment; in: S.Körner (Hg.): Explanation (New Haven, 1975), 45-54; 45. Ihr Artikel bezieht sich auf den vorangegangenen Aufsatz von P.Achinstein (vgl. Ders.: The Object of Explanation; in: S.Körner, aaO. 1-45.

59 Vgl. B.Barnes: Scientific Knowledge and Sociological Theory (London, 1974); Ders.: Interests and the Growth of Knowledge (London, 1977); D.Bloor: Knowledge and Social Imagery (London, 1976).

Kap. 3). Es ist deutlich, daß das formalistische Unternehmen von Hempel und anderen uns mit einer Pandorabüchse weitreichender Fragen zurückgelassen hat, die sich mit den Mitteln dieses Ansatzes selbst nicht beantworten lassen.

Trotzdem haben wir - ungeachtet der internen Schwierigkeiten - innerhalb des formalistischen Ansatzes kein Argument gefunden, das uns dazu zwingen würde, alle Versuche einer formalen Analyse der wissenschaftlichen Erklärung aufzugeben. Um diesen letzten Punkt klarzumachen, können wir auf einen Kommentar Poppers zurückgreifen - beinahe fünfzig Jahre nach der ersten Veröffentlichung seiner *Logik der Forschung*. In dieser späten Reaktion auf die Debatte um den Falsifikationismus - in der Einleitung zu seinem Buch *Realism and the Aim of Science* von 1983 - unterstreicht Popper eine Unterscheidung, die er schon 1934 gemacht hatte: »We must distinguish two meanings of the expressions ›falsifiable‹ and ›falsifiability‹: (1) ›Falsifiable‹ as a logical-technical term, in the sense of the demarcation criterion of falsifiability. This purely logical concept - falsifiable in principle, one might say - rests on a logical relation between the theory in question and the class of basic statements (or the potential falsifiers described by them). (2) ›Falsifiable‹ in the sense that the theory in question can definitively or conclusively or demonstrably be falsified (›demonstrably falsifiable‹). I have always stressed that even a theory which is obviously falsifiable in the first sense is never falsifiable in this second sense«[60].

Eine deskriptive Geschichte der Wissenschaft würde vermutlich zeigen, daß Wissenschaftler niemals in einer rein logischen Weise vorgegangen sind - und daher Feyerabends »anything goes« die passendste Beschreibung der Wissenschaftsgeschichte darstellt, die wir bieten können. Trotzdem wird es uns vielleicht möglich sein, normative Wissenschaftstheorie zu betreiben bzw. eine normative Theorie der Rationalität zu entwickeln. Wenn wir mit einem mechanistischen Modell arbeiten (wie in den meisten makrophysikalischen naturwissenschaftlichen Erklärungen), dann scheinen Subsumption unter allgemeine Gesetze und Isomorphismus zwischen Erklärung und Prädiktion immer noch erstrebenswerte Ziele darzustellen - unabhängig davon, ob diese Ideale in der Quantenphysik oder Psychologie anwendbar sind und wie wenig wir bis jetzt auf diesem Gebiet erreicht haben. Außerdem hat es den Anschein, daß unter bestimmten Bedingungen - d.h. so lange das Explanans nicht trivial oder für das Explanandum irrelevant ist - eine statistische Erklärung, die erklärt, warum es für ein gegebenes Ereignis wahrscheinlicher war zu geschehen statt nicht zu geschehen, vor einer anderen den Vorzug verdient, die dieses Ziel nicht erfüllt. Daß solche Ergebnisse des formalistischen Ansatzes andere wichtige Komponenten der Erklärung außer Acht lassen, bietet keinen Grund, ihn *tout court* zu verwerfen. Im Gegenteil: Die Kritikpunkte, die wir betrachtet haben, führen lediglich dahin, die formale Analyse mit einer angemessenen Pragmatik verknüpfen zu müssen. Wie oben erwähnt, hatte Hempel dies bereits 1948 und Popper sogar schon 1933 eingesehen[61], wie sehr sie es dann auch unterlassen haben mögen, diese Pragmatik

---

60 K.Popper: Postscript to the Logic of Scientific Discovery, Bd. 1 (Totowa, 1983), XXII.

61 Vgl. C.G.Hempel, Aspects 288; vgl. K.Popper: »Jedes theoretische System kann nämlich vor einer empirischen Falsifikation geschützt werden« (Ders.: Die beiden Grundprobleme der Erkenntnistheo-

in ihren Werken die gebührende Aufmerksamkeit zuzuwenden. Unsere eigene Sicht der Wissenschaft als eines explanativen Unternehmens wird daher - nach einer eingehenden Betrachtung der kontextuellen Wende - immer noch einen Bezug auf die formale Struktur idealer Erklärungen beinhalten - selbst wenn dies nur in Form eines regulativen Prinzips oder einer Richtlinie im Rahmen einer Praxis möglich sein sollte, die von diesem (oder irgendeinem) Ideal weit entfernt ist[62].

2.2 Die kontextuelle Wende in der Wissenschaftstheorie

2.2.1 Vom Formalismus zur Hermeneutik

Es liegt einige Ironie in der Tatsache, daß die Geschichte es gerade Kuhn zugeschrieben hat, nahezu im Alleingang den formalistischen Ansatz der Wissenschaftstheorie zu Fall gebracht zu haben. Tatsächlich war der Untergang des Formalismus schon sehr viel früher - u.a. seit der Auflösung des Logischen Positivismus und dem wachsenden Einfluß des späten Wittgenstein - eine beschlossene Sache. Es war unvermeidlich, daß Wissenschaftstheoretiker damit begannen, die wirklichen Verfahren wissenschaftlicher Entdeckung, die Details menschlicher Wahrnehmung und die Formen und Determinanten der menschlichen Sprache sorgfältig zu untersuchen. Da sich daraus eine radikal verschiedene, *pragmatische* Auffassung wissenschaftlicher Rationalität entwickelte, müssen wir diesen Wandel wenigstens in seinen Konturen skizzieren, um seine Implikationen für eine Theorie der Erklärung herausarbeiten zu können[63].

Es ist schwer, den genauen Zeitpunkt auszumachen (und die Gründe zu bestimmen), als das Pendel sich von der formalen Analyse abzuwenden begann. Standen am Anfang Reaktionen gegen die extremen Thesen des Logischen Positivismus, wie sie von der einheitswissenschaftlichen Bewegung und Ayers *Language, Truth and Logic* vertreten wurden? Begann der Wandel mit wissenschaftsgeschichtlichen Monographien, die die de-

---

rie [Tübingen, 1979], 353); »Es sind ja immer gewisse Auswege möglich, um einer Falsifikation zu entgehen, - etwa ad hoc eingeführte Hypothesen oder ad hoc abgeänderte Definitionen« (Logik 16).

62 Es ist also einfach absurd, Hempels Theorie allein schon wegen ihrer normativen Anforderungen an die Erklärung abzulehnen; vgl. J.C.Forge (Physical Explanation 223), der »a more liberal account« der Erklärung bevorzugen würde.

63 Natürlich haben auch die verschiedenen Schwierigkeiten mit der formalistischen Auffassung, von denen wir schon einige erwähnt haben, zum Wechsel des Ansatzes beigetragen. Aber dennoch sollte die Tatsache, daß ich die folgende Schule eher als einen Paradigmenwechsel denn als eine Falsifikation dessen, was vorher war, betrachte, die behandelten Denker wohl kaum provozieren. Trotzdem will ich nicht verschweigen, daß viele Philosophen mit dem formalistischen Modell aus Gründen, die mit dem Programm selbst zusammenhängen, unzufrieden waren. Für eine exzellente Darstellung der weiteren Schwierigkeiten mit der formalistischen Auffassung vgl. die relevanten Abschnitte in F.Suppe: The Search for Philosophical Understanding of Scientific Theories; in: Ders. (Hg.): The Structure of Scientific Theories (Urbana, 2. Aufl. 1977), 1-241; bes. 62-118.

skriptive Angemessenheit der bekanntesten formalen Modelle in Frage stellten[64]? Oder (um auch nichtrationale Faktoren mit einzubeziehen) mit Angriffen von sozialwissenschaftlich orientierten Wissenschaftstheoretikern, die darauf aus waren, mit ihren allzu autoritären Doktorvätern zu brechen? Jedenfalls ist deutlich, daß die Wende nicht erst 1962 mit Kuhns *Structure of Scientific Revolutions* volltönend auf der Szene explodierte[65]. Um die gänzlich verschiedene Weise zu verstehen, in der die Frage nach der Erklärung nun gestellt wurde, müssen wir zunächst die Gründe für einen Wandel in der Auffassung des wissenschaftlichen Verfahrens untersuchen.

Einen guten Ausgangspunkt bietet Stephen Toulmins frühe Einleitung in die Wissenschaftstheorie[66], die noch nicht den großen Einfluß Wittgensteins zeigt, wie er in seinen späteren Werken zu Tage tritt. Toulmin spricht noch wie ein Formalist vom »logical character« von Gesetzen (77), und er diskutiert die wissenschaftliche Erklärung in der Begrifflichkeit einer Entdeckung von Gesetzen, die Prädiktion ermöglichen (Kap. 3). Doch richtigerweise widersetzt er sich einer Explikation der Wissenschaft mit Hilfe von »deductive connexions« (41). Im allgemeinsten Sinne ist Wissenschaft ein Verstehensprozeß, der die Frage betrifft, wie man eine Klasse von Phänomena mit einigen wenigen Prinzipien darstellen kann. In der Folge führt diese Aufgabe zu Toulmins Darstellung der Wissenschaft in der Begrifflichkeit von Modellen und »Karten« (43). Modelle bestimmen unsere »method of representation«, indem sie die Phänomene mit dem Symbolismus, der sie erklären will, verknüpfen (30); physikalische Theorien gleichen demgegenüber zumeist »Weltkarten« mit der Funktion, die Welt in einer Weise zu repräsentieren, die uns eine Orientierung verschafft (Kap. 4). In diesen Sätzen lassen sich vielleicht die ersten Spuren eines Einflusses Wittgensteins auf die Wissenschaftstheorie entdecken. Trotzdem bleibt zu beachten, wie sehr sich die realistischen Implikationen von Toulmins Karten-Metapher von den »many rationalities, many worlds« - Positionen unterscheiden, die sich Wittgensteins Spätwerk verdanken.

Auch N.R.Hanson liefert gute Argumente für diese alternative Konzeption der Wissenschaft. Er betont wie Toulmin den Prozeß der Entdeckung. Die Formalisten hatten den Fehler gemacht, sich allein auf klassische Disziplinen wie Mechanik, Optik oder klassische Thermodynamik zu beschränken. Diese Disziplinen repräsentieren aber nicht in angemessener Weise die moderne Wissenschaft - und noch nicht einmal jene Disziplinen, wie sie sich damals zeigten: »In a growing research discipline, inquiry is directed not to rearranging old facts and explanations into more elegant formal patterns, but rather to the

---

64 Das Werk von Alexandre Koyré, wie z.B. sein dreibändiges *Études Galiléennes* (Paris, 1939), bedarf einer gesonderten Erwähnung. Ironischerweise erschien Ludwig Flecks wichtige Monographie über die Rolle der geschichtlichen Entwicklung in der Wissenschaft, *Entstehung und Entwicklung einer wissenschaftlichen Tatsache* (Basel, 1935), im gleichen Jahr wie Poppers *Logik*, die den konklusiven Falsifikationismus verteidigte.

65 Kuhn wäre einer der ersten, der dies zugestehen würde. In seinem Vorwort zu *Structures* verweist er auf Piaget, Gestaltpsychologen, B.L.Whorfs Arbeit über Sprache und Weltanschauungen und Quines *Two Dogmas of Empiricism* (vgl. Ders.: From a Logical Point of View [Cambridge, 2. Aufl. 1961], 20-46), die sein Denken nachhaltig beeinflußt hätten (vgl. T.S.Kuhn: Structure of Scientific Revolutions [Chicago, 2. Aufl. 1970], VI).

66 Vgl. S.Toulmin: The Philosophy of Science: An Introduction (London, 1953).

discovery of new patterns of explanation«[67]. Um den Forschungsprozeß zu verstehen, müssen wir den Wissenschaftler bei der Arbeit aufsuchen und mit seinen grundlegenden Aktivitäten wie z.B. der Beobachtung beginnen (Kap. 1). In einer Darstellung, die voll von Wittgenstein-Zitaten ist - sogar Hansons Stil selbst erscheint wie eine Nachahmung der *Philosophischen Untersuchungen*[68] - stellt Hanson die These auf, daß das Beobachten als ein »theory-laden undertaking« verstanden werden muß. Er fordert eine Besinnung auf den Gebrauch von Sprache und Notation in der Wissenschaft, um die Gespenster von Phänomenalismus und Positivismus zu bannen: »Physical science is not just a systematic exposure of the senses to the world; it is also a way of thinking about the world, a way of forming conceptions [ein Sprachspiel?]. The paradigm observer is not the man who sees and reports what all normal observers see and report, but the man who sees in familiar objects what no one else has seen before« (30).

Dennoch waren es Toulmins *Mahlon Powell Lectures* von 1960, die diesem neuen Ansatz am deutlichsten Ausdruck verliehen haben. Es ist faszinierend, die gänzlich verschiedene Weise zu beobachten, in der Toulmin genau dieselben Fragen stellt wie Hempel. Er schlägt vor, »[to] stand back, and for once [!] ask the wider questions: What is explanation?«[69]. Allerdings hat Toulmin von Wittgenstein gelernt, allen Universalitätsansprüchen zu mißtrauen; daher geht er von dem Grundsatz aus, daß »there is no universal recipe for all science and all scientists« (15, vgl. 21). Zu dieser Auffassung gelangt er durch wissenschaftsgeschichtliche Studien (Oder ist es der umgekehrte Weg?), die eine erstaunliche Vielzahl wissenschaftlicher Methoden zeigen. Die Frage, »what scientific explanations involve in practice« (16), führt Toulmin sogar - einige Jahre *vor* Kuhns *Structure* - zu der Schlußfolgerung, daß es bestimmte »ideals of natural order« bzw. »explanatory paradigms« - irgendetwas wie Collingwoods »absolute presuppositions« - gibt, die in der menschlichen Vernunftgeschichte eine Schlüsselrolle spielen und Wissenschaft erst möglich machen: »Science progresses, not by recognizing the truth of new observations alone, but by *making sense* of them. To *this task of interpretation* we bring principles of regularity, conceptions of natural order, paradigms, ideals, or what-you-will: intellectual patterns which define the range of things we can accept (in Copernicus' phrase) as ›sufficiently absolute and pleasing to the mind‹. An explanation, to be acceptable, must demonstrate that the happenings under investigation are special cases or complex combinations of our fundamental intelligible types« (81, Hervorhebungen von mir).

---

67 N.R.Hanson: Patterns of Discovery: An Inquiry into the Conceptual Foundations of Science (Cambridge, 1958), 2.

68 Dennoch würde es unfair sein, eine sklavische Abhängigkeit von Wittgenstein zu unterstellen. Hanson verwirft z.B. die Identifikation des *Beobachtens* mit dem *Beobachten-als* und behauptet statt dessen die Möglichkeit eines »general perceptual case« des Beobachtens (19). Seiner Auffassung nach liegt das »Beobachten« irgendwo *zwischen* dem Haben einer visuellen Erfahrung und dem Beobachten-als. Es gibt bemerkenswerte Ähnlichkeiten zwischen dieser Position und dem sozialwissenschaftlichen Ansatz von Peter Winch, der ebenfalls wesentlich von Wittgenstein beeinflußt worden ist (vgl. Kap. 3).

69 S.Toulmin: Foresight and Understanding (Bloomington, 1961), 14.

Hier ist besonders das Kriterium für explanative Adäquanz zu beachten, das im letzten Satz impliziert ist: Kein formales Kennzeichen - sogar überhaupt kein intrinsisches Merkmal - macht Erklärungen akzeptabel; allein ihre Effektivität darin, *der Welt einen Sinn zu verleihen*, kann sie uns als Erklärungen empfehlen. Damit wird hier die Aufgabe der Erklärung eindeutig der Suche nach Verstehen untergeordnet; diese Tatsache muß meines Erachtens für jede Theorie der Erklärung grundlegend sein.

Wir sehen in den frühen Schriften von Toulmin und Hanson einen neuen Ansatz der Erklärung, der genau die Probleme benennt, die Hempels Programm übergangen hatte: die zentrale Aufgabe der Wissenschaft, der Welt einen Sinn zu verleihen; die interpretativen und pragmatischen Elemente im Prozeß wissenschaftlicher Forschung; die Rolle *explanativer Paradigmen*. Die zentrale Funktion dieses letzten Begriffes erfordert einen kurzen Blick auf die Quellen, die seinen jetzigen Gebrauch beeinflußt haben. Eine direkte Linie kann zumindest bis Georg Christoph Lichtenberg (1742-1799) zurückverfolgt werden[70]. Lichtenberg behauptete, daß natürliche Prozesse entsprechend bestimmter *Paradigmata* bzw. Muster »dekliniert« werden könnten[71]. Obwohl er Hypothesen gegenüber sehr kritisch eingestellt war, vertrat er die Auffassung, wir bräuchten Bilder von Ereignissen, um die Anwendung der Mathematik auf die Natur zu ermöglichen. Lichtenberg hielt die Entdeckung an Hand von Paradigmen für die fruchtbarste aller heuristischen Devisen der Wissenschaft. Dabei ist die Wahrheit dieser Voraussetzungen oder Bilder allein mit ihrer explanativen Kraft und ihrer relativen Einfachheit verknüpft: »Durch das Einfache geht der Eingang zur Wahrheit«[72].

Die grundlegende Rolle von Bildern taucht dann wieder in den *Prinzipien der Mechanik* von Heinrich Hertz auf. In wissenschaftlichen Schlußfolgerungen - so lautet seine These - formen wir »innere Scheinbilder oder Symbole« externer Objekte, und wir sind darin erfolgreich, wenn »die denknotwendigen Folgen der Bilder stets wieder die Bilder [sind] ... von den naturnotwendigen Folgen der abgebildeten Gegenstände«[73]. Wenn wir eine gewisse Konformität zwischen der Natur und unseren Bildern erreicht zu haben meinen, können wir sie dazu nutzen, um - »wie an Modellen« (2) - weitere Prädiktionen über die Welt, die über unsere gegenwärtige Erfahrung hinausgehen, daraus abzuleiten. Hertz ist deshalb für die Geschichte des Paradigmenbegriffes von besonderer Bedeutung, weil er zugestand, daß für dasselbe Objekt verschiedene Bilder möglich sein können: »Zwei zulässige und richtige Bilder derselben äußeren Gegenstände können sich noch unterscheiden nach der Zweckmäßigkeit« (2). Dennoch war Hertz nach wie vor der Auffassung, daß es zumindest auf dem Gebiet der Mechanik allgemeine Kriterien gibt, um zwischen den verschiedenen Bildern eine Entscheidung treffen zu können.

---

70 Vgl. G.H.von Wright: Georg Christoph Lichtenberg als Philosoph; in: Theoria 8/1942, 201-217.

71 G.C.Lichtenberg: Sudelbücher. Vermischte wissenschaftliche Notizen; in: Ders.: Schriften und Briefe, Bd. 2, hg. W.Promies (München, 1971), J 1362.

72 G.C.Lichtenberg: Vermischte Schriften, Bd. 9, hg. L.C.Lichtenberg; F.Kries (Göttingen, 1806), 260.

73 H.Hertz: Prinzipien der Mechanik; in: Ders.: Gesammelte Werke, Bd. 3, hg. P.Lenard (Leipzig, 1894), 1.

Wittgensteins Gebrauch des Paradigmenbegriffs zeigt beide Einflüsse. Offensichtlich kannte er Lichtenbergs Arbeit gut und war von ihr beeinflußt; darüber hinaus beruft er sich in seinem *Tractatus* aber auch explizit auf Hertz' Bildertheorie der Propositionen[74]. Der Terminus *Paradigma* kommt im *Tractatus* zwar nicht vor, aber Wittgensteins Auffassung der Sätze als Bilder kann als Vorwegnahme seiner späteren Position gesehen werden, daß die Sprache eine Gestalt ist, die die Welt beschreibt (oder sogar erschafft)[75]. Beispielsweise stellt seine Behandlung der Newtonschen Mechanik als eines Gitters (6.32-6.361) einen wichtigen Vorläufer der Wissenschaftstheorie Kuhns dar. Trotzdem verwenden Kontextualisten wie Kuhn oft Wittgensteins frühe Idee einer Bildfunktion der Sprache, ohne zugleich auch den Begriff der Welt zu übernehmen, auf die sich die Bilder beziehen. Außerdem verweist Wittgensteins Betonung der vielen Arten abbildender Beziehungen - »die Grammophonplatte, der musikalische Gedanke, die Notenschrift, die Schallwellen« (4.014) - auf die inhärente Pluralität von Repräsentationen und die kreative Rolle von Personen, ihre Bilder zu formulieren.

Doch die *Philosophischen Untersuchungen* selbst sind das »Hauptparadigma« für den Gebrauch des Paradigmenbegriffs in der gegenwärtigen Wissenschaftstheorie. In diesem Werk finden wir eine klare Betonung ebenso der konstruktiven Tätigkeit von Sprachbenutzern wie der weitläufigen Vielfalt von (nichtpropositionalen) Handlungen, die wir mit (in, durch) der Sprache tun können - und beide Aspekte werden besonders deutlich mit dem Paradigmenbegriff illustriert. Ein Wittgensteinsches Paradigma ist ein Bild oder Modell, »womit verglichen wird«[76] - das den Gebrauch eines Wortes festlegt. Für diese Sprachfunktion verwendet Wittgenstein die beiden Termini *Paradigma* und *Vorbild:* Wir lernen den Gebrauch von Zeichen in einem Sprachspiel »durch Hinweisen auf Paradigmen« (§ 51); wir beurteilen Sprachverwendungen als inkorrekt »im Vergleich mit einem bestimmten Vorbild unserer Grammatik« (§ 20); ein Paradigma ist »ein Mittel unserer Sprache« (§ 57), das uns dazu in die Lage versetzt, bestimmte Worte zu benutzen. Wenn wir ein bestimmtes Paradigma verlieren - z.B. das Metermaß oder eine bestimmte Farbe -, dann könnten wir das entsprechende Wort nicht mehr verwenden. An einer Stelle gebraucht Wittgenstein den Terminus *Vorbild* sogar in genau dem Sinn, in dem später der Paradigmenbegriff wissenschaftstheoretische Geltung erlangt: Ein gegebenes Paradigma (»Kopfrechnen«) hat »seinen Zweck eingebüßt«, wenn »die Erscheinungen ... zu einem andern Vorbild hin gravitieren« (§ 385). In einem solchen Fall würden wir wohl ein anderes Paradigma verwenden wollen, das das widerstrebende Phäno-

---

74 Vgl. L.Wittgenstein: Tractatus Logico-Philosophicus (London, 1922), z.B. 4.04, 6.361. Zur Frage eines Einflusses von C.G.Lichtenberg auf L.Wittgenstein vgl. aber auch G.H.von Wright: Georg Christoph Lichtenberg als Philosoph; in: Theoria 8/1942, 201-217; 217: »Es scheint jedoch ausgeschlossen, daß von einer Einwirkung Lichtenbergs auf Wittgenstein die Rede sein könnte. Dagegen kann nicht nur angesichts ihrer Auffassung der Philosophie, sondern angesichts ihrer ganzen geistigen Veranlagung eine seltene Kongenialität der beiden Männer festgestellt werden«.

75 Im *Tractatus* hat der *Satz* diese holistische Struktur; er allein bietet das komplette Bild eines Sachverhalts. Später wird es ein ganzes Paradigma bzw. eine Lebensform sein, die als Gestalt fungiert.

76 L.Wittgenstein: Philosophische Untersuchungen (Oxford, 1953), § 50.

men besser erklärt. Es ist dieser letzte Aspekt des Wittgensteinschen Paradigmenbegriffs, der in Kuhns späterem Gebrauch des Terminus am meisten reflektiert wird[77].

Diese Hinwendung zu Wittgenstein in der Analyse der wissenschaftlichen Rationalität hat weitreichende Konsequenzen. Die neue Konzentration auf den Sprachgebrauch kommt einer Konzentration auf die *Tätigkeit* der Sprachgemeinschaft gleich - wie sie beobachtet, Begriffe formt und sie revidiert, wenn sie mit neuen Daten konfrontiert wird. Wenn wir dabei etwas genauer auf die wirkliche Praxis der Wissenschaft schauen, werden wir sofort entdecken, daß *kommunale Konventionen* viele Aspekte der Wahl und des Gebrauchs von Theorien beeinflussen und die Sprache der Wissenschaft eng mit ihrem pragmatischen bzw. historischen Kontext verknüpft ist. Darüber hinaus vollzieht sich die Entscheidung, ein gegebenes Paradigma auf eine neue Reihe von Daten hin auszudehnen, nicht als ein Prozeß des »Abschneidens« und »Austrocknens« à la Poppers logisch-technischer Konstruktion von Falsifikationen. Wittgenstein spielt in den *Untersuchungen* mit verschiedenen Möglichkeiten: Neue Daten im Fortgang der Wissenschaft können zu einem Grenzfall des Paradigmas werden; das Paradigma, nicht länger anwendbar, kann aufhören, als ein grammtischer Führer für ein Sprachspiel zu fungieren; oder wir können unsicher sein, was nun zu tun ist. Damit ist unvermeidlich eine gewisse Willkür involviert: Wir haben bestenfalls bestimmte Intuitionen über die Angemessenheit eines Paradigmas für neue Fälle; daher ist beim Prozeß der Annahme eines bestimmten Paradigmas oder Sprachspiels eine gewisse Subjektivität beteiligt. Vor die Entscheidung gestellt, welches Spiel zu spielen sei, würden Wittgenstein und seine Schüler abstreiten, sich auf allgemeine Kriterien berufen zu können: Kriterien fungieren allein *innerhalb* eines bestimmten Spiels.

Im Licht der kontextuellen Wende wird also *die Erklärung in ihrer Bedeutung relativiert* und *als ein Element in die umfassendere hermeneutische Aufgabe eingeordnet, die Wissenschaft genannt wird.* Wissenschaftstheoretiker können eine abstrakte und autoritative Struktur nicht aufhellen, indem sie aus allen verfügbaren Beispielen das Wesen einer angemessenen Erklärung zu extrahieren versuchen. Bestenfalls können sie ihre Leser in eine bestimmte wissenschaftliche Disziplin einführen und ihnen verständlich machen, welches ihre Modelle sind, wie sie verfährt und wie sie ihre Welt zusammenfügt[78]. Der hermeneutische Ansatz verwirft alle Versuche allgemeiner Definitionen als entweder tautologisch oder willkürlich restriktiv; sein Ziel ist es, »[to] see what ›explaining‹ involves in practice« (22). Jede allgemeine Gleichsetzung von Erklärung und Prädiktion z.B. könne durch eine Betrachtung der babylonischen Astronomie und der Keplerschen Gesetze widerlegt werden, da beide Planetenbewegungen voraussagen, ohne sie zu erklären; andere Theorien erklären demgegenüber, ohne Voraussagen zu treffen. Prädiktion ist

77 Überraschenderweise zitiert Kuhn die *Untersuchungen* explizit nur ein einziges Mal (Structures 45, Anm. 2) - und das auch noch mit kritischem Unterton. Wittgensteins Einfluß wird aber in einer ganzen Reihe von Passagen deutlich (z.B. Structures 44f., 94 und überall dort, wo Paradigmen vorkommen - und die sind in seinem Buch allgegenwärtig).

78 Ein gutes Beispiel bietet S.Toulmin: Forecasting and Understanding (Bloomington, 1961), bes. Kap. 2.

also weder eine notwendige noch eine hinreichende Bedingung der Wissenschaft[79]. Statt dessen ist eine Erklärung für Toulmin dann und nur dann angemessen, wenn sie zu unserem *Verständnis* eines Phänomens einen Beitrag leistet - ob sie nun zu einer Prädiktion führt oder nicht. Ähnlich wie Newtons Theorie muß sie bezüglich dessen, was beobachtet wurde, »einen Sinn machen« (vgl. 34). Letztendlich könnte die Funktion, der Welt einen Sinn zu verleihen, sogar zum *einzigen* Kriterium werden, das einer für *alle* Disziplinen gültigen Theorie der Erklärung zukommt.

Wenn - wie es nun notwendig zu sein scheint - der hermeneutische Aspekt zugestanden wird, dann hat sich mehr als nur die Theorie der Erklärung gewandelt; vielmehr ergibt sich daraus ein gänzlich anderes Verständnis der wissenschaftlichen Rationalität. Der Wissenschaftler beginnt demnach mit einer »ideal or natural order«, die dem Stand der Dinge entspricht oder aber für ihn von sich aus einleuchtend ist. Das hauptsächliche wissenschaftliche Bemühen konzentriert sich dann darauf, die Korrektheit dieser »principles of regularity and explanatory paradigms« zu demonstrieren (Kap. 3f.). Das Problem der Prüfung kompliziert sich jedoch dadurch, daß unterschiedliche Paradigmen zu verschiedenen »forms of theory« (Kap. 5) und »styles« von Wissenschaft (96ff.) führen. Wir sollten aber trotzdem beachten, daß sich Toulmin - anders als spätere Paradigmentheoretiker - durch seine Einsichten nicht zu einem Skeptizismus hinsichtlich der Möglichkeit jeglicher Prüfung oder zu umstrittenen Behauptungen einer Inkommensurabilität hat verführen lassen: »The crucial issue is, rather, what types of happening a particular form of theory will help us to understand and where its use will be unhelpful or misleading« (84).

Der hermeneutische Ansatz der Wissenschaft macht es - anders als der formal-explanative - zwar schwierig, aber nicht notwendigerweise unmöglich, allgemeine Prüfungstechniken oder -kriterien zu entwickeln. Dennoch zerstört der Einfluß eines *Vorverständnisses* auf Daten und Theorieform nicht den empirischen Charakter der Wissenschaft. Einige Standards bleiben bestehen. Toulmin spricht (wie auch Kuhn) mit Recht von der Fruchtbarkeit eines gegebenen Ideals oder Paradigmas über einen langen Zeitraum. Doch seine leitende Metapher ist nun nicht länger das statische Bild einer Weltkarte, sondern vielmehr das der Evolution: Eine Theorie hat einen höheren Überlebenswert in der Wissenschaft, wenn sie im Prozeß der Entwicklung und Selektion besser adaptiert wird als ihre Vorgänger. Mit dieser Vorstellung sind wir in einem gewissen Sinne schon über Kuhn hinaus zum Werk von Imre Lakatos und seiner Unterscheidung zwischen progressiven und degenerativen Forschungsprogrammen gelangt.

---

79 Toulmin ist gelegentlich Hempel gegenüber - dem führenden Vertreter der in Frage stehenden Position - etwas unfair; zudem erwähnt er ihn niemals namentlich. Wenn er z.B. davon spricht, daß Erklärungen allgemeine Gesetze involvieren, nimmt er Anleihen bei Hempels (formalistischem) Programm, wenn auch nur in einem begrenzten Fall. Darüber hinaus ist der Angriff gegen die Prädiktion effektiver, wenn er gegen die extreme Laplace'sche Form gerichtet wird. Bei seiner Ablehnung der kontrafaktischen Version der Prädiktion - »wenn *y* zu *x* hinzugefügt würde, dann würde *z* folgen« -, die zudem von vielen Theoretikern akzeptiert wird, stellt Toulmin ohne jede weitere Erklärung die These auf: »The term [Prädiktion] has surely been excessively diluted« (37). Diese bedeutende gegenwärtige Position verdient sicherlich eine ausführlichere Widerlegung; vgl. z.B. B.van Fraassen: The Scientific Image (Oxford, 1980), 112-118.

Es gibt keinen Grund, jegliche Objektivität in der Wissenschaft zu leugnen: »When it comes to interrogating Nature ... we must leave her to answer for herself - and answer without any prompting« (101). Doch die Befragung ist immer durch Vorbegriffe oder das, was die hermeneutische Tradition den hermeneutischen Zirkel genannt hat, gefärbt: Wenn wir zur Natur kommen, dann »it is always *we* who frame the questions« (ebd.). Theoriekonstruktion ist kein linearer Prozeß, da sowohl die Theorie als auch die Daten durch vortheoretische Ideale und Paradigmen beeinflußt sind, die erst später (auf der Stufe der *Theorienprüfung*, nachdem eine hinreichende Zeit verstrichen ist) als fruchtbar oder nutzlos beurteilt werden können. Eine formale Analyse des Verhältnisses zwischen Theorie und Daten hat nicht die Reichweite, um solche Faktoren und diesen Zirkel in Rechnung zu stellen. Ein umfassenderer Standpunkt ist erforderlich: »We can never make less than a three-fold demand of science: its explanatory techniques must be not only (in Copernicus' words) ›consistent with the numerical records‹; they must also be acceptable - for the time being, at any rate - as ›absolute‹ and ›pleasing to the mind‹« (115).

2.2.2 Das Aufkommen des Kuhnschen Paradigmas

Kuhns erste Monographie[80] untersuchte die Vorläufer und den späteren Einfluß von Ideen, die zentral zur kopernikanischen Revolution gehörten - obgleich vielleicht ohne die klare Einsicht in ihre methodologischen Implikationen, wie sie sich in Toulmins Buch findet. Allerdings ist man angesichts der Arbeit früherer Wissenschaftshistoriker wie z.B. Koyré überrascht, wenn Kuhn behauptet, daß »the [seine] combination of science and intellectual history is an unusual one« (VIII). Die zentrale These und damit auch das »Neue« in Kuhns erstem Buch liegt in seinem Aufweis einer pluralen Struktur der kopernikanischen Revolution. Sein Bemühen, die astronomischen, physikalischen, philosophischen und theologischen Einflüsse auf diese paradigmatische Revolution deutlich zu machen, trug dazu bei, die Aufmerksamkeit der Wissenschaftstheorie auf das Genre ideen*geschichtlicher* Abhandlungen wissenschaftlicher Entwicklungen zu lenken - ein Genre, das schon durch das Werk von Autoren wie Burtt, Whitehead und Lovejoy hätte vertraut sein sollen[81].

Trotzdem hat Kuhn in diesem ersten Buch in einer wichtigen Hinsicht sein berühmtes Hauptwerk *The Structure of Scientific Revolutions* schon vorweggenommen. In seiner Darstellung der Aufnahme der kopernikanischen Astronomie (Kap. 6) zeigt Kuhn, wie tief ein *conceptual scheme* verwurzelt sein kann. Nach der kopernikanischen Wende gab es eine anfängliche Periode, während derer auf anderen Gebieten die »conceptual

80 Vgl. T.S.Kuhn: The Copernican Revolution: Planetary Astronomy in the Development of Western Thought (Cambridge, 1957).

81 Vgl. E.A.Burtt: The Metaphysical Foundations of Modern Sciences (New York, 2. Aufl. 1951); A.N.Whitehead: Science and the Modern World (New York, 1925); A.Lovejoy: The Great Chain of Being: A Study of the History of an Idea (Cambridge, 1936). Allerdings hat der Kenntnisreichtum und die Ausführlichkeit von Blumenbergs neuerer Arbeit *Die Genesis der kopernikanischen Welt* (Frankfurt, 1975) in vieler Hinsicht Kuhns frühe Monographie zu diesem Thema überholt.

coherence« (226) verloren ging - besonders wegen der Konflikte mit der aristotelischen Kosmologie. Erst später wurde es mit der Hilfe des Newtonschen Weltbildes möglich, eine Zusammenfügung in »the complete and coherent universe envisaged by the seventeenth century« zu erreichen. Diese Einsicht läßt sich verallgemeinern: Zu Beginn bietet jede neue Konzeption ein *ad hoc*- Mittel an, um das Bekannte möglichst einfach zu beschreiben. Erst später, wenn die Zeit und eine allmähliche Veränderung des allgemeinen Bewußtseins in den betreffenden Disziplinen die anfängliche Inkohärenz überholt haben, wird die neue Konzeption »a basic tool for explaining and exploring nature« (230). Kuhn beginnt hier - zum ersten Mal seit der kontextuellen Wende in der Wissenschaftstheorie - die neue Sichtweise der Erklärung mit dem Begriff der Kohärenz zu verknüpfen[82]. Sein abschließender Versuch zu zeigen, wie der Begriff der Erde als eines Planeten »came at last to make coherent sense« (Kap. 7), ist ein Beispiel für das grundlegende Zusammenspiel zwischen Erklärung und der weitreichenden Suche nach begrifflicher Kohärenz - Kohärenz innerhalb von Theorien, zwischen Theorien und zwischen Theorien und anderen nichtwissenschaftlichen Gebieten der Erfahrung.

Die notwendige Bedingung explanativer Adäquanz besteht für Kuhn also genau darin, einem bestimmten Bereich der Erfahrung für die Zwecke einer bestimmten Disziplin einen Sinn zu verleihen. Toulmin und er verwenden mit Recht den Terminus *Kohärenz* dazu, die hermeneutische (statt nur rein formale) Art dieses Unternehmens anzuzeigen. Obwohl der Begriff der Kohärenz zu vage ist, um als ein hinreichendes Kriterium naturwissenschaftlicher Erklärung dienen zu können - es muß durch speziellere Kriterien wie empirische Fruchtbarkeit und mathematische Einfachheit ergänzt werden -, hat seine Aufnahme als eine notwendige Bedingung wichtige Implikationen. Wie Kuhn gesehen hat, eliminiert die Betonung des Kohärenzkriteriums jene künstliche Isolation der Wissenschaftstheorie von anderen wissenschaftlichen Disziplinen, die für positivistische Ansätze bezeichnend war. Es verknüpft das Studium der Wissenschaft mit allgemeineren historischen Bemühungen, besonders in der Ideengeschichte. Die Wissenschaftssoziologen behaupten sogar, daß die Verbindung über die Ideengeschichte weit hinausgeht: Da wir nun den Wissenschaftler als ganze Person in unsere Behandlung der Ausarbeitung und Beurteilung wissenschaftlicher Erklärungen einbeziehen, müssen wir ebenso auch seine psychologischen, sozialen und ökonomischen Umstände berücksichtigen. Wenn sie Recht haben, führt von diesem Ansatz her eine Linie nicht nur zu der Arbeit von Kuhn oder Blumenberg, sondern in der gleichen Weise auch zu - beispielsweise - institutionalen oder hermeneutischen Analysen wissenschaftlicher Theorien. Wenn die Naturwissenschaften tatsächlich in einem solchen Maße hermeneutisch sind, wie es die Kontextualisten behaupten, dann kann der Graben zwischen ihnen und den Sozialwissenschaften nicht so groß sein, wie es sich viele vorgestellt haben.

Wir haben nun die Perspektive in der Erklärungsfrage erreicht, auf die *The Structure of Scientific Revolutions* zugeschnitten war. Wie nun klargeworden ist, sind die be-

82 Trotzdem hatten wir oben notiert, daß schon Toulmins Bezug auf das »making sense« stillschweigend den Kohärenzgedanken in die Wissenschaftstheorie einführt.

grifflichen Grundlagen für den Wandel schon gelegt; jetzt war ein kurzer, programmatischer Traktat vonnöten, um die Diskussion auf die neuen Vorschläge auszurichten. In gewisser Weise fast gegen seine Absicht war es schließlich Kuhn, der dieses geforderte Werk schrieb[83]. Es baute auf den schon erwähnten Grundlagen auf - wenn auch in detaillierterer Form - und fügte eine eigene verallgemeinerte soziologische Darstellung der Aufnahme, Verwendung, Krise und Verwerfung explanativer Ideale und Paradigmen hinzu[84]. Das Wort *Structure* im Titel zeigt Kuhns Optimismus, daß ein einheitliches Bild der Wissenschaft zu entwickeln möglich ist. Während aber Formalisten wie Hempel die allgemeine Struktur von Theorien oder Erklärungen benannt hatten, scheint Kuhn hier eine *sozialwissenschaftliche* Struktur im Blick zu haben, da er in seinen Analysen Technik und Terminologie der Sozialwissenschaften verwendet. Statt einer Analyse der formalen Struktur von Erklärungen besteht er auf dem, was wir ihre *pragmatischen Umstände* - ihren *Sitz im Leben* - und ihre *kommunalen Funktionen* nennen.

Die Details der Thesen Kuhns in *Structures* sind so bekannt, daß ihre weitere Darstellung nicht notwendig ist[85]. Schematisch gesehen konzentriert sich Kuhns Kritik an der bisherigen Auffassung - an der »Received View« - auf vier Punkte:

(1) Die »normal science« wird von Paradigmen, d.h. gemeinsamen Grundauffassungen der Welt dominiert. In bestimmten Zeiten stellen Wissenschaftler das herrschende Paradigma nicht in Frage; es leitet die Richtung der Forschung, indem es die Voraussetzungen für ihre Arbeit bereitstellt.

(2) Es gibt zwischen den Paradigmen keinen allmählichen Übergang. Alle Kriterien, um Streitigkeiten zu schlichten oder zwischen Paradigmen zu wählen, sind selbst von Paradigmen abhängig. Wenn sich bei einem Paradigma genug Schwierigkeiten angesammelt haben, kommt es zu einer »scientific revolution«, bei der ein neues Paradigma das alte ersetzt. Im Hinblick auf unser Thema der Rationalität der Religion fällt es auf, daß Kuhn in diesem Zusammenhang häufig den Terminus *conversion* gebraucht.

(3) Aus dieser Paradigmenstruktur der Wissenschaft heraus behauptet Kuhn, daß alle Daten theoriegeladen sind. Es gibt keine neutralen Beobachtungsaussagen; ein gegebenes Paradigma hilft zu entscheiden, was als Datum zählen kann und was nicht.

(4) Theorien werden weder verifiziert noch falsifiziert. Was ein sogenanntes »crucial experiment« konstituiert, variiert mit dem theoretischen Kontext. Poppers Schematisierung simplifiziert die Dinge zu sehr; die Geschichte wissenschaftlicher Erklärungsversu-

---

83 Kuhn schreibt, daß es Platzbeschränkungen der *Encyclopedia of Unified Science (EUS)*, in der sein Artikel erscheinen sollte, entgegen seiner ursprünglichen Absicht notwendig machten, »to present my views in an extremely condensed and schematic form« (T.S.Kuhn, Structure VIII). Außerdem ist es ironischerweise passend, daß *Structure* in der *EUS* erscheinen sollte: Es hat im öffentlichen Bewußtsein mehr dazu beigetragen, die Idee einer einheitlichen Wissenschaftstheorie wieder aufleben zu lassen, als irgend ein anderes Werk seit den 30er Jahren - wenn auch wohl kaum entlang der Linien, die Neurath und Carnap abgesteckt hatten.

84 Wir werden trotzdem sehen, daß es gerade seine detaillierte Darstellung war, die sich den meisten Angriffen ausgesetzt sah.

85 Hilfreiche Zusammenfassungen finden sich in G.Gutting (Hg.): Paradigms and Revolutions: Appraisals and Applications of Thomas Kuhn's Philosophy of Science (Notre Dame, 1980); I.Barbour: Myths, Models and Paradigms (New York, 1974), Kap. 6; und W.Stegmüller: Hauptströmungen der Gegenwartsphilosophie, Bd. 3 (Stuttgart, 8. Aufl. 1987), 280-330.

che zeigt nicht, daß unvereinbare Daten eine Theorie endgültig falsifizieren. Statt dessen können theoretische Voraussetzungen, die in den Daten impliziert sind, angefochten werden, und eine regelmäßig wiederkehrende Diskrepanz kann als eine unerklärte Anomalie beiseite gestellt oder mit Hilfe von Hilfshypothesen integriert werden.

Kuhns extreme Thesen sind weder undiskutiert noch unwidersprochen geblieben: Jeder der obenstehenden Punkte ist während der letzten 30 Jahre auf zähen Widerstand gestoßen[86]. Wie die Essays in *Paradigms and Revolutions* zeigen, haben viele Natur- und Sozialwissenschaftler eingewandt, daß der Einfluß von Paradigmen auf Theorien in ihren Disziplinen minimal sei. Andere Denker haben auf Äquivokationen im Begriff des Paradigmas hingewiesen - bis dahin, daß Margaret Masterman sogar 21 verschiedene Gebrauchsweisen des Terminus in *Structure* zu finden meint[87]. Toulmin - und darin sind ihm auch andere gefolgt - ist 1965 entschieden dafür eingetreten, daß normale und revolutionäre Wissenschaft nicht so sauber voneinander getrennt werden können[88]. Die Inkommensurabilität von Paradigmen und die Irrationalität der Theorienwahl sind in ähnlicher Weise angegriffen worden, oft in längeren oder gar monographischen Darstellungen wichtiger Beispiele wie z.B. der Kopernikanischen Revolution und ihres Einflusses auf Galilei oder Einsteins spezieller und allgemeiner Relativitätstheorie[89].

In drei größeren Artikeln - die erst 1970 veröffentlicht wurden, wenngleich mindestens einer schon im Jahr 1965 geschrieben worden war - modifiziert (oder zumindest präzisiert) Kuhn seine Behauptungen. Er gibt nun zu, daß die Darstellung von 1962 »made a paradigm seem a quasi-mystical entity or property which, like charisma, transforms those infected by it«[90]. Um die signifikantesten Mehrdeutigkeiten aus *Structure* zu eliminieren, spricht Kuhn nun von »disciplinary matrices« oder »shared group commitments«, die eine Gemeinschaft von nicht mehr als hundert Wissenschaftlern verbinden[91], und von »exemplars« oder »concrete problem solutions«, die innerhalb einer gegebenen wissenschaftlichen Gemeinschaft vom Lehrer auf den Schüler übertragen werden. Der Terminus *Matrix* dient dazu, den Ausdruck *Theorie*, wie er von Formalisten wie Popper und Hempel gebraucht worden ist, zu vermeiden. Kuhn umgeht die Rede von Theorien,

---

86 Bis 1980 sind mindestens sieben Dissertationen und eine Anzahl von Monographien über Kuhns Wissenschaftstheorie geschrieben worden; vgl. die umfangreiche Liste der Sekundärliteratur in G.Gutting (Hg.): Paradigms and Revolutions: Appraisals and Applications of Thomas Kuhn's Philosophy of Science (Notre Dame, 1980).

87 Vgl. M.Masterman: The Nature of Paradigm; in: I.Lakatos; A.Musgrave (Hgg.): Criticism and the Growth of Knowledge (Cambridge, 1970), 59-89. Ihre Grundthese - daß Kuhn Äquivokationen unterlaufen - bleibt von der Tatsache, daß ihre Liste eine Anzahl nur verbaler Varianten enthält, unberührt.

88 Vgl. S.Toulmin: Does the Distinction Between Normal and Revolutionary Science Hold Water?; in: I.Lakatos; A.Musgrave (Hgg.): Criticism and the Growth of Knowledge (Cambridge, 1970), 39-47.

89 Galilei wird ausführlich diskutiert bei P.Feyerabend: Against Method (London, 1975); M.Finocchiaro: History of Science as Explanation (Detroit, 1973); Ders.: Galileo and the Art of Reasoning (Dordrecht, 1980); und R.Westman (Hg.): The Copernican Achievement (Los Angeles, 1976). Zu Einstein vgl. z.B. E.Zahar: Why did Einstein's Programme Supersede Lorentz's?; in: British Journal for the Philosophy of Science 24/1973, 95-123, 223-262.

90 T.S.Kuhn: Second Thoughts on Paradigms; in: F.Suppe (Hg.): Structure of Scientific Theories (Urbana, 2. Aufl. 1977), 459-482; 460 Anm. 4.

91 Vgl. T.S.Kuhn, Second Thoughts 462-464.

um zu betonen, daß wissenschaftliche Erklärungen ausschließlich in interpretierter Form (d.h. innerhalb einer Gemeinschaft) vorkommen. Modelle und Textbuch-Beispiele sind ebenso wichtig wie Theorien, denn eine Matrix »consists, among other things, of verbal and symbolic generalizations *together with* examples of their function in use« (501). Dahinter steht die Idee, Poppers Vorstellung entgegenzutreten, daß »canons of rationality ... derive exclusively from those of logical and linguistic syntax«[92]. Kuhns Rückgriff auf die Sozialpsychologie ist nicht neu - seiner Auffassung nach tun Popper, Watkins und andere dasselbe (233). Tatsächlich wiederholt er im wesentlichen eine These, die vor ihm schon Toulmin aufgestellt hatte: Er verneint, daß »the problem of theory-choice can be resolved by techniques which are semantically neutral« (ebd.).

Trotz seiner unglücklichen Vorliebe, die Struktur der Wissenschaft allzu glatt in die Zeiten von Krieg und Frieden (oder in revolutionäre und normale Wissenschaft) einzuteilen, hat Kuhn einen Beitrag zu unserem Verständnis der wissenschaftlichen Praxis geleistet. Wenngleich er meint, man könne die Zustimmung zu einer neuen Theorie weder durch Beweis noch durch Zwang erwirken, behauptet er doch nicht, daß die Theorienwahl einen irrationalen Glaubenssprung darstelle. In der Tat lösen wissenschaftliche Aktivitäten Rätsel, wobei die exakten Kriterien zumeist mit dem jeweiligen Rätsel variieren; und doch vermag die wissenschaftliche Gemeinschaft oft Übereinstimmung darüber zu erzielen, ob ein bestimmtes Forschungsprogramm progressiv oder degenerativ wirksam ist. Darüber hinaus scheint Kuhn einige allgemeine Standards zu berücksichtigen, die die weitergespannte wissenschaftliche Gemeinschaft charakterisieren: »accuracy, simplicity, fruitfulness and the like«[93].

Wenn Kuhn unser Verständnis der Wissenschaft vorangebracht hat, warum dann im folgenden Abschnitt der Versuch, seine Position durch die von Imre Lakatos zu ersetzen? Kurz gesagt: Es gibt gute Gründe, sich darüber Sorgen zu machen, daß Kuhn in seinem Kontextualisieren zu weit geht. Statt dabei zu bleiben, die Rolle des Kontextes und interpretativer Erwägungen in der Prüfung individueller Erklärungen geltend zu machen (wie es z.B. Toulmin getan hatte), *reduziert* Kuhn Erklärungen auf ihren Kontext. Verschiedene wissenschaftliche Erklärungen seien inkommensurabel: Zwischen ihnen könne es keinen direkten Vergleich geben. Aber eine derartige starke Inkommensurabilität scheint der wissenschaftlichen Praxis und der Wissenschaftsgeschichte ebenso fern zu liegen wie die strikte Falsifizierbarkeit. Wenn die Sprachen zweier Matrizen wirklich getrennte Welten darstellen, wie ist es dann möglich, selbst die allgemeinsten Beobachtungen, die Kuhn erlaubt - diese Matrix hat 21 Rätsel gelöst; jene bietet fruchtbare theoretische Möglichkeiten -, gedanklich zu erfassen? Wenn schon Inkommensurabilität, warum dann nicht gleich Feyerabends »anything goes«?

Ein Anzeichen dieser Malaise ist Kuhns Behandlung wissenschaftlicher Standards lediglich als Werte statt als epistemologische Standards. Kuhn hat die Subjektivität des

---

92 T.S.Kuhn: Reflections on My Critics; in: I.Lakatos; A.Musgrave (Hgg.): Criticism and the Growth of Knowledge (Cambridge, 1970), 231-278; 199.

93 T.S.Kuhn: Afterword - 1969; in T.S.Kuhn: The Structure of Scientific Revolutions (Chicago, 2. Aufl. 1970), 174-210; 199.

Wissenschaftlers und der wissenschaftlichen Gemeinschaft in einem solchen Maße in die Standards explanativer Adäquanz einbezogen, daß kein Unterschied mehr zwischen epistemischen und axiologischen Faktoren übrigbleibt. Ohne Zweifel muß die einst populäre Suche nach rein objektiven Kriterien nun durch den Versuch ersetzt werden, hinreichende Standards für die Begründung einer nur *intersubjektiven* Übereinstimmung hinsichtlich Rechtfertigung oder Gültigkeit zu formulieren. Diese Abwendung von dem, was wir (an Stelle des Terminus *Positivismus*) *Objektivismus* nennen wollen, läßt uns aber dennoch wichtige Kriterien zurückbehalten, um (wie begrenzt auch immer) konkurrierende Erkenntnisansprüche miteinander vergleichen zu können. Dabei gibt es keinen Grund, neben besser bezeugten Kriterien wie z.B. der Widerspruchsfreiheit nicht auch Kriterien wie Kuhns Einfachheit in Geltung stehen zu lassen[94].

2.2.3 Erklärung und Kontextprinzip

Wir wollen nun nicht länger bei Kuhn stehen bleiben, sondern die Probleme (und ihre späteren Verbesserungen), die sein Buch aufgeworfen hat, für sich selbst betrachten. Dabei verdienen drei Punkte eine besondere Erwähnung.

(1) *Problemlösung.* Wie wir oben gesehen haben, hat schon Popper das Lösen von Problemen in die Mitte seiner Theorie der Rationalität gestellt: »Every rational theory ... is rational in so far as it tries to solve certain problems«; und sie ist vernünftig allein in Hinsicht auf »a given problem situation«[95]. Obwohl Kuhn in *Structure* vom »puzzle solving« in den normalen Wissenschaften gesprochen hatte (Das Paradigma verursache derartige »textbook problems«), hat Musgrave gezeigt, daß »Rätsel« für den späten Kuhn wieder zu Problemen wurden, die, wenn sie ungelöst bleiben, das Ende eines Paradigmas beschleunigen[96]. Larry Laudan hat nach Kuhn in interessanter Weise um die Definition der Wissenschaft als der Bemühung um »problem solving effectiveness« herum eine ganze Wissenschaftstheorie konstruiert[97]. Dabei betont er die Variabilität wissenschaftlicher Kontexte: Wenn die Wissenschaftler bloß nach »acceptable answers to interesting questions« suchen, dann brauchen sie lediglich Kriterien für jeweils angemessene Problemlösungen - aber keine Standards für »›true‹, ›corroborated‹ or otherwise justifiable« Theorien (13f.). Mehr noch als allgemeine formale Erfordernisse begründen situationsbezogene Probleme den »context of inquiry« und werden eine gewisse Zeit lang zu einer »research tradition« (81). Die Prüfung von Erklärungen ist also relativ nicht nur zu den jeweils konkurrierenden Konzeptionen der Theorienwahl, sondern auch zu den früheren

94 Vgl. S.Toulmin: Conceptual Revolutions in Science; in R.S.Cohen; M.W.Wartofsky (Hgg.): In Memory of N.R.Hanson (Dordrecht, 1967), 331-347.

95 K.Popper, *Conjectures* 199.

96 Vgl. A.Musgrave: Kuhn's Second Thoughts; in: G.Gutting (Hg.): Paradigms and Revolutions. Appraisals and Applications of Thomas Kuhn's Philosophy of Science (Notre Dame, 1980), 39-53; 46.

97 Vgl. L.Laudan: Progress and Its Problems: Toward a Theory of Scientific Growth (Berkeley, 1977), 5.

Theorien innerhalb derselben Tradition. Folgerichtig (aber auch kennzeichnend für die Grenzen seines Ansatzes) kommt Laudan zu dem Schluß: »Determinations of truth and falsity are *irrelevant* to the acceptability or the pursuitability [*sic!*] of theories and research traditions« (120).

In den späteren Kapiteln werde ich die These aufstellen, daß die Konzeption einer Problemlösungsrationalität (mit geeigneten Modifikationen) auch in Philosophie und Theologie als ein Modell zur Prüfung von Erklärungen verwendet werden kann. In Vorwegnahme jener Diskussion sollten wir beachten, daß diese Abhängigkeit vom jeweiligen Forschungskontext, wie er durch spezielle Problemsituationen geschaffen wird, dem Kriterium der *Kohärenz* eine zentrale Rolle zuweist. In einem solchen Rationalitätsmodell ist die Angemessenheit einer vorgeschlagenen Erklärung nahezu gleichbedeutend mit der Fähigkeit des Explanans, das Explanandum in einen akzeptierten begrifflichen Rahmen (in diesem Fall den Rahmen, der in der Formulierung der Problemsituation impliziert ist) zu integrieren. Die Kehrseite dieser zentralen Bedeutung des Kontextes liegt aber in der scheinbaren Trennung von angemessener Erklärung und Wahrheit - einer Konsequenz, die von Laudan und anderen betont wird. Diese Trennung hat auf den ersten Blick für die theologische Erklärung verheerende Konsequenzen - es sei denn natürlich, die wahrheitsindikative Funktion des Kohärenzkriteriums ließe sich irgendwie erhalten (vgl. Kap. 4).

(2) *Epistemologischer Anarchismus.* Feyerabend hat mehr als jeder andere Denker dafür getan, die radikaleren Konsequenzen der Position Kuhns zu bewahren. In seinen Händen reduziert sich die situationale Varianz des *Kontextualismus* auf den gänzlichen Relativismus eines *Konventionalismus.* Unter der Annahme von Kuhns Inkommensurabilität bleiben nur »aesthetic judgments, judgments of taste, and our own subjective wishes«[98]. In Kuhns Wissenschaft gibt es nach Feyerabend nicht länger eine Unterscheidung zwischen Wissenschaft und Kunst (228, Anm. 2); wir könnten die ehrenhaften Konnotationen, die mit dem Wort *Wissenschaft* verbunden sind, ebenso gut abschaffen. Die Wissenschaft wird zu »an attractive and yielding courtesan« (229) und sollte auch als Kurtisane angesehen und betrieben werden. Genauer vertritt Feyerabend einen »epistemological anarchism« der Wissenschaft - eine Position des »anything goes«[99]. In seiner Selbstbezeichnung als Dadaist weist Feyerabend zugleich auf die Konsequenzen, die eine Abschaffung der Unterscheidung zwischen Wissenschaft und Nichtwissenschaft mit sich bringt: Wir sollten die Bibel als eine alternative Kosmologie ansehen (47, Anm. 1); Voodoo könnte unser Studium der Physiologie bereichern (50); die Akupunktur ist vielleicht der modernen Medizin vorzuziehen (51); wir sollten genauso wie Galilei unsere methodischen Regeln so oft wie möglich ignorieren (Anhang 2); und die Entdeckung einer befriedigenden Theorie könnte von einem befriedigenden Sexualleben abhängen (174).

---

98 P.Feyerabend: Consolations for the Specialist; in: I.Lakatos; A.Musgrave (Hgg.): Criticism and the Growth of Knowledge (Cambridge, 1970), 197-230; 228.

99 P.Feyerabend: Against Method. Outline of an Anarchistic Theory of Knowledge (London, 1975), 21, 187 Anm., 189, 296.

Feyerabends Wissenschaftstheorie hat - was auch immer über ihren Wahrheitswert zu sagen sein mag - der neueren Debatte zumindest einige Farbe verliehen. Darüber hinaus macht *Against Method* aber auch deutlich, daß die tatsächliche Wissenschaft sehr eigenmächtig mit methodologischen Vorschriften umgeht. Feyerabend hat dazu beigetragen, sich intensiver mit der Wissenschaft als einer Institution zu beschäftigen - wie es dann z.B. im Werk von Gerald Holton[100] geschehen ist. Feyerabends Schriften haben zudem die scharfe Trennung zwischen Wissenschaft und Metaphysik - sowohl hinsichtlich der Theorie als auch hinsichtlich der Praxis - in Frage gestellt, indem er z.B. behauptet, daß wir allein durch den Einschluß von Mythos und Religion *in* die Wissenschaft theoriebedingte Vorurteile in der Beobachtung korrigieren können[101]. Theologen könnten Feyerabends Werk zwar als Fortschritt auffassen: Religiöse Behauptungen gelten nicht länger als bedeutungslos (Ayer) oder scharf von wissenschaftlichen Behauptungen geschieden (Popper). Allerdings ist dies bestenfalls ein *tu quoque* - Argument: Die Religion mag sich zwar hinsichtlich der Frage nach ihrer Rationalität in einer schlechten Lage befinden, der Wissenschaft aber geht es keinen Deut besser. Es sollte dem Theologen doch wohl kaum angenehm sein, daß jemand versucht, die Wissenschaft auf eine Ebene von »religion, prostitution and so on« (28) herabzusetzen. Außerdem werden wir sehen, daß viele religiöse Traditionen *weniger* anarchistisch sind als die Wissenschaft à la Feyerabend. Dies läßt sich gut an Hand der Kriterien für Methode und epistemische Rechtfertigung zeigen, die in der Theologie eine wichtige Rolle spielen (vgl. Kap. 6).

(3) *Die Pragmatik der Erklärung.* Während Kuhns Gebrauch sozialwissenschaftlicher Analysen die kontextuelle Wende charakterisiert, hat Bas van Fraassen dessen Implikationen für die Erklärung herausgearbeitet. Er beschreibt wie Kuhn die Beeinflussung der Bewertung durch kontextuelle Faktoren und erweitert die Liste der Prüfungskriterien, um nicht nur mathematische Eleganz und Einfachheit, sondern ebenso auch unsere »specifically human concerns, ... our interests and pleasures« - z.B. »[whether] it matters more to us to have one sort of question answered rather than another« - einbeziehen zu können[102]. Im Zuge einer allgemeinen Kritik bisheriger Theorien der Erklärung zeigt van Fraassen, daß die - von mir so bezeichnete - formalistische Tradition ihr Augenmerk allein auf die *Syntax* der Erklärung, auf ihre logische Form gerichtet habe, ohne auch die pragmatischen Aspekte zu beachten[103]. Kausale Darstellungen der Erklärung - wie z.B. die von Wesley Salmon - seien aus dem gleichen Grund unangemessen: Die enorme

---

100 Vgl. G.Holton: The Scientific Imagination: Case Studies (Cambridge, 1978); und G.Holton; W.A.Blanpied: Science and Its Public: The Changing Relationship (Dordrecht, 1976).

101 Vgl. P.Feyerabend, Against Method 68.

102 B.van Fraassen: The Scientific Image (Oxford, 1980), 87.

103 Van Fraassen gesteht zu, daß ein kurzer Überblick »must of necessity be biased«. Aber wie dem auch sei, selbst eine »voluminöse« Literatur rechtfertigt es nicht, beispielsweise einen Zeitschriftenaufsatz von J.L.Mackie aus dem Jahre 1965 zu kritisieren und dabei eine Diskussion seiner Monographie aus dem Jahre 1974 zum gleichen Thema mit der lahmen Entschuldigung zu unterlassen: »I must of necessity do less than justice to most authors discussed« (223, Anm. 20).

Uneinigkeit über den »real cause« eines Ereignisses rühre eben daher (wie Hanson schreibt), daß »there are as many causes of *x* as there are explanations of *x*«[104].

Kuhns Analyse sozialer Faktoren muß also durch eine *linguistische Pragmatik*, eine Betrachtung des wissenschaftlichen Sprachgebrauchs, ergänzt werden. Van Fraassen selbst will sehr noch viel radikalere Konsequenzen als Kuhn aus dem Wandel ziehen: »There are no explanations in science«; denn eine Erklärung müsse in einer Darstellung von (unabhängig oder gemeinschaftlich gewählten) »salient factors« in einem »causal net« bestehen[105]. Solche hervorstechende Merkmale ergeben sich für eine bestimmte Person aber nur auf Grund von »his orientation, his interests, and various other peculiarities in the way he approaches or comes to know the problem - contextual factors«[106]. Pragmatische Faktoren würden (gegen Hempel) sogar unsere Analyse der grundlegenden Warum-Frage der Erklärung beeinflussen: »Warum aß Adam den Apfel?« beinhalte mindestens drei verschiedene Fragen: Warum Adam? Warum essen? Warum der Apfel? (126-129). Wir fragen jeweils »Warum P?« im Gegensatz zu anderen Elementen Q einer gegebenen Menge X von Möglichkeiten, wenngleich diese Menge X von Möglichkeiten oft unerwähnt bleibe[107].

Die Aufnahme der Pragmatik in die Theorie der Erklärung hat verheerende Implikationen für einen ausschließlich formalistischen Ansatz. Schon Passmore schrieb sehr viel früher: »There can be no purely formal definition of an explanation. ... How (the formal) schema is used will depend on what we know and what we want to know; and these are not formal considerations. ... *Explaining, in short, is a particular way of using a form of argument; it has no logical form particular to it*«[108]. Die Variabilität der »particular ways« stellt nicht nur die Hegemonie des deduktiv-nomologischen Modells - mit seiner Subsumption individueller Fälle unter allgemeine Gesetze - in Frage, sondern ebenso auch jede rein formale Theorie naturwissenschaftlicher Rationalität.

Trotzdem meine ich nicht, daß die Anerkennung der pragmatischen Dimension auch die Bedeutsamkeit formaler *explanativer Ideale* in der Wissenschaft ungültig macht. Daß viele Erklärungen eines Phänomens von ihrem jeweiligen pragmatischen Kontext abhängen, schließt nicht aus, daß es in der Wissenschaft einige Standardfälle gibt - bestimmte grundlegende Warum-Fragen und Kausalzusammenhänge, an denen die Wissenschaftler interessiert sind. Man könnte leicht ein Variabilitäts-Spektrum entwerfen, das von rein formalen Erwägungen, die von Kontextfragen kaum beeinflußt werden, bis hin zu mehr und mehr theoriespeziellen (und somit kontextrelativen) Faktoren reicht. Im einen Extrem müssen wir, damit Wissenschaft bzw. rationaler Diskurs überhaupt möglich ist, das

---

104 N.R.Hanson: Patterns of Discovery (Cambridge, 1958), 54; vgl. B.van Fraassen, Scientific Image 125.

105 Vgl. B.van Fraassen: The Pragmatics of Explanation; in: American Philosophical Quaterly 14/1977, 143-150. Kapitel 5 von *The Scientific Image* stammt, oftmals sogar wörtlich, aus diesem Artikel.

106 B.van Fraassen, *Scientific Image* 125.

107 Vgl. B.Hannson: Explanations - Of What? (Stanford, 1974); zitiert bei B.van Fraassen, Pragmatics 147.

108 J.Passmore: Explanation in Everyday Life, in Science, and in History; in: History and Theory 2/1962, 105-123; 109 (Hervorhebung von mir).

Prinzip der Widerspruchsfreiheit voraussetzen - daß eine wissenschaftliche Proposition genau das meint, was sie behauptet, und nicht etwa das Gegenteil. Noch ziemlich resistent gegenüber einem Wandel - wenn auch nicht unveränderbar - sind die für die verschiedenen Disziplinen fundamentalen Grundmuster der induktiven Schlußfolgerung. Dann gibt es die grundlegenden Paradigmen einer Wissenschaft: Die relativistischen Voraussetzungen in der Physik werden - ähnlich wie die mechanistischen Voraussetzungen vor ihnen - erst dann aufgegeben werden, wenn ein (noch nicht vorstellbarer) theoretischer Rahmen entworfen sein wird, der unser bisheriges Verständnis der physikalischen Welt radikal ändert. Andere gegenwärtige explanative Parameter könnten sehr viel leichter verworfen werden, z.B. solche, die durch eine bestimmte Theorie der Elektroneninterferenz gegeben sind (Natürlich kann man noch die Forderung aufstellen, daß eine neue Theorie in diesem Bereich in der Lage sein muß, auch die Phänomene in ihr Modell aufzunehmen, die von den früheren Theorien erklärt wurden). Der entscheidende Punkt ist deutlich: Erst wenn jemand die Ebene sehr spezieller Erklärungen erreicht, beginnt die Kontextrelativität von Erklärungen eine merkliche Rolle zu spielen. Es ist wichtig, daß man seinen Relativismus in kleinen Dosen zu sich nimmt - und auch dann nur streng nach Rezept.

Der pragmatische Aspekt der Position von van Fraassen und anderen zeigt uns also erneut, wie wichtig die kontextuelle Wende für unsere Theorie der Erklärung ist. Kontextuelle Erwägungen haben sich in der Tat als so zentral erwiesen, daß wir die Ergebnisse dieses Abschnittes in der Formel eines *Kontextprinzips der Rationalität* zusammenfassen können. Um es negativ auszudrücken: Explanative Behauptungen können nicht abseits von ihrem Kontext beurteilt werden - in den Naturwissenschaften z.B. abseits von dem empirischen Problem (bzw. der Situation), das sie zu erklären beabsichtigen. Die Erklärung braucht einen Bezug auf den Orientierungsrahmen, den jemand benutzt, um eine gegebene Situation zu interpretieren, ein Forschungsproblem zu formulieren oder gar erst die Daten zu bestimmen, die erklärt werden sollen.

In positiver Wendung meine ich, daß sich nun die *Kohärenz* als eine zentrale Komponente einer Theorie der Erklärung erwiesen hat. Als ein umfassendes Metakriterium für explanative Adäquanz fordert Kohärenz den systematischen Zusammenhang (die »Stimmigkeit«) der verschiedenen Elemente einer explanativen Darstellung, sowohl *intern* (Konsistenzkriterium) als auch *extern* - mit der Situation (pragmatische Kriterien), mit den Daten, die im Explanandum impliziert sind und ausgedrückt werden (Korrespondenzkriterium) und mit dem weiteren Kontext der Erfahrung (Komprehensivitätskriterium). Ohne die Rolle empirischer Fruchtbarkeit oder mathematischer Einfachheit schmälern zu wollen, so ist es daher doch das Kontextprinzip, das »goodness of fit« zu einer notwendigen Bedingung rationaler Erklärungen macht[109].

---

109 Die Kohärenz wurde daher für eine Anzahl von Wissenschaftstheoretikern zum zentralen Kriterium (und sogar zur Definition) nicht nur der Rationalität, sondern auch der Wahrheit; vgl. z.B. H.Putnam: Reason, Truth and History (Cambridge, 1981) und N.Goodman: Ways of Worldmaking (Indianapolis, 1978). Putnam schreibt: »›Truth‹ ... is some sort of (idealized) rational acceptability - some sort of ideal coherence of our beliefs with each other and with our experience« (49f.). Oder kürzer: »Truth is ultimate goodness of fit« (64).

Daraus folgt, daß formalistische Darstellungen bestenfalls eine Art Grenzfall erfassen: Wenn nichts dazwischenkommt - oder im Rahmen einer bestimmten Interpretation -, sollten Naturwissenschaftler versuchen, allgemeine Gesetze zu formulieren und zu verwenden, um die volle Erklärung eines Sachverhalts zu erlangen. Allerdings spielten formalistische Darstellungen in der Vergangenheit eine tragende Rolle bei dem Versuch, die Naturwissenschaften von den Sozialwissenschaften und nichtwissenschaftlichen Disziplinen abzugrenzen. Wenn nun formalistische Erfordernisse fallen gelassen und eine Kohärenztheorie der Rationalität an ihre Stelle gesetzt werden kann, dürfte wohl die Vorarbeit für eine allgemeine Theorie der rationalen Erklärung geleistet sein, die umfassend genug ist, um mit den Wissenschaften auch die Theologie zu behandeln.

Zwischen beiden Gebieten ist ein scharfer Kontrast unmittelbar evident: In der Religion haben wir nur wenig mehr als den Kontext (die system-interne Kohärenz), während wir in den Wissenschaften auch auf Kriterien wie die empirische Fruchtbarkeit zurückgreifen können. Dieser Unterschied ist wichtig. Trotzdem läßt nun die Theoriegeladenheit empirischer Daten diesen Unterschied nicht mehr absolut erscheinen. Statt dessen können wir jetzt genauer von einer Vielfalt von Kohärenztypen sprechen - wie schon der Begriff eines *umfassenden Metakriteriums* vorschlägt. Beispielsweise läßt sich das, was gemeinhin theoretische Konsistenz genannt wird, besser als eine Kohärenzrelation zwischen verschiedenen Theoriekomponenten ausdrücken. Der Pragmatismus legt die Betonung auf die Kohärenz (die »Stimmigkeit«) zwischen Theorien und praktischen Kontexten, und der Rekurs auf den Konsensgedanken kann als Rückgriff auf die Kohärenz zwischen den Überzeugungsmengen verschiedener Theoretiker verstanden werden (vgl. Kap. 4).

Am wichtigsten ist vielleicht, daß die Beziehung einer Theorie zur »Welt« sich nun ungefähr als die Kohärenz einer Menge theoretischer Prädiktionen mit einer gegebenen Menge von Beobachtungsaussagen darstellt[110]. Wenn die Korrespondenz einer Theorie zur empirischen Realität tatsächlich nur durch das gegenseitige Zusammenpassen von Aussagenmengen bestimmt werden kann, ist man nicht länger dazu berechtigt, eine fundamentale Differenz zwischen empirischen und nichtempirischen Diziplinen zu behaupten.

2.3 Vermittlung zwischen Formalismus und Kontextualismus: Imre Lakatos

Formalistische und kontextualistische Denker sind ihre getrennten Wege nicht in unberührter Isolation gegangen. Zwischen den konkurrierenden methodologischen Positionen

---

110 Vgl. B.van Fraassen, Pragmatics 150.

hat es wichtige Konfrontationen gegeben, ausgefochten zumeist von Popper und seinen Schülern auf der einen Seite, Kuhn und den seinen auf der anderen. Feyerabends Position hat den Einsatz erhöht: Wenn die Popperianer nicht angemessen auf Kuhns *Structure* antworten könnten, würde alle Rede von einer objektiven Rationalität der Wissenschaft fragwürdig werden. In der folgenden Diskussion erlangten die Anliegen, die mit der kontextuellen Wende verbunden waren - wenngleich nicht unbedingt Kuhns bestimmte Interpretation dieser Implikationen - weitgehende Anerkennung. Im Gegensatz dazu blieb ein deutlicher *coup de main* Poppers - die Präsentation einer angemesseneren Form des Falsifikationismus - aus.

Popper scheint jedoch an einigen Punkten seine Position gemildert zu haben. Beispielsweise spielen Basisaussagen im Laufe der Jahre eine immer geringere Rolle[111], während außerdem Vorbehalte gegenüber einem potentiellen Falsifikationismus hinzukommen: »To this problem, my answer is positive: Yes the *assumption* of the truth of test statements sometimes allows us to justify the claim that an explanatory universal theory is false«[112]. »Assumption« beinhaltet hier das Vertrauen auf das Prüfungsergebnis einer anderen Theorie oder Aussagenmenge, und »sometimes« spielt auf den nicht-automatischen Charakter des Falsifikationsprozesses an. Popper bleibt dabei, eine verpflichtende empirische Basis für die Falsifikation zu fordern; aber daraus wird nun ein komplizierter, sogar gewundener Empirismus. In seinem Artikel »Epicyclic Popperism« notiert Errol Harris: »In these circumstances, would it not be advisable to scrap the epicycles and transfer the centre of the theory from the ›empirical basis‹ to the consilience of hypotheses? Let us have done, once and for all, with Empiricism and all its remnants: ›basic‹ statements, novel facts, and unexplained processes of corroboration«[113]. Gerade diese Abwendung von der Akzeptanz empirischer Tatsachen als unproblematischer Gegebenheiten und die Hinwendung zu einem Modell der Rationalität als Konzilianz bzw. Kohärenz von Hypothesen repräsentiert die Entwicklung, die eine vergleichende Studie wie die vorliegende erst möglich macht.

Popper war aber nicht in der Lage, in der Debatte zwischen Formalismus und Kontextualismus eine vermittelnde Rolle zu spielen. Einer der Gründe dafür war sicher sein Alter: Popper war 60, als Kuhns *Structure* veröffentlicht wurde. In der folgenden Diskussion hat er keine seiner Auffassungen wirklich zurückgenommen[114]. Statt dessen wurde die Rolle eines Vermittlers zwischen Popper und Kuhn sehr wirkungsvoll von Imre Lakatos übernommen. Es war sein 106-seitiger Aufsatz *Falsification and the Methodology of Scientific Research Programmes*, der die Umrisse einer möglichen Syn-

---

111 Besonders deutlich wird dies in *Objective Knowledge*, wo der Terminus »Basissatz« nur auf zwei Seiten erscheint, während er in der *Logik der Forschung*, wo er schon das Thema zweier ganzer Abschnitte bildet, überdies noch auf weiteren 30 Seiten vorkommt.

112 K.Popper: Objective Knowledge (Oxford, 2. Aufl. 1979), 7.

113 E.Harris: Epicyclic Popperism; in: British Journal for the Philosophy of Science 23/1972, 55-67; 61.

114 Wellmer notiert in seiner *Methodologie* (A.Wellmer: Methodologie als Erkenntnistheorie [Frankfurt, 1967]), daß »Popper ... niemals eines seiner früheren Werke in entscheidenden Punkten ›widerrufen‹« habe (10). Die Ironie, die darin liegt, daß gerade so jemand ein Buch mit dem Titel *Conjectures and Refutations* schreibt, ist überdeutlich.

these zwischen den Schulen Poppers und Kuhns skizzierte[115] (Übrigens meint man eine ähnliche Synthese der Positionen auch bei dem Symposium über die Struktur der Wissenschaft in Urbana, Illinois, von 1969 beobachten zu können - wenn auch wegen des Fehlens von Beiträgen Poppers oder Lakatos' weniger deutlich[116]). Im allgemeinen stellt Lakatos' Werk die Mittel bereit, um sowohl die Inflexibilität von Poppers Falsifikationismus als auch die irrationalistischen Neigungen von Kuhns soziohistorischem Relativismus zu vermeiden. Mit Hilfe von Lakatos' Revisionen ist es sehr viel einfacher, die bleibende Erkenntnis Poppers festzuhalten - nicht die Falsifikation selbst, sondern das Schema von »conjectures and refutations«, das sie exemplifiziert; kurz: *die Ersetzung einer rechtfertigenden (induktiven) durch eine fallibilistische Epistemologie.* Rational zu sein meint nicht, empirische Daten für eine bestimmte Position zu sammeln, sondern Theorien bzw. Hypothesen in einem Kontext aufzustellen, innerhalb dessen sie kritisiert werden können.

Lakatos' Modifikationen tragen also dazu bei, Poppers Wissenschaftstheorie zu einer allgemein anwendbaren Theorie der Rationalität auszuweiten. Im wesentlichen meine ich, daß eine tragfähige Auffassung der Rationalität, die zudem die verschiedenen wissenschaftlichen Disziplinen miteinander verknüpft (einschließlich derer, die mit der Religion im Zusammenhang stehen), nicht länger an das fundamentalistische Unternehmen gebunden ist, Erkenntnisansprüche mit induktiven oder verifikationistischen Mitteln zu verteidigen. Statt dessen stellt die Methodologie, die ich aus der wissenschaftstheoretischen Diskussion gewinnen will, drei hauptsächliche Bedingungen: die Isolation einer Problemsituation bzw. Warum-Frage; die Formulierung einer hypothetischen Antwort (z.B. um eine gewählte Gruppe von Daten zu erklären) und die Anwendung einer bestimmten Menge von Kriterien, um die explanativen Hypothesen intersubjektiv kritisieren. Zusätzlich zur Verallgemeinerung des fallibilistischen Ansatzes Poppers tragen Lakatos' Modifizierungen dazu bei, das zu korrigieren, was ich die nichthermeneutische Struktur der Wissenschaftstheorie Poppers nennen möchte. Ungeachtet seiner gelegentlichen gegenteiligen Beteuerungen charakterisiert Popper die Wissenschaft als einen geradlinigen Prozeß. Wenn aber rein empirische Basisaussagen durch theoriegeladene Daten ersetzt werden, wandelt sich Poppers problemsituative Methodologie zu einer Theorie wissenschaftlicher Rationalität, in der kontextuelle Erwägungen gegenseitig Frage und Antwort zu konstituieren scheinen - ohne dabei alle Rede von formalen Strukturen oder allgemeinen Standards in der Wissenschaft ungültig zu machen. Popper hat richtig gesehen, daß wissenschaftliche Erklärungen und ihre Prüfungen auf einer sorgfältigen Analyse der jeweiligen Problemsituation mitsamt ihrer Voraussetzungen und den verschiedenen Lösungs-

---

115 Vgl. I.Lakatos: Falsification and the Methodology of Scientific Research Programmes; in: I.Lakatos; A.Musgrave (Hgg.): Criticism and the Growth of Knowledge (Cambridge, 1970), 91-196.

116 Die Beiträge dieses Symposiums sind enthalten in F.Suppe (Hg.): The Structure of Scientific Theories (Urbana, 2. Aufl. 1977); zur Synthese vgl. besonders Suppes Nachwort zur 2. Auflage (Ders.: Afterword 1977; in: Ders., aaO. 615-730). Es ist - im Licht der späteren Kritik z.B. von Mary Hesse und Hilary Putnam am Realismus - interessant, daß Suppe die Wissenschaftstheorie sich auf den Realismus zubewegen sieht (vgl. F.Suppe, Afterword 716-728).

möglichkeiten beruhen[117]. Trotzdem war er niemals dazu bereit, seine »logic of discovery« durch eine »psychology [oder Soziologie] of research« zu ergänzen[118].

Wie lautet nun diese vermittelnde Position, die von Lakatos vertreten wird[119]? Lakatos formuliert es folgendermaßen: »The main difference from Popper's original version [des Falsifikationismus] is, I think, that in my conception criticism does not - and must not - kill as fast as Popper imagined« (92). Wo Popper eine Abfolge kühner Theorien und ihrer dramatischen Siege annimmt, schlägt Lakatos eine Methodologie wissenschaftlicher *research programmes* vor. Ein Forschungsprogramm besteht aus einer *negativen Heuristik*, d.h. einem »harten Kern« von Überzeugungen, die entweder unbewußt und fraglos angenommen oder von ihren Befürwortern für unwiderlegbar gehalten werden. Dazu kommt eine *positive Heuristik*, d.h. eine langfristige Forschungsstrategie. Die negative Heuristik mag vielleicht nicht falsifizierbar sein, aber die positive Heuristik schafft sich im Verlauf der Forschung unausweichlich einen »Schutzgürtel« von Hilfshypothesen (z.B. wissenschaftliche Modelle und Antworten auf mögliche Widerlegungen), die durchaus falsifizierbar sind[120]. Wenn ein Teil des Schutzgürtels in Frage gestellt wird, schlägt die positive Heuristik immer komplexere Modelle vor, um den »ocean of anomalies« (50) unter Kontrolle zu halten und sie siegreich in »examples« (111) des jeweiligen Forschungsprogramms umzuwandeln.

Mit seinem Modell war Lakatos in der Lage, die Vorteile der kontextuellen Wende aufzunehmen, ohne das formalistische Programm ganz und gar aufgeben zu müssen. Viele Termini von Popper und Hempel tauchen wieder auf - aber immer mit einem Kuhnschen Akzent. Daher kann es »crucial counter-evidence« geben; aber sie wird erkannt »only with hindsight«. Es gibt Falsifikation; aber sie hängt vom Aufkommen besserer Theorien ab, die neue Tatsachen vorwegnehmen (34-36). Und es gibt eine objektive Prüfung von Theorien, wenngleich sie in der Kohärenz einer interpretativen mit einer explanativen Theorie bzw. einer vorläufigen Erklärung besteht: »It is not that we propose a theory and Nature may shout NO; rather, we propose a maze of theories, and Nature may

---

117 Vgl. z.B. K.Popper, Conjectures 200.

118 Vgl. T.S.Kuhn: Logic of Discovery or Psychology of Research: in: P.A.Schilpp (Hg.): The Philosophy of Karl Popper (La Salle, 1974), 798-819.

119 Vgl. I.Lakatos: Falsification and the Methodology of Scientific Research Programmes; in: I.Lakatos; A.Musgrave (Hgg.): Criticism and the Growth of Knowledge (Cambridge, 1970), 91-196. Der Essay ist wieder abgedruckt in Lakatos' *Philosophical Papers* (Ders.: Philosophical Papers, Bd. 1: The Methodology of Scientific Research Programmes [Cambridge, 1978], Kap. 1. Die folgenden Zitate beziehen sich auf die *Philosophical Papers*. Obwohl die Position ursprünglich aus dem Jahre 1965 stammt, datiert ihre gegenwärtige Form von 1969/70.

120 Der Terminus »Schutzgürtel« (»protective belt«) ist vielleicht etwas unglücklich gewählt - trotz seiner genauen Bezugnahme auf die unfalsifizierbaren Elemente in Kuhns Paradigmen. Die Modelle und speziellen Hypothesen, die den »Schutzgürtel« bilden, sind das tägliche Brot der meisten Wissenschaftler; sie würden ein Gespräch über die »positive Heuristik« einer Theorie für den Zuckerguß auf einem Kuchen halten - für das Spiel eines Philosophen, das bei der Vielzahl ihrer Forschungsprobleme nur von sekundärem Interesse ist. Die Intention des »Schutzgürtels« geht nicht dahin, zu schützen, sondern Wissenschaft zu betreiben. Wenn sich trotzdem einmal das wissenschaftliche Augenmerk auf die Angemessenheit eines ganzen Forschungsprogrammes richtet, kommen unweigerlich Fragen danach auf, wie eng die Verknüpfung zwischen den speziellen Theorien und dem umfassenderen Programm ist, das ihnen ursprünglich zu Grunde liegt.

shout INCONSISTENT« (45). An späterer Stelle drückt er es so aus: »Nature may shout *no*, but human ingenuity ... may always be able to shout louder« (111).

Lakatos hat zu Recht die Erklärungen den Forschungsprogrammen untergeordnet; allein in diesem Kontext können sie sinnvoll formuliert, analysiert und wissenschaftlich geprüft werden. Trotzdem können sich Forschungsprogramme erst über einen langen Zeitraum hinweg als fruchtbar oder nutzlos erweisen. Daher kommt es zu Lakatos' Unterscheidung zwischen »progressiven« und »degenerativen« Problemlösungen. Für erstere gilt: »Each new theory has some excess empirical content over its predecessor, that is, ... it predicts some novel, hitherto unexpected fact«, der in der Folge bestätigt wird (33). Hinsichtlich degenerativer Problemlösungen denkt Lakatos beispielsweise an globale Theorien wie den Marxismus[121]. Hier liegt eine Theorie vor, die - wie er meint - kontinuierlich ihren harten Kern dazu benutzt, ihren Schutzgürtel zu revidieren, wenn neue Konflikte mit ihren Prädiktionen auftauchen - und doch niemals irgendwelche Tatsachen voraussagt, die später als wahr erkannt werden könnten (87-89).

2.4 Lakatos und die rationale Prüfung von Erklärungen

2.4.1 Rationale Prüfung in der Wissenschaft

Wie bei den Kontextualisten Toulmin, Hanson und Kuhn sind wir auch bei Lakatos nicht in der Lage, aus seinen Vermittlungsbemühungen eine Theorie der Erklärung zu gewinnen, die von der Frage nach der Rationalität oder Irrationalität der Wissenschaft unabhängig ist. Immer wieder sahen wir, daß unsere Suche nach einer solchen Theorie zur Rationalitätsdebatte zurückgelenkt wurde. Bestenfalls war es uns möglich, formalen Kriterien die Rolle zuzuweisen, eine Art von allgemeinem explanativen Ideal bereitzustellen - und damit einen idealisierten Grenzfall zu erfassen, innerhalb dessen von allen pragmatischen und kontextuellen Faktoren abstrahiert werden kann. Wenn die Kontextualisten Recht haben, hat es wenig Zweck, sich weiterhin mit formalen Analysen der Erklärung zu beschäftigen. Wir werden aber gut daran tun, uns einige weiterreichende intersubjektive (transparadigmatische) Standards zu erhalten - einige gemeinsame epistemische Werte, die von den meisten Mitgliedern der wissenschaftlichen Gemeinschaft akzeptiert werden. Hinter dem kontextualistischen Skeptizismus kann man die Mahnung des späten Wittgenstein hören: Man frage nicht danach, was die Erklärung an und für sich *ist*, sondern wie sie in der Wissenschaft *gebraucht* wird[122].

---

121 Es ist daran zu erinnern, daß auch Popper den Marxismus als sein vorrangiges Beispiel für eine unfalsifizierbare Theorie gewählt hatte. Offensichtlich gibt es Probleme damit, eine ausführliche soziale Theorie nach den gleichen Kriterien zu behandeln, die wir für naturwissenschaftliche Theorien verwenden.

122 Vgl. L.Wittgenstein: Philosophische Untersuchungen (Oxford, 1953), § 43.

Diese Stimme sollte Gehör finden. Ein vollständiges Bild der wissenschaftlichen Erklärung können wir am Ende nur dadurch erreichen, daß wir unser Augenmerk auch *darauf* richten, wie Erklärungen gewonnen werden (Psychologie der Entdeckung), wie sie institutionell beeinflußt werden (Soziologie der Forschung) und wie sie durch die wissenschaftliche Gemeinschaft geprüft werden. In den vorliegenden Kapiteln konzentriere ich mich hauptsächlich auf die dritte dieser Aufgaben - die Frage nach der rationalen Prüfung in der Wissenschaft -, indem ich eine modifizierte Form des Lakatos'schen Entwurfs als roten Faden benutze. Die Frage, die an Lakatos' Position zu richten ist, muß - wie in Kapitel 1 skizziert - als Frage nach Definition und Bedingungen einer intersubjektiven Erklärung formuliert werden. Wenn wir herausfinden, daß der wissenschaftliche Prozeß schon für sich selbst besehen irrational und die Rede von intersubjektiver Prüfung eine bloße Chimäre ist, werden wir nur schwerlich erwarten können, auf dem Feld der Religion mehr »Objektivität« zu entdecken[123]. Sollten wir aber in der Lage sein, der intersubjektiven Prüfung von Theorien bzw. Erklärungen in der Wissenschaft einen Sinn abzugewinnen, könnte dieser Prozeß - in geeigneter Übertragung - vielleicht auch als Modell zur intersubjektiven Prüfung explanativer Behauptungen in der Religion dienen.

Für Lakatos ist eine Theorie schon seit ihrer »Geburt« widerlegt und niemals dazu imstande, alle Einwände gegen sie zu überwinden. Aber so lange »in the spirit of the heuristic« im Schutzgürtel progressive Problemlösungen vorgenommen werden können, ist es rational gerechtfertigt, ein gegebenes Forschungsprogramm weiter zu verfolgen und seine Erklärungen ebenfalls für rational gerechtfertigt zu halten[124]. Wenn zwischen progressiven und degenerativen Problemlösungen keine Entscheidung getroffen werden könnte, würde Lakatos - der den kontextualistischen Wissenschaftstheoretikern sowieso schon viel Terrain überlassen hat - seine Position auf die Inkommensurabilitätslehren von Kuhn und Feyerabend reduziert finden. Und wenn die rationale Wahl zwischen Forschungsprogrammen unmöglich ist, gilt dasselbe von der rationalen Prüfung von Erklärungen.

Zu Lakatos' Definition einer progressiven Problemlösung ist eine Anzahl von Gegenbeispielen entworfen worden, die Lakatos dazu veranlaßt haben, seine Auffassung zu modifizieren. Beispielsweise haben Zahars Artikel über Einsteins Forschungsprogramm[125] Lakatos davon überzeugt, seine Bedingungen für »novel facts« zu lockern. In einem seiner letzten Aufsätze gesteht er zu, daß *jede* Tatsache, die durch eine Theorie erklärt wird, ohne von ihr ursprünglich intendiert worden zu sein, ein neues Phänomen darstellt (1,185). Daher können wir in der Weise vom empirischen Fortschritt eines For-

---

123 Die Überzeugung von der Irrationalität der Wissenschaft sollte also die Angriffe von Wissenschaftlern und Wissenschaftstheoretikern gegen die Irrationalität der Religion zum Verstummen bringen. Menschen, die in Glashäusern leben, sind schlecht damit beraten, das Steinewerfen zum Beruf zu machen.

124 Vgl. I.Lakatos; E.Zahar: Why Did Copernicus's Programme Supersede Ptolemy's; in: I.Lakatos: Philosophical Papers, Bd. 1 (Cambridge, 1978), 168-192; 179 (verfaßt 1972/73). Bis zum Ende dieses Kapitels beziehen sich alle Seitenverweise im Text mit einer vorangestellten Bandziffer auf die *Phiosophical Papers.*

125 Vgl. E.Zahar: Why did Einstein's Programme Supersede Lorentz's? in: British Journal for the Philosophy of Science 24/1973, 95-123, 223-262.

schungsprogramms sprechen, daß es Tatsachen erklärt, die vorher außerhalb seines Blickfeldes lagen - und dasselbe gilt von seinen neuen Prädiktionen.

Die gewichtigste Anfrage an Lakatos kam allerdings von seinem Freund Paul Feyerabend. In einer Reihe von Aufsätzen[126] und in seinem Buch *Against Method*, auf das Lakatos eine Erwiderung schreiben sollte, hat er Lakatos als jemanden charakterisiert, der im Grunde seines Herzens ein Irrationalist sei. Feyerabends Lakatos läßt gelegentlich durchscheinen, daß er zumindest in wesentlichen Punkten einen epistemologischen Anarchismus vertritt oder doch wenigstens davon überzeugt werden könnte, daß seine Auffassung der Forschungsprogramme eigentlich anarchistisch ist - ob er es nun will oder nicht. Daher schreibt Feyerabend: »Scientific method, as softened up by Lakatos, is but an ornament which makes us forget that a position of ›anything goes‹ has in fact been adopted«[127]. Auf jeden Fall würde dieser Lakatos Mills »Offenheit« sehr viel näher stehen als Poppers restriktivem Ansatz[128].

Es ist schwer zu sagen, wie Lakatos auf Feyerabends anarchistisches Drängen geantwortet hätte, wenn er es hätte lesen können. Obwohl die Frage ein wenig spekulativ ist, meine ich doch, daß er es sicherlich entschieden zurückgewiesen hätte - wie er es schon bis zu seinem Tod im Februar 1974 getan hatte. Seine größeren Aufsätze waren unermüdlich damit beschäftigt, die Rede von einem wissenschaftlichen Fortschritt zu ermöglichen und zu verteidigen, und er hat eine *carte blanche* - Interpretation seiner Theorie explizit bestritten[129]. Wichtiger aber ist die folgende Frage: Ist jemand, der eine Rationalitätsauffassung vertritt, die sich auf wissenschaftliche Forschungsprogramme gründet, zur Annahme eines epistemologischen Anarchismus *gezwungen*? Ich sehe keinen Grund, Feyerabend hier zuzustimmen. Die Theorie der Forschungsprogramme mag uns einen gewissen Spielraum lassen, da sie weder von wissenschaftlichen Theorien einen bestimmten formalen Standard fordert noch - wie es der Falsifikationismus tut - den Wissenschaftlern genau vorschreibt, wann eine Theorie anzunehmen oder abzulehnen ist. Trotzdem bleibt sie ein normativer Entwurf, der Bedingungen aufstellt und fordert, »that some of the scientists' ›basic value judgements‹ can and should be overthrown, especially when a tradition degenerates or a new bad tradition is founded« (180).

Lakatos' Theorie ist nicht richtig gelesen, wenn sie als eine Menge von Vorschriften für die tägliche wissenschaftliche Arbeit verstanden wird - aus denselben Gründen, aus denen heraus wir festgestellt hatten, daß auch Poppers Theorie mißverstanden ist, wenn sie auf diese Ebene beschränkt wird. Lakatos' Theorie bildet eher einen Rahmen, um die langfristige Rationalität des wissenschaftlichen Unternehmens betrachten zu können. Ein

---

126 Vgl. P.Feyerabend: Consolations for the Specialist; in: I.Lakatos; A.Musgrave (Hgg.): Criticism and the Growth of Knowledge (Cambridge, 1970), 197-230; Ders.: Imre Lakatos; in: British Journal for the Philosophy of Science 26/1975, 1-18; und Ders.: On the Critique of Scientific Reason; in: R.S.Cohen; P.K.Feyerabend; M.W.Wartofsky (Hgg.): Essays in Memory of Imre Lakatos (Dordrecht, 1976), 109-143.

127 P.Feyerabend, Consolations 229.

128 P.Feyerabend, Imre Lakatos 12.

129 Vgl. I.Lakatos: Replies to Critics; in: R.S.Buck; R.Cohen (Hgg.): PSA 1970, In Memory of Rudolf Carnap (Dordrecht, 1971), 174-182.

solcher Rahmen kann durch eine ganze Reihe von Disziplinen ausgefüllt werden[130]. Diese Position schreibt kontextuellen und instrumentalistischen Elementen in der Wissenschaft eine wesentliche Rolle zu. Trotzdem haben Kritiker wie Feyerabend noch nicht gezeigt, daß ein Gramm von Kontextualismus gleichbedeutend ist mit einem Kilo von epistemologischem Anarchismus. Kritik mag wohl nicht so schnell »töten«, wie Popper sich das gedacht hatte, und sie funktioniert auch nicht in Absonderung von der Subjektivität des einzelnen Wissenschaftlers oder der wissenschaftlichen Gemeinschaft; trotzdem übt sie über diese Subjektivität weiterhin eine gewisse Kontrolle aus. Zumindest in den Naturwissenschaften bleibt die Intersubjektivität (im Sinne von Pansubjektivität) das bestimmende Ziel.

Das Werk von Lakatos hat der methodologischen Debatte in der Wissenschaft eine wichtige neue Orientierung gegeben. Statt der Suche nach Kriterien, um die Wissenschaft von der Nichtwissenschaft zu trennen - wie Popper es vorschlug -, betont er die Frage nach »the appraisal of those theories which lay claim to ›scientific‹ status«. Seiner Auffassung nach liegt darin »the primary problem of the philosophy of science« (2,224f.). Wir haben gesehen, daß Poppers Modell zu eng war, um als methodologischer Leitfaden dienen zu können, da es an jeder für rational gehaltenen Theorie in der Wissenschaft Kritik übte. Folgerichtig geriet es in einen direkten Konflikt mit der tatsächlichen Wissenschaftspraxis, indem es vieles von dem, was Wissenschaftler normalerweise tun, in die doppelte Hölle von *ad hoc* - Hypothesen und Immunisierungsstrategien schickte. In einer Studie aus dem Jahre 1981 beispielsweise wurde eine Gruppe von Wissenschaftlern über Poppers Forderungen befragt; ihre Antworten unterstreichen den Konflikt zwischen der Poppers Theorie und der wissenschaftlichen Praxis[131]. Im allgemeinen meinten die interviewten Wissenschaftler, daß Poppers Forderungen für ihre Arbeit unannehmbar seien und er objektive Prüfung für Dinge vorausgesetzt habe, die in Wirklichkeit »matter[s] of personal judgement« darstellten.

Umgekehrt erlauben konventionalistische Ansätze *jegliches* Verhalten und verbieten eine (begründete) Unterscheidung zwischen guter und schlechter Wissenschaft. Ich kenne zwar keine empirische Studie über die Reaktion von Wissenschaftlern auf den

---

130 M.Hallet hat das z.B. für die Mathematik getan; vgl. Ders.: Towards a Theory of Mathematical Research Programs; in: British Journal for the Philosophy of Science 30/1979, 1-25, 135-159. Ökonomen haben dem Werk von Lakatos eine besondere Aufmerksamkeit gewidmet. Vgl. S.Latsis (Hg.): Method and Appraisal in Economics (New York, 1976), bes. die Essays von Hick, Hutchinson, Latsis und Leijonhufvud. Vgl. auch M.Blaug: Economic History and the History of Economics (New York, 1986), Kap. 13: »Kuhn versus Lakatos, or Paradigms versus Research Programmes in the History of Economics«; R.Cross: The Duhem-Quine Thesis, Lakatos and the Appraisal of Theories in Macroeconomics; in: Economic Journal 92/1982, 320-340; und J.V.Remenyi: Core Demicore Interaction: Toward a General Theory of Disciplinary and Subdisciplinary Growth; in: History of Political Economy 11/1979, 30-63. Sozialwissenschaftliche Anwendungen von Lakatos' Werk außerhalb der Ökonomie finden sich bei D.W.Hands: The Methodology of Scientific Research Programmes; in: Philosophy of the Social Sciences 9/1979, 293-303; und M.Fransman: Conceptualising Technical Change in the Third World in the 1980s: An Interpretive Survey; in: Journal of Development Studies 21/1984f., 572-652.

131 Vgl. M.Mulkay; G.N.Gilbert: Putting Philosophy to Work: Karl Poppers Influence on Scientific Practice; in: Philosophy of Social Sciences 11/1981, 389-407; der Titel dieses Aufsatzes ist ironisch zu verstehen.

Konventionalismus; meine bisherigen Versuche, Physikern und Chemikern Feyerabend nahezubringen, lassen mich aber zu der Vermutung kommen, daß sie im großen und ganzen seine Alternative ebenfalls als ihrer Praxis unangemessen ablehnen würden. Lakatos notiert: »Conventionalist historiography cannot offer a rational explanation of why certain facts were select in the first instance or of why certain particular pigeonhole systems were tried rather than others at a stage when their relative merits were yet unclear« (1,107). In dem Maße also, in dem das Verhalten in der Wissenschaft normiert ist und es über einen gewissen Zeitraum Kontinuität bei den Normen (Idealen, Adäquanzkriterien) gibt, muß ein reiner Konventionalismus als deskriptiv unangemessen erscheinen.

Unter einer Interpretation, wie sie hier vorgeschlagen wurde, liefert Lakatos' Schema verschiedene wichtige Bausteine für eine allgemeine Theorie der rationalen Prüfung von Erklärungen in den Naturwissenschaften - und vielleicht ebenso in anderen Disziplinen. Danach sind Erklärungen in einen umfassenderen Kontext bzw. laufende Forschungsprogramme eingebettet. Solche Programme lassen sich nur über einen langen Zeitraum beurteilen; nicht Freiheit von Falsifikation, sondern Fruchtbarkeit für den intellektuellen Fortschritt bestimmt ihren epistemischen Wert. Fortschritt wird dadurch zu einem übergreifenden Begriff, der empirische, theoretische und heuristische Elemente beinhaltet. Nicht nur die Rechenschaft über - das Sinnmachen von - bestätigten *Tatsachen*, vergangenen und zukünftigen, sondern ebenso die Herstellung *theoretischer Verknüpfungen* kennzeichnet ein erfolgreiches Forschungsprogramm. Das dritte Element der Lakatos'schen Wissenschaftstheorie, heuristischer Fortschritt, bezieht sich auf den zunehmenden Umfang des »harten Kerns« eines Forschungsprogramms. Ich schlage vor, den heuristischen Fortschritt als einen Maßstab der Kohärenz eines Programms zu interpretieren: Er zeigt an, in welcher Weise der Schutzgürtel aus Arbeitshypothesen wirklich mit den Basissätzen des Forschungsprogramms zusammenhängt.

Trotzdem ist heuristischer bzw. kohärentialer Fortschritt nur *ein* Mittel, um empirische Forschungsprogramme zu beurteilen; die Welt bietet ein weiteres (zumindest teilweise zugängliches) Kriterium - die empirische Fruchtbarkeit (und in den meisten Fällen entsprechend dazu die theoretische Adäquanz)[132]. Da diese Art empirischer Prüfbarkeit sich in dem Maße verringert, in dem man sich über den Weg der Sozialwissenschaften auf Philosophie und Theologie zubewegt, sind solche Disziplinen gezwungen, sich immer mehr auf die Kohärenz oder Inkohärenz eines Programms zu verlassen.

2.4.2 Sind Rationalitätstheorien rational?

Vor dem Übergang zu den Sozialwissenschaften bleibt noch ein wichtiges Problem zu diskutieren: Können Positionen über die Methodologie oder Rationalität der Wissenschaft *selbst* kritisiert werden, und wenn ja, unter welchen Bedingungen? Wenn konkurrierende Methodologien nicht relativ zueinander beurteilt werden können, gibt es nicht viel Hoff-

---

132 Lakatos würde z.B. eher von der »power« als der Kohärenz einer Theorie sprechen; vgl. I.Lakatos, Replies 177.

nung, auf diesem Gebiet einen Fortschritt anzunehmen; es stellt sich dann die Frage, ob die ganze Diskussion von Rationalitätstheorien überhaupt selbst rational ist. Wenn wir dagegen umgekehrt einen Weg angeben können, um die verschiedenen Rationalitätstheorien zu beurteilen, mag dies als ein Hinweis gelten, in welcher Weise eine Rationalitätstheorie ausgearbeitet werden kann, die nicht auf wissenschaftliche Kontexte beschränkt ist. Auch hier hat Lakatos - in der Ausrichtung auf wissenschaftsgeschichtliche Rekonstruktionen - einen hilfreichen Rahmen bereitgestellt, um die Frage anzugehen[133]. Ohne mehr als eine bloße Skizze seiner Position entwerfen zu wollen (und auch das mehr in meiner als in seiner Begrifflichkeit), sollten wir dennoch einen Augenblick innehalten, um die Bedeutung seiner Theorie für die gegenwärtige Diskussion zu würdigen.

Wir wollen drei Ebenen des Diskurses unterscheiden und sie E_1, E_2 und E_3 nennen. Auf der ersten Ebene (E_1) finden sich Wissenschaftler, die im Vollzug ihrer Wissenschaft verschiedene Methoden anwenden. Dies ist die eigentliche Wissenschaftspraxis einschließlich ihrer Veränderungen in der Geschichte. Entwürfe einer korrekten Methodologie der Wissenschaft und Rekonstruktionen dessen, was die Geschichte der Wissenschaft ausmacht, vollziehen sich auf einer separaten Ebene (E_2), die wir als Wissenschaftsgeschichte bezeichnen können. Hier werden Entwicklungen aus der Geschichte der Wissenschaften angeführt, um ein Urteil darüber zu gewinnen, welche Aktivitäten rational sind. Auf diese Weise wird E_1 in eine *interne* Geschichte - Wissenschaft in ihrem normativen Sinne - und eine nur *externe* Geschichte aufgesplittert, die von Sozialpsychologen, Marxisten usw. zu erklären ist.

Natürlich ist es möglich, Entwürfe in E_2 dadurch zu beurteilen, daß man darauf achtet, wieviel von E_1 sie als extern anzusehen gezwungen sind: Offensichtlich würde eine E_2-Theorie, die kaum etwas von der akzeptierten Wissenschaftsgeschichte erklären könnte, wohl auch nicht viele Anhänger gewinnen. Trotzdem hat Lakatos eine zusätzliche Methode vorgeschlagen: Wenn E_2 eine Methodologie (bzw. »normative Geschichte«) der Wissenschaft darstellt, mag E_3 für eine *Metamethodologie* stehen - eine Theorie der Wissenschaftsgeschichte. Lakatos führt dann weiter aus, daß »all methodologies [can] function as historiographical (or meta-historical) theories (or research programmes) and can be criticized [auf einer Ebene E_3] by criticizing the rational historical reconstructions to which they lead« (1,122).

In der Ausführung dieses Vorschlages rekonstruiert Lakatos vier Hauptmöglichkeiten von E_2 - Induktivismus, Konventionalismus, naiver Falsifikationismus und seine eigene Methodologie wissenschaftlicher Forschungsprogramme - als Theorien *über* Theorien der Wissenschaft (d.h. als E_3-Theorien). Er setzt mit Recht voraus, daß wir in der wissenschaftlichen Praxis Beispiele finden können, die mit jeder Wissenschaftstheorie in Konflikt geraten. Indem er aber die E_2-Entwürfe als Theorien auffaßt und die Wissenschaftsgeschichte als das, was sie zu erklären versuchen, fragt er danach, welche der vier E_3-Darstellungen diese Schwierigkeiten, denen alle Theorien gegenüberstehen, am

133 Vgl. I.Lakatos: History of Science and Its Rational Reconstructions; in: Ders.: Philosophical Papers Bd. 1 (Cambridge, 1978), 102-138.

besten erklären kann. Der Test vollzieht sich also selbstreferentiell: Wie gut kann jede Methodologie ihre eigenen Fehler erklären[134]?

Wie lautet das Ergebnis? Lakatos folgert, daß wir durch Induktion aus dem tatsächlichen Verhalten der Wissenschaftler keine induktivistische Wissenschaftstheorie ableiten können. Eine konventionalistische Theorie kann keine befriedigende Erklärung für die Diskrepanzen zwischen der wissenschaftlichen Praxis und ihrem konventionalistischen Bild der Wissenschaft liefern. Dem falsifikationistischen Modell zufolge, nun als E_3-Theorie angewandt, ist jede E_2-Theorie falsifiziert - einschließlich des Falsifikationismus selbst! Im Gegensatz dazu können mit einem an Forschungsprogrammen orientierten Ansatz Wissenschaftstheorien sehr wohl konstruktiv kritisiert und (auf der Ebene E_3) miteinander verglichen werden. Eine bestimmte Wissenschaftstheorie mag unsere Untersuchungen mehr oder weniger fruchtbar in die Geschichte der Wissenschaft führen, neue Hypothesen über die Wissenschaft entstehen lassen usw. Genau aus diesem Grund ist ihr dann als einer Theorie über die Wissenschaft vor ihren Rivalen der Vorzug zu geben.

Ich will die Schwierigkeiten, die sich bei Lakatos' Argumentation ergeben, nicht verschweigen; beispielsweise ist es möglich, daß eine mildere Form des Induktivismus auf E_3 relativ erfolgreich sein könnte. Trotzdem ist seine Strategie gerade darin wirkungsvoll, sowohl die Schwierigkeiten als auch die Möglichkeiten des Versuchs aufzuzeigen, die Umrisse einer allgemeinen Theorie der Rationalität zu skizzieren. Die Gefahren der Zirkularität eines jeglichen derartigen Versuchs sind schon lange bekannt: Wie kann man für eine Argumentationstheorie argumentieren, ohne dieses Problem zu übergehen? Für Lakatos zeigt sich dieser Konflikt als die Spannung zwischen unseren rationalen Rekonstruktionen der Wissenschaft und der Geschichte der Wissenschaft selbst[135]. Aber wir dürfen diesen Konflikt - und seine Lösung - wohl auf die umfassendere Frage nach möglichen Theorien der Rationalität wissenschaftlicher Disziplinen hin ausdehnen[136].

---

134 Im Gespräch hat Peter Lipton zwei zusätzliche Forderungen vorgeschlagen, die bei der Verwendung des selbstreferentiellen Tests erfüllt sein müssen: (1) Die fraglichen Methodologien dürfen nicht *nur* deskriptiv und nicht nur auf *eine* bestimmte Disziplin ausgerichtet sein; (2) sie dürfen keine Methodologien sein, die ausdrücklich nur für die wissenschaftliche Praxis und nicht auch für Theorien *über* die Wissenschaft Geltung haben sollen - denn da solche Methodologien dann selbst nicht zur Wissenschaft gehören, würden sie so entworfen, sich gerade *nicht* auf sich selbst zu beziehen. Mir scheinen beide Forderungen berechtigt zu sein: (1) Die wissenschaftstheoretische Diskussion ist niemals nur deskriptiv gewesen; selbst unsere Relativisten bestehen darauf, einige Praktiken zu attackieren und andere zu dulden. (2) Eine nichtdeskriptive Theorie, die ihren eigenen Test besteht, scheint überzeugender zu sein als eine, die dazu nicht in der Lage ist - denn worin würde ihre Geltung sonst bestehen? Insofern unsere normativen Bedingungen der Wissenschaftlichkeit notwendigerweise über bloße Beschreibungen der wissenschaftlichen Vorgehensweisen hinausgehen, müssen sie in umfassenderen Rationalitätsstandards begündet oder zumindest mit ihnen konsistent sein - was genau dem Sachverhalt entspricht, der durch den selbstreferentiellen Test ausgedrückt wird.

135 Lakatos stellt es ein wenig witzelnd dar: »One way to indicate discrepancies between history and its rational reconstruction is to relate the internal history *in the text*, and indicate *in the footnotes* how actual history ›misbehaved‹ in the light of its rational reconstruction« (1,120). Habermas hat später einen ähnlichen Gebrauch vom Begriff der rationalen Rekonstruktion gemacht - wenngleich auch scheinbar ohne Kenntnis von Lakatos' Werk.

136 Der entscheidende Punkt liegt darin, daß man den Abstraktionsprozeß von Lakatos nicht in der gleichen Weise nachvollziehen muß. Lakatos geht von der Wissenschaft über die Methodologie der Wissenschaft zur Metamethodologie bzw. von der Wissenschaft über ihre Geschichte zur Theorie dieser Wissenschaftsgeschichte. Doch man kann ebenso leicht von einer wissenschaftlichen Disziplin, wie

Die verschiedenen wissenschaftlichen Disziplinen sind Versuche, eine Gruppe von Daten rational zu analysieren. Diese können entweder (E_1) Untersuchungsgruppen sein, die direkt auf die Welt (E_0?) bezogen sind, oder (E_2) Disziplinen wie die Wissenschaftssoziologie, die sich mit anderen (E_1) Disziplinen beschäftigen. Jedenfalls gehören Rationalitätstheorien wie Lakatos' Metamethodologien deutlich auf E_3; ihre Aufgabe ist es, »to try to organize basic [epistemische] value judgments in universal, coherent frameworks« (1,132). Solche Rahmen können allerdings, wenn sie zu Recht schon in die Philosophie gehören, nicht auf eine höhere Abstraktionsebene gehoben werden: Über Philosophie zu reden bedeutet, noch immer Philosophie zu treiben. Es gibt keine separate Perspektive, aus der heraus Rationalitätstheorien kritisiert werden können. Läßt sich Lakatos' Strategie modifizieren, um dieser Schwierigkeit gerecht zu werden?

Wir könnten nochmals die Termini *intern* und *extern* verwenden, um uns auf das Urteil einer Rationalitätstheorie zu beziehen: Wenn sie zu dem Ergebnis kommt, daß die meisten Entscheidungen einer Disziplin mit ihrer Theorie der Rationalität übereinstimmen, dann ist die Praxis jener Disziplin zu weiten Teilen ihr *intern*. Wenn eine Rationalitätstheorie Entscheidungen zwischen Theorien in einer Disziplin als irrational bezeichnen muß, sind sie ihr *extern*. Wir sahen, daß eine falsifikationistische Rationalitätstheorie die meisten wissenschaftlichen Entscheidungen als extern oder irrational abschreiben muß; nur solche Entscheidungen, die auf der Grundlage konklusiver Falsifikationen getroffen werden, können als intern oder rational gelten. Aber konventionalistische Rationalitätstheorien sind ebenfalls in Schwierigkeiten. Denn allein auf subjektiver oder rein konventioneller Grundlage getroffene Entscheidungen sind dieser Darstellung wirklich intern; ironischerweise bleiben alle Fälle, die durch rationale Überzeugung und Begründung besser erfaßt werden, extern und unerklärt. Ich will mich nicht damit aufhalten, induktivistische Rationalitätstheorien zu diskutieren; sie sind besser als Falsifikationismus und Konventionalismus, wenngleich sie gravierenden eigenen Problemen gegenüberstehen. Die an Forschungsprogrammen orientierte Rationalitätstheorie aber, wie ich sie skizziert habe - mit der Betonung von Problemsituationen, vorläufigen Hypothesen und durchgängiger Kritisierbarkeit -, sie erlaubt uns sicher, die Verfahren, die in den meisten wissenschaftlichen Disziplinen angewandt werden, als rational zu beurteilen. Es gibt also gute Gründe, um sie für die beste erreichbare Leitlinie zur Ausarbeitung einer Rationalitätstheorie zu halten.

Natürlich muß Lakatos' Ansatz, wenn er für die allgemeinen Probleme der rationalen Erklärung in Anwendung kommen soll, von jeder immanenten Abhängigkeit vom naturwissenschaftlichen Kontext befreit werden. Vieles kann bleiben. Wir können auch weiterhin von einem Gürtel von Hilfshypothesen sprechen, der den harten Kern einer Position umgibt[137]. Empirischer Fortschritt ist zwar außerhalb eines empirischen Kon-

---

sie praktiziert wird, zur methodologischen Reflexion übergehen - zur Frage, was die verschiedenen wissenschaftlichen Disziplinen gemeinsam haben und wie eine spezifische Disziplin, wie z.B. die Theologie, von dieser Perspektive aus zu beurteilen ist.

137 Tatsächlich verdeutlicht Quines Netz-Metapher im wesentlichen dieselbe Auffassung außerhalb eines rein wissenschaftstheoretischen Kontextes. Vgl. W.V.O.Quine: Two Dogmas of Empiricism; in: Ders.: From a Logical Point of View (Cambridge, 2. Aufl. 1961), 20-46; 42-44.

textes nicht bestimmbar; trotzdem sind wir in der Lage, die Begriffe von theoretischem und heuristischem Fortschritt - wie sie oben definiert wurden - auch in den folgenden Kapiteln zu übernehmen. Zugestandenermaßen beinhaltet der Begriff des Forschungsprogramms in Lakatos' tatsächlicher Arbeit als Wissenschaftsgeschichtler eine starke naturwissenschaftliche Konnotation. Grundsätzlich meint *research program* bei Lakatos Programm und Interessen einer Gruppe von Wissenschaftlern, mit denen sie an das Studium der *empirischen* Welt herangehen. Wenn wir Disziplinen analysieren, die von der empirischen Welt weiter entfernt liegen, werden Problemsituationen die Forschungsprogramme ersetzen - oder besser, werden die Forschungsprogramme entsprechend modifiziert, bis sie den Anforderungen nichtempirischer Disziplinen gerecht werden.

Die Kontextbezogenheit von Erklärungen wird sich aber nicht ändern. Wir haben die formale Struktur der Erklärung, wie sie von Popper bis Salmon analysiert wurde, untersucht. Obwohl der formalistische Ansatz schwere Kritik einstecken muß, bleibt er als ein *Ideal* von Bedeutung - zumindest in den meisten Naturwissenschaften. Trotzdem haben wir gesehen, daß Erklärungen letztlich im Rahmen der bestimmten Disziplin, zu der sie gehören, und der Problemsituation, auf die sie sich beziehen, behandelt werden müssen. Allgemeine Übereinstimmungen im Verfahren der rationalen Prüfung werden nicht durch eine Mißachtung der Einmaligkeit der verschiedenen Disziplinen, sondern durch die Entdeckung von Merkmalen und Standards gewonnen, die sie tatsächlich als explanative Unternehmungen gemeinsam haben.

Kapitel 3

Erklärung mit Verstehen: Das Problem der Rationalität in den Sozialwissenschaften

Wir haben die Spannungen untersucht, die in den naturwissenschaftlichen Disziplinen zwischen der formalen Struktur der Erklärung und den kontextuellen Faktoren bestehen, die ihre tatsächliche Formulierung und Prüfung beeinflussen. Die Verknüpfung zwischen den Fragen von Rationalität und Erklärung ist dort relativ eng, da nur wenige Autoren bestreiten, daß die Erklärung der empirischen Welt ein wichtiges Ziel naturwissenschaftlicher Theorien ist. In den Sozialwissenschaften ist die Situation anders. Hier hat eine lange und gelehrte Tradition die Bedeutung der Erklärung für ihren Bereich heruntergespielt - wegen ihrer angeblichen Unangemessenheit für den wertbeladenen Charakter menschlicher Existenz, wegen ihrer Unfähigkeit, die innere Realität von Sinnfragen zu erfassen (Dilthey) oder wegen ihrer ausschließlich nomologischen Struktur (Windelband). Viele haben argumentiert, daß das Studium der menschlichen Gesellschaft statt dessen darauf ausgerichtet werden sollte, kulturelle Barrieren zu überwinden, unser Selbstverständnis zu verbessern oder »die Welt zu verändern« (Marx) - und nicht auf ein so abstraktes und objektivierendes Ziel wie die Erklärung.

Daher stehen wir hier vor zwei Aufgaben. Wir müssen nicht nur die Struktur der Erklärung in den Sozialwissenschaften präzisieren, sondern auch diese Disziplinen als in erster Linie explanative Disziplinen verteidigen. Unter den anderen Zielbestimmungen, die vertreten worden sind, hat keine eine längere Geschichte oder bessere Referenzen als das *Verstehen.* Wir *erklären,* warum die Gezeiten steigen und fallen; aber - so wird argumentiert - die Verhaltensformen eines Einzelnen, einer sozialen Gruppe oder einer Gesellschaft müssen wir in erster Linie zu *verstehen* suchen. Die wesentlichen Positionen in dieser Debatte lassen sich grob in folgender Weise einteilen: Einige reduzieren grundsätzlich Erklärung auf Verstehen; andere erhalten der Erklärung zwar eine gewisse Funktion, ordnen das explanative Ziel aber der Suche nach Verstehen unter; und wieder andere schließlich verwerfen das Verstehen völlig, indem sie sozialwissenschaftliche Theorien in Wirklichkeit mit naturwissenschaftlichen Erklärungen für identisch halten.

Ich versuche eine Darstellung der Sozialwissenschaften, die Erklärung und Verstehen nicht als inkompatible Größen skizziert, so als ob die soziale Untersuchung auf eines von beiden reduziert werden könnte. Zugestandenermaßen sehen einige Autoren heute keine Veranlassung, beide Aspekte zu verbinden, und sind statt dessen damit zufrieden, die sogenannten Geisteswissenschaften ohne das eine bzw. andere Element zu interpretieren. Ich bezweifle zwar, es beweisen zu können, daß die Sozialwissenschaften nach einer Synthese suchen müssen, die sowohl das Verstehen als auch die Erklärung umfaßt. Jeder hat die Freiheit, den Terminus *Sozialwissenschaften* in der von ihm bevorzugten Weise zu definieren (wenngleich er damit riskiert, dem Begriff der *Wissenschaft* auszuweichen). Dennoch meine ich, daß es *möglich* ist, eine überzeugende Antwort auf solche Theoretiker zu geben, die zugunsten eines reinen Verstehens bzw. einer bloßen Deskription jegliche Funktion der Erklärung in den Sozialwissenschaften bestreiten. Wir können ein Gegenargument aber nur dann erfolgreich vorbringen, wenn wir das Problem von Erklärung und Verstehen mit einem Ausblick auf die allgemeinere Frage nach der Rationalität der Sozialwissenschaften verknüpfen; umgekehrt kann auch die Rationalitätsfrage nicht ohne Rücksicht auf die verworrene Diskussion um Erklärung und Verstehen behandelt werden. Daher wird die folgende Darstellung die Interdependenz der Fragen von Erklärung und Rationalität zum Ausgangspunkt nehmen und häufig von der einen Seite auf die andere wechseln.

Um die Stärken und Schwächen der gegenwärtigen Auffassungen beurteilen zu können, werde ich als Einleitung einen Überblick über die Schwierigkeiten geben, denen sich Formalisten wie Hempel gegenübersahen, und ihre Versuche mit den bekanntesten Ansätzen aus den Sozialwissenschaften selbst vergleichen. Danach werde ich als Fallstudie die zentrale Arbeit von Jürgen Habermas über die sozialwissenschaftliche Rationalität vorstellen, dessen Position sehr schön die Vielfalt der Probleme beleuchtet, denen eine Theorie der Erklärung auf diesem Gebiet begegnet. Während seine Theorie der kommunikativen Handlung das Augenmerk auf die Komplexität der sozialen Welt lenkt, die wir zu erklären suchen, weist sie der Erklärung letztlich doch nicht die zentrale Rolle zu, die sie in den Sozialwissenschaften haben sollte (und gewöhnlich hat). Im besonderen ist es notwendig, das kommunikative Anliegen von Habermas Kriterien unterzuordnen, die die *theoretische* Adäquanz sozialwissenschaftlicher Erklärungen zu beurteilen erlauben. In einem letzten Abschnitt werde ich dann die Implikationen der Debatte um Verstehen und Hermeneutik für die umfassendere Frage nach einer sozialwissenschaftlichen Rationalität deutlich machen.

Es ist wichtig, zwei semantische Ebenen unserer Frage auseinanderzuhalten. Der Sozialwissenschaftler versucht seinen Studienobjekten einen Sinn abzugewinnen und sie zu erklären. Aber diese Objekte sind selbst auch handelnde Personen, die ihrer Erfahrung ihre eigenen Sinnstrukturen auferlegen, indem sie sinnvolle oder semantische Welten (ich will diese beiden Termini synonym gebrauchen) erschaffen und interpretieren. Während wir in den Naturwissenschaften *ein* Interpretationsschema entdeckt haben (das des Wissenschaftlers), gibt es hier *zwei* Ebenen, auf denen explanative Unternehmen ausgeführt werden - die des sozial Handelnden *und* die des Sozialwissenschaftlers.

Eine Untersuchung der Beziehungen zwischen diesen beiden Ebenen setzt unweigerlich Maßstäbe für die Behandlung religiöser Erklärungen. Auf der einen Seite sind Gläubige sozial Handelnde; ihr religiöses Vorhaben der Konstruktion einer kohärenten und sinnvollen Welt erlaubt daher deutliche Parallelen zu den semantischen Strukturen auf anderen Gebieten menschlicher Erfahrung. Damit bahnt die folgende Diskussion der menschlichen Sinnkonstruktion den Weg für die Diskussion der Erklärung und religiösen Überzeugung in Kapitel 5. Auf der anderen Seite sind viele Gläubige auch damit beschäftigt, die Struktur und Rechtfertigung religiöser Erklärungen zu spezifizieren. Die westliche Theologie hat sich von Beginn an mit dieser Problematik auseinandergesetzt - oft sogar in direkter Konfrontation mit den Wissenschaften. Daher können einige der Bedingungen explanativer Disziplinen auch für religiöse und theologische Erklärungen Relevanz beanspruchen. Natürlich muß darauf geachtet werden, daß sich die Religion auf transzendente Wesen und damit einen Erfahrungsbereich bezieht, der normalerweise nicht im Blickfeld der Sozialwissenschaften liegt. Bevor aber solche Parallelen gezogen werden können, ist es notwendig, die Synthese von formalen und kontextuellen Faktoren, die oben vertreten wurde, so weit auszudehnen, daß sie die Debatte zwischen Formalismus und Antipositivismus, die kommunikative Auffassung der Sozialwissenschaften und die Betrachtung menschlicher Sinnkontexte zu umfassen vermag.

3.1 Formalistische und antipositivistische Theorien der Erklärung

3.1.1 Der formalistische Entwurf einer sozialwissenschaftlichen Methodologie

Die Formalisten haben detailliert an Problemen und Beispielen gearbeitet, die sich im Zusammenhang der Naturwissenschaften ergeben[1]. Im Vergleich dazu haben sie nur sehr wenig mit den Sozialwissenschaften zu tun gehabt; und was man findet, ist im allgemeinen nicht dazu geeignet, die speziell sozialwissenschaftlichen Probleme und Schlußfolgerungen zu integrieren. Es mag genügen, nur kurz die Versuche von Popper, Hempel und Nagel zu prüfen, ihre Theorien der Erklärung auf die sozialwissenschaftliche Methodologie anzuwenden.

Man sollte beachten, daß Popper niemals ein sonderliches Interesse für die Sozialwissenschaften gezeigt hat. In seiner intellektuellen Autobiographie schreibt er: »Yet the social sciences never had for me the same attraction as the theoretical natural sciences. In

---

1 Ich fahre fort, den Terminus *Formalist* zu verwenden - in bewußtem Gegensatz zu der häufigen Bezeichnung *Positivist*. Letzterer ist in der Philosophie der Sozialwissenschaften so sehr überstrapaziert worden, daß er zu einem abfälligen Namen degeneriert ist, der alles und doch nichts mehr bezeichnet. Wichtiger noch ist, daß die Formalisten in vielen Fällen sogar gegen den klassischen (Machschen) Positivismus argumentiert haben; oft sind es nicht so sehr empiristische Vorurteile, sondern ist es vielmehr die Suche nach formalen Parallelen in der wissenschaftlichen Methodologie, die ihre Arbeit motiviert. Das formalistisch-strukturalistische Programm, das mit den Namen Saussure und Levi-Strauss verknüpft ist, beginnt ebenfalls die Interpretation eines kulturellen Objekts mit der Analyse seiner Struktur (vgl. z.B. T.K.Seung: Structuralism and Hermeneutics [New York, 1982]). Offensichtlich hat dieses Projekt wichtige Affinitäten zu den formalistischen Bemühungen, die hier und in Kapitel 2 diskutiert werden. Allerdings sollte man den Unterschied der Ebenen beachten: Strukturalisten suchen nach Strukturen in kulturellen Objekten und Kunstwerken, Formalisten nach einer Grundstruktur in allen wissenschaftlichen Erklärungen. Alle Strukturalisten sind Formalisten (in dem Maße, in dem ihr Strukturalismus ihren Erklärungen eine einheitliche Form gibt); die Umkehrung aber gilt nicht.

fact, the only theoretical social science which appealed to me was economics«[2]. In Poppers sozialwissenschaftlichen Arbeiten findet sich eine nahezu unveränderte Übertragung seines naturwissenschaftlichen Ansatzes. Sein Buch *The Poverty of Historicism* beispielsweise ist der Versuch, den Historismus zu widerlegen, den er als eine Mischung aus historischem Determinismus, Holismus und Utopismus auffaßt[3]. Von *The Open Society and Its Enemies* her können wir annehmen, daß Popper als den eigentlichen Gegenstand seiner Kritik immer noch den Marxismus im Kopf hat. Mit fragwürdigen Begründungen sieht er in ihm eine ursprünglich wissenschaftliche Theorie, die den zukünftigen Gang der Geschichte vorauszusagen behaupte, und schließt daraus, daß sie nun entweder falsifiziert oder den Tod der tausend Einschränkungen gestorben sei. Die implizierte Moral lautet, in der sozialwissenschaftlichen Theoriebildung alle globalen Theorien solchen Typs vermeiden zu sollen.

Poppers einziger konstruktiver Vorschlag für die Methodologie der Sozialwissenschaften in *The Poverty of Historicism* erscheint unter der Rubrik »piecemeal social engineering« und ist in gewisser Hinsicht kennzeichnend für das ganze Werk. Die Aufgabe des sozialen Technikers bestehe darin, »to design social institutions, and to reconstruct and run those already in existence« (64f.). Die Wahl der Mittel gehe natürlich über den engen Rahmen einer Technologie hinaus. In der Auffassung von Institutionen »as machines rather than as organisms« werde der Techniker mit einem funktionalen bzw. instrumentalen Standpunkt ansetzen und »small adjustments and re-adjustments« (66) vornehmen, um ihre Funktion zu verbessern. Allein dieser Ansatz sei überprüfbar und daher wissenschaftlich. Wenn im Gegensatz dazu eine utopische Soziologie auf die »transformation of man« abzielt, könne die Schuld für ihr Scheitern immer auf die beteiligten Personen statt auf einen Fehler in der Theorie geschoben werden: »But without the possibility of tests, any claim that a »scientific« method is being employed evaporates« (70).

Nach Poppers Auffassung in seinem vieldiskutierten Beitrag zur Debatte mit Theodor Adorno sollte man in der Suche nach sozialwissenschaftlichen Erklärungen so vorgehen, dieselben Abläufe von Vermutungen und Widerlegungen zu verwenden, die er schon für die Naturwissenschaften entwickelt hatte. Popper geißelt die Meinung als »grundfalsch«, »daß in den Sozialwissenschaften die Objektivität weit schwieriger zu erreichen ist ... als in den Naturwissenschaften«[4]. Zu Poppers Gunsten muß gesagt werden, daß er jeden Naturalismus und Szientismus explizit ablehnt, der den Sozialwissenschaften dieselben empirischen und mathematischen Bedingungen aufzwingen will, die in den meisten Naturwissenschaften Verwendung finden. Mit seiner (pluralistischen) Definition der Sozialwissenschaften als der Menge von Problemen und Lösungsversuchen, mit der sich

---

2 K.Popper: Unended Quest: An Intellectual Autobiography (Glasgow, 1974), 121. Dieses Bekenntnis ist im Licht der Tatsache interessant, daß viele ökonomische Theorien einen *ideal rational* Handelnden voraussetzen, der danach strebt, seinen finanziellen Gewinn zu maximieren, die Risiken zu minimieren usw.

3 Das Buch ist in dieser Hinsicht nicht übermäßig erfolgreich. Popper selbst gesteht in seinem Vorwort von 1957 zu: »I did not actually refute historicism« (K.Popper: The Poverty of Historicism [London, 2. Aufl. 1960], V).

4 K.Popper: Die Logik der Sozialwissenschaften (1961); in: T.Adorno u.a.: Der Positivismusstreit in der deutschen Soziologie (Berlin, 1969), 103-123; 107.

Sozialwissenschaftler beschäftigen, vermeidet er genau jene Reduktion der Sozialwissenschaften auf eine quasi-physikalische Disziplin, die beispielsweise die extremeren Methodologien der behavioristischen Psychologie kennzeichnet. Und in seinem Insistieren darauf, daß die Objektivität der wissenschaftlichen Methode keinesfalls die Objektivität des Wissenschaftlers selbst voraussetzt, stellt er sich einer Kritik entgegen, die Natur- und Geisteswissenschaften unnötigerweise voneinander abgrenzen will[5].

Trotzdem hat Popper es nicht aufgegeben, auf einer einzigen und formalen Darstellung der wissenschaftlichen Methode zu bestehen[6]. Er setzt fraglos die Möglichkeit voraus, zwischen »nicht zur Wahrheitssuche gehörenden Interessen« und »dem rein wissenschaftlichen Interesse an der Wahrheit« einen Trennstrich ziehen zu können[7]. Alle Wissenschaft, so behauptet er, arbeitet mit deduktiven Systemen und einem einzigen Typus der Erklärung: »Eine völlig explizite Erklärung besteht immer in der logischen Ableitung (oder Ableitbarkeit) des Explikandums aus der Theorie, zusammen mit den Anfangsbedingungen« (117). Popper spricht daher konsequent von einer »rein objektive[n] Methode« in der Sozialwissenschaft - einer »Situationslogik«, die »objektives Verstehen« benutzt, um zu zeigen, daß gegebene Handlungen situational angemessen oder unangemessen sind (120-122). Ackermanns Bemerkung faßt gut die Implikationen der Position Poppers zusammen: »One major theme in Popperian social theory is that the methodological account provided by his philosophy of science should apply *without alteration* to the theories of the social sciences. ... Popper refuses to see *any distinction* in the relative unpredictability involved in the social sciences. ... Any need to posit a separate methodology for the social sciences can be circumvented, in Popper's view, by developing a correct nonpositivistic and indeterministic methodology for the physical sciences«[8].

Wir haben hier die umstrittenste Behauptung des deduktiv-nomologischen Erklärungsmodells in den Sozialwissenschaften vor uns. Kann dieses Modell wirklich eine einzige, rein objektive Methode bereitstellen, die in der Lage ist, in den Natur- und Sozialwissenschaften methodologische Einheitlichkeit zu schaffen? Oder wird sich diese These im Licht der gänzlich verschiedenen »Objekte«, mit denen sich die Geisteswissenschaften beschäftigen, als unhaltbar erweisen?

Hempels Auffassung der naturwissenschaftlichen Erklärung haben wir schon untersucht und dabei festgestellt, daß er die Erklärung in den Sozialwissenschaften auf die gleiche Weise deuten will. Hempel führt eine Anzahl nicht-nomologischer Modelle an (wenngleich gewöhnlich ohne Angabe der Gründe, die Sozialwissenschaftler dazu nötigen, sie zu vertreten) und versucht in jedem einzelnen Fall zu zeigen, daß sie lediglich Varianten seines eigenen »covering-law model« der Erklärung darstellen. Beispielsweise

---

5 Vgl. K.Popper, Sozialwissenschaften 112. Formulierungen wie »Objektivität und Wertfreiheit sind ja selbst *Werte*« und »Ohne Leidenschaft geht es nicht« (97) klingen gar nicht nach den gängigen Popperschen Stereotypen.

6 Poppers deutlichste Aussage in dieser Hinsicht ist, daß »all theoretical or generalizing sciences make use of *the same method*, whether they are natural sciences or social sciences« (K.Popper, Poverty of Historicism 130 [Hervorhebung von mir]).

7 K.Popper, Sozialwissenschaften 113f.

8 R.J.Ackermann: The Philosophy of Karl Popper (Amherst, 1976), 158 (Hervorhebungen von mir).

erklärt die »genetische Erklärung« bestimmte Phänomene dadurch, daß sie die sukzessiven Stadien der Abfolge von Ereignissen beschreibt, die zu ihrem Auftreten führen. Allerdings sollen solche Erklärungen, ob sich die Historiker dieser Tatsache bewußt sind oder nicht, einige »general principles« voraussetzen, die einen bestimmten Argumentationsschritt - wenn der vorhergehende gegeben ist - als »at least reasonably probable« erscheinen lassen[9]. Hempel gesteht zwar zu, daß die Geschichtswissenschaft in weiten Teilen mit der direkten Beschreibung von historischen Tatsachen und Entwicklungsstadien beschäftigt ist; doch dabei müsse man voraussetzen, daß in jedem Stadium eines Ereignisses bestimmte »sub-laws« wirksam sind, wenn die genetische Erklärung überhaupt als Erklärung bestimmt werden soll.

Einem zweiten einflußreichen Modell - der »explanation-by-concept«[10] - zufolge erklären Historiker geschichtliche Ereignisse dadurch, daß sie sie kategorisieren - um sie beispielsweise als »soziale Revolution« bestimmen. Doch Hempel bemerkt mit Recht, daß nicht jede Kategorie anwendbar ist, sondern nur solche, bei denen »the particular cases fit into, or conform to, some general pattern that is characteristic [of them]«[11]. Obwohl Hempel sogar zugibt, daß angemessene historische Erklärungen so detailliert sind, daß sie nur in einem sehr engen Sinn nomologisch genannt werden können, bleibt er bei seiner Behauptung, daß sie in jedem Fall aus einer Anzahl spezieller (probabilistischer) Gesetze bestehen, die eigentlich von größerer Allgemeinheit sind. Schließlich argumentiert Hempel, daß eine Erklärung menschlichen Verhaltens durch Dispositionen exakt parallel zu den (auf Gesetzen beruhenden) physischen Dispositionen verläuft, nach denen Objekte in einer bestimmten Weise reagieren - z.B. daß ein Fenster zersplittert, wenn es von einem Stein getroffen wird (457-463).

Selbst mit psychologischen Begründungen arbeitende komplexe Erklärungen menschlichen Verhaltens, die nach verbreiteter Auffassung einer eigenen psychologischen Erklärungsweise bedürfen, kann Hempel in seinem Erklärungsmodell unterbringen. Die Variablen stehen hier für die Vielzahl von (subjektiv wahrgenommenen und unterschiedenen) Situationen und die Variabilität möglicher Reaktionen des Handelnden. Nach einem Exkurs über die Theorie der Zweckrationalität stellt Hempel sein formales Modell für alle solche Erklärungen dar (471):

A war in einer Situation des Typs C.
A war ein rational Handelnder.
In einer Situation des Typs C wird jeder rational Handelnde x tun.

Daher hat A x getan.

---

9 C.Hempel: Aspects of Scientific Explanation (New York, 1965), 449. E.Nagel bietet eine ähnliche Darstellung (vgl. Ders.: The Structure of Science [London, 1961], 564-568), wenngleich vielleicht mit mehr Einsicht in die wirklichen Probleme der historischen Forschung.

10 Dieses Modell wurde von William Dray vertreten; vgl. Ders.: »Explaining What« in History; in: P.Gardiner (Hg.): Theories of History (Glencoe, 1959), 403-408; 403, und Ders.: Laws and Explanation in History (London, 1957).

11 C.G.Hempel, Aspects 454.

In dieser »deskriptiv-psychologischen« Form[12] wird die begründende Erklärung für Hempel zu einer Untermenge der dispositionalen Erklärungen, die er schon als mit seinem »covering-law« - Modell kompatibel erwiesen hatte. Jegliche Zielvorstellung und Überzeugung, die Sozialwissenschaftler einem Handelnden zuschreiben wollen, ist nur dann zulässig (überprüfbar, sinnvoll?), wenn sie in einer Disposition, sich in einer bestimmten Weise zu verhalten, ausgedrückt werden kann. Diese Disposition muß überdies allein durch das tatsächliche Verhalten der entsprechenden Person (im Gegensatz z.B. zu ihren Einstellungen und Intentionen) feststellbar sein.

Im allgemeinen behandelt Hempel die sozialwissenschaftliche Erklärung auf der Grundlage des Modells eines bewußt rational Handelnden. Dadurch ist er in der Lage, eine Verstrickung in Erwägungen über individuelle Motivationen und subjektive Wahrnehmungen zu vermeiden - ebenso wie über die Arten kultureller Faktoren, die ein Sozialwissenschaftler bräuchte, um in den Naturwissenschaften nicht verwendete Methoden einführen zu können. Statt dessen sind für seine Erklärungen nur Verhaltensmanifestationen von Bedeutung. Unglücklicherweise haben - wie Hempel selbst sieht - diese Bedingungen zur Folge, daß sein Modell nur dort anwendbar ist, »where the decision problem the agent seeks to solve is clearly structured and permits of a relatively simple solution, where the agent is sufficiently intelligent to find the solution, and where circumstances permit careful deliberation free from disturbing influences« (482). Solche Forderungen sind aber eher für eine Laborumgebung als für wirkliche Sozialsituationen geeignet. Ihre Unangemessenheit angesichts tatsächlicher menschlicher Dispositionen und (nicht-nomologischer) Intentionen verleiht auf den ersten Blick den antipositivistischen Forderungen eine gewisse Glaubwürdigkeit, einen radikal anderen Ansatz der sozialwissenschaftlichen Rationalität zu entwerfen, als er von den »covering-law« - Theoretikern vorgeschlagen worden ist.

Von den Denkern, die ich als Formalisten bezeichnet habe, hat Ernest Nagel das größte Verständnis für die Besonderheiten der sozialwissenschaftlichen Methodologie gezeigt. Viele der Probleme, die in seinem Buch *The Structure of Science*[13] behandelt werden, stammen direkt aus der Philosophie der Sozialwissenschaften und werden unten eingehender dargestellt. Er ist sich von Anfang an über die Vielfalt in den Sozialwissenschaften und ihre Verschiedenheit von den Naturwissenschaften im klaren: »Even a cursory inspection of generalizations and explanations in the social sciences reveals many differences between the formal characteristics as well as between the substantive content of the various concepts employed by these disciplines« (535). Nagel geht sogar auf die These der verstehenden Sozialwissenschaften (Weber, Winch) ein, daß die sozialwissenschaftliche Erklärung sich sowohl auf individuelle subjektive Zustände, die nicht inter-

---

12 In Hempels Formulierung zeigt sich vielleicht der Einfluß von Webers »idealtypischem« Ansatz. Trotzdem lehnt Hempel die Unterscheidung zwischen idealtypischem und wirklichem Verhalten eines Einzelnen ab, die für Weber gerade entscheidend ist.

13 Vgl. E.Nagel: The Structure of Science (London, 1961). Einschließlich seiner Betrachtung der Erklärung in der Biologie erstreckt sich Nagels Behandlung der nicht-physikalischen Erklärung über vier Kapitel und mehr als 200 Seiten (398-606).

subjektiv zugänglich sind, beziehen müsse, als auch auf Wertorientierungen, die den Bereich der vermeintlich objektiven Naturwissenschaften übersteigen. Seine große Vertrautheit mit der Tradition des *Verstehens* erlaubt es ihm, die Spannungen zwischen beiden Denkschulen etwas klarer ins Blickfeld zu rücken.

Auf der anderen Seite teilt Nagel am Ende trotz seines deutlichen Bewußtseins für die methodologischen Schwierigkeiten das Vertrauen von Popper und Hempel in die Angemessenheit der nomologischen Erklärung für die Sozialwissenschaften. Er meint, keines ihrer kennzeichnenden Merkmale lasse es als notwendig erscheinen, die These zurückzuweisen, daß wir »general laws« ausmachen können, »which can serve as instruments for systematic explanation and dependable prediction« (450). Kontrollierte Experimente mögen zwar schwierig oder sogar unmöglich sein, aber das gelte genauso für die Astronomie oder Astrophysik; außerdem bleibe zumindest eine »controlled empirical inquiry« verfügbar (453). Es könne durchaus eine große Variabilität zwischen den Kulturen geben; dennoch reklamiert er invariante »relational structures«, denen gegenüber die verschiedenen Kulturen Spezialisierungen darstellen (462). Wie sehr sich auch der geisteswissenschaftliche Untersuchungsgegenstand vom naturwissenschaftlichen unterscheidet - es besteht Nagel zufolge (475-502) keine Veranlassung, einen liberalen Behaviorismus für ungültig zu erklären (477). Der Sozialwissenschaftler könne die Vielfalt des menschlichen Verhaltens von Furchtreaktionen bis hin zur protestantischen Arbeitsethik in den Parametern eines nomologischen Ansatzes erklären - ohne besondere Methoden oder ein formal verschiedenes Erklärungsmodell verwenden zu müssen.

Wir wollen uns nun - ohne die Schwierigkeiten der formalistischen Konzeption im einzelnen zu untersuchen oder die Position als ganze zu kritisieren - der Tradition des *Verstehens* zuwenden, die den formalistischen Ansatz als völlig unangemessen verwirft und ein radikal anderes Verständnis der Sozialwissenschaft vertritt. Liefert ihre Charakteristik der sozialen Sphäre hinreichende Gründe, um das formalistische Einheitsmodell der Wissenschaft als unpassend erweisen zu können? Wenn die Kritiken und Anliegen der Antipositivisten - einschließlich der neueren Beiträge von Habermas - nicht ausreichen, um die methodologischen Parameter der nomologischen Sozialwissenschaft bersten zu lassen, dann können wir die Erklärung auf diesem Gebiet im Rahmen einer formalistischen Methodologie der Sozialwissenschaften - nach dem Muster Poppers oder Nagels - behandeln. Wenn wir aber in der Verstehenstradition gültige notwendige Bedingungen für eine angemessene Wissenschaft der menschlichen Welt entdecken, dann muß die Diskussion der sozialwissenschaftlichen Rationalität - und damit auch der Erklärung - über die Parameter einer einheitlichen Methodologie hinausgehen.

3.1.2 Dilthey und die Geburt der Geisteswissenschaften

Wir haben die Einwände gegen den formalistischen Ansatz dargestellt, die von solchen Wissenschaftstheoretikern wie Toulmin und Kuhn - ich hatte sie Kontextualisten genannt - erhoben wurden. Obwohl ihre Kritik auch an dieser Stelle relevant ist, wollen wir uns nun einer Schule der Kritik zuwenden, die den Geisteswissenschaften selbst entstammt[14]. Die entsprechenden Autoren stellen die Auffassung einer methodologischen Einheitlichkeit der Wissenschaft grundsätzlich in Frage und argumentieren, daß die soziale bzw. psychologische Welt als Studienobjekt eigene Methoden notwendig macht, um sie zu erfassen. In den Augen dieser Schule sind die *Positivisten* die heimtückischen Gegner - diejenigen, die den Geisteswissenschaften die Herrschaft naturwissenschaftlicher Methoden aufzwingen wollen. Daher bezeichne ich sie insgesamt als *Antipositivisten.*

Mit der Wahl unterschiedlicher Namen für die Disputanten der laufenden Debatte (Formalisten versus Antipositivisten statt vielleicht Positivisten versus Antipositivisten) will ich verdeutlichen, daß völlig verschiedene Probleme und Anliegen die jeweiligen Kombattanten motivieren. Das zeigt sich beispielsweise bei Popper und Habermas: Der Entwurf einer allgemeinen Methodologie der Sozialwissenschaften steht keineswegs in einem direkten Gegensatz zu der hermeneutischen Beschäftigung mit Sinn und Erkenntnisinteresse. Daher gibt es berechtigte Hoffnung, daß der Versuch in diesem Kapitel, zwischen beiden zu vermitteln, nicht nur schwärmerisch ist. Trotzdem steht die Arbeit einiger Formalisten in einem größeren - und wahrscheinlich unüberwindbaren - Gegensatz zum Projekt der Hermeneutik als die Arbeit anderer. Eine vermittelnde Position muß allgemeine Kriterien für die Erklärung zulassen und zur gleichen Zeit das Studium von Sinnkontexten fördern können. Daher wird sie in dem Sinne eine *formalistische* Position sein, daß sie nach allgemeinen Kriterien sucht - wenngleich auch nicht so, daß sie (wie die Formalisten in den Naturwissenschaften) ein einziges formales Modell als notwendige und hinreichende Bedingung für eine Theorie der Erklärung postuliert. Aus diesem Grund bezeichne ich das Ziel unserer Untersuchung als eine *formal-semantische* Theorie der sozialwissenschaftlichen Erklärung und behaupte, daß Lakatos' Methodologie der Forschungsprogramme eine wichtige Grundlage für diese Aufgabe bietet.

Unter den Antipositivisten übte wahrscheinlich Wilhelm Dilthey den stärksten Einfluß auf die nachfolgende Diskussion aus. Einige seiner Einsichten sind für die gegenwärtige Diskussion über Sinntheorien und sozialwissenschaftliche Rationalität von besonderer Relevanz. Dadurch, daß er der radikalen Exklusivität des Comteschen Positivismus mit einer ebenso radikalen Formulierung der Besonderheit der Geisteswissenschaften entgegengetreten ist, dient Dilthey den nachfolgenden, auf Verstehen sich gründenden Epistemologen als Vorbild. Da seine Arbeit für viele der folgenden Überlegungen den Hintergrund bildet - oft jedoch ohne besondere Erwähnung -, werde ich sie nun etwas detaillierter darstellen. In seiner Studie *Die Abgrenzung der Geisteswissenschaf-*

---

14 Ich werde den Terminus *Sozialwissenschaften* für sogenannte empirische Disziplinen wie Psychologie, Soziologie, Ökonomie, Politologie und Anthropologie verwenden. Unter dem Titel *Geisteswissenschaften* hingegen werden über die Sozialwissenschaften hinaus eine Anzahl weiterer Disziplinen zusammengefaßt - von der Geschichtswissenschaft bis hin zur Literaturwissenschaft. Aus Gründen, die erst später deutlich werden, schließe ich die Philosophie aus; sie beinhaltet als Teil ihrer Aufgabe eine höherstufige Reflexion über andere Disziplinen. Ob die Theologie in diese Liste aufgenommen werden sollte, wird uns im Kapitel 6 beschäftigen.

ten[15] stellt er die These auf, daß den Wissenschaften außerhalb der Naturwissenschaften der Bezug auf Menschen gemeinsam ist, auf ihre Relationen untereinander und zur externen Natur. Sie haben dadurch alle dieselbe Grundlage; sie sind »fundiert im *Erleben*, in den *Ausdrücken* für Erlebnisse und in dem *Verstehen* dieser Ausdrücke« (7,70f., Hervorhebungen von mir). Diese zentralen Aspekte charakterisieren die Geisteswissenschaften wegen des besonderen Verhältnisses, »in welchem innerhalb dieser Gruppe [von Wissenschaften] das einmalige, Singulare, Individuelle zu allgemeinen Gleichförmigkeiten steht« (7,71). Es ist wichtig, daß Dilthey formalen Bestimmungen der gemeinsamen Merkmale von Geisteswissenschaften nicht ablehnend gegenübersteht. Er bestreitet vielmehr, daß die allgemeinen Verhältnisse, die sich hier feststellen lassen, als gesetzmäßig im naturwissenschaftlichen Sinne aufgefaßt werden können.

Die Methoden der Naturwissenschaften sind auf die empirische Beobachtung beschränkt. Für Dilthey scheinen sie »die geschichtliche Wirklichkeit zu verstümmeln«[16], da sie auf eine »Erkenntnis von außen« (5,169f.) angewiesen bleiben. Unsere Erfahrung hat aber ihren »ursprünglichen Zusammenhang ... in den Bedingungen unseres Bewußtseins, ... in dem Ganzen der Natur« (1,XVII). Die Beobachtung verschafft uns einen Zugang zur Welt der Erscheinungen; darüber hinaus steht uns aber ein sehr viel direkterer Weg offen: »Realität, wie sie ist, besitzen wir nur an den in der inneren Erfahrung gegebenen Tatsachen des Bewußtseins« (1,XVIII). Das wichtigste Werkzeug für diese Erkenntnis ist das unmittelbare Erleben - das »Innewerden von Wirklichkeit« (7,218).

Die Aufgabe einer Theorie der Geisteswissenschaften besteht also darin, die besonderen Kennzeichen des epistemischen Prozesses in der Psyche genauestens zu entfalten. Jede angemessene Theorie wird zwei Teile haben - einen internen und einen externen. Man muß immer mit den internen Erlebnissen beginnnen, mit der totalen, nichtvermittelten Reaktion des ganzen Selbst auf Lebenssituationen - zusammen mit allen kognitiven, affektiven und konativen Elementen. Dies ist der entscheidende Ausgangspunkt, der von den einheitswissenschaftlichen Theoretikern vernachlässigt wird. Aber das Phänomen des »geistigen Lebens« beinhaltet auch die Manifestation dieser unmittelbaren Reaktionen in »Ausdrücken« (7,217f.) oder »Lebensäußerungen« - ein Prozeß, der das Innere und Unmittelbare nach außen und vor die Sinne stellt. Was uns in der Erfahrung unmittelbar gegeben ist, »wird im Ausdruck derselben gleichsam herausgeholt aus den Tiefen des Seelenlebens« (7,328). Bei Dilthey lassen sich drei allgemeine Typen dieser Lebensäußerungen unterscheiden: Mentale Tatsachen (vgl. 7,205), menschliche Handlungen (vgl. 7,320) und »Erlebnisausdrücke«. Von diesen dreien hat insbesondere seine Theorie der menschlichen Handlungen Max Weber, Alfred Schütz und Jürgen Habermas beeinflußt, deren Theorien der »Handlungsrationalität« die menschliche Handlung zur primären soziologischen Kategorie erheben. Auf der anderen Seite dienen Erlebnisausdrücke dazu,

---

15 Vgl. W.Dilthey: Die Abgrenzung der Geisteswissenschaften; in: Ders.: Gesammelte Schriften, Bd. 7 (Göttingen, 4. Aufl. 1965), 70-75; vgl. auch Ders.: Beiträge zum Studium der Individualität; in: Ders.: Gesammelte Schriften, Bd. 5 (Göttingen, 4. Aufl. 1964), 241-316; bes. 242-258.

16 W.Dilthey: Einleitung in die Geisteswissenschaften. Versuch einer Grundlegung für das Studium der Gesellschaft und der Geschichte, Bd. 1; in: Ders.: Gesammelte Schriften, Bd. 1 (Göttingen, 6. Aufl. 1966), XVII.

die psychologische Auffassung menschlicher Aktionen als Lebensäußerungen zu inspirieren - wie z.B. bei den psychischen und imaginativen Ausdrücken, auf die sich Collingwoods Theorie der Geschichte konzentriert[17].

Das Studium der Geschichte dient Dilthey als ein besonders deutliches Beispiel für die Eigenständigkeit der Geisteswissenschaften. Die menschliche Geschichte besteht - als Ausdruck des menschlichen Geistes - aus einer riesigen Menge von Lebensäußerungen; die Geschichtswissenschaft ist daher auf eine Methode angewiesen, die diesem Inhalt angemessen ist. Es ist allgemein bekannt, daß Dilthey als eine solche Methode das *Verstehen* vorgeschlagen hat: Der Historiker soll für sich selbst diese Äußerungen vergangener Zeiten *nacherleben* bzw. *nachbilden*. *Erklären* allein ist für diese Aufgabe offensichtlich zu wenig und ihr auch unangemessen: »Wir erklären durch rein intellektuelle Prozesse, aber wir verstehen durch das Zusammenwirken aller Gemütskräfte in der Auffassung« (5,172). Das *Verstehen* ist »ein Wiederfinden des Ich im Du« (7,191). Über die Logik hinaus beinhaltet es eine direkte Vorstellung bzw. Intuition; es ist kein inferentieller Prozeß, sondern hat sein eigenes Leben und seinen eigenen Sinn in sich selbst. Durch das *Verstehen* - durch eine »Übertragung des eigenen Selbst« in ein anderes - rekonstruieren bzw. nacherleben wir in der Vorstellung die Erfahrungen eines anderen (5,277). Dilthey begründet diese Möglichkeit eines »Sichhineinversetzen« (7,214) durch den stillschweigenden metaphysischen Rekurs auf ein Prinzip des Lebens, das allen Menschen gemeinsam ist[18].

Diltheys Denken wird grob in eine frühe und eine späte Periode eingeteilt, nachdem er kurz nach 1883 einen Wandel in seinem Denken vollzogen hatte[19]. Ich bin der Auffassung, daß für die Sinnproblematik beide Perspektiven von Nutzen sind und sich ergänzen: Die frühere Periode verteidigt die Unabhängigkeit der Geisteswissenschaften von der naturwissenschaftlichen Hegemonie, die spätere den unvermeidlichen Übergang von methodologischen Fragen in den Sozialwissenschaften zu weitergehenden philosophischen (oder theologischen) Fragen. Indem Dilthey seinen Ausgangspunkt bei dem Begriff der psychischen Struktur genommen hatte, hatte zunächst die Psychologie den Rahmen für die Interpretation des Verstehensprozesses bereitgestellt. Später dann, als sich sein Denken mehr darauf verlagerte, das *Ganze* dessen zu betrachten, wovon die psychologischen Phänomene nur einen Teil bilden (»überpersönliche Zusammenhänge« oder die »Totalität des Seelenlebens«), begann er einen meta-psychologischen Rahmen zu

---

17 Vgl. R.G.Collingwood: The Principles of Art (Oxford, 1955). Für eine weitergehende Diskussion dieser Positionen vgl. auch H.A.Hodges: The Philosophy of Wilhelm Dilthey (Westport, 1952), 129ff.; und Ders.: Wilhelm Dilthey: An Introduction (London, 1944), 21ff.

18 Diese Offenheit für die metaphysischen Implikationen seiner Methodologie, die vielleicht Diltheys romantisches und idealistisches Erbe widerspiegelt, überlebte offensichtlich die antimetaphysische Neigung, die er aus dem Positivismus der Comteschen Tradition übernommen hatte; vgl. I.N.Bulhof: Wilhelm Dilthey: A Hermeneutic Approach to the Study of History and Culture (Den Haag, 1980), 50; und H.A.Hodges: The Philosophy of Wilhelm Dilthey (Westport, 1952), 191. Diltheys Begriff des Lebens ist immer auf die Menschenwelt begrenzt; H.Diwald schließt daraus: »Deshalb ist zwar Leben nicht immer schon identisch mit ›Geist‹, umfaßt ihn aber stets« (Ders.: Wilhelm Dilthey. Erkenntnistheorie und Philosophie der Geschichte [Göttingen, 1963], 124).

19 Vgl. I.N.Bulhof, Dilthey 55; vgl. H.Diwald, Dilthey 121ff.

verwenden. Nun rückten das Leben als Prozeß und sich selbst entwickelnde Einheit und die Hermeneutik als wissenschaftliche Erfassung der geschichtlichen Lebensäußerungen ins Zentrum. Diese Beschäftigung mit dem größeren Ganzen des sozialen Lebens sollte später zum Schlachtruf für Denker wie Adorno, Habermas und Gadamer werden, um damit der empirischen Sozialforschung der Formalisten entgegenzutreten.

Beim späten Dilthey werden dann die Geisteswissenschaften durch ihren Bezug auf die Kategorien von *Sinn* und *Bedeutung* gekennzeichnet. *Bedeutung* - im Gegensatz zu Freges häufigem Gebrauch von *Bedeutung* als Referenz - ist »die Kategorie für den unzerlegten Lebenszusammenhang« (7,237). Der Terminus zeigt eine Relation an: »Bedeutung bezeichnet das Verhältnis von Teilen des Lebens zum Ganzen, das im Wesen des Lebens begründet ist« (7,233). Die Bedeutung eines sozialen Phänomens kann nicht nur für sich verstanden werden; sie existiert und wird erkannt allein in einer gegenseitigen Verknüpfung mit dem Sinn - mit der Stellung, die jedes Teil in seinem übergeordneten Ganzen einnimmt. Diltheys berühmtes Beispiel für diesen hermeneutischen Zirkel ist der *Satz:* Er besteht aus Worten, aus »unbestimmt-bestimmte[n] Einzelheiten«, von denen jede zum Sinn des Ganzen beiträgt und gleichzeitig seine Bedeutung erst vom Ganzen her erhält (7,220). Das individuelle Leben muß in genau der gleichen Weise verstanden werden - jeder Moment des Lebens erhält seine »Bedeutung durch seinen Zusammenhang mit dem Ganzen« (7,233). Dasselbe gilt auch für die Menschheit insgesamt: »Man müßte das Ende der Geschichte erst abwarten, um für die Bestimmung ihrer Bedeutung das vollständige Material zu besitzen« (7,233).

Eine überraschende Anzahl der neueren Unabhängigkeitserklärungen von Sozialwissenschaftlern haben ihren Ursprung bei einem der verschiedenen Argumente Diltheys für die Eigenständigkeit der Geisteswissenschaften[20]. Auch wenn man den extremen subjektivistischen Interpretationen nicht zustimmt, darf man Diltheys grundlegende Einsichten doch nicht verwerfen. Für ihn arbeiten die Naturwissenschaften mit »abstrakten Zusammenhängen«, die Geisteswissenschaften aber mit zum Leben selbst gehörenden Kategorien - d.h. mit der epistemologischen Gegenseitigkeit, die ihm eigen ist (7,235f.). Von diesen beiden sehr unterschiedlichen Methodologien kann nur das *Verstehen* die innere Verknüpfung zwischen Teil und Ganzem erfassen. Die Wissenschaft des *Verstehens* - Hermeneutik - ist anders als die Naturwissenschaften in der Lage, einen Text oder eine Handlung im Kontext eines individuellen Lebens, einer sozialen Welt oder eines Moments in der Geschichte zu erfassen. Im Gegensatz dazu vernachlässigen die objektivierenden Methoden der Naturwissenschaften das soziale Ganze, von dem das Verständnis der Teile abhängt, und verkennen den engen Zusammenhang zwischen dem Gegenstand der Untersuchung und dem Untersuchenden selbst - die Tasache, daß »der, welcher die Geschichte erforscht, derselbe ist, der die Geschichte macht« (7,278).

---

20 Natürlich nicht alle; andere Antipositivisten verwenden ältere Argumente. Der Rekurs auf die Wertgeladenheit der »idiographischen« Wissenschaften kann beispielsweise auf Windelbands Rekoratsrede von 1894 - *Geschichte und Naturwissenschaft* - zurückgeführt werden, die durch Rickerts *Die Grenzen der naturwissenschaftlichen Begriffsbildung* (Tübingen, 2. Aufl. 1913) weithin bekannt wurde.

3.1.3 Die Kritik am Positivismus

Ich will mich hier nicht damit aufhalten, jedes Thema des Diltheyschen Werkes kritisch unter die Lupe zu nehmen. Trotzdem ist deutlich, daß zumindest die Grundelemente seiner Position der sozialwissenschaftlichen Kritik am Positivismus in den vergangenen Jahrzehnten entscheidende Anstöße gegeben haben. In der Folge der (nicht übermäßig erfolgreichen) Debatte zwischen Theodor Adorno und Karl Popper im Jahre 1961 haben eine Anzahl von Artikeln gegen die Art von Sozialwissenschaften vom Leder gezogen, die von den oben erwähnten formalistischen Autoren vertreten wurde[21]. Wenn man der Frage nachgeht, was die verschiedenen Autoren unter dem Wortungeheuer *Positivismus* verstehen und deshalb ablehnen, dann entdeckt man schnell die besonderen Anliegen und Faktoren, die die antipositivistische Philosophie der Sozialwissenschaften kennzeichnet.

Adorno beispielsweise betont den Primat des Untersuchungsgegenstandes vor der Untersuchungsmethode: »Wissenschaft hieße: der Wahrheit und Unwahrheit dessen innewerden, was das betrachtete Phänomen von sich aus sein will«[22]. Doch ironischerweise verhärtet sich sein Widerstand gegen jegliche allgemeine wissenschaftliche Methodologie zu einem ebenso allgemeinen Ideal der Wissenschaft, das aus dem deutschen Idealismus und der Phänomenologie stammt. »Methoden hängen nicht vom methodischen Ideal ab [d.h. sollten nicht vom methodischen Ideal abhängen]«, warnt Adorno mit Recht, »sondern von der Sache« (130). Man kann nicht umhin, sich zu wundern, wie sehr diese Betonung der sich selbst erschließenden Sache - eine Reminiszenz an die Phänomenologie Husserls - dazu beiträgt, in der sozialwissenschaftlichen Arbeit Forschungsstrategien auszuwählen und willkürliche Dispute vom Zaun zu brechen.

Auf jeden Fall aber vergesse die positivistische Soziologie mit ihrem »Pluralismus der Verfahrensweisen« und der »Vielfalt der Methoden«, daß »die Gesellschaft [d.h. der Gegenstand der Soziologie] ... Eine« ist[23]. Der formalistische Ansatz sozialwissenschaftlicher Forschung sei unzusammenhängend, von trivialen Fragen beherrscht und sich der wesentlichen (gewöhnlich nicht überprüfbaren) Dinge nicht bewußt. Im Gegensatz dazu könne der Gegenstand sozialwissenschaftlicher Forschung nur dann wirklich verstanden werden, wenn er (im Sinne Hegels?) als eine Totalität aufgefaßt werde; folgerichtig müsse er mit Hilfe der Intuition »von oben her« ergriffen werden. Daher könne

---

21 Viele der Artikel sind gesammelt in T.W.Adorno u.a.: Der Positivismusstreit in der deutschen Soziologie (Berlin, 1969). Die Schwierigkeit, zwischen beiden Ansätzen zu einem wirklichen Dialog zu kommen, wird durch Poppers Kommentar unterstrichen, daß die Antworten auf seinen Essay auf seine Anliegen überhaupt nicht eingegangen seien, so daß er sich wundere, warum sein Essay trotzdem in den Band aufgenommen worden sei. Vgl. seine Antwort auf den Band in K.Popper: Reason or Revolution?; in: Archives européennes de sociologie 11/1970, 252-262; z.B. 262: »In fact, they were no more interested in my views than I am in theirs«.

22 T.W.Adorno, Positivismusstreit 97.

23 T.W.Adorno, Positivismusstreit 90. Diese Behauptung zeigt erneut überdeutlich, daß sich die Disputanten nicht über das gleiche Problem streiten: Formalisten wie Hempel und Nagel haben einen einheitlichen Ansatz für die Sozialwissenschaften vorgeschlagen, während Adorno sie gerade des methodologischen Pluralismus zeiht.

allein eine Methodologie, die das »spekulative Moment« (134) beinhaltet, die »Einsicht ins Wesen der modernen Gesellschaft« (83) erreichen, von der Adorno meint, daß sie die Reichweite einer empirischen, positivistischen Methodologie wie der Poppers überschreite. Aber wie verdienstvoll die spekulative Philosophie auch sein mag, diese Art, sie voll und ganz in die Sozialwissenschaften aufzunehmen, kann nicht die Antwort auf den methodologischen Disput darstellen. Wir werden sehr viel eher theoretischen Fortschritt und Übereinstimmung erlangen, wenn wir »von unten her« beginnen - mit der wirklichen Praxis der Sozialwissenschaft - und uns dann auf eine mehr spekulative (beispielsweise Hegelsche) Konstruktion der Sozialwissenschaft *zu*bewegen.

In derselben Art kreidet der frühe Jürgen Habermas dem Positivismus eine »Ablösung der Erkenntnistheorie durch Wissenschaftstheorie« an, deren Kennzeichen (und hinreichende Bedingung?) es sei, daß »das erkennende Subjekt nicht länger das Bezugssystem darstellt«[24]. Der Positivismus sei nur insoweit philosophisch, als er sich gegenüber der Philosophie immunisiere (88f.). Damit ignoriere er die »synthetischen Leistungen des erkennenden Subjekts« sowie die »Problematik der Weltkonstitution« und mache sich so selbst irrational (90). In ähnlicher Weise setze er die Geltung von Logik und Mathematik voraus, ohne auf ihre Fundierung im Begriff des Wissens selbst zu reflektieren. Folgerichtig verwirft Habermas eine universale wissenschaftliche Methode und den Objektivismus, den ein derartiges Programm impliziert[25].

Seine Beiträge zum *Positivismusstreit* sind kaum weniger scharf. Habermas wirft dort der analytischen Wissenschaftstheorie vor, bei »Verfälschung« und »Irrelevanz« zu enden, wenn sie auf die »von Menschen hervorgebrachte Welt« angewandt wird (157). Er läßt einen Hagel der Kritik niedergehen, indem er den Positivisten einen übermäßig beschränkten Erfahrungsbegriff vorwirft, sie auf einer Vorstellung von System beruhen läßt, die sie selbst nicht explizieren können, ihnen unterstellt, vergessen zu haben, daß die soziale Forschung selbst Teil des Gegenstandes ist, der untersucht wird (d.h. der Gesellschaft), und gegen ihr unangemessenes Bewußtsein von der Rolle historischer, dialektischer, axiologischer und praxisorientierter Begriffe in den Geisteswissenschaften zu Felde zieht (159-170). Jede universale wissenschaftliche Methodologie sei »objektivistisch« und geht an der Tatsache vorbei, daß »Sinn« der »Grundbegriff« der Soziologie sei[26].

Die meisten der kritischen Einwände von Habermas lassen sich unter die Rubrik der Unangemessenheit der Methode für den Gegenstand subsumieren. Dieses grundsätzliche Anliegen ist sicherlich gerechtfertigt: Die Soziologie hat mit Fragen des Sinns zu tun - mit einem »wahrnehmenden und urteilenden Subjekt«[27]. Der Versuch, der menschlichen Sphäre eine unmodifizierte naturwissenschaftliche Methodologie aufzuzwingen, sollte sicherlich unseren Argwohn wecken. Habermas meint allerdings, die Gefahr einer Ver-

---

24 J.Habermas: Erkenntnis und Interesse (Frankfurt, 1968), 89.

25 Vgl. J.Habermas; N.Luhmann: Theorie der Gesellschaft oder Sozialtechnologie? (Frankfurt, 1971), 171.

26 J.Habermas, Theorie der Gesellschaft 171.

27 J.Habermas, Erkenntnis und Interesse 94.

nachlässigung der menschlichen Dimension bei allgemeinen methodologischen Diskussionen sei groß genug, um die Geisteswissenschaften von vornherein als eine Größe *sui generis* behandeln zu können. Derartige Ängste zu wecken ist jedoch etwas anderes als eine intrinsische Inkompatibilität aufzuweisen.

Adorno und Habermas schreiben noch von der Perspektive eines Sozialwissenschaftlers aus, wenngleich sie selbst ihre Disziplin so weit ausdehnen möchten, daß auch solche Bereiche wie Sinninterpretation, Ideologiekritik und politische Philosophie darunter fallen. Gleichwohl würden die Probleme einer allgemeinen Methodologie für die Sozialwissenschaften - vor allem die Probleme einer formalistischen Spielart - noch deutlicher hervortreten, wenn wir unseren Horizont derart erweitern, daß wir auch das Feld der Hermeneutik in geeigneter Weise berücksichtigen können. Obwohl ich im Rahmen der Erklärungsdebatte einem solchen Unterfangen nicht gerecht werden kann, so ist es doch notwendig, zumindest im Vorübergehen das Werk von Hans-Georg Gadamer und Paul Ricoeur zu erwähnen - und sei es allein deshalb, um auch ihre Kritik an den Positivisten zu notieren.

Gadamer beispielsweise zeiht jede vermeintlich »vorurteilslose Wissenschaft« der Blindheit gegenüber der Tradition, innerhalb derer sie sich tatsächlich vollzieht, und der falschen Trennung zwischen »Geschichte und Wissen«[28]. Er faßt den Positivismus - oder den »naiven Methodologismus«, als welcher er sich in den Geisteswissenschaften zeigt (480f.) - als eine extreme Position auf, die des historischen Gespürs entbehrt und nicht zum Wissen über ein Einzelnen gelangen kann (485). Doch es ist nicht ohne weiteres deutlich, daß *jede* methodologische Untersuchung diese Fehler begehen muß, die Gadamer den Positivisten vorwirft.

Letztendlich ist Gadamer mit dem abstrahierenden Ansatz *aller* Versuche, Erkenntnis zu erlangen - wissenschaftliche oder andere -, unzufrieden und will sie seiner an Heidegger orientierten hermeneutischen Perspektive unterordnen. Der modern-wissenschaftliche Begriff der Methode habe sein »begrenztes Recht« (484) für die Zwecke, die Welt zu kontrollieren, sei am Ende aber doch nur ein Typus von »Herrschaftswissen« (427). Gadamer wirft der Wissenschaft »Daseinsrelativität« vor, da sie nur insofern von Entitäten reden könne, als diese als raumzeitliche Erfahrungsgegenstände gegeben sind (428). Die Wissenschaft trage die Schuld für einen unhaltbaren Objektivismus, denn in Wirklichkeit könnten Subjekt und Objekt nicht voneinander getrennt werden, sondern gehörten zu derselben »geschichtlichen Bewegtheit« (499). Da die »Geschichtlichkeit des Daseins« jede Rede von ewigen Wahreiten ausschließe, seien tieferreichende Kategorien notwendig als die Wissenschaft bereitstellen könne. Unter dem Einfluß von Heidegger und dessen Forderung, daß die menschliche Existenz in einer anderen Weise als das Sein anderer Dinge zu untersuchen sei, wendet sich Gadamer von jeder Beschäftigung mit der Methode ab und entwirft statt dessen eine Hermeneutik, in der die Kategorien von Geschichtlichkeit und Dasein zentral sind.

---

28 H.G.Gadamer: Wahrheit und Methode. Grundzüge einer philosophischen Hermeneutik (Tübingen, 4. Aufl. 1975), 287.

Paul Ricoeur hat in ähnlicher Weise die Bemühungen von Popper und Hempel kritisiert, wenngleich in einem engeren Dialog mit der Wissenschaftstheorie. In *The Model of the Text: Meaningful Action Considered as a Text*[29] zeigt er, daß - wenn Handlungen als ein zu interpretierender Text aufgefaßt werden - Poppers Methode des »objektiven Verstehens« auf eine Hirsch'sche Hermeneutik reduziert werden muß[30]. Nach Hirsch sollte der Leser historisch-kritische Methoden verwenden, um objektiv zu rekonstruieren, wie der vom Autor ursprünglich intendierte Sinn gewesen sein muß. Ricoeur leugnet demgegenüber, daß diese Feststellung dessen, was die Akteure mit ihren Handlungen meinten, alles ist, worauf wir in dem Versuch, sie zu verstehen, aus sind. Und das ist sicherlich richtig: Obwohl das Verstehen eines intendierten Sinns Teil der Interpretation von Texten und Handlungen ist (wie Ricoeur an anderer Stelle zugesteht), ist damit nicht alles gesagt. Erklärungen in den Sozialwissenschaften brauchen nicht an das Selbstverständnis der beteiligten Personen gebunden zu sein, wenngleich ich es für notwendig halte, daß sie davon zumindest in einer gewissen Hinsicht Rechenschaft ablegen.

Gegen Hempel behauptet Ricoeur in *The Narrative Function*[31], daß der nomologische Ansatz der Geschichtswissenschaft notwendigerweise jene »narrative specificity of history« ausschließe, die für geschichtliche Phänomene gerade wesentlich sei. Darüber hinaus erfülle die historische Erklärung eine Vielzahl verschiedener Funktionen; diese könnten aber nur von jemandem erfaßt werden, »who does not approach the historical text with a unique, monolithic model of explanation in mind« (276). Man müsse unterscheiden zwischen einem physikalischen Ereignis, das einfach geschieht, und einem geschichtlichen Ereignis, das in Chroniken, Legenden und Erinnerungen auf uns kommt. Soziale Realität sei aus inneren Gründen ideologisch; sie habe immer »a symbolic constitution and incorporates an interpretation, in images and representations, of the social bond itself« (231). Folgerichtig setzt sich Ricoeur das Ziel, eine »strict complementarity and reciprocity« zwischen Erklärung und Interpretation bzw. Verstehen zu erreichen[32].

Ricoeurs Gedanken weisen nachdrücklich darauf hin, daß die Auseinandersetzung um die historische Erklärung nicht von der umfassenderen Debatte über die Erklärung in den Geisteswissenschaften abgetrennt werden darf. Die Frage nach der Erklärung in der Geschichtswissenschaft und ihrer Beziehung zu den Naturwissenschaften wurde oft behandelt, ohne angemessen auf die allgemeine methodologische Diskussion in der Philosophie der Sozialwissenschaften Bezug zu nehmen[33]. Im Gegensatz dazu behandelt Ri-

---

29 Vgl. P.Ricoeur: Hermeneutics and the Human Sciences (Cambridge, 1981), 197-221.

30 E.D.Hirsch ist der bedeutendste amerikanische Gegner der Hermeneutik Gadamers; vgl. besonders E.D.Hirsch: Validity in Interpretation (New Haven, 1967); und Ders.: The Aims of Interpretation (Chicago, 1976).

31 Vgl. P.Ricoeur: Hermeneutics and the Human Sciences (Cambridge, 1981), 274-296; vgl. auch die französische Fassung P.Ricoeur: La fonction narrative; in: Etudes théologiques et religieuses 54/1979, 209-230.

32 Vgl. auch Paul Ricoeur: Interpretation Theory: Discourse and the Surplus of Meaning (Fort Worth, 1976), bes. Kap.4: »Explanation and Understanding«.

33 Vgl. z.B. die oft zitierten Diskussionen in W.Dray: Laws and Explanations in History (London, 1957); Ders. (Hg.): Philosophy of History (Englewood Cliffs, 1964); und A.C.Danto: Analytical Philosophy of History (Cambridge, 1965).

coeur sehr wirkungsvoll das Problem des historischen Verstehens (wie sein Buchtitel schon anzeigt) von der Perspektive der Hermeneutik und der Geisteswissenschaften aus. Daß es nun möglich, sogar notwendig ist, das Problem der Geschichte in die Philosophie der Geisteswissenschaften einzubetten, weist erneut auf die kontextuelle Wende in der Wissenschaftstheorie. Wenn das hermeneutische und kontextuelle Moment in aller wissenschaftlichen Untersuchung anerkannt wird, dann zeigt sich, daß viele Charakteristika, die vorher als besondere Kennzeichen der Geschichtswissenschaft galten, nur einzelne Fälle allgemeiner Probleme bei der Interpretation menschlicher Handlungen darstellen. Die Probleme des Einzelnen und der sich wandelnden geschichtlichen Kontexte wiederholen nur in der temporalen Dimension die Probleme, denen die Sozialwissenschaftler in der Gegenwart gegenüberstehen. In der Tat haben sich Soziologen in der Auseinandersetzung um die relative Gewichtung von Längs- und Querschnitten bei der Datensammlung und -prüfung mit beiden Problemen beschäftigt. Ricoeurs Subsumption der historischen unter die hermeneutische Problematik - eine der zentralen Thesen seines Buches - versetzt den Methodologen in die Lage, sich zunächst auf die Probleme des sozialen Sinns und der Erklärung konzentrieren zu können. Die Probleme im Umkreis der historischen Erklärung lassen sich dann im Rahmen dieser allgemeinen Theorie behandeln.

Wie können die formalistischen Entwürfe mit der Kritik, die von den Antipositivisten erhoben wird, in Einklang gebracht werden? In der Philosophie der *Naturwissenschaften* sahen wir, daß sich die gegensätzlichen Positionen der Formalisten und Kontextualisten durch eine an Lakatos orientierte Auffassung miteinander vermitteln lassen. Allerdings würde der Versuch einer Aussöhnung der Parteien in der Fehde der *Sozialwissenschaften* zum jetzigen Zeitpunkt implizieren, daß es irgendwelche signifikanten Übereinstimmungen gibt - zumindest hinsichtlich der Schlüsselfragen und -probleme. Davon aber ist überhaupt nichts zu sehen: John Kekes spricht von »the prevailing confusion about rationality in the social sciences«[34], und Anthony Giddens beschreibt die die Sozialwissenschaften heute kennzeichnenden Malaise als den »state of disarray«, der aus der Desintegration des »orthodox consensus« der Nachkriegszeit herrühre[35]. Daher müssen auf diesem Feld sogar die ersten Schritte in Richtung auf eine allgemeine Theorie von Erklärung und Verstehen sehr viel vorsichtiger unternommen werden und ganz besonders auf die materialen Charakteristika des sozialen Gebietes Rücksicht nehmen.

Es sollte schon von meiner Darstellung der Hauptpositionen in dieser Debatte her klar sein, daß ich weder den formalistischen noch den antipositivistischen Ansatz je für sich allein für angemessen halte. Diltheys Entwurf beinhaltet wichtige Einsichten in den Verstehensprozeß menschlicher Handlungen; gegen Nagel bin ich der Auffassung, daß er überzeugende Gründe dafür anführt, in den Geisteswissenschaften Methoden zu verwenden, die in der Naturwissenschaft nicht anwendbar sind. Trotzdem haben die Formalisten

---

34 J.Kekes: Rationality and the Social Sciences; in: Philosophy of the Social Sciences 9/1979, 105-113; 105.

35 A.Giddens: Central Problems in Social Theory: Action, Structure and Contradiction in Social Analysis (Berkeley, 1979), 234-237. Im Nachwort gestehe ich zu, daß neuere Entwürfe der »verstehenden Sozialwissenschaften« auf dem Weg, ein allgemein anerkanntes Paradigma zu etablieren, ein gutes Stück vorangekommen sind.

eine klare Darstellung davon gegeben, wie eine Standarderklärung in einer idealen (oder »vollständigen«) Sozialwissenschaft aussehen würde; gegen Adorno meine ich nicht, daß wir notwendigerweise das zu erklärende Objekt korrumpieren, wenn wir nach allgemeinen methodologischen Prinzipien suchen, die das Unternehmen leiten sollen. Natürlich ist es zu einfach, lediglich zu sagen, nach einer vermittelnden Position suchen zu wollen - es ist sehr viel schwieriger, einen detaillierten und kohärenten Entwurf vorzutragen. Wenn wir zugestehen, daß das Objekt sozialwissenschaftlicher Forschung (die Menschen) Modifikationen in der naturwissenschaftlichen Methodologie erfordert, dann müssen wir dieses »Objekt« beschreiben und ausführlich die Art der Untersuchung darstellen, die ihm angemessen ist. Wenn wir an der Unentbehrlichkeit sowohl der Erklärung als auch des Verstehens festhalten wollen, müssen wir sehr viel präziser ihr gegenseitiges Verhältnis bestimmen. Um nur eine dieser Aufgaben zu bewältigen, wird es notwendig sein, ein allgemeines Bild der eigenen Rationalität sozialwissenschaftlichen Denkens zu zeichnen. Denn allein von der Perspektive einer Theorie der Rationalität aus lassen sich hinsichtlich des explanativen Bemühens in der Soziologie andere als nur willkürliche Feststellungen treffen.

In seiner neueren Arbeit und besonders in seinem Buch *Theorie des kommunikativen Handelns (TKH)* von 1981 ist Jürgen Habermas näher an eine solche vermittelnde Position herangerückt. Ohne seine frühere hermeneutische Orientierung und sein Insistieren auf der Besonderheit des Menschen als des Gegenstandes der Sozialwissenschaften aufzugeben, behauptet Habermas nun die Notwendigkeit einer allgemeinen Theorie der Rationalität in den Sozialwissenschaften - und vertritt diese These in einer kenntnisreichen Auseinandersetzung mit der Wissenschaftstheorie der analytischen Tradition. Dies ist Grund genug, Habermas' Entwurf - der seit seinem Erscheinen als Klassiker der Soziologie gilt[36] - eingehender zu analysieren. Wir werden jedoch feststellen, daß wir Habermas' Konzeption nicht als eine vollgültige Antwort auf die Probleme der Rationalität in den Geisteswissenschaften akzeptieren können - sie kann uns aber zumindest vor den Schwierigkeiten warnen, denen ein angemessener Entwurf in der gegenwärtigen Diskussion standhalten muß.

3.2 Eine Fallstudie sozialwissenschaftlicher Rationalität: Die kommunikative Rationalität von Jürgen Habermas

Wenige sozialwissenschaftliche Denker haben der Frage der Rationalität in ihrem Gebiet so viel Aufmerksamkeit gewidmet und vielleicht keiner für sie so viele Seiten aufgewandt

---

36 Vgl. z.B. A.Giddens: Reason without Revolution? Habermas' Theory of Communicative Action; in: Praxis International 2/1982, 318-338.

wie Jürgen Habermas. Obwohl wir nur die Oberfläche der nahezu endlosen Literatur von und über Habermas streifen können, wird eine Darstellung seiner sozialwissenschaftlichen Methodologie für viele wesentliche Aspekte der Erklärungsproblematik von Interesse sein. In besonderer Weise möchte ich mich auf den Begriff der »kommunikativen Rationalität« in *TKH*[37] konzentrieren, um auf einige Desiderata einer Theorie der sozialwissenschaftlichen Rationalität aufmerksam zu machen. Wenn Habermas damit Recht hat, theoretische Erfordernisse dem kommunikativen Prozeß unterzuordnen, wird mein Versuch, die Ebenen von Partizipant und Theorie zu trennen, unhaltbar. Daher ist eine detaillierte Kritik von Habermas notwendig, um den Weg für weitere Betrachtungen über Erklärung und Verstehen - vor allem im Hinblick auf Religionswissenschaft und Theologie - zu bereiten.

3.2.1 Die Theorie der kommunikativen Rationalität

Es ist schwer zu sagen - oder scheint zumindest willkürlich -, welcher Aspekt des Habermas'schen Denkens *den* Einstieg in seine Theorie der kommunikativen Rationalität bietet. In der letztgültigen Fassung von *TKH* dient nahezu *jede* philosophische und soziologische Frage dazu, Wasser auf seine kommunikativen Mühlen zu leiten. Trotzdem behaupte ich in einer ersten Näherung, daß zunächst die Abneigung gegen den Positivismus Habermas auf den pragmatischen Weg der Sprachphilosophie gebracht hat und er dann dort in Richtung auf eine Theorie der kommunikativen Rationalität fortgeschritten ist, um eine fruchtbare, pragmatische Grundlage für die Soziologie zu schaffen.

Als Unterstützung für die These, Habermas' Sicht sei wesentlich von dieser *negativen* Motivation her geprägt, kann die kurze Zusammenfassung der Philosophie des 20. Jahrhunderts dienen, mit der Habermas Kapitel 3 von *TKH* beginnt. Habermas entwickelt sein Argument für den Primat der Kommunikation in der Sprachphilosophie in drei Schritten. Zunächst führte die Reaktion von Wittgenstein, Davidson und Dummett gegen Carnaps Semantik zu der Erkenntnis, daß sich »die Bedeutung von Sätzen ... von dem der Sprache innewohnenden Bezug zur Gültigkeit von Aussagen nicht trennen« lasse (374). Habermas' nächster Schritt kritisiert eine zweite Abstraktion: Eine Theorie der Bedeutung könne nicht ohne Rekurs auf tatsächliche Geltungsansprüche entwickelt werden, und Geltungsansprüche könnten nicht auf assertorische Sätze beschränkt werden. Wiederum spielt Wittgenstein die Schlüsselrolle[38], denn es war seine späte Philosophie, die Austin und Searle zu einer Theorie der »Sprechhandlungen« weiterentwickelten: Die Semantik beschränkt sich hier »nicht länger auf die Darstellungsfuktion der Sprache,

---

37 Vgl. J.Habermas: Theorie des kommunikativen Handelns, 2 Bde. (Frankfurt, 1981). Die Abkürzung *TKH* bezieht sich, wenn nichts anderes vermerkt wird, auf Bd. 1.

38 Habermas selbst betont, wie viel seine Analyse »den auf Wittgenstein zurückgehenden sprachphilosophischen Untersuchungen verdankt« (143). Obwohl ich hier keine Kritik am späten Wittgenstein versuchen will, ist es doch wichtig, das Ausmaß zu beachten, in dem Habermas sich damit von den Argumenten der *Philosophischen Untersuchungen* abhängig macht. Sollte sich die Position Wittgensteins also - wie ich meine - als der philosophischen Reflexion inadäquat erweisen, so hätte das unmittelbare Folgen für Habermas' Ansatz in *TKH*

sondern öffnet sich einer unvoreingenommenen Analyse der Mannigfaltigkeit illokutionärer Kräfte« (374). Doch eine dritte Beschränkung blieb laut Habermas noch bestehen: Searles Ansatz beschäftigte sich allein mit einer wahrheitsfunktionalen Semantik, so daß seine Pragmatik die appellativen und expressiven Funktionen der Sprache nicht einbeziehen konnte. Erst wenn der Begriff der Geltung über die Wahrheitsfrage hinaus in den Rahmen einer universalen Pragmatik aufgehoben werde[39], so meint Habermas, könne eine Theorie der Sprache umfassend genug sein, um als Grundlage für eine allgemeine Theorie der kommunikativen Handlung zu dienen.

Habermas bestimmt daher die Kommunikationstheorie als einzig angemessene Grundlage einer Sprachphilosophie und wendet sich den Implikationen dieser Position zu. Er erkennt, daß eine in geeigneter Weise verallgemeinerte Theorie der Sprache eine in gleicher Weise verallgemeinerte Theorie der Rationalität beinhaltet. Es zeigt sich, daß jede der beiden »beschränkten« Sprachauffassungen des vorangegangenen Paragraphen mit ihrer jeweiligen - genauso beschränkten - Rationalitätskonzeption in Korrelation gebracht werden kann. Der erste Rationalitätsbegriff fand sich in der formal induktiven Bestimmung Carnaps - oder in der des Popperschen Falsifikationismus; der zweite (von Austin und Searle) benannte die nichtrationalen (performativen) Aspekte des wirklichen Sprachgebrauchs, ohne sich aber hinreichend genug vom früheren positivistischen Rationalitätsbegriff zu befreien - von einem Rationalitätsbegriff, der auf den Primat einer wahrheitsfunktionalen Semantik festgelegt war. Nur Habermas' letzter Schritt zu einer Rationalität der »einlösbaren Geltungsansprüche« *aller* Arten, so meint er, überholt die inhärenten Beschränkungen der früheren Rationalitätstheorien. Das bedeutet, daß er seinen Ansatz letztlich als Erwiderung auf die Hegemonie des *Wahrheits*anspruches versteht und ihm die in gleicher Weise fundamentalen Geltungsansprüche der *Richtigkeit* und *Wahrhaftigkeit* zur Seite stellt.

Habermas sagt uns, daß er nach einem Begriff der Rationalität suche, der der Soziologie nicht von außen her auferlegt sei (TKH, 16), sondern den verschiedenen Ansprüchen, die die Menschen in ihren Kommunikationen wirklich erheben, in vollem Umfang gerecht werde. Er behauptet, die Zustimmung der Sozialwissenschaftler eben dadurch zu verdienen, die Soziologie durch die Kommunikationstheorie wieder in den Vordergrund zu stellen statt sie einer umfassenderen philosophischen Terminologie unterzuordnen - wie es in der Geschichte der Soziologie oft genug vorgekommen sei. Trotzdem müssen wir die weitere Frage stellen: Reicht seine Theorie der Rationalität auch aus, um die Soziologie *als eine explanative Disziplin* plausibel zu machen? Impliziert die Tatsache - wenn es denn eine ist -, daß seine drei Typen von Geltungsansprüchen *im Kontext menschlichen Handelns* gleichermaßen grundlegend sind, daß sie es dann auch im Kontext der Wissenschaft sein werden?

Die Stärke des Habermas'schen Ansatzes liegt in dem Raum, den seine Theorie bietet, um den Diskurs in allen seinen Formen, in denen er tatsächlich geführt wird, zu ana-

---

39 Vgl. J.Habermas: Was heißt Universalpragmatik?; in: K.-O.Apel (Hg.): Sprachpragmatik und Philosophie (Frankfurt, 1976), 174-272.

lysieren. Damit scheint er der deskriptive Linguist *par excellence* zu sein - ein Phänomenologe der Sprache, dem nicht wie früheren Denkern durch strenge theoretische (aprioristische) Strukturen enge Grenzen gesetzt werden. Dieser Anspruch ist vielleicht besonders auffällig in den frühen Passagen des Buches (z.B. 34-44), in denen verschiedene Verwendungsweisen der Sprache aufgezählt werden. Aber dieser Eindruck einer reinen Beschreibung hält nicht lange vor, da Habermas - trotz seiner Liebe für im allgemeinen Sinne inklusive Klassifikationen - sehr schnell die fünf Argumentationsformen, die er entdeckt hat, auf die drei Grundformen der Handlung - der teleologischen, der normenregulierten und der dramaturgischen (115; vgl. 125-141) - und die objektiven, sozialen und subjektiven Welten, denen sie entsprechen (z.B. 415; vgl. auch 439), reduziert. Darüber hinaus ist er bei der Verteidigung des Primats seines Begriffs der *kommunikativen* Handlung gegenüber jeder der drei anderen Optionen gezwungen zu behaupten, daß die empirischen Phänomene allein als Kommunikation angemessen erfaßt werden können - d.h. allein in der Begrifflichkeit dieser drei Parameter und auch nur dann, wenn sie alle drei zusammen verwendet werden[40]. Erst dann erreichen wir »die Komplexitätsstufe von Sprechhandlungen, die *gleichzeitig* einen propositionalen Gehalt, das Angebot einer interpersonalen Beziehung und eine Sprecherintention ausdrücken« (143, Hervorhebung von mir).

Habermas zeichnet seine eigene Position durchgehend als den goldenen Mittelweg. Diese traditionsreiche philosophische Strategie läßt den Autor als den vernünftigen Moderator zwischen lauter Extremen erscheinen; doch sie bringt auch einige besondere Schwierigkeiten mit sich. Habermas' Theorie versucht in zwei unterschiedlichen (wenngleich offenkundig zusammenhängenden) Debatten zu vermitteln, von denen jede vor eigenen Problemen steht. (1) Zunächst will er die Ausschließlichkeit von Poppers Theorie der Rationalität vermeiden, ohne einem rein konventionalistischen Ansatz wie jenem von Wolfgang Klein zu verfallen (vgl. 50-56). Klein hat sich vollständig von einer Logik der Argumentation gelöst, um nun eine Logik der Annehmbarkeit zu vertreten, in der Geltung und Akzeptabilität nicht länger voneinander unterschieden werden können. Gegen Klein will Habermas den Begriff einer »objektiven Geltung« beibehalten - einer Geltung, die »raumzeitliche und soziale Beschränkungen« (56) transzendiert. Natürlich müssen wir dieses Ziel unterstützen: Der Begriff der Sozialwissenschaften beinhaltet, daß wir uns um Theorien bemühen, die in einem stärkeren Sinne gültig sind, als daß wir ihnen gerade jetzt einmal zustimmen.

Aber kann Habermas am Ende seine eigene Position erfolgreich von derjenigen Kleins abgrenzen? Da er das normative Gewicht seines Entwurfes allein auf die kommunikative Praxis gründet - statt auf irgendwelche formale Geltungsbedingungen -, kann er den Anspruch auf Objektivität lediglich auf die Erfüllung seiner idealen Kommunikationsbedingungen stützen. Doch es ist überhaupt nicht klar, ob solche idealen Bedingungen für sich selbst in einer nicht-zirkulären Weise bestimmt werden können. Wenn sie

40 Vgl. J.Habermas, TKH 141-151. In ähnlicher Weise wird die starke Einschränkung in der Habermas'schen Kommunikationstheorie deutlich, wenn er der Voraussetzung zustimmt, »daß ... mit *allen* verständigungsorientierten Sprechhandlungen *genau drei* Geltungsansprüche erhoben werden« (310).

auf die kommunikative Praxis gegründet sind, die wir nun einmal akzeptieren, sind sie genauso konventionell wie bei Klein. Wenn sie aber eine andere Grundlage haben (sagen wir, ein transzendentales Argument für die notwendigen Bedingungen aller Kommunikation überhaupt), dann wird nicht deutlich, warum dieselbe Strategie nicht auch formale Bedingungen bereitstellen sollte. Aber selbst wenn wir eine ideale Sprechsituation bestimmen könnten, würde ihr Charakter als bloßes Ideal ihre Nützlichkeit für epistemische Urteile wahrscheinlich sehr stark einschränken.

(2) Zweitens versucht Habermas zwischen deskriptiven und transzendentalen Theorien von Geltungsansprüchen zu vermitteln. Rein deskriptive Ansätze sind nicht in der Lage, die »rational motivierte« (376) Bindungskraft von Geltungsansprüchen im Kontext menschlichen Handelns zu erfassen oder ihr einen Sinn zu verleihen. Trotzdem grenzt sich Habermas scharf vom Fundamentalismus der klassischen Transzendentalphilosophie ab (vgl. 17). Um beiden Positionen auszuweichen, will er von den existierenden Formen der Vernunft her argumentieren, wie sie - wie mangelhaft auch immer - geschichtlich zum Ausdruck gekommen sind. Zu diesem Zweck schreibt er seinen rationalen Rekonstruktionen einen *quasi-transzendentalen* Status zu. Beispielsweise müssen wir beim Studium der geschichtlichen Entwicklung der westlichen Wissenschaft und Philosophie nach einer »formalen Analyse von Sinnzusammenhängen« suchen, die »es erlaubt, die empirische Aufeinanderfolge von Weltbildern als eine aus der Teilnehmerperspektive einsichtig nachvollziehbare und intersubjektiv überprüfbare Folge von Lernschritten zu konstruieren« (103). Aber es ist schwer zu sehen, welchen Status eine solche quasi-empirische, quasi-transzendentale rationale Rekonstruktion haben soll. Ist sie notwendig oder kontingent? Wie würde sie sich kritisieren lassen? Habermas' Ansatz versucht, sowohl den wirklichen historischen Fakten als auch dem notwendigen Moment der Abstraktion gerecht zu werden. Fragwürdig ist dabei, daß er seinen Rekonstruktionen oder Erklärungen einen die Erfahrung transzendierenden Status zuschreibt, der sie gegenüber möglicher zukünftiger Widerlegung immunisiert.

Habermas betont explizit, daß seine quasi-transzendentale Methode auf keinen Fall mit der Aufstellung einer Hypothese in den empirischen Wissenschaften verwechselt werden darf - und gibt dabei zu, sein Ansatz sei »für den empirisch arbeitenden Soziologen ungewöhnlich« (304). Letztlich - so vermute ich - haben seine rationalen Rekonstruktionen eine *transzendentale* Struktur: Sie bestehen nicht aus empirischen Schlußfolgerungen, sondern aus notwendigen Bedingungen für bestimmte Phänomene. Darüber hinaus können sie ein kontrafaktisches Element enthalten (304, 329), das sich aus der empirischen Sozialforschung allein nicht ableiten läßt. Man *setzt voraus*, »daß sich die modernen Bewußtseinsstrukturen zu den drei genannten Rationalitätskomplexen verdichten«, und rekonstruiert dann die Geschichte der neuzeitlichen Philosophie in einer solchen Weise, daß sie mit vermeintlicher Notwendigkeit zu diesem (theoretisch konstruierten) Resultat führt. Habermas hofft, daß »dieses etwas halsbrecherische Modell« ihm erlauben wird, von den »notwendige[n] Bedingungen für ein *nicht-selektives Muster der Rationalisierung*« (240) zu sprechen.

Unglücklicherweise wurde ein Jahr nach der Publikation des deutschen Originals der Band *Habermas: Critical Debates* veröffentlicht, der - u.a. von McCarthy und Lukes - eine harte Kritik an Habermas' früherem transzendentalen Ansatz enthält[41]. Die Diskussion über den Status der Habermas'schen Theorie der Universalpragmatik bildet eine Warnung für sozialwissenschaftliche Theoretiker in ihren Rekonstruktionen der wissenschaftlichen Praxis. Wenn Habermas eine transzendentale Behauptung über die Sozialwissenschaft aufstellt, ist schwer einzusehen, wie sie falsifiziert werden könnte. Wenn sie eine empirische Behauptung darstellt, dann ist sie ganz offensichtlich falsch - wie z.B. die Studien der kognitiven Entwicklung asiatischer Kinder zeigen, die Lukes zitiert. Vieles von Habermas' Methode der rationalen Rekonstruktion - wie z.B. seine Lesart der Rationalisierung der modernen Gesellschaft - ist nach wie vor brauchbar. Doch seine Arbeit gewinnt, wenn wir seine Behauptungen über die wissenschaftliche Methode nicht quasi-transzendental interpretieren, sondern als empirische Hypothesen auffassen, die der Überprüfung durch weitere Forschung und der Bewährung in der Kohärenz mit anderen Teilen der Soziologie bedürfen. Dieser Begriff einer empirisch gegründeten rationalen Rekonstruktion spielt in der abschließenden Diskussion dieses Kapitels eine entscheidende Rolle.

3.2.2 Sprechhandlungen und der Primat der Kommunikation

Viele Aspekte von Habermas' umfänglichem Unternehmen haben weitere Aufmerksamkeit verdient. Dieter Misgeld hat sich kritisch mit dem Habermas'schen Begriff der Lebenswelt auseinandergesetzt, der nach seiner Auffassung mit der Möglichkeit objektiver Argumentation, an der Habermas festhalten möchte, in Konflikt gerät[42]. Habermas' Abhängigkeit von der Hermeneutik von Autoren wie Talcott Parsons, Giddens und Gadamer auf der einen Seite, und sein Vertrauen auf Autoren der Wittgensteinschen Tradition wie Peter Winch auf der anderen verleiht diesem Vorschlag auf den ersten Blick eine gewisse Plausibilität. Wenden wir uns aber nun trotzdem einer zweiten Ebene zu: Habermas' Auswahl einer Theorie der Sprechhandlungen als des Mittelstücks seiner Theorie der kommunikativen Rationalität. In einem früheren Aufsatz hatte Habermas den Versuch unternommen, eine Konsensustheorie der Wahrheit zu entwickeln, die ihn dazu in die Lage versetzen sollte, Wahrheit, Richtigkeit und Wahrhaftigkeit als gleichursprünglich zu behandeln[43]. In *TKH* macht er keinen weiteren direkten Gebrauch von der Konsensustheorie. Kann die Theorie der Sprechhandlungen ihm jetzt dafür die Rechtfer-

---

41 Vgl. D.Held; J.B.Thompson (Hgg.): Habermas: Critical Debates (London, 1982). Es ist zu beachten, daß das folgende Dilemma mit unserer Diskussion der Schwierigkeiten bei der Ausarbeitung von Rationalitätstheorien am Ende des vorangegangenen Kapitels parallel läuft.

42 Vgl. D.Misgeld: Communication and Societal Rationalization: A Review Essay of Jürgen Habermas's *Theorie des kommunikativen Handelns*, in: Canadian Journal of Sociology 8/1983, 433-453; 438.

43 Vgl. J.Habermas: Wahrheitstheorien; in: H.Fahrenbach (Hg.): Wirklichkeit und Reflexion. Walter Schultz zum 60. Geburtstag (Pfullingen, 1973), 211-265.

tigung verschaffen, theoretische, regulative und expressive Kontexte als im tatsächlichen Sprachgebrauch gleichursprünglich zu behandeln? Wenn ja - folgt daraus, daß diese drei Kontexte auch in gleicher Weise fundamental für eine Theorie der sozialwissenschaftlichen Rationalität sein sollten?

Habermas' dreiteilige Theorie der Rationalität zeigt eine wichtige Bewegung über monothematische Theorien hinaus - beispielsweise solche, die sich ausschließlich auf das objektiv Rationale konzentrieren. Das tatsächliche soziale Verhalten liegt unbestreitbar oftmals außerhalb des Modells eines ideal rational Handelnden. Doch selbst irrationales Verhalten, beispielsweise solches, das mit mit klinisch definierten Psychosen wie Autismus oder Schizophrenie verknüpft ist, mag eine ihm eigene Struktur oder innere Logik an den Tag legen, die mit einer diesem Verhalten eigenen Begrifflichkeit analysiert werden muß. Habermas' Theorie stellt die begrifflichen Hilfsmittel bereit, um ein solches Projekt durchzuführen.

In ähnlicher Weise könnten Habermas' drei Kategorien (theoretisch, regulativ und expressiv) auch als nützliche Grundlage für ein Verständnis religiösen Verhaltens dienen. Unter dem Einfluß von Wittgenstein und Austin haben Religionswissenschaftler seit den fünfziger Jahren die nichtkognitiven Funktionen der religiösen Sprache betont und dabei die illokutionäre Kraft eines Satzes von seinem propositionalen Inhalt abgetrennt. Wir könnten sogar eine Art Habermas'sche Analyse religiöser Sätze entwickeln, indem wir die Operatoren *E*, *R* und *T* an die Stelle seiner expressiven, regulativen und theoretischen Kontexte setzen und ein *p* für den propositionalen Inhalt hinzufügen. »Ich fühle, daß es für Hindus falsch ist, Fleisch zu essen« könnte dann als »E(R(p))« und »Es ist richtig, an den einen wahren Gott zu glauben« als »R(T(p))« dargestellt werden[44]. Die bewußte Anwendung der Habermas'schen Konzeption auf dem Feld der Religion würde dazu beitragen, die theoretische Analyse durch die expressive und die regulative Analyse der religiösen Sprache zu ergänzen - ohne zugleich die theoretische bzw. propositionale Komponente gänzlich herausstreichen zu müssen.

In der Untersuchung von sozialen wie auch religiösen Kontexten tragen Habermas' Vorschläge dann dazu bei, daß Sozialwissenschaftler verengte Rationalitätsvorstellungen erkennen und aufbrechen können. Doch wie nützlich sein Ansatz in dieser Hinsicht auch immer ist - wenn wir uns auf das *explanative* Ziel sozialwissenschaftlicher Theorien konzentrieren, wird eine andere Prüfung verlangt. In diesem Fall, so werde ich argumentieren, muß der theoretischen bzw. *konstativen* Rationalität vor der Habermas'schen kommunikativen Rationalität der Vorzug gegeben werden, wenn der Begriff der Erklärung nicht leer bleiben soll. Ich verteidige diese These zunächst mit einer Darstellung seiner Auffassung von Sprechhandlungen.

Habermas' Theorie der Sprechhandlungen stammt direkt von J.L.Austin[45]. Dieser hatte in seiner Theorie der »speech acts« drei Komponenten voneinander unterschieden -

---

44 Ein zusätzlicher Operator *B* könnte für den Fall eingeführt werden, daß eine Überzeugung als primitiv angesehen werden müßte. - Die hier dargestellten Ideen stammen aus Diskussionen mit Lorenz B. Puntel.

45 Vgl. J.L.Austin: How to do Things with Words, hg. J.O.Urmson (Cambridge, 1962).

lokutionäre, illokutionäre und perlokutionäre Akte. *Lokutionär* bezieht sich auf den Inhalt eines propositionalen Aktes; bei lokutionären Akten, die Habermas nur einmal darstellt und dann seltsam vernachlässigt, »drückt der Sprecher Sachverhalte aus; er sagt etwas« (TKH, 389). Die nachfolgende Diskussion zeigte, daß Austin, der auf »den Modellfall institutionell gebundener Sprechhandlungen« fixiert war (397), illokutionäre und perlokutionäre Akte nicht angemessen genug voneinander unterschieden hatte. Perlokutionäre Akte, mit denen der Sprecher einen Effekt auf der Seite des Hörers hervorruft, fallen unter die Kategorie strategischer Interaktion; illokutionäre Akte, mit denen der Sprecher »eine Handlung [vollzieht], indem er etwas sagt« (389), zählen zu den kommunikativen Handlungen. Natürlich meint Habermas, daß jede Analyse der Sprache oder Rationalität, die sich besonders auf lokutionäre Akte (d.h. die assertorische Funktion der Sprache) konzentriert, hoffnungslos einseitig ist - es sei denn, sie wendet die gleiche Aufmerksamkeit der darin beinhalteten Illokution zu, d.h. dem Sachverhalt, daß der Sprecher in seiner Aussage zugleich eine Handlung ausführt.

Laut Habermas muß sich das Hauptaugenmerk in jeder Theorie der Rationalität letztlich auf den eigentlichen *Prozeß* der Einlösung von Geltungsansprüchen richten. Damit will er darauf hinweisen, daß der Sprecher mit jedem Geltungsanspruch die Verantwortung auf sich nimmt, diesen Anspruch in einem Prozeß der sozialen Kommunikation zu substantiieren bzw. einzulösen. Auf jeden Fall hat der Prozeß Vorrang vor dem Ergebnis, d.h. vor dem eigentlichen Inhalt der Kommunikation[46]. Natürlich schließt Habermas die propositionale Komponente aus der kommunikativen Handlung nicht vollständig aus. Tatsächlich insistiert er bei der Ablehnung der Kongenialität als einer hinreichenden Bedingung für kommunikative Handlung darauf, daß eine kommunikativ erreichte Übereinstimmung »propositional differenziert« sein müsse (386). Sein Gedanke räumt dem propositionalen Inhalt also durchaus einen Platz neben der illokutionären Kraft ein; an anderer Stelle spricht er von dem »Standardfall«, der die Geltung eines Satzes mit propositionalem Inhalt impliziert (423).

Dennoch meine ich, daß Habermas eine bestimmte Priorität, die zum propositionalen Inhalt gehört, nicht anerkennt. Für ihn, der die Rationalitätsfrage vom Standpunkt der Kommunikationstheorie aus angeht, verdienen die pragmatischen Elemente in der Sprache (der pragmatische Kontext und die illokutionäre Kraft eines Satzes) den Vorzug vor den baren und für sich genommenen Behauptungen von Sachverhalten. Habermas mag wohl zustimmen, daß vom Standpunkt einer formal-semantischen Analyse der Sprache aus - einer Analyse, die auf Bedeutungskontexte ausgerichtet ist, aber unter Einschluß allgemeiner (nichtpragmatischer) Kennzeichen von Behauptungen und Argumenten - der propositionale Inhalt Priorität hat. Denn er gesteht wohl zu, daß alle kommunikative Handlung propositional differenziert sein, d.h. implizit oder explizit einige propositionale

---

46 Zugestandenermaßen gibt Habermas (TKH, 47-50) eine Darstellung unter Verwendung der drei Komponenten Prozeß, Prozedur und Produkt, wobei »Produkt« Austins lokutionären Akten dem Sinn nach sehr nahe steht. Aber erstens wird »Produkt« noch in behavioristischer Terminologie diskutiert (d.h. als »Ziel« der Argumentation) und zweitens im weiteren Verlauf von *TKH* nahezu vollständig ignoriert.

Elemente beinhalten muß. Aber unmittelbar darauf wendet er sich von der Bedeutungsanalyse, wie sie in der Semantik verfolgt wird, ab und einer pragmatischen Analyse des *Gebrauchs* solcher Propositionen in der Kommunikation zu. Entsprechend lautet Habermas' Klage über die analytische Philosophie: Sie »vernachlässigt diejenigen Aktor-Welt-Bezüge, die für soziale Interaktionen wesentlich sind« (369).

Natürlich ist Habermas mit dem Versuch, die rein abstrakten Sprachanalysen zu erweitern, durchaus im Recht. Mit einer Kommunikationstheorie, die die theoretischen bzw. formalen Untersuchungen der Sprache *unterstützt* und sich um die Rationalität des regulativen und expressiven Sprachgebrauchs kümmert, könnte es keinen Streit geben - wenn das Habermas' Intention wäre. Aber die Kommunikationstheorie unterstützt nicht nur theoretische Ansätze. Die Kapitel 1 und 3 von *TKH* (eigentlich sogar das ganze Buch) und Habermas' neueres Buch *Der philosophische Diskurs der Moderne* beinhalten sein Argument für die tatsächliche Vorrangstellung der kommunikativen Rationalität[47]. Er argumentiert, daß alle Äußerungen - gleich, ob ihr Inhalt theoretisch, regulativ oder expressiv ist - Instantiierungen des Sprachgebrauchs (d.h. Sprechhandlungen) darstellen und daher die Regeln, die die linguistische Anwendung steuern, sie beherrschen, bestimmen und erklären müssen. Zu behaupten, daß ein gegebener Sachverhalt gilt, ist nur *eins* von vielen Dingen, die wir tun, wenn wir eine Behauptung äußern; weiterhin beinhalten regulative und expressive Äußerungen ihre eigenen Geltungsansprüche über das, was der Fall ist - die obendrein noch von den Geltungsansprüchen der Behauptungen sehr verschieden sind. Habermas ist der Auffassung, daß allein ein Verständnis der Rationalität, das sich auf die Kommunikationstheorie gründet, dazu in der Lage ist, diesen verschiedenen Typen von Geltungsansprüchen gerecht zu werden.

Um zu verstehen, was auf dem Spiel steht, ist es unerläßlich, daß wir Habermas' Auffassung der Behauptungen betrachten. Seine Darstellung des assertorischen Elements in der Sprache ist besonders relevant für eine Methodologie der Sozialwissenschaften, da sozialwissenschaftliche Erklärungen eher in der Form von Behauptungen denn als »ich möchte« oder »man sollte« - Feststellungen ausgedrückt werden. Habermas meint, daß die Rationalität von Behauptungen auf die Frage nach der Geltung individueller assertorischer Sprechhandlungen reduziert werden könne. Als Folge dessen bezweifelt er, »ob das *Konzept der Gültigkeit* eines Satzes unabhängig vom *Konzept der [pragmatischen] Einlösung* eines mit der Äußerung dieses Satzes erhobenen *Geltungsanspruches* geklärt werden kann« (TKH, 424). Bevor wir zur Kritik dieser These übergehen, notieren wir ihre Ähnlichkeit zur »Pragmatik der Erklärung« von van Fraassen und anderen Kontextualisten in der Wissenschaftstheorie. Es ist wirklich überraschend, daß die Kontextualisten von Habermas' Darstellung keinen größeren Gebrauch gemacht haben, da er doch eine sehr viel systematischere und detailliertere pragmatische Theorie bereitstellt als die

---

47 Vgl. J.Habermas: Der philosophische Diskurs der Moderne (Frankfurt, 1985). Offenkundig wurden kommunikativ orientierte Ansätze nicht erst von Habermas eingeführt. Der Marxismus, der Pragmatismus und die linguistische analytische Tradition beinhalten ähnliche Stränge, wenngleich Habermas' Theorie der Rationalität in diesem Genre wohl die am meisten entwickelte bleiben dürfte. Es wäre interessant, ein analoges Projekt in diesen anderen Hauptschulen der Soziologie zu versuchen.

vagen Versuche, die die naturwissenschaftlich orientierten Wissenschaftstheoretiker unternommen haben.

Ich hatte oben als das Ziel dieses Kapitels die Suche nach einer formal-semantischen Theorie der sozialwissenschaftlichen Erklärung angegeben, in der *formal* ohne die nomologischen Konnotationen der naturwissenschaftlichen Formalisten verstanden ist. Habermas verwirft jegliche formale Semantik, d.h. jede Bedeutungstheorie, die nicht letztlich pragmatisch ist. Bei der Begründung dieses ablehnenden Urteils über formale Kriterien wissenschaftlicher Erklärungen greift er auf die wahrheitsfunktionale Semantik von Michael Dummett zurück. Dummett hatte geleugnet, daß wir für die Wahrheitsbedingungen von Sätzen nach etwas anderem als nach pragmatischen Begriffen Ausschau halten sollten: »It is not necessary that we should have any means of deciding the truth or falsity of the statement, only that we be capable of recognizing when its truth has been established«[48]. Dummetts epistemologische Orientierung macht es notwendig, die theoretische Rede von Wahrheitsbedingungen zu ersetzen durch eine Vertrautheit mit den »interne[n] Beziehungen eines nur argumentativ zu durchmessenden Universums sprachlicher Strukturen« - d.h. durch das praktische Wissen, wie ein bestimmter Wahrheitsanspruch tatsächlich einzulösen ist (TKH, 426). Es ist interessant, hier erneut den Einfluß des späten Wittgenstein zu sehen: Dummetts Skeptizismus hinsichtlich der Wahrheitsbedingungen ist eine direkte Ausarbeitung der Position Wittgensteins, daß die Bedeutung *nur* als der Gebrauch, zu dem wir einzelne Feststellungen beisteuern, verstanden werden kann.

Am Anfang seiner Diskussion hatte Habermas gefordert, daß sich »Rationalität« auf die »verschiedene[n] Formen der Argumentation als ... *Möglichkeiten, kommunikatives Handeln mit reflexiven Mitteln fortzusetzen*« (27, Hervorhebung von mir) beziehen sollte. Obwohl er dort die Tendenz sah, verbreitet durch die Schriften der Popper-Schule, »die Rationalität einer Äußerung auf Kritisierbarkeit und Begründungsfähigkeit zurückzuführen« (27), verwarf er diesen Begriff als zu abstrakt und eng. Die folgende Diskussion verschiedener Formen von Diskurs und Kritik führte dann zu der pauschalen Definition: Rationalität ist »eine Disposition sprach- und handlungsfähiger Subjekte ... Sie äußert sich in Verhaltensweisen, für die jeweils gute Gründe bestehen« (44). In vielerlei Hinsicht ist dies eine exzellente *behavioristische* Definition der Rationalität auf sozialem Gebiet: Rationalität ist eine dispositionale Eigenschaft, die menschlichen Handlungsakteuren zugesprochen wird. Darüber hinaus erlaubt Habermas' Definition, in einer bestimmten Weise auf Gründe zurückzugreifen - wenngleich in den Grenzen der Parameter einer Handlungstheorie. Aber stellt eine *dispositionale* Darstellung einen angemessenen Rahmen bereit, um menschliche Sinnerfahrungen zu behandeln - d.h., erfaßt sie am besten, was es für menschliche Interaktion heißt, sinnvoll und daher verständlich zu sein? Umfaßt diese Definition insbesondere die Rationalität jener Untermenge menschlichen Verhaltens, das als wissenschaftliches und explanatives Verhalten gekennzeichnet ist?

---

48 M.Dummett: What is a Theory of Meaning?; in: G.Evans; J.McDowell (Hgg.): Truth and Meaning (Oxford, 1976), 67-137; 110f.; zitiert bei J.Habermas, TKH 425.

Oder muß nicht der Rekurs auf »gute Gründe« innerhalb des pragmatischen Kontextes einer kommunikativen Handlung durch eine formal-semantische Bestimmung dessen ergänzt werden, was »gute Gründe« gut macht, wenn es für die Struktur der Rationalität in den Sozialwissenschaften von Belang sein soll?

3.2.3 Erklärung und sozialwissenschaftliche Rationalität

Sicherlich beinhalten menschliche Verhaltensweisen viele Arten von Sprechhandlungen, von denen jede in einer bestimmten Hinsicht rational sein mag. Aber ist Habermas im Recht, wenn er nachdrücklich die Priorität des Begriffs der Kommunikation *für die Rationalität der sozialwissenschaftlichen Forschung* betont? Ich meine, daß sich die kommunikative Wende als unangemessen erweist, wenn man den Versuch unternimmt, zu spezifizieren, was sozialwissenschaftliche Rationalität wirklich ist und in welcher Art von Diskurs sie fungiert. Wenn Sozialwissenschaftler versuchen, menschliche Verhaltensäußerungen zu *erklären*, dann spielen die regulativen und expressiven Funktionen der Sprache im explanativen Prozeß notwendigerweise eine nur untergeordnete Rolle. Die Ebenen wechseln: Man abstrahiert von einem gegebenen Handlungskontext und versucht auf einer theoretischen - wenngleich einer, wie wir gesehen haben, nicht rein objektiven - Ebene Geltungsansprüche über das fragliche Thema zu formulieren und zu verteidigen.

In einer Diskussion der Rationalität, die sich auf der explanativen Ebene bewegt (d.h. in einer methodologischen Diskussion), muß der theoretischen Rationalität folgerichtig vor regulativen und expressiven Rationalitäten der Vorzug gegeben werden. In der Habermas'schen Terminologie würde ich sagen, daß die *konstative* Rationalität, die er in *TKH* bloß als Subkategorie der kommunikativen Rationalität auffaßt, ohne ihre volle Bedeutung einzugestehen, den Diskurs des Sozialwissenschaftlers auf dieser zweiten Ebene am besten kennzeichnet. Obwohl die Sozialwissenschaften menschliche Subjekte in ihren kommunikativen Kontexten zum Gegenstand haben, bleibt sozialwissenschaftliche Rationalität die Rationalität von Theorien. John Kekes hat diese Distinktion in seiner methodologischen Arbeit konzise entfaltet: »The primary question concerns the rationality of theories, for the rationality of persons depends on the rationality of their actions and beliefs, and the rationality of actions, in all but the most primitive situations, depends upon the rationality of the beliefs upon which they are based. But beliefs do not occur in isolation; they are part of a system«[49].

Unglücklicherweise unterläßt es Habermas, diese Ebenen zu unterscheiden; seinem Denken mangelt der Übergang von der Rationalität von Sprechhandlungen (als Einlösbarkeit von Geltungsansprüchen) zur Rationalität von Theorien. Natürlich bleibt auch der sozialwissenschaftliche Diskurs ein menschlicher Diskurs und kann als eine lediglich andersartige Instanz kommunikativer Interaktion analysiert werden. Doch damit wird der entscheidende Punkt übergangen, der ihn als eine explanative Wissenschaft ausweist.

---

49 J.Kekes: A Justification of Rationality (Albany, 1976), 115.

Sozialwissenschaftliche Erklärungen *beziehen sich* auf die Welt menschlicher Interaktion und versuchen über sie wahre und kritiserbare Aussagen zu formulieren.

Derselbe Punkt kann hinsichtlich der normativen Komponente in Habermas' früheren Rückgriffen auf Konsens und Universalpragmatik geltend gemacht werden. In seiner Konsensustheorie ist zwar nicht gerade jeder *de facto* - Konsensus wahrheitsindikativ, sondern nur ein universaler Konsens, der auf den normativen Begriff einer »idealen Sprechsituation« gegründet ist[50]. Habermas ist es aber nicht gelungen, irgendwelche formalen Bestimmungen der *theoretischen* Qualitäten anzugeben, die dieses Ideal beinhaltet; statt dessen bietet er lediglich eine kommunikative Beschreibung an (Freiheit von Zwang, gleiche Gelegenheit der Teilnahme usw.). Eine Universalpragmatik, die - wie es hier der Fall ist - auf der Grundlage einer noch nicht realisierten idealen Sprechsituation entfaltet wird, beinhaltet kein Kriterium für die Rationalität eines gegebenen Entwurfs. Angenommen, die ideale Sprechsituation gibt es in der Gegenwart nicht, dann kann nur eine Bestimmung der formalen Bedingungen oder Desiderata für sozialwissenschaftliche Erklärungen - oberhalb und außerhalb der pragmatischen Voraussetzungen eines kommunikativen Diskurses - die Entscheidung zwischen konkurrierenden Theorien begründen und angemessene von unangemessenen Schritten in der Argumentation unterscheiden. Wir müssen in der Begrifflichkeit der argumentativen Formen selbst wissen, was die Schlagkräftigkeit des besseren Arguments ausmacht - oberhalb und außerhalb der pragmatischen Beschreibung einer (kontrafaktischen) idealen Sprechsituation, in denen sie vorkommen sollen.

Habermas selbst ist nicht in der Lage, die theoretischen, regulativen und expressiven Kontexte konsistent auf derselben Ebene zu halten. Es gibt in *TKH* trotz aller Dementi Hinweise auf eine stillschweigende Vorrangstellung des theoretischen Diskurses. In seinem ersten Kapitel - »*Rationalität« - eine vorläufige Begriffsbestimmung* - scheint Habermas beim näheren Hinsehen seine »kognitivistische« Position in der Ethik stillschweigend vom theoretischen Diskurs abzuleiten. Die Tatsache, daß er mit einer Analyse des Diskurses von Theorien beginnt, ist meines Erachtens keineswegs zufällig. Für eine faktische Vorrangstellung des theoretischen Diskurses in der Sozialwissenschaft lassen sich zumindest drei Hinweise geben: (1) Habermas verknüpft am Ende seiner Einleitung die theoretische Rationalität mit anderen Formen der Rationalität, indem er behauptet: »Zusammenfassend läßt sich sagen, daß normenregulierte Handlungen, expressive Selbstdarstellungen und evaluative Äußerungen konstative Sprechhandlungen zu einer kommunikativen Praxis *ergänzen*«(37, Hervorhebung von mir). (2) Habermas kann erst nach seiner detaillierten Darstellung der Vorbedingungen eines theoretischen Diskurses zur nächsten Rationalitätsform übergehen; und er tut dies mit der Bemerkung: »Im moralisch-praktischen Bereich verhält es sich ähnlich« (39). (3) Dabei liefert die Kritik von Wahrheitsansprüchen das Modell: »Die mit Handlungsnormen verknüpften

50 Vgl. J.Habermas: Was heißt Universalpragmatik?; in: K.-O.Apel (Hg.): Sprachpragmatik und Philosophie (Frankfurt, 1976), 174-272.

Geltungsansprüche ... [können] in Analogie zu Wahrheitsansprüchen diskursiv eingelöst werden« (ebd.).

Natürlich würde Habermas nicht zugeben wollen, daß der Rationalität von Wahrheitsansprüchen irgendeine Priorität vor therapeutischen oder selbst-expressiven Behauptungen zukommt. In seiner Darstellung erhält man jedoch den anderen Eindruck, daß er den Begriff des kommunikativen Diskurses aus dem konstativen Modell des Wahrheitsanspruches heraus entwickelt und ihn dann auf ethische und regulative Kontexte hin ausdehnt. Wie sollte man sonst die Forderung verstehen, daß Normen - deren Geltungsanspruch nicht Wahrheit, sondern Richtigkeit betrifft - diskutiert werden »unter Bedingungen, die alle Motive außer dem der kooperativen Wahrheitssuche neutralisieren« (40)?

Wenn ich darin Recht habe, daß Habermas' Analyse der Sprechhandlungen von der Auffassung der konstativen Sprechhandlungen her abgeleitet ist, dann wird seine These einer Priorität der kommunikativen Rationalität in den Sozialwissenschaften entscheidend geschwächt. Wenn weiterhin die konstative Rationalität als fundamental für die anderen Formen des Diskurses angesehen werden kann - besonders in der Analyse der höherstufigen Disziplinen wie der Sozialwissenschaften selbst -, sind wir dann nicht berechtigt, hier mit einer internen Untersuchung der *Struktur* von Argumenten und Erklärungen fortzufahren? Denn Habermas' Verteidigung einer exklusiv pragmatischen (statt formalsemantischen) Analyse gründete sich auf die Priorität des kommunikativen Diskurses, und wir haben Grund genug, diese Priorität sowohl grundsätzlich als auch bei der eigentlichen Ausarbeitung seines Systems kritisch zu hinterfragen. Man kann daraus den Schluß ziehen, daß auch in der Philosophie der Sozialwissenschaften die formale Analyse der sozialwissenschaftlichen Erklärungen eine zentrale Rolle spielt - und sei es allein, um die regulativen Ideale zu explizieren, die die Theorienbildung in diesen Disziplinen bestimmen. Erinnern wir uns an das Ergebnis von Kapitel 2, daß die Ideale der Formalisten in den Naturwissenschaften auch nach der kontextuellen Wende erhalten bleiben. Gegen die einheitswissenschaftliche Schule sahen wir keinen Grund, *dieselben* Ideale auch auf sozialwissenschaftliche Erklärungen anwenden zu müssen; aber gegen Habermas ist das kein hinreichendes Argument dafür, daß deshalb alle Erwägungen formaler Bedingungen von Theorien unangemessen sind.

Nun ist es möglich, die Argumentationslinien, die bisher in dieser Frage skizziert worden sind, zusammenzufassen. Die Betonung der Pragmatik, des *Gebrauchs* von Zeichen oder der Sprache zur Kommunikation zwischen Subjekten, ist ein notwendiges Korrektiv der exklusiven Zuwendung zu Semantik und Syntax. Die Analyse des Erkenntnisprozesses als einer intersubjektiven Einlösung von Geltungsansprüchen, die Habermas vorgelegt hat, lenkt mit Recht auch die Aufmerksamkeit auf die Rolle situationaler und pragmatischer Erwägungen in der sozialwissenschaftlichen Arbeit. Natürlich stammt die Betonung der Pragmatik nicht von Habermas; schon die marxistische Tradition und die Frankfurter Schule sowie die Arbeit solcher Autoren wie Austin und Morris haben ihre Auswirkungen bedacht. Dennoch hat erst Habermas es vermocht, weite Teile der früheren Diskussion in eine mehr oder weniger einheitliche Kommunikationstheorie der Rationalität aufzuheben.

In derselben Hinsicht ist Habermas darin Recht zu geben, daß er auf mehrere verschiedene Subregionen der Rationalität hinweist. Eine Sprechhandlung beinhaltet mehr als nur die Behauptung eines Sachverhaltes. Eine Analyse der Kommunikation und ihrer Rationalität entlang der Habermas'schen Linien gehört zu den wesentlichen Komponenten sozialwissenschaftlicher Analyse sozialer Phänomene. Meiner Auffassung zufolge könnte dieser Ansatz auch in der Religionswissenschaft Anwendung finden, um religiöse Aussagen hinsichtlich ihrer theoretischen, normativen und expressiven Aspekte zu betrachten.

Trotzdem bleibt die kommunikative Wende in der sozialwissenschaftlichen Theorie nicht das letzte Wort in der Frage nach der Struktur einer sozialwissenschaftlichen Erklärung. In einem höherstufigen explanativen Bemühen sollten dem theoretischen Diskurs und der konstativen Rationalität der Vorrang eingeräumt werden. Daher müssen wir die Beschreibung dessen, wie explanative Behauptungen diskursiv eingelöst werden, mit einer Analyse der Standards unterstützen, die die Prüfung ihres Inhalts regulieren. Eine vollständige Theorie der Sozialwissenschaften umfaßt sowohl externe (pragmatische) als auch interne (formal-semantische) Faktoren.

Dieselbe Forderung ergibt sich bei der Frage nach der *Wahrheit* von Theorien. Mary Hesse stellt in ihrem wichtigen Artikel *Science and Objectivity* Habermas' Auffassung dar, daß wissenschaftliche Wahrheit gerade nicht instrumental sei, und schlägt vor, Habermas könne die Notwendigkeit des Wahrheitsanspruches von Theorien verteidigen »on the grounds of technical efficiency«. Aber selbst bei dieser Verknüpfung der Wahrheit mit Theorien »it seems that we would need a closer relation between correspondence truth and the truth of theories than Habermas permits«[51]. Der entscheidende Punkt liegt darin, daß sich eine angemessene theoretische Konzeption der Rationalität sowohl über die Struktur der Welt (als der Summe »dessen, was ist«) als auch über die Struktur der kommunikativen Handlung Gedanken machen muß.

Es läßt sich sogar plausibel machen, daß Habermas' kommunikative Rationalität - als einer Explikation der sozialwissenschaftlichen Rationalität, die auf dem (kommunikativen) Begriff einer idealen Sprechsituation beruht - von sich aus auf eine primär theoretische (propositionale bzw. semantische) Bemühung zurückgeführt werden kann[52]. Wenn ein Argument - das für Habermas sowohl eine propositionale als auch eine Sprechhandlungs-Komponente hat - ein gutes Argument sein soll, dann muß es in einer idealen Sprechsituation verwendet werden, in der die Interessen, Vorurteile und kulturellen Bindungen der Beteiligten keine Rolle spielen. Aber man spricht dann von idealen Subjekten, ohne in irgendeiner Form Bezug zu nehmen auf »concrete (contingent) subjects and times of utterances of the sentences (personal pronouns and indexicals)«. Puntel hat dies »the disappearance theory of the communicative dimension« genannt, da das, was in der

---

51 M.Hesse: Science and Objectivity; in: D.Held; J.B.Thompson (Hgg.): Habermas: Critical Debates (London, 1982), 98-115; 105.

52 Dieses Argument wurde von L.B.Puntel in seinem nicht veröffentlichten Aufsatz *On Communicative Rationality: A Critique of Habermas* entwickelt. Das folgende Zitat stammt aus diesem Aufsatz.

idealen Kommunikation eine Rolle spielt - außer der vagen Feststellung, daß irgendein Subjekt die Sätze behaupten muß -, allein der implizierte propositionale Inhalt sei.

Schließlich gibt es auch reichlich Anlaß zu bezweifeln, daß Habermas' situationales Ideal wirklich realisierbar ist. Es ist mehr als nur ein ironischer Zufall, daß David Frisbys Kritik an Popper ebenso auch auf Habermas zutrifft: »It appears as if Popper has no more powerful corrective to ideology than intersubjectivity within organized science. ... Scientific objectivity is made to rest upon the old liberal model of disinterested men assembled round a table to reach a consensus«[53]. Vielleicht repräsentieren Habermas' Ideale ja eine gute ideale Charakteristik der Erklärung auf theoretischem Gebiet, wenn sie in dem Sinn von Puntels »disappearance theory of communicative rationality« verstanden werden. Gerade aus diesem Grunde aber stellen sie uns auch vor die Notwendigkeit, die Parameter der sozialwissenschaftlichen Erklärung ohne Rekurs auf den pragmatischen Diskurs zu spezifizieren. Ich habe die wichtige Funktion des theoretischen Diskurses verteidigt, in dem - unter Absehung von den regulativen und expressiven Komponenten der alltäglichen sozialen Welt - Erklärungen über soziale Handlungen und Verhaltensweisen konstruiert und kritisiert werden können. Hier treten ebenso formal-semantische wie pragmatische Bedingungen auf den Plan. Es bleibt die Aufgabe, genauer zu präzisieren, wie der Inhalt dieser Erklärungen bestimmt werden muß und welcher Art dabei - wenn überhaupt - die Funktion des intuitiven Verstehens ist.

3.3 Zu einer Theorie der sozialwissenschaftlichen Erklärung

Wir sind nun in unserer Diskussion weit genug fortgeschritten, um mit dem Entwurf einer Theorie der Erklärung in den Sozialwissenschaften beginnen zu können. Unter Voraussetzung der Leitlinien, die sich aus unserer Behandlung der verschiedenen Positionen ergeben haben, stellen sich mehrere Fragen: Wie läßt sich die distinktive Struktur der sozialwissenschaftlichen Erklärung bestimmen? Wie sind hier Erklärung und Verstehen miteinander verknüpft? In welcher Weise kann die allgemeine Diskussion der sozialwissenschaftlichen Rationalität dazu beitragen, diese Fragen zu beantworten?

Es mag hilfreich sein, den bisher entwickelten Rahmen kurz zusammenzufassen. Der Gegenstand der Sozialwissenschaften ist natürlich ein anderer als in den Naturwissenschaften. Dennoch ist auch die Behauptung, die eine Gruppe von Wissenschaften sei subjektiv, die andere objektiv, nicht richtig. Nur wenige würden heute die Rolle subjektiver Faktoren in der Formulierung und Prüfung sowohl natur- als auch sozialwissenschaftlicher Erklärungen leugnen. Die theoretischen Interessen haben sich im Lauf der

---

53 D.Frisby: The Popper-Adorno Controversy: The Methodological Dispute in German Sociology; in: Philosophy of the Social Sciences 2/1972, 105-119; 114.

Wissenschaftsgeschichte oftmals sehr geändert; was wir »sehen«, reflektiert in einer bestimmten Weise, was wir über ein Objekt oder eine Person schon denken; Forscher sind oft leidenschaftlich darauf aus, eine bestimmte Hypothese zu beweisen oder zu widerlegen. Die Diversität theoretischer Kontexte und Frageformen hat die Subjektivität menschlicher Interpretation und Prüfung in die Mitte der explanativen Aufgabe gestellt.

Daher ist es einleuchtend, daß wir *sowohl* die Natur- als auch die Sozialwissenschaften als hermeneutische Disziplinen ansprechen müssen - in dem Sinne, daß bei beiden menschliche Forscher danach suchen, einen gegebenen Bereich von Phänomenen in einer Weise zu *interpretieren*, die ihn verständlich macht. Das wissenschaftliche Unternehmen ist - in dieser wichtigen Hinsicht - eine Suche nach Verstehen. Die Einsicht in diese Tatsache hat in den letzten Jahren zu einer allgemeinen Ablehnung der älteren Dichotomien zwischen Natur- und Geisteswissenschaften geführt. Für Paul Feyerabend beispielsweise gibt es keinen Grund, Natur- und Sozialwissenschaften nicht miteinander gleichzusetzen, da *beide* gänzlich anarchistisch seien. Etwas vorsichtiger hat Mary Hesse geltend gemacht, daß die vermeintlichen Diskrepanzen zwischen beiden Gebieten vom Ausgangspunkt der neueren Wissenschaftstheorie aus nach und nach verschwinden. Sie schließt daraus: »My thesis is that there is not so much a parallelism as a linear continuity between the empirical and the hermeneutic. ... *At each stage of the continuum*, appropriate interpretive conditions enter the process of theorizing - the formal and material regulative principles at all stages from physics onwards, stabilities and instabilities in biology, and finally evaluations incorporated in world views in the sciences of man and in history«[54].

Hesses Arbeit, die starke Anleihen beim Denken von Jürgen Habermas nimmt, demonstriert eindrücklich die Konsequenzen, die die hermeneutische bzw. kontextuelle Wende in den letzten Jahren hervorgebracht hat. Man könnte tatsächlich fragen, ob wir nicht ihrem Vorschlag folgend die Methodologien der Natur- und Sozialwissenschaften - wenn es schon nicht gelingt, sie gleichzusetzen - zumindest als zwei Abschnitte eines einzigen, ungeteilten *Kontinuums* ansehen können.

Doch diese Schlußfolgerung wäre ungerechtfertigt. Die Rede von einem zusammenhängenden Kontinuum vernachlässigt ein besonderes Kennzeichen der Geisteswissenschaften, das auch weiterhin das Studium der menschlichen Sphäre von der (auch hermeneutisch verstandenen) Naturwissenschaft trennt. Denn zusätzlich zum interpretativen Rahmen, der jedem Forscher eigen ist, ist hier auch das Untersuchungs*objekt* selbst immer schon symbolisch strukturiert. Wenn alle Wissenschaft hermeneutisch ist, dann stoßen wir in den Geisteswissenschaften auf das, was Giddens eine »doppelte Hermeneutik« genannt hat. Dem Sozialwissenschaftler begegnet »a pre-interpreted world where the creation and reproduction of meaning-frames is a very condition of that which it seeks to analyze«[55]. Daher muß eine Vielzahl spezieller Interpretationsprobleme gelöst werden,

---

54 M.Hesse: Revolutions and Reconstructions in the Philosophy of Science (Bloomington, 1980), 225 (Hervorhebung von mir).

55 A.Giddens: New Rules of Sociological Method: A Positive Critique of Interpretive Sociologies (London, 1976), 158.

wenn wir einen Zugang zu diesen symbolischen Welten erlangen oder Fortschritte darin erreichen wollen, ihre Genese und Komposition zu erklären. Vor diesem Hintergrund empfehlen sich Methoden, die auf *Verstehen* beruhen, um die explanative Aufgabe in den Sozialwissenschaften erfolgreich in Angriff nehmen zu können. Aber wie hat man sich dieses *Verstehen* vorzustellen, und wie ist es mit der explanativen Aufgabe der sozialwissenschaftlichen Disziplinen verknüpft?

In erster Linie muß betont werden, daß man mit einer solchen Rede vom Verstehen nicht gleich in die offenen Arme von Hermeneutikern wie Gadamer und Ricoeur getrieben wird. Unsere Darstellung der Auseinandersetzung zwischen Formalisten und Kontextualisten in Kapitel 2 hatte schon eine dritte Position angedeutet. Die Alternative zur formalistischen Vernachlässigung der Sinnkonstruktion bildet nicht unbedingt die gänzliche Reduktion der Erklärung in den Sozialwissenschaften auf ein »empathetic understanding« menschlicher »meaning-frames« (Giddens). Auch bei der psychologischen Theorie des *Verstehens*, wie sie von Collingwood oder dem frühen Dilthey vertreten wurde, brauchen wir keine Anleihen zu nehmen. Der Psychologismus macht in den verschiedenen wissenschaftlichen Disziplinen die Introspektion in jemandes psychologische Zustände zum finalen Kriterium der Erkenntnis - zum höchsten Gebieter über alle Wahrheitsansprüche (und ihren Sinn?). Es gibt aber keinen einleuchtenden Grund, weshalb die Verwendung des *Verstehens* automatisch allen anderen epistemischen Erwägungen zuvorkommen sollte.

Trotzdem ist leider in der letzten Zeit die Auffassung, der *Verstehens*begriff sorge für eine Unterordnung (oder sogar Beseitigung) der explanativen Aufgabe in der Sozialwissenschaft, von verschiedenen Denkern vertreten worden - am auffallendsten von Peter Winch[56]. Winchs Position scheint Diltheys frühen Ansatz des *Verstehens* mit Wittgensteins Sprachspiel-Theorie zu verbinden. Er behauptet, daß man beispielsweise eine Stammeskultur nur dann erklären könne, wenn man sie verstanden habe. Das wiederum erfordere, selbst ein Einheimischer zu werden, um den *universe of discourse* und die besonderen Intelligibilitäts-Kriterien zu internalisieren, die in ihm am Werke sind. Im Gegensatz dazu müssen wir uns aber auf die Seite von Alasdair MacIntyre schlagen, der Winch mit Recht vorwirft, die Methodologie der Sozialwissenschaften allzusehr einzuengen[57]. Ohne Zweifel bildet das Verstehen im Sinne des Partizipierens *ein* Ziel der sozialwissenschaftlichen Forschung. Aber man kann die zentrale Rolle des Verstehens auch zugeben, ohne Winchs besondere Konstruktion dieses Prozesses und dessen Vorrang vor der Erklärung dulden zu müssen. Es gibt sicherlich Fälle, besonders bei der Untersuchung von Stammeskulturen, bei denen die untersuchten Personen keine wissenschaftlich-explanative Darstellung ihres Verhaltens verstehen würden - und sei es allein deshalb, weil ihnen der Begriff einer »wissenschaftlichen Darstellung« fremd ist. Wenn es irgendwelche unbewußten Komponenten einer Handlung gibt - wie es z.B. bei den

---

56 Vgl. P.Winch: The Idea of a Social Science and Its Relation to Philosophy (London, 1958); und Ders.: Understanding a Primitive Society; in: B.Wilson (Hg.): Rationality (Oxford, 1979), 78-111.

57 Vgl. A.MacIntyre: The Idea of a Social Science; in: A.Ryan (Hg.): The Philosophy of Social Explanation (Oxford, 1973), 15-32.

Analysen von Marx und Freud der Fall ist -, dann darf der Beteiligte selbst nicht die letzte Instanz darstellen. MacIntyre stellt fest: »Sometimes to understand a concept involves *not* sharing it«[58].

Die Rolle des einfühlenden Verstehens ist also wichtig, aber sicher nicht allumfassend. Der bleibende Beitrag Diltheys in den Geisteswissenschaften liegt *nicht* in seiner Verteidigung des Verstehens als des Wesens der Sozialwissenschaft, sondern sehr viel mehr in seinem Bewußtsein für dessen Rolle als eines heuristischen Prinzips oder einer notwendigen Bedingung für das Vorgehen bei sozialwissenschaftlichen Untersuchungen. Wenn aber das Verstehen diese heuristische Rolle spielen soll, dann darf es nicht auf einen bloßen *Affekt* reduziert werden - auf das Gefühl der Empathie oder Sorge um die, die man untersucht. Wie aber sollen wir dann das Verstehen - als methodologischen Aspekt der Sozialwissenschaften - verstehen?

Ich schlage vor, daß wir mit einem Modell beginnen, das das Verstehen als ein zunächst unmittelbares *Erfassen von Sinnmustern* deutet: Eine soziale Situation wird genau dann verstanden, wenn es möglich ist, (zumindest intuitiv) ein Modell zu formulieren, das diese Situation darstellt und interpretiert. Dieser Vorschlag erlaubt uns, das Verstehen weniger mit dem Affekt der Empathie zu verknüpfen als vielmehr mit dem intuitiven Begreifen eines komplexen Ereignisses oder Sachverhalts. Gemäß dieser Position besteht das Ziel sozialwissenschaftlichen Verstehens darin, Einsicht in die Verknüpfungen eines gegebenen sozialen Kontextes - in die Art und Weise, wie alles zusammenpaßt - zu bekommen. Man sucht die Beziehungen der verschiedenen Akteure in ihrem sozialen Umfeld zu verstehen, die Sinngestalten und -relationen, die sie alle in eine soziale Welt zusammenbinden. Offensichtlich beinhaltet diese Auffassung des Verstehens eine Sinntheorie, die nicht rein subjektiv ist (wie z.B. »Ich weiß nun, wie es ist, ein ›Azande‹ zu sein«[59]), sondern statt dessen die objektiven Beziehungen des Passens bzw. der Kohärenz dem Sinn selbst zuschreibt.

Wie kann man dann diese Art des Verstehens mit sozialwissenschaftlichen Erklärungen verknüpfen? Wir könnten mit einem meiner Auffassung nach offenkundigen Punkt beginnen: Sozialwissenschaftliche Erklärungen brauchen (und dürfen) nicht ihre primär propositionale Form aufgeben, um ihrem Gegenstand angemessen zu sein. Wissenschaftliche Erklärungen sind in Sätzen instantiiert. Das führt zu einer Korrelation: Eine sozialwissenschaftliche Erklärung ist nur dort möglich, wo ein Wechsel in der Weise der Repräsentation stattfindet - vom Gebrauch der Sprache und dem Vollzug von Handlungen zur Formulierung von Behauptungen *über* Sprachgebrauch und Handlungsvollzug. Es legt sich hier nahe, von einem Wechsel der Ebenen zu sprechen, ohne damit irgendein Werturteil hinsichtlich der einzelnen Ebenen zu implizieren: Sozialwissenschaftler *verstehen* menschliches Handeln und zeigen ihr Verständnis, indem sie es auf einer Metaebene

58 A.MacIntyre: Is Understanding Religion Compatible with Believing?; in: B.Wilson (Hg.): Rationality (London, 1979), 62-77; 69 (Hervorhebung von mir).

59 Vgl. dazu E.Evans-Pritchard: Witchcraft, Oracles and Magic among the Azande (Oxford, 1937); P.Winch: Understanding A Primitive Society; in: B.R.Wilson (Hg.): Rationality (Oxford, 1970), 78-111; J.Habermas: Theorie des kommunikativen Handelns, Bd. 1 (Frankfurt, 1981), 89-98.

erklären. Es gibt allerdings einen Grund, warum diese Unterscheidung zwischen Erklärung und Verstehen in den Naturwissenschaften keine so große Rolle spielt. Wir sahen in Kapitel 2, daß die nomologische Erklärung in vielen physikalischen Wissenschaften als ein allgemeines Ideal verteidigt werden kann - zumindest im Zusammenhang üblicher Warum-Fragen und im Kontext eines fest umrissenen theoretischen Projekts. Erklärungen beruhen in diesem Gebiet auf einer Menge allgemeiner Gesetze (einem Explanans), die im Idealfall notwendige und hinreichende Bedingungen für das Eintreten eines Ereignisses (Explanandum) formulieren. In den meisten Fällen wird für das Verstehen des Explanandums nur gefordert, es in theoretischen und observationalen Termini zu beschreiben (wobei zu beachten ist, daß diese Unterscheidung möglicherweise selbst theorie-relativ ist). Im Normalfall erklären wir es dann, indem wir es unter ein allgemeines Gesetz subsumieren (Hempel) oder in ein interpretiertes theoretisches System einfügen (van Fraassen).

Die Sinnbezogenheit des Menschen (Diltheys *Sinnhaftigkeit*) erfordert aber eine deutlichere Betonung des Verstehens in den Geisteswissenschaften. Hier wird eine Aktion oder Situation dadurch verstanden, daß erfaßt (erspürt, gesehen, begriffen) wird, was sie meint oder bedeutet; sie muß in den Prozeß einer individuellen oder gemeinschaftlichen Weltkonstruktion eingegliedert werden. Die Auffassung, daß wir das soziale Explanandum lediglich beschreiben, übersieht den Prozeß, durch den wir es erst als sinnvoll konstruieren. Trotzdem müssen Erklärungen sozialer Ereignisse in theoretischer Terminologie formuliert werden. Daher muß jede angemessene Theorie der Erklärung in den Sozialwissenschaften eine scharfe Unterscheidung zwischen zwei verschiedenen Ebenen beinhalten - zwischen den Handlungen, die wir zu verstehen suchen, und den Erklärungen, die wir über solche Handlungen formulieren.

Man könnte dagegen einwenden, daß die Erklärung in den Sozialwissenschaften keinerlei Ähnlichkeit zu Erklärungen in anderen Disziplinen aufweist; sie könne weder eine Antwort auf eine Warum-Frage darstellen noch überhaupt als propositional aufgefaßt werden. Doch wenn jemand *zu* sehr auf ihre Besonderheit pocht, wird der Gebrauch des Terminus *Erklärung* äquivok, so daß man ihn genauso gut auch aufgeben könnte - wie es Dilthey in seiner ursprünglichen Dichotomie zwischen *Erklärung* und *Verstehen* und seither auch viele andere getan haben. Es mag sein, daß die Erklärung - im Sinne einer Menge von theoretischen Behauptungen, die als Antwort auf eine Warum-Frage intersubjektive Geltung beanspruchen - im menschlichen Bereich unmöglich ist; zumindest kann diese Möglichkeit nicht a priori ausgeschlossen werden. *Wenn* aber noch jemand wünscht, diesen Terminus hier zu verwenden - wie es die meisten Sozialwissenschaftler heute tun -, dann muß er in einer Weise präzisiert werden, die seinem Gebrauch auf anderen Gebieten zumindest analog ist.

Wie können wir nun die durch die Unterscheidung zweier Ebenen schon angedeutete Vermittlung zwischen Verstehen und Erklärung näher bestimmen? Ich werde die These vertreten, daß die Erklärung in den Sozialwissenschaften in folgender Weise aufgefaßt werden sollte: Sie bezeichnet *innerhalb eines primär theoretischen Kontextes (oder Diskurses) eine rationale Rekonstruktion bestimmter menschlicher Handlungen und*

Sinnstrukturen. Nach der Beschreibung (und dem Verstehen) eines zu untersuchenden Phänomens versucht man, ein Netzwerk subjektiver bzw. sozialer Faktoren in der zweitstufigen Terminologie der relevanten Disziplin zu rekonstruieren. Das Ergebnis ist ein theoretischer Zusammenhang, der die Welt des involvierten Subjekts (bzw. der involvierten Subjekte) darstellt - zusammen mit den Verknüpfungen, Überzeugungen und Wertungen, die sie zu einem mehr oder weniger konsistenten bzw. sinnvollen subjektiven Ganzen machen.

Mit der Forderung einer *rationalen* Rekonstruktion lenken wir die Aufmerksamkeit auf die Bedingung, daß es für die Überlegenheit einer Erklärung über andere vorhandene oder denkbare Optionen allgemein zugängliche Gründe geben muß. Anhand solcher Gründe und einer bestimmten Menge von Erklärungskandidaten schließt man auf die wahrscheinlichste Erklärung. Diese Position wird in der analytischen Philosophie die »inference to the best explanation« genannt[60]. Rational meint hier (wie in Kap. 2) intersubjektiv kritisierbar und führt in der Folge dazu, zwei verschiedene Bedingungen zu unterscheiden: (1) Auf der einen Seite steht das explanative Bemühen in den Sozialwissenschaften bestimmten allgemeinen Richtlinien für einen rationalen Diskurs gegenüber. Habermas' Versuch, die verschiedenen Parameter einer idealen Sprechsituation darzulegen, bleibt in dieser Hinsicht sehr hilfreich. (2) Auf der anderen Seite sind aber auch einige formale Bestimmungen der Struktur eines guten Arguments oder einer angemessenen Erklärung für eine spezielle Disziplin bzw. ein Forschungsprogramm vonnöten. Solche Bestimmungen variieren z.B. sehr zwischen Psychologie und Ökonomie - und innerhalb der Psychologie beispielsweise zwischen kognitiver und sozialer Psychologie. Trotzdem können wir einige allgemeine Merkmale festhalten, die den meisten sozialwissenschaftlichen Erklärungen gemeinsam sind.

Wie sollen wir den Begriff *Rekonstruktion* bestimmen? Seine Konnotation des *Wieder*herstellens unterstreicht die Tatsache, daß die Welt individueller Handlungen und Selbstverständnisse nicht einfach ohne Modifikationen in die Arena der Erklärung gestellt werden kann. Trotzdem sind die wirklich aus der Erfahrung stammenden Sinnkomplexe die indispensablen Elemente - die Bausteine - für sozialwissenschaftliche Theorien. Ich habe den Terminus aus den Konzeptionen von Dilthey, Habermas und Lakatos heraus der Beschreibung des explanativen Unternehmens in der Sozialwissenschaft (und später in der Theologie) angepaßt. Dilthey erhob die Rekonstruktion von Lebensausdrücken zum Ziel der Geisteswissenschaften. Dennoch versuchte er, den rekonstruktiven Prozeß (zumindest in seinem Spätwerk) auf ein metaphysisches Prinzip zu gründen - die allen gemeinsame Einheit des Lebens - statt (wie ich es versuche) auf die methodologische Forderung der intersubjektiven Kritisierbarkeit.

Seit seinem Nachwort zu *Erkenntnis und Interesse* von 1973 hat auch Habermas den Begriff der rationalen Rekonstruktion verwendet, um sich etwas vom transzendental-

---

60 Vgl. M.C.Banner: The Justification of Science and the Rationality of Religious Belief (Oxford, 1990); sowie P.Lipton: Inference to the Best Explanation (London, im Erscheinen begriffen).

philosophischen Ansatz Karl-Otto Apels abzugrenzen[61]. Er hat nun das transzendentale Subjekt zugunsten des »generativen Charakter[s] der Regeln [der Sprache]« aufgegeben und sucht nach einer Rekonstruktion der »Tiefenstrukturen« hinter dem tatsächlichen Sprachgebrauch[62]. Diese »rationale Nachkonstruktion von Erzeugungsregeln oder kognitiver Schemata« (ebd.) läßt sich testen: Man kann das Subjekt mit Hilfe sogenannter maieutischer Prozeduren dahin bringen, die Angemessenheit der Rekonstruktion für den eigenen Sprachgebrauch zu bestätigen oder zu bestreiten[63]. Im Gegensatz zu Apels Ansatz gehen Habermas' Rekonstruktionen darauf aus, Prüfung und gerechtfertigte Kritik zuzulassen. In dem Maße jedoch, in dem er seine Rekonstruktionen trotzdem noch immer transzendental interpretiert, besteht der Verdacht, daß er für sie einen Status beansprucht, der für jede mögliche Kritik von Seiten anderer Sozialwissenschaftler unerreichbar bleibt.

Schließlich sind die Parallelen zu Lakatos besonders signifikant. Lakatos verwendet den Terminus *Rekonstruktion*, um zu zeigen, daß der Entwurf von Theorien auf einer Ebene stattfindet, die von der Ebene der untersuchten Phänomene logisch unterschieden ist. Es gibt keinen direkten Zugang zu den Phänomenen, die zu erklären sind, um damit Theorien zu verifizieren. Die explanative Aufgabe beinhaltet also eher eine kreative Setzung oder Konstruktion von Hypothesen als eine direkte Intuition oder Ableitung. Doch der Prozeß ist rational: Sowohl Lakatos als auch Habermas bestehen mit Recht darauf, daß vorgeschlagene Rekonstruktionen prinzipiell kritisierbar sind und bei der Entscheidung zwischen verschiedenen Theorien einige allgemeine Kriterien eine wichtige Rolle spielen. Obwohl beide Denker nur einen begrenzten Gebrauch vom Begriff der rationalen Rekonstruktion machen, meine ich, daß er potentiell sehr viel mehr austrägt - ja sogar, daß er eine hinreichend allgemeine Bestimmung des Erklärungsbegriffs ermöglicht.

In der Darstellung der allgemeinen Probleme, die sich im Zusammenhang sozialwissenschaftlicher Warum-Fragen ergeben haben, haben wir keinen Grund gefunden, auf der nomologischen Bedingung, daß jedes Explanans aus allgemeinen Gesetzen ableitbar sein muß, zu bestehen - trotz der Tatsache, daß sie eine Art regulatives Ideal für die Naturwissenschaften bleibt. Die Sozialwissenschaftler versuchen zwar, die allgemeinsten Schlußfolgerungen zu ziehen, die ihre Daten erlauben - vielleicht deshalb, weil Erklärungen, deren Reichweite auf einen bestimmten Zeitpunkt, Ort oder eine bestimmte Gruppe beschränkt bleiben, weniger interessant oder theoretisch fruchtbar sind. Doch wir haben keine verpflichtenden methodologischen Argumente gefunden, um die Sozialwissenschaft auf einen nomologischen Standard emporheben zu müssen. Dieses Ergebnis bestätigt erneut die These, daß Disziplinen ohne Rücksicht auf ihre verschiedenen Untersuchungsobjekte nicht vollständig analysiert werden können. Da der Begriff der Erklärung bis zu einem gewissen Maß mit der jeweiligen wissenschaftlichen Disziplin variiert,

---

61 J.Habermas hatte allerdings in früheren Essays - wie z.B. Ders.: Was heißt Universalpragmatik?; in: K.-O.Apel (Hg.): Sprachpragmatik und Philosophie (Frankfurt, 1976), 174-272 - einen ähnlichen Ansatz vertreten.

62 J.Habermas: Erkenntnis und Interesse (Frankfurt, 2. Aufl. 1973), 411f.

63 Vgl. das Nachwort zu J.Habermas: Erkenntnis und Interesse (Frankfurt, 2. Aufl. 1973) und Ders., Universalpragmatik 203.

ist die These einer methodologischen Einheit quer durch alle Wissenschaften abzulehnen. Die Suche nach einer einzigen einheitlichen Wissenschaft bleibt also erfolglos: Wir müssen zumindest einige der methodologischen Diskontinuitäten zugestehen, die Habermas und andere antipositivistische Denker hervorgehoben haben. Die wirkliche Praxis der Sozialwissenschaften - d.h. die spezifischen Arten von Erklärungen, die sie anbieten, und die konkreten Bedingungen für ihre Ableitung und Formulierung - greift zurück auf die inhärent sinnhafte Struktur der menschlichen Existenz und Handlung. Im Lichte dieser Tatsache können wir etwas detaillierter die besonderen Formen betrachten, die sozialwissenschaftliche Erklärungen aufweisen müssen. Dabei wird sich herausstellen, daß diese Formen auch für eine Theorie der religiösen Erklärung von besonderer Bedeutung sind.

3.3.1 Erklärung und menschliche Sinnkontexte

Eine Weise der Darstellung, wie Erklärungen menschlichen Sinnkontexten Rechnung tragen können, beinhaltet die Unterscheidung zwischen kausalen und teleologischen Erklärungen. Diese Unterscheidung ist nicht neu; zwei lange und weitgehend getrennte Traditionen in der Wissenschaft - von G.H.von Wright die *galileische* und die *aristotelische* Tradition genannt[64] - stellen ihre beiden Alternativen dar. Die galileische Tradition, die mit dem Fortschritt der kausal-mechanischen Erklärung in der post-newtonschen Wissenschaft und dem Comteschen Positivismus einen starken Einfluß erlangte, zeichnete sich durch ihre Betonung der Einheitlichkeit der Methode, des mathematischen Idealtypus der Wissenschaft und der Wichtigkeit allgemeiner Gesetze in der Erklärung aus (4). In der modernen Wissenschaft blühte die aristotelische Tradition in Disziplinen, die die Begriffe von Funktion, Ziel(gerichtetheit), System bzw. organisches Ganzes (z.B. Kybernetik) verwenden, und ebenso in solchen, in denen Ziele und Intentionen eine bedeutende Rolle spielen. Die aristotelische Tradition erlaubt im Prinzip eine Pluralität explanativer Typen, während sie *de facto* final ausgerichtete Erklärungen bevorzugt; im Gegensatz dazu hat die galileische Erklärung versucht, finale Erklärungen in der Biologie und den Geisteswissenschaften auf kausale Erklärungen zu reduzieren.

Es ist nicht schwer zu sehen, warum Habermas und die Antipositivisten der Reduktion auf kausale Erklärungen gegenüber so kritisch eingestellt waren - sie beinhalten eine radikal verschiedene explanative Struktur. Ein erfolgreiches Forschungsprogramm in der Soziologie, das von Talcott Parsons stammt, hat anhand verschiedener Parameter die menschliche *Handlung* von einem bloßen *Verhalten* unterschieden und dabei ein Kriterium für sozialwissenschaftliche Erklärung angewandt, das auf der intentionalen (und daher semantisch strukturierten) Orientierung des handelnden Subjektes basiert[65]. In die-

---

64 Vgl. G.H.von Wright: Explanation and Understanding (Ithaca, 1971), Kap. 1. Allerdings ist zu beachten, daß die »galileische« Tradition herzlich wenig mit der Position von Galilei selbst zu tun hat.

65 Vgl. T.Parsons: The Structure of Social Action (New York, 2. Aufl. 1961); und Ders.: Social Systems and the Evolution of Action Theory (New York, 1977). Parsons Insistieren auf der Indispensabilität der Intentionalität stammt teilweise aus der Schlüsselrolle, die die Sprache für die Sozio-

sem Forschungsprogramm ist die Einheit einer sich über einen bestimmten Zeitraum hinweg erstreckenden Handlung durch die einzelne subjektive Intention konstituiert, die sie veranlaßt hat; aus diesem Grund sprechen wir normalerweise von dem »Objekt« einer Handlungsintention, d.h. von dem, was der Handelnde zu tun beabsichtigt.

Der sogenannte *praktische Syllogismus*, zuerst von Aristoteles formuliert, trägt dazu bei, die Aufmerksamkeit auf diese intentionale (»um zu«) Struktur der Handlung zu lenken. Von Wright faßt eine lange Diskussion der teleologischen Struktur psychologischer Erklärungen (Kap. 3) mit seiner Formulierung des praktischen Syllogismus zusammen:

> Von jetzt an intendiert *A*, *p* zum Zeitpunkt *t* herbeizuführen.
> Von jetzt an glaubt *A*, daß er, wenn er die Handlung *h* vor dem Zeitpunkt *t'* nicht tut, auch *p* zum Zeitpunkt *t* nicht herbeiführen kann.
>
> ---
>
> Daher beginnt *A*, nicht später als zum Zeitpunkt *t'*, *h* zu tun, es sei denn, er vergißt die Zeit oder ist verhindert (107).

Es ist interessant, die Verknüpfung zwischen Prämissen und Konklusion dieses Syllogismus mit Darstellungen von Erklärungen in den Naturwissenschaften (z.B. Hempel) zu vergleichen. Die Verknüpfung ist in diesem Fall nicht kausal, sondern begrifflich: Eine Überlegung trägt dazu bei, eine Intention zu formen, die ihrerseits zu einer Handlung führt. Diese Handlung wird nicht durch den Rekurs auf gesetzliche Notwendigkeiten erklärt, sondern mit Hilfe von Gründen und motivierenden Faktoren dargestellt.

Kurz gesagt, wir können menschliche Handlungen nicht erklären, es sei denn, unter Rekurs auf menschliche Gründe und daher auf die spezifischen Sinnkontexte, die für die Handlung konstitutiv sind. Teleologische Erklärungen arbeiten anders als ihre kausalen Gegenstücke: »The explanandum of a teleological explanation is an action, that of a causal explanation an intentionalistically noninterpreted item of behavior, that is, some bodily movement or state« (124). Der Sozialwissenschaftler lehnt die nomologischen Verknüpfungen der physikalischen Welt nicht grundsätzlich ab, da menschliche Handlungen allein im Rahmen der gegebenen Natur erklärt werden können. Trotzdem bleiben nomologische Verbindungen sekundär. Der Wissenschaftler, der nach menschlichen Handlungen fragt, beschäftigt sich in erster Linie mit »a set of singular statements which constitute the premises of practical inferences« (142) und mit den Verbindungen zwischen ihnen, die der praktische Syllogismus aufweist. Da die Arten der Verknüpfungen in den beiden Gebieten (dem natürlichen und dem menschlichen) voneinander differieren, muß das auch von den Erklärungen gelten, die diese Gebiete repräsentieren bzw. ihnen einen Sinn geben.

Wie der Linguist die Grundelemente der linguistischen Bedeutung sucht und nutzt, so sollten auch wir versuchen, die grundlegensten bzw. signifikantesten explanativen

---

logie von G.H.Mead und E.Cassirer spielt; vgl. besonders G.H.Mead: Mind, Self and Society from the Standpoint of a Social Behaviorist (Chicago, 1934).

Elemente in der Natur- und Sozialwissenschaft herauszulösen[66]. Für den Naturwissenschaftler besteht das explanative Element im allgemeinen in einem kausalen System von Gesetzen und Gleichförmigkeiten irgendeiner Art - obwohl, wie wir sahen, die zweitstufige (methodologische) Analyse der wissenschaftlichen Rationalität den Bezug auf wechselnde historische und theoretische Kontexte verlangt. Für den Sozialwissenschaftler liegt das grundlegende Element in einer Variante des praktischen Syllogismus - mit der Betonung auf der Angabe von Gründen und der Konstruktion semantischer Kontexte oder Welten. Während der Naturwissenschaftler bei seinem Versuch, geringstufige Gesetze unter umfassendere zu subsumieren, allein das Risiko eines möglichen Verlustes an Bestimmtheit (prädiktive oder deskriptive Angemessenheit) gegenüber geringstufigeren Gesetzen eingeht, ruft dasselbe Verfahren der Generalisierung bei den meisten Sozialwissenschaften eine fundamentale Transformation hervor. Man mag dabei an den Übergang von psychologischen Theorien über den Einzelnen zu Theorien des Gruppenverhaltens denken. Die Übertragung erlaubt zwar zusätzliche statistische Voraussagen (z.B. Kauf- oder Massenverhalten); statistische Gesetze haben dabei aber nicht länger die Form grundsätzlicher praktischer Syllogismen. Wenn man sich Gruppen zuwendet, die groß genug sind, verschwimmen die semantischen und kognitiven Faktoren, die für die Erklärung individueller Handlungen wesentlich sind.

Ein anderer kennzeichnender Aspekt sozialwissenschaftlicher Erklärungen ergibt sich aus der Diskussion der Wertgeladenheit. Obwohl seine Arbeit über Verstehen und Erklärung schon 1904 veröffentlicht worden ist, bietet Max Webers Position noch immer einen attraktiven Mittelweg zwischen den extremen Auffassungen über die Rolle von Werten in der Sozialwissenschaft[67]. Tatsächlich zeigt die Betonung von Sinnstrukturen statt nomologischer Verknüpfungen den Einfluß von Weber. Und die Priorität, die ich dem Einzelnen beim Vorgang der Sinnkonstruktion zugemessen habe, weist auf Webers Weiterentwicklung der *verstehenden Soziologie* Diltheys: »Alle Erkenntnis der Kulturwirklichkeit ist ... stets eine Erkenntnis unter spezifisch *besonderten Gesichtspunkten*«[68]. Als Ergebnis stellt Weber die zentrale Rolle von Werten in den Geisteswissenschaften fest: »Die *Bedeutung* der Gestaltung einer Kulturerscheinung und der *Grund* dieser Bedeutung kann ... aus keinem noch so vollkommenen System von Gesetzesbegriffen entnommen, begründet und verständlich gemacht werden, denn sie setzt die Beziehungen der Kulturerscheinungen auf *Wertideen* voraus. Der Begriff der Kultur ist ein *Wertbegriff*«

66 Offensichtlich handelt es sich im folgenden nur um ideale Elemente allein zum Zweck des Vergleichs. Sie brauchen nicht real zu existieren; bestenfalls repräsentieren sie Tendenzen in beiden Bereichen.

67 Für eine detaillierte Darstellung der vermittelnden Rolle der Soziologie Webers vgl. S.J.Hekman: Weber, the Ideal Type, and Contemporary Social Theory (Notre Dame, 1983). Hekmans These lautet, daß Webers Arbeit dahingehend aktualisiert werden könne, die Grundlage für »a successful post-positivist synthesis« bereitzustellen (149), die die Extreme von Popper u.a. auf der einen und Winch und dem frühen Habermas auf der anderen Seite vermeidet. Auch Habermas verdankt, wenngleich nicht unkritisch, Weber sehr viel; vgl. sein langes Kapitel »Webers Theorie der Rationalisierung« (in: J.Habermas, TKH 225-366).

68 M.Weber: Die »Objektivität« sozialwissenschaftlicher und sozialpolitischer Erkenntnis; in: Ders.: Gesammelte Aufsätze zur Wissenschaftslehre, hg. J.Winckelmann (Tübingen, 3. Aufl. 1968), 146-214; 181.

(175). Diese Bedeutsamkeit meint, daß der Soziologe die relevanten »›subjektive[n]‹ Voraussetzungen« seiner Subjekte in Betracht ziehen muß (182); sie aber können sich Weber zufolge ebenso wie die Interessen des Forschers selbst, von Kultur zu Kultur und Epoche zu Epoche verändern.

Das Ergebnis ist eine methodologische Schlüsselstellung von Wertfragen - eine Wertbezogenheit, die in den Naturwissenschaften keine Parallele hat[69]. Darüber hinaus hat Weber aber auch Recht mit seiner Behauptung, daß diese Wertgeladenheit mit den »objektiven« Methoden der Sozialwissenschaften kompatibel ist[70]. Die Wahl der Forschungs*ziele* ist in der Tat nichtwissenschaftlich: Je nach Interesse kann man entweder danach fragen, wie eine gesellschaftliche Struktur zu erhalten ist (Poppers *social engineering*), oder wie sie (oder ihre Glieder) auf revolutionäre Weise verändert werden kann. Dennoch ist es möglich, *wenn* eine bestimmte Auswahl von Zielen gegeben ist, rational zu entscheiden, welche Mittel zur Erreichung solcher Ziele einzusetzen sind. Es läßt sich prinzipiell festlegen, welche wirtschaftspolitischen Maßnahmen dazu geeignet sind, einen gegebenen Zustand herbeizuführen, oder welche Forschungsmethoden gültige Antworten auf einen gegebenen Fragentypus liefern.

Die tatsächliche Entscheidung zwischen verschiedenen vorgeschlagenen Mitteln ist natürlich eine materiale Frage der soziologischen oder psychologischen Forschung, die in der Wissenschaftstheorie noch sehr umstritten ist. Doch auf dieser allgemeinen Ebene bietet die Unterscheidung zwischen Mittel und Zweck eine gewisse Annäherung positivistischer und antipositivistischer Anliegen[71]. Habermas schrieb beispielsweise *Erkenntnis und Interesse*, um der naturwissenschaftlichen Tendenz entgegenzutreten, menschliche Interessen aus methodologischen Diskussionen auszuschließen; doch widerwillig gestand er die Richtigkeit vieler Analysen der naturwissenschaftlich orientierten Wissenschaftstheoretiker ein, die Fragen der wissenschaftlichen Methodologie betrafen[72]. Es gibt zumindest auf den ersten Blick gute Gründe, um jene Übereinstimmung über die besten Mittel zur Erreichung eines gegebenen Ziels für möglich zu halten. Und das ist hinreichend, um die Rolle allgemeiner methodologischer Diskussionen in den Wissenschaften zu rechtfertigen.

---

69 Auf der anderen Seite sind aber die Naturwissenschaften auch nicht wertneutral. Es ist oft herausgestellt worden, daß ökologische Bezüge zur natürlichen Welt und besonders mögliche ethische Verpflichtungen gegenüber Tieren und anderen Lebensformen Wertfragen implizieren, die auch in die Naturwissenschaften hinüberreichen. Habermas' Diagramm (TKH, 326) und die daran anknüpfende Diskussion werden dieser Tatsache nicht gerecht.

70 Vgl. M.Weber: Der Sinn der »Wertfreiheit« der soziologischen und ökonomischen Wissenschaften; in: Ders.: Gesammelte Aufsätze zur Wissenschaftslehre, hg. J.Winckelmann (Tübingen, 3. Aufl. 1969), 489-540. Die kontextuellen Faktoren der wissenschaftlichen Forschung, die ich in Kap. 2 beschrieben habe, fordern vielleicht eine gewisse Abschwächung von Webers Begriffen der Objektivität und Neutralität, obwohl sie deren eigentlichen Punkt nicht widerlegen.

71 Natürlich bildet die Zweckrationalität nur einen Ausschnitt des Weberschen Begriffs der »praktischen Rationalität«. Obwohl er der Frage ein wenig skeptisch gegenübersteht, ist Weber durchaus bereit, auch von einer Rationalität von Weltperspektiven und Wertbereichen - einer Wertrationalität - zu sprechen. Vgl. M.Weber: Die Wirtschaftsethik der Weltreligionen. Konfuzianismus und Taoismus; in; Ders.: Max Weber Gesamtausgabe, Bd. I/19, hg. H.Schmidt-Glintzer (Tübingen, 1989), 83-127, bes. 117f.

72 Vgl. J.Habermas: Erkenntnis und Interesse (Frankfurt, 1968), z.B. 62-68.

Auf der anderen Seite wurde die Methodenwahl nach Weber auf eine gegebene Menge von Forschungsinteressen oder Werte relativiert. Tatsächlich ist diese Relativierung rationaler Mittel auf gegebene Ziele ein alternativer Weg, um *kontextuelle Erwägungen* in den methodologischen Diskurs einzuführen. Obwohl die Gründe nun andere sind als die, die in Kapitel 2 diskutiert worden waren, so sehen wir auch hier, daß die Erklärung in *dem* Sinne von nichtepistemischen Kontexten und Wertmaßstäben abhängig ist, daß wir Methoden der Prüfung und Bewährung nur im Kontext von Forschungsmaßstäben und Erkenntnisinteressen bestimmen können. Es läßt sich - gegen Popper und Hempel - *a priori* keine invariante Struktur der Erklärung ausmachen. Die formalen Bedingungen der Erklärung spiegeln die Ziele der verschiedenen Disziplinen wider; diese aber sind von der unterschiedlichen Natur ihrer verschiedenen Forschungsobjekte abhängig. Es gibt keinen wissenschaftlichen Weg, zwischen der Wahl der Ziele zu vermitteln, wenngleich ein wissenschaftlicher Weg des Fortschreitens bleibt, wenn einmal ein Konsens über sie erreicht ist.

Wenn wir nun herausgefunden haben, daß ein gegebenes Forschungsziel eine Menge möglicher Methoden aus sich heraussetzt, bedeutet das nicht im wesentlichen eine Reformulierung des Lakatos'schen Begriffs der Forschungsprogramme - in diesem Fall durch *Werte* veranlaßt, die als Wissensinteressen die sozialwissenschaftliche Forschung motivieren? Genau wie Lakatos darin zurückhaltend war, zwischen rivalisierenden Forschungsprogrammen zu entscheiden, bevor genügend Zeit vergangen ist, kann auch der Sozialwissenschaftler wegen der verschiedenen Ziele, die er verfolgt, manchmal nicht in der Lage sein, eine wissenschaftlich rationale Wahl zwischen zwei sozialen Erklärungen oder Prädiktionen zu treffen. Trotzdem mag es möglich sein - und hier kehren wir zu von Wrights Diskussion des praktischen Schlusses zurück -, zu sagen, welches von zwei Handlungsverfahren, die bestrebt sind, ein gegebenes Ziel zu erreichen, das rationalere ist. In ähnlicher Weise können wir oft dort, wo zwei rivalisierende Erklärungen einen gegebenen Sinnkomplex darzustellen streben, mit hinreichenden Informationen ihre relative explanative Adäquanz bestimmen. Wo kein direkter Vergleich möglich ist, kann bei dieser Aufgabe die Kohärenz der widerstreitenden Erklärungen innerhalb ihres relevanten Kontextes eine größere Rolle spielen[73]. Zugegebenermaßen legt die sozialwissenschaftliche Literatur Zeugnis von den Schwierigkeiten ab, alternative Erklärungen von Handlungen selbst im Kontext eines gegebenen Ziels oder eines gemeinsamen Komplexes von Forschungsmaßstäben zu beurteilen. Doch die Prüfung bleibt eine brauchbare Option im Sinne eines methodologischen Ideals und ist zugleich das eigentliche Ziel der gegenwärtigen sozialwissenschaftlichen Forschung.

Allerdings läßt sich nun kritisch fragen, ob der praktische Schluß mit seiner individualistischen Orientierung für Sinnkontexte auf der gesellschaftlichen Ebene wirklich relevant ist. Da ich die Diskussion des Sinnbegriffs mit dem Einzelnen begonnen habe, liegt es an mir, auch die Konstruktion weitergehender Sinneinheiten zu untersuchen.

---

73 Dies war die Generalthese von P.Winch; vgl. Ders.: Understanding a Primitive Society; in: B.Wilson (Hg.): Rationality (Oxford, 1979), z.B. 99, 106-110. Wie ich allerdings schon sagte, teile ich Winchs Tendenz nicht, die Kohärenz mit Hilfe von Wittgensteins Lebensformen zu bestimmen.

Viele Autoren in den Sozialwissenschaften sind der Auffassung, statt dessen mit gesellschaftlichen Strukturen beginnen zu müssen, indem sie behaupten, daß solche Strukturen die letzte Basis des sozialen Denkens sind und ohne Bezugnahme auf den Einzelnen verstanden werden können[74]. Statt meinerseits ihre alternativen Ansätze zu kritisieren, werde ich einen begrifflichen Rahmen skizzieren, der den Übergang vom Einzelnen zu den gesellschaftlichen Sinnstrukturen möglich macht. Dabei folge ich der Arbeit von Alfred Schütz. Dieser Übergang ist für die gegenwärtige Studie aus zwei Gründen von zentraler Bedeutung. Erstens hat unsere Diskussion der Erklärung in den Sozialwissenschaften bis zu diesem Punkt den Primat der individuellen Sinnkonstruktion vorausgesetzt; dieser methodologische Individualismus kann in den Sozialwissenschaften aber nur dann angemessen sein, wenn sich der Schritt zu den öffentlich gemeinsamen Sinnstrukturen überzeugend darstellen läßt. Zweitens beginnen die folgenden Kapitel über die Religion in ähnlicher Weise mit der individuellen Suche nach religiösem Sinn und gehen erst von dort aus zu den gemeinschaftlichen religiösen Traditionen über. Die detaillierte Diskussion von Schütz' Werk an dieser Stelle wird also für die folgende Behandlung des religiösen Sinns vorausgesetzt.

Alfred Schütz' Methodologie für eine Soziologie des Verstehens geht von privaten, individuellen Sinnzusammenhängen zu umfassenderen Kontexten über. Sein Buch *Der sinnhafte Aufbau der sozialen Welt* erhebt den Anspruch, Webers Einsichten mit der Bewußtseinstheorie von Bergson und Husserl zu verknüpfen, um »mit Hilfe der Konstitutionsanalyse das Sinnphänomen exakt zu bestimmen«[75]. Schütz' These lautet, daß keine menschliche Handlung - sei es die eines Einzelnen oder einer Gruppe - ohne Rücksicht auf ihren inhärenten Sinngehalt verstanden oder interpretiert werden kann (z.B. 248). Diese Form einer *verstehenden Soziologie* - die mit Ausnahme ihrer Reduktion des Sinns auf Handlungskontexte noch in der Tradition Diltheys steht - gründet sich auf die Existenz einer zugrunde liegenden, vorwissenschaftlichen Welt, in der Sinn und Verstehen schon eine konstitutive Rolle spielen (7). Alle folgenden soziologischen Analysen auf der Ebene der »Sozialwelt« sind nicht mehr als Explikationen von fundamentalen »Sinnsetzungs- und Sinndeutungsakten« auf der Seite des Einzelnen (5, 9). Wenngleich ich nachher die Einlinigkeit der Schütz'schen Analyse kritisieren werde, gibt seine Beschreibung der Rolle des Subjekts doch einen wertvollen Hinweis, um menschliche Sinnkontexte zu erklären.

Schütz' Methodologie konzentriert sich darauf, wie Sinnkontexte aufgebaut sind. Aus einer phänomenologischen Perspektive heraus lassen sich menschliche Handlungsabläufe alle als präsent, als in einem singulären Sinnkontext verknüpft auffassen. Letztlich sind sie somit Teil einer »Erfahrungswelt«, die außerhalb verschiedener Ordnungen menschlicher Sinnkontexte konstruiert ist (248). Ich verwende den Terminus *semantische*

---

74 Vgl. z.B. S.Lukes: Methodological Individualism Reconsidered; in: A.Ryan (Hg.): The Philosophy of Social Explanation (Oxford, 1973), 119-129. Eine ganze Reihe von Artikeln in Ryans Sammlung widmen sich dieser Frage, ob die Soziologie mit dem Einzelnen oder den sozialen Strukturen beginnen sollte.

75 A.Schütz: Der sinnhafte Aufbau der sozialen Welt. Eine Einleitung in die verstehende Soziologie (Wien, 1932), 10.

Welten, um mich in diesem und den folgenden Kapiteln auf Schütz' Sinnordnungen zu beziehen. Die Krux einer *verstehenden Soziologie* besteht dann in der »Deutung des *subjektiven* (nämlich des durch den oder die Handelnden gemeinten) Sinnes sozialer Verhaltensweisen« (4). Die Analyse muß immer mit der Wahrnehmung des Sinns durch einen Einzelnen beginnen und kann erst später den Bereich intersubjektiv wahrgenommenen Sinns hinzufügen[76].

Mit wesentlichen Anleihen bei Husserl analysiert Schütz die Konstitution sinnvoller Erfahrung für den Einzelnen (43-105). Mit Recht trennt er das Phänomen der Sinnhaftigkeit von grundlegenderen Ebenen der menschlichen Erfahrung. Die Zeit bzw. das *Zeitbewußtsein* beispielsweise ist für den Einzelnen ein grundlegendes Element des Erfahrungsprozesses, das spezifische Erfahrungen als individuell meine zu benennen erlaubt, da sie zu meinem Zeitbewußtsein gehören. Die Kategorie des Sinns gehört auf eine höhere Ebene - auf die Ebene der Reflexion; sie ist das Ergebnis eines Urteils. Im Bezug auf das Beispiel der Zeit beinhaltet Sinn die »Attitude des Ich zu seiner abgelaufenen Dauer« (72). Allgemeiner gesagt, der Sinn entstammt einer Art introspektivem Bewußtsein oder internaler Reflexion: »Die Aussage: ›auf ein Erlebnis werde hingeblickt‹, und die Aussage: ›ein Erlebnis sei sinnvoll‹ [sind] äquivalent« (ebd.).

Die Natur und Notwendigkeiten des Einzelnen als eines handelnden Seienden beeinflussen im folgenden seine Konstitution der Welt. Sein Komplex von Interessen bestimmt beispielsweise, was für ihn fraglos gegeben ist und welche Teile der Welt ihm problematisch erscheinen und weiterer Erklärung bedürfen. Ich halte diese Analyse der Variabilität von Interessen für signifikant bei Beschreibungen sozialer Phänomene und wesentlich für die Phänomenologie religiöser Erklärungen (vgl. Kap. 5). Motive spielen auch eine wichtige Rolle; sie formen eine Art von Struktur, eine geplante Handlung, aus welcher sich der Sinn einer Handlung oder eines Ereignisses allmählich ergibt. Schütz führt überdies zuerst den Begriff des Anderen (des *Du*) in den Kontext individueller Motive ein - als Teil des objektiven Sinnkontextes, den sich das Selbst »geschaffen« hat. Er behauptet, daß ein authentisches Verstehen der Andersheit nach und nach dann gewonnen wird, wenn das Selbst lernt, die Handlungen des Anderen als Teile eines fremden Sinnkontextes zu sehen. Auf dieser Basis wird letztlich eine Theorie der Kommunikation konstruiert, in der es um das durch Zeichen vermittelte Setzen und Verstehen von sinnhaften Inhalten geht.

Nun muß Schütz' einliniges Voranschreiten von der eingeklammerten Welt des Selbst zum Anderen, das an Husserls *Cartesische Meditationen* erinnert, wahrscheinlich zurückgewiesen werden[77]. Die gegenwärtige Soziologie weist überdeutlich auf ein reziprokes Verhältnis: Die meisten personalen und vermutlich primordialen Erfahrungen des

---

76 Ähnelt diese Entwicklung von Ebenen nicht der Abtrennung der unmittelbaren wissenschaftlichen Praxis von der methodologischen Reflexion auf ihre Methoden und Rationalität? Obwohl sich diese Trennung der Ebenen bei Dilthey nicht findet, taucht sie in der übrigen *verstehenden Soziologie* häufig auf.

77 Vgl. Karsten Harries' Kritik an Schütz (Ders.: Rezension von A.Schütz: Die Phänomenologie der sozialen Welt; in: The Journal of Value Inquiry 4/1970, 65-75; bes. 66f.).

Einzelnen tragen schon die Kennzeichen des gesellschaftlichen Einflusses[78]. Selbst wenn wir aber den fundamentalen, primordialen Status ablehnen, der der individuellen Welt von Husserl zugeschrieben wird, so bleibt dennoch die Rolle des Einzelnen als eines Ortes der *Sinnstiftung* unverletzt erhalten. Die Analyse soziologischer Faktoren mag verschiedene Einflüsse auf die individuelle Sinnwahrnehmung ausmachen. Doch die synthetische Aktivität des Einzelnen läßt einen besonderen Sinnkomplex entstehen, ein semantisches Ganzes mit seinen eigenen distinktiven, kohärenten Sinnparametern (Schütz' *Sinntotalität*). Personen formen sich ihre eigenen Bilder vom Anderen auf der Grundlage ihrer verschiedenen Sinnkontexte, wie viele soziale Erwartungen und allgemeine Stereotypen bei dem Prozeß auch beteiligt sein mögen. Wie wir unten sehen werden, ist diese Tatsache für den religiösen Bereich von besonderer Bedeutung.

Wenn die synthetische Aktivität des Subjekts zugestanden wird, besteht der nächste Schritt darin, eine *intersubjektive* Welt zu konstruieren. Im Gegensatz zum Verstehen, das für Schütz in erster Linie mit den individuellen Sinnkontexten verknüpft ist, bezieht sich der Begriff einer semantischen oder sinnhaften Welt zurück auf das andere Ego. Der entscheidende Punkt ist, daß das Selbst in dem Anderen eine selbständige Welt des Sinns erkennt, die auf ein anderes synthetisches oder semantisches Zentrum ausgerichtet ist, so daß es sich auf diesen Handelnden *als Anderen* beziehen muß; es ist nicht so, wie Husserl behauptet, daß der Andere irgendwie durch das transzendentale Ego in seiner reduzierten Erfahrung *konstituiert* wird. Der (methodologische) Ausgangspunkt beim individuellen Subjekt schließt daher gemeinsame Sinnkomplexe nicht aus; die Annahme semantischer Welten führt nicht zwangsläufig zu einem methodologischen Solipsismus.

Schütz betont die abstrahierende Natur des Wissens um die soziale Welt in einer Weise, die an Heidegger erinnert. Seine Methodologie beginnt mit Relationen in der unmittelbaren Umwelt bzw. Lebenswelt, die sich aus »Erlebnissen des Du in seinem aktuellen Jetzt und So« (251) zusammensetzt. Bei dem Versuch, zu sozialwissenschaftlicher Erkenntnis zu gelangen, verläuft der Weg durch eine immer weiter fortschreitende »Anonymisierung« oder »Deindividualisierung« und endet schließlich bei einem abstrakten Zusammenhang, das das Andere nur noch als einen Typus, ein bloßes »Man« wahrnehmen kann. Die Ähnlichkeit zwischen diesem Kontinuum und Diltheys Dichotomie zwischen Erleben und Erklären ist augenfällig: Beide definieren objektive Erkenntnis als den gegensätzlichen Pol zum Verstehen und gestehen letzterem den Primat zu. Daher schreibt Schütz: »Je anonymer der Partner ist, um so weniger kann er erlebt und um so mehr muß er gedacht werden« (251). Die Spannung sollte nicht übersehen werden: Der Übergang zur theoretischen Ebene, der oben verteidigt wurde, beinhaltet in der Tat einen Verlust an erlebter Unittelbarkeit. Rekonstruktionen sind weniger lebendig als ihr jeweiliges Original. Doch daraus folgt nicht, daß sozialwissenschaftliche Erklärungen die Lebenskontexte nicht darstellen können, auf die sie sich beziehen - daß sie nicht in der

78 Peter Bergers Buch *An Invitation to Sociology* (Garden City, 1963) stellt in diesem Punkt ein schon klassisches Manifest der soziologischen Position dar.

Lage sind, die semantischen Welten, die wir untersucht haben, in abstrakteren Termini zu repräsentieren.

Schütz' Werk ist natürlich nicht ohne Mängel. Zu den Problemen, die schon erwähnt wurden, kommen Schwierigkeiten, die sich aus der Gründung einer Sinnlehre allein auf menschliche Handlungskontexte ergeben[79]. Weiterhin geht Schütz in die falsche Richtung, wenn er meint, daß der Schritt von subjektiven zu intersubjektiven Sinnkontexten einen Schritt vom Subjektiven zum Objektiven darstellt. Erklärungen werden auf der intersubjektiven Ebene nicht mit einem Mal objektiv; auch dort sind interpretative Bemühungen gefordert[80]. Trotzdem hat Schütz eine verständnisvolle Darstellung der Sinnkonstruktion vorgelegt, die als ein hilfreicher Ausgangspunkt für die Diskussion von Erklärung und Verstehen in den Sozialwissenschaften und der Religion dienen kann. Die Stärke seiner Darstellung der sozialen Welt liegt in ihrer Konzentration auf die unterschiedlichen Sinnkontexte als Grundlage und der Bausteine allen menschlichen Verstehens. Wenn jemand im Gegensatz dazu die semantische Konstruktion der sozialen Welt ignoriert - beispielsweise in einer rein nomologischen Verhaltenspsychologie oder dann, wenn soziale Kategorien von ihrem Ursprung in der individuellen Erfahrung abgetrennt werden -, dann kann das nur eine unangemessene Erfassung der sozialen Realität zur Folge haben[81]

3.3.2 Erklärung mit Verstehen

Es ist deutlich geworden, daß eine Theorie der Erklärung, die auf die Geisteswissenschaften anwendbar sein soll, nicht vom besonderen Kontext der menschlichen Existenz abgetrennt werden kann, und es daher auch nicht möglich ist, die Erklärung ohne die Fragen nach Verstehen und Sinn zu behandeln. Die Struktur des sozialen Phänomens bedingt es, daß Erklärungen sich auf die semantische und synthetische Funktion des individuellen Selbst ebenso beziehen wie auf das Zusammenspiel zwischen individuellen Welten und gemeinsamen sozialen Welten. Diese Einsicht - durch die hermeneutische Schule des *Verstehens* am intensivsten (wenn auch einseitig) ausgearbeitet - beeinflußt die Auswahl der Methoden in den Sozialwissenschaften und muß daher in die Diskussion der sozialwissenschaftlichen Rationalität aufgenommen werden.

Die Akzeptanz menschlicher Sinnkontexte macht dennoch nicht schon von sich aus die Unterscheidung der Ebenen von Phänomenen und Theorien überflüssig. In jeder Diskussion der Erklärung ist implizit immer noch die Voraussetzung enthalten, daß sich die

---

79 Vgl. die Kritik bei W.Pannenberg: Wissenschaftstheorie und Theologie (Frankfurt, 1973), 82-105.

80 So K.Harries (aaO. 68-74), der in ähnlicher Weise den naiven Gebrauch des Terminus *objektiv* in Webers theoretischer Arbeit kritisiert.

81 Für eine Verteidigung desselben Punktes durch einen Vertreter der Popperschen Tradition vgl. J.W.N.Watkins: Ideal Types and Historical Explanations; in: A.Ryan (Hg.): The Philosophy of Social Explanation (Oxford, 1973), 82-104. Watkins argumentiert mit Recht, daß »we can apprehend an unobservable social system only by reconstructing it theoretically from what is known of individual dispositions, beliefs, and relationships« (104).

Rede von den zu analysierenden Phänomenen auf der ersten Stufe unterscheiden läßt von dem Diskurs auf der zweiten Stufe, der den Vergleich und die kritische Prüfung explanativer Theorien beinhaltet. Vielleicht lassen sich von der Wissenschaftstheorie aus nur minimale allgemeine Behauptungen über den explanativen Diskurs aufstellen. Beispielsweise wäre es - nach unserem Eingeständnis, daß der Kontext die Prüfung einer Theorie beeinflußt - ein Fehler, kontextfreie Objektivität für den theoretischen Diskurs beanspruchen zu wollen. Auch werde ich hier nicht versuchen, eine allgemeine Kriteriologie zur Einschätzung der Angemessenheit spezifisch sozialwissenschaftlicher Theorien zu entwickeln[82]. Trotzdem folgt daraus nicht, daß nun alle Rede von der Angemessenheit von Theorien wegfallen muß. Selbst Richard Bernstein, der weitgehend von Habermas und Gadamer beeinflußt ist, gibt zu, daß Inkommensurabilität den Abstraktionsversuch des zweitstufigen Diskurses nicht aufhebt: »Nevertheless, in the course of the evolution of scientific development, we can come to see the force of the better practices and arguments and why certain historical practices and modes of argumentation are abandoned« (68).

Wenn wir nun die Unterscheidung zwischen erster und zweiter Stufe akzeptieren, ist es möglich, die gegenseitige Abhängigkeit von Verstehen und Erklärung zusammenzufassen. Die Erklärung beinhaltet in theoretischen Termini die Formulierung von Antworten auf Warum-Fragen. Man muß aber diese theoretische Ebene erreichen, ohne den in Frage stehenden Gegenstand zu falsifizieren. Für die Sozialwissenschaften bedeutet das, daß man zunächst das zu erklärende Phänomen verstanden haben muß. Wir sind daher zu dem Ergebnis gekommen, daß *Verstehen eine notwendige Bedingung sozialwissenschaftlicher Erklärung* darstellt. Viele Versuche sind unternommen worden, Verstehen und Erklärung in einen einzigen Begriff zusammenzufügen. Sie tendieren aber entweder dazu, das Verstehen auf ein entbehrliches heuristisches Werkzeug ohne materiale Signifikanz zu reduzieren oder die Erklärung *de facto* durch intuitives Verstehen und Beschreibung zu ersetzen. Die Perspektive, die hier vertreten wird, hat den Vorteil, die Aufmerksamkeit auf die Unterschiede zu lenken, die zwischen der Teilnahme *an* einer sozialen Situation (und ihrem intuitiven Verstehen) und dem Versuch bestehen, explanative Behauptungen *über* diese Situation zu formulieren. Um es mit den Worten von Kekes zu sagen: Die Rationalität von Theorien steht nicht im Widerspruch zu der Rationalität von Personen[83].

Mein Vorschlag hat noch eine andere interessante Folge: Wenn es jemandem nicht gelingt, ein Phänomen in den Geisteswissenschaften zu verstehen, ist es auch nicht möglich, eine korrekte Erklärung zu bekommen (oder zu wissen, daß ein anderer eine hat). Diese Konsequenz macht noch einmal den normativen Status des Begriffs der Erklärung als der rationalen Rekonstruktion eines Sachverhaltes deutlich: Die adäquate Erklärung ist ein Ideal, das nicht immer erreichbar ist. In dem Maße, in dem das Verstehen hinsichtlich

82 Richard Bernstein meint, daß es gerade dieses Bemühen um die Aufstellung allgemeiner Kriterien ist, das in dem, was er den nun herrschenden Konsens der Wissenschaftstheorie nennt, zu kurz gekommen sei; vgl. sein einflußreiches Buch *Beyond Objectivism and Relativism* (Philadelphia, 1985), z.B. 71-79.

83 Vgl. J.Kekes: A Justification of Rationality (Albany, 1976), 115.

einer gegebenen Reihe von Phänomenen erschwert oder unvollständig ist, reduzieren sich unsere Gründe dafür, diese Phänomene angemessen erklärt zu haben. Beispielsweise können die Erklärungen eines Anthropologen, der das beobachtete Verhalten einer von ihm studierten Volksgruppe zu erfassen sucht, weitgehend unvollständig (wenn nicht sogar falsch) sein, wenn er nicht die semantische Welt versteht (in dem Sinne, wie in diesem Kapitel von Verstehen die Rede ist), zu der die Volksgruppe gehört, oder er sich nicht wenigstens auf Erfahrungen mit anderen Gruppen verlassen kann, die er besser verstanden hatte.

Anhand unserer Ergebnisse ließe sich nun beinahe eine apriorische Hierarchie der Erklärbarkeit aufstellen. Wir erwarten, daß die Frage, ob Studienobjekte einer rationalen Erklärung mehr oder wenig zugänglich sind, davon abhängt, ob Schwierigkeiten bekannt oder absehbar sind, sie zu verstehen. Wenn es - wie es scheint - eine solche Hierarchie gibt, dann wird der Sozialwissenschaftler seltener als der Naturwissenschaftler zu idealen Erklärungen kommen; denn ersterer steht einer zusätzlichen Bedingung gegenüber, die auf den Naturwissenschaftler bei der Erklärung der Natur keine Anwendung findet - er muß zunächst seinen Gegenstand verstehen. Naturwissenschaftler haben nur eine einzige hermeneutische Hürde vor sich - ihre eigene Subjektivität; der Sozialwissenschaftler steht statt dessen vor einer doppelten hermeneutischen Herausforderung. Darüber hinaus dürfen wir schon erwarten, daß es weitere, besondere Schwierigkeiten beim Verstehen des religiösen »Gegenstandes« geben wird und das explanative Unternehmen daher auf dem Feld der Religion sehr viel höhere Hürden wird überwinden müssen.

Die Relation zwischen Erklärung und Verstehen kann nun in den Parametern einer allgemeinen Theorie der theoretischen Rationalität formuliert werden, die sich aus unseren Diskussionen der letzten zwei Kapitel ergibt. Mit Popper können wir immer noch sagen, daß »every rational theory ... is rational in so far as it tries to solve certain problems«[84]. Mit Laudan können wir die Wissenschaft im allgemeinen als Suche nach »problem solving effectiveness« interpretieren[85]. Wenn ein Sachverhalt verstanden worden ist, läßt sich in einem theoretischen Kontext eine mögliche Erklärung entwickeln und prüfen. Natürlich können in der Praxis das Verstehen und die erste hypothetische Formulierung der Erklärung gleichzeitig sein; ich habe nur dafür argumentiert, daß sie begrifflich unterscheidbar sind und ersteres eine Verfahrensbedingung für letzteres darstellt.

Ich habe die These aufgestellt - unter Aufnahme des Terminus, der im Kontext der Lakatos'schen Wissenschaftstheorie eingeführt worden war -, daß eine Erklärung eine Form rationaler Rekonstruktion spezifischer menschlichen Verhaltensweisen und Einstellungen ist. Alle Einschränkungen, die Lakatos (wie ich ihn dargestellt habe) hinsichtlich der wissenschaftlichen Rationalität trifft, sind auch hier von Belang: Der rationale Diskurs ist nicht rein objektiv; der Kontext mag großen Einfluß auf den theoretischen Prozeß ausüben; ein gegebenes Forschungsprogramm und seine Erklärungen lassen sich zu jedem gegebenen Zeitpunkt nur teilweise beurteilen; und die Kohärenz eines Forschungspro-

---

84 K.Popper: Conjectures and Refutations: The Growth of Scientific Knowledge (London, 1969), 199.
85 L.Laudan: Progress and Its Problems: Toward a Theory of Scientific Growth (Berkeley, 1977), 5.

grammes oder umfassenden theoretischen Begriffes mag das beste (und wahrscheinlich allgemeinste) Kriterium seiner Prüfung darstellen. Wo aber in den Naturwissenschaften der Einfluß theoretischer Strukturen oder gemeinschaftlicher Voraussetzungen die entscheidende Rolle spielen, da kommt hier der Schritt von der Teilnahme an einer kommunikativen sozialen Interaktion zur relativen Abstraktion des theoretischen Diskurses als zusätzlicher Faktor der Einflußnahme hinzu.

Nach einem kurzen Exkurs wenden wir uns nun in den verbleibenden Kapiteln dem Gebiet der Religion zu. In Kapitel 5 werde ich den Versuch unternehmen, unter Aufnahme des hier entwickelten Rahmens eine rationale Rekonstruktion des Prozesses der religiösen Sinnkonstruktion zu geben. Läßt sich das Ideal der rationalen Erklärung auf diesem Feld überhaupt noch anwenden? Muß die Relation zwischen Erklärung und Verstehen hier anders bestimmt werden? Welche Faktoren der Einflußnahme ergeben sich, die das explanative Unterfangen erschweren? Und gibt es hinsichtlich der religiösen Erfahrung irgendwelche weiteren Bedingungen, die den Verstehensbedingungen in den Sozialwissenschaften gleichkommen?

Kapitel 4

Ein ausgedehnter Exkurs: Philosophische Erklärungen und das Problem der philosophischen Rationalität

Die nächste Aufgabe besteht darin, festzustellen, wie religiöse Überzeugungen und Erfahrungen für den Glaubenden und die religiöse Gemeinschaft als Erklärungen fungieren. Sobald wir damit beginnen, von der Religion aus Vergleiche zu unserer Diskussion der wissenschaftlichen Erklärung in den vorangegangenen Kapiteln zu ziehen, werden wir signifikante Unterschiede, aber auch einige interessante Parallelen entdecken. Ließen wir uns aber unmittelbar auf eine solche vergleichende Studie ein, würden wir einen wichtigen Wandel der Perspektive gegenüber den Wissenschaften übersehen. Wissenschaftliche Theorien lassen sich durchaus als Versuche auffassen, in erster Linie die Welt zu erklären, da die Wissenschaftler sie je nach ihrem (vermeintlichen) explanativen Erfolg annehmen oder ablehnen. Religiöse Überzeugungen erfüllen aber, wie wir in Kapitel 1 gesehen haben, auch andere Funktionen; nur zu oft sind sind sie sehr vage formuliert oder werden von den Gläubigen in einer gänzlich unreflektierten Weise vertreten. Wenn Menschen religiöse Überzeugungen als Erklärungen in Anspruch nehmen, verfahren sie selten nach den höchsten wissenschaftlichen Standards.

Streng genommen können die religiösen Erklärungen eines Einzelnen nicht mit Erklärungen in einer wissenschaftlichen Disziplin gleichgesetzt werden. Doch sie sind auch nicht *sui generis:* Sie beantworten ebenfalls Warum-Fragen, werden in Worten formuliert und fordern Begründungen. Wenn es überhaupt möglich ist, sie mit einer anderen Kategorie von Erklärungen zu vergleichen, so legen es einige ihrer Merkmale - ihre größere Allgemeinheit bzw. Tiefe, ihre nichtempirische Struktur, ihre Betonung der Kohärenz und Sinnhaftigkeit -, nahe, sie mit philosophischen Erklärungen zu vergleichen. Aus diesem Grunde ist es wichtig, daß wir unsere Behandlung der religiösen Erklärungen aufschieben, bis wir - über den Weg über die Religionswissenschaft - die allgemeine Beschaffenheit philosophischer Erklärungen und das ziemlich hartnäckige Problem der philosophischen Rationalität betrachtet haben. Lassen wir es am Anfang gesagt sein (und später nochmals wiederholen), daß Philosophen viele andere Dinge tun, als nur Theorien zu konstruieren und zu erklären: Sie beschreiben Phänomene, ermahnen ihre Leser (man denke an Nietzsches »Lebe gefährlich!«), suchen danach, die Welt nicht nur zu interpretieren, sondern auch zu verändern (Marx) - und drücken gelegentlich einfach ihre Gefühle aus. Ich nehme aber an, daß es doch auch einige philosophische Erklärungen gibt.

Enge Definitionen der Erklärung in der Philosophie geraten unvermeidlich in Konflikt mit der Praxis einiger wichtiger Philosophen oder philosophischen Schulen; um das zu vermeiden ist man versucht, allein mit verschwommenen Verallgemeinerungen zu arbeiten. Es ist interessant, daß Nozick in seinem ausführlichen Buch über philosophische Erklärungen nur ganz allgemein sagen kann, daß sie den Versuch darstellen, »[to] render [philosophical issues] coherent and better understood«[1]. Tatsächlich treffen stärkere Forderungen nicht mehr auf alle ansonsten glaubwürdige philosophische Erklärungen zu: beispielsweise die Forderungen, daß sie benennen müssen, wie etwas im Licht von »apparent excluders« (10) aussieht oder möglich ist; daß sie letztgültige Prinzipien bereitstellen müssen, um zu erklären, warum etwas ist und nicht vielmehr nichts; oder daß sie transzendentale Bedingungen für ein Gebiet der Erfahrung angeben müssen. Wie viele formale Definitionen der philosophischen Erklärung sind weit genug, um Whiteheads 27 »categories of explanation«[2] aufzunehmen, und wie viele bedeutende Philosophen schließen im Gegenzug seine Kategorien aus? Trotz der vielleicht unüberwindlichen Schwierigkeiten, die einem solchen Vorhaben entgegenstehen, möchte ich die zentrale Bedeutung bestimmbarer Problemsituationen, hypothetischer Theorien und einer kontextuellen Sinntheorie für die philosophische Rationalität zeigen.

Es läßt sich zumindest die Forderung aufstellen, daß philosophische Erklärungen - wie andere Erklärungen - darauf ausgehen, bestimmte Fragen kohärent zu benennen und zu beantworten. Ich bin skeptisch, ob man präzise angeben kann, was eine bestimmte Frage philosophisch werden läßt: Ohne eine *petitio principii* zu begehen läßt sich wohl kaum eine Forderung rechtfertigen, die von einer Frage mehr verlangt, als daß sie überhaupt sinnvoll gefragt werden kann[3]! Um mit unseren früheren Aussagen konsistent zu bleiben, könnten wir fordern, daß die Frage eine Warum-Frage sein muß - so lange zugestanden wird, daß die Oberflächenstruktur einer philosophischen Erklärung ihre Verknüpfung mit einer Warum-Frage nicht sofort zu reflektieren braucht. Aber wenn wir zu bestimmen versuchen, welche *differentia specifica* eine Erklärung *philosophisch* macht, ergibt sich ein Paradox: Philosophische Erklärungen sind oft spezifisch philosophisch gerade in ihrem Mangel an Spezifität - in ihrem Überschreiten der Grenzen wissenschaftlicher Disziplinen und empirischer Betrachtungsweisen. Als eine notwendige, wenngleich nicht hinreichende Bedingung würde ich vorschlagen, daß eine Erklärung philosophisch ist, wenn sie nicht auf irgendeine bestimmte Disziplin oder einen Erfahrungsaspekt beschränkt ist. Dieses Kennzeichen der (im Prinzip) unbegrenzten Reflexion, ein Charakteristikum der traditionellen Metaphysik, gibt der Philosophie hin und wieder ihre drittstufige Rolle der Reflexion *über* die Reflexion anderer Disziplinen, die ihrerseits die Welt zum Gegenstand haben[4].

---

1 R.Nozick: Philosophical Explanations (Cambridge, 1981), 8.

2 Vgl. A.N.Whitehead: Process and Reality (New York, 1978), 22-26. Whitehead behauptet, daß »every explanation should be a specific instance of [his] categories of explanation« (20).

3 Bekanntlich hat E.Coreth in seiner *Metaphysik* (Innsbruck, 2. Aufl. 1964) gerade »das Fragen« selbst als den angemessenen Zugang zu seinem System der Metaphysik aufgefaßt.

4 Vgl. W.Pannenberg: Wissenschaftstheorie und Theologie (Frankfurt, 1973), 221: »Philosophische Aussagen haben sich schon seit den Anfängen der Philosophie durch Reflexion auf andere [zweitstufige] Aussagen gerechtfertigt, in denen Erfahrung artikuliert oder ebenfalls schon reflektiert wurde«. Vgl. auch die Vorschläge zur Beurteilung von Rationalitätstheorien in Kap. 2.

Die Liste anderer vermeintlich notwendiger Bedingungen für philosophische Erklärungen ist nahezu endlos; wir können nicht erwarten, solch einen verworrenen Disput in diesem Exkurs zu Ende zu bringen. Beispielsweise hat die Philosophie oft eine ikonoklastische Rolle gespielt, indem sie anerkannte Verstehensweisen der Realität in Zweifel zog. Trotzdem ist es völlig ungenügend, die Philosophie allein auf den Prozeß des skeptischen Hinterfragens zu reduzieren. Im Gegensatz dazu könnten wir argumentieren, daß die Philosophie notwendig die Konstruktion neuer »Weltkarten« beinhaltet, obwohl ich bezweifle, daß die Karten-Metapher in angemessener Weise die notwendig propositionale Struktur des philosophischen Unternehmens erfaßt. Und die Suche nach hinreichenden Bedingungen philosophischer Erklärungen ist sogar noch entmutigender.

Philosophische Erklärungen mögen umfassender oder tiefgehender als wissenschaftliche Erklärungen sein, aber sie sind nicht mystisch (Obwohl sie auch in mystische Gebiete hinüberreichen können). Sie bleiben vernünftige Erklärungen, sogar dort, wo das Denken nichtlinear bzw. dialektisch ist - daher auch mein Insistieren darauf, daß diesen Erklärungen jeweils bestimmte Fragen als Katalysatoren gegenüberstehen. Entgegen dem ersten Anschein ist diese Bedingung keineswegs leer. Mit Popper können wir sie als die Forderung interpretieren, daß der Philosoph jederzeit die Problemsituation spezifizieren können muß, der er sich zuwendet[5]. Nun wird zugestandenermaßen das Lösen von Problemen im allgemeinen nicht so sehr der Philosophie, sondern vielmehr den Wissenschaften als zentrale Aufgabe zugewiesen. Lakatos hob, wie wir sahen, eine gemeinsame Problemsituation als eines der wesentlichen Elemente eines Forschungsprogrammes hervor. Sein Wechsel von Poppers Konzentration auf die Demarkation zwischen der wahren Wissenschaft und der »Metaphysik« zu einem System von progressiven oder degenerativen Problemlösungen trug der herrschenden Rolle des theoretischen Problems in der Wissenschaft explizit Rechnung. Larry Laudan argumentierte dann für die Lösung von Problemen als *dem* bestimmenden Merkmal des wissenschaftlichen Fortschritts und machte eine »highest problem-solving adequacy« zu seinem alleinigen Kriterium[6]. In ähnlicher Weise hat auch die organisierende Funktion des Begriffs der Problemsituation viel für sich, um ihn in der Philosophie zu empfehlen.

Wir können wohl mit Nozick übereinstimmen, daß die erste Motivation der Philosophie oft »puzzlement, curiosity, a desire to understand« ist[7]. Aber nachdem so weit wie möglich nachgefragt worden ist, beginnt der philosophische Impuls erneut zu konstruieren und benutzt dabei die Bausteine, die er unterwegs entdeckt hatte. Dieses Element einer *organisierten Rekonstruktion* halte ich in einer angemessenen Darstellung der philosophischen Erklärung für unaufgebbar. Nur in Ausnahmefällen stammt die philosophische Erklärung vielleicht aus einer völligen Orientierungslosigkeit der Form: »Ich kenne mich nicht aus«[8]. Sehr viel häufiger bleiben aber, um Wittgensteins Bild aufzunehmen,

5 Für eine ähnliche Forderung vgl. J.Kekes: A Justification of Rationality (Albany, 1976), 118-132; dessen Werk Poppers Signatur trägt und meine Darstellung hier beeinflußt hat.

6 L.Laudan: Progress and Its Problems: Toward a Theory of Scientific Growth (Berkeley, 1977), 109.

7 R.Nozick, Philosophical Explanations 13.

8 L.Wittgenstein: Philosophische Untersuchungen (Oxford, 1953), § 123.

eine Anzahl von Wahrzeichen stehen (Von einem bestimmten Gebäude aus weiß ich dann den Weg) - zusammen mit tief verwurzelten Denkmustern (regulativen Vernunftprinzipien der Art: »Suche beleuchtete Stadtviertel!«). Selbst wenn alles zu bersten scheint und eine Anarchie droht - und philosophische Revolutionen reichen zugestandenermaßen tiefer und sind möglicherweise verheerender als wissenschaftliche -, kann die philosophische Reflexion immer noch die Aufgabe erfüllen, unsere restlichen Intuitionen in einer rationalen Weise zu organisieren.

Unsere früheren Diskussionen der Bedeutsamkeit von Kontext- und Kohärenzüberlegungen stehen in einem engen Zusammenhang mit dem hier vertretenen Problemlösungsansatz, *wenn* er mit dem Sinnbegriff zusammengenommen wird, der sich in Kapitel 3 ergeben hatte. Ein Satz ist - wie wir gesehen haben - sinnvoll nur im Kontext eines ganzen Paragraphen oder Buches, eine Handlung nur im Kontext eines gegebenen sozialen Umfeldes, eine Proposition nur vor dem Hintergrund anderer akzeptierter Propositionen. Es ist sinnlos, von einer Theorie der Erklärung zu sprechen, wenn sich nicht bestimmen läßt, was die Theorie darstellt oder die Erklärung erklärt - d.h. um welche Probleme es überhaupt geht. Dies ist besonders in der Fundamentalphilosophie (als Gegensatz zu den verschiedenen »Philosophien *von*«) der Fall, wo es keinen begrenzten, deutlich bestimmten Erfahrungsbereich gibt, der einen Orientierungspunkt liefert. Gleichsam als Ersatz für die physikalisch definierten Probleme finden sich in der Geschichte der Philosophie eine Vielzahl traditioneller Problemkomplexe oder »Denkaufgaben«: das Problem des Seins, der Transzendenz, des Guten, der Freiheit, des Selbst und des Anderen. Jede gegebene philosophische Position verdankt sich einem begrifflichen Problem - und ist daher allein in diesem Kontext sinnvoll; damit zeigt sie deutliche Verknüpfungen mit anderen langjährigen Problemen der Tradition. Rationale Diskussion in der Philosophie ist also unmöglich, wenn man von der relevanten Problemsituation und -geschichte keine Kenntnis nimmt. Wenn philosophische Disputanten den jeweils anderen Vorschlägen einen Sinn abgewinnen wollen statt wie verrückt aneinander vorbeizureden, dann müssen sie zumindest zu einem Konsens über die Fragen kommen, um die es geht.

Aus ähnlichen Gründen meine ich auch, daß philosophische Erklärungen als Hypothesen verstanden werden sollten. Natürlich sollte dieser Terminus nicht als äquivalent zu dem geläufigen Begriff der Hypothese in den Naturwissenschaften aufgefaßt werden: Philosophische Hypothesen sind nicht notwendigerweise objektiv, empirisch oder nomologisch. Auch die Sozialwissenschaften stellen für sich allein noch keinen angemessenen Rahmen bereit. Auf der anderen Seite wird der Terminus *Hypothese* aber auch nicht gänzlich äquivok verwendet. Mit dem Vorschlag eines idealisierten Modells philosophischer Rationalität als der Konstruktion hypothetischer Erklärungen für spezifische Problemkomplexe will ich in erster Linie hervorheben, daß sie als Antworten auf beschriebene Fragen gemeint sind und ihr Status als Erklärungen zentral ist. Nozick argumentiert ähnlich: »The (possible) explanation ... is put forward tentatively, subject to withdrawal in the face of difficulties or alternative, better explanations, perhaps using deeper principles that also would explain other things« (11).

Natürlich bedeutet das nicht, daß die Philosophie *nur* aus solchen Erklärungen besteht: Es bleibt, wie ich schon erwähnt habe, genug Raum für intuitive bzw. *common sense* - Aussagen wie auch für den Versuch einer reinen Analyse und Klärung durch Beschreibung und Deskription. Zumindest teilweise zielt die philosophische Reflexion aber auch auf Erklärung. Wenn die Epistemologie - die mit einem Auge auf die Wissenschaftstheorie blickt - überhaupt etwas zur Fundamentalphilosophie beiträgt, dann ist es die Forderung, philosophische Entwürfe eher als kritisierbare Hypothesen denn als letztgültige Lösungen aufzufassen. Dieses Anliegen spricht mehr als die Schwäche der deduktiven Methode selbst entscheidend gegen das axiomatische Verfahren der hochscholastischen Metaphysik und rationalistischen Philosophie des 18. Jahrhunderts. Es ist also, um es nochmals zu betonen, das Anliegen der Kritisierbarkeit, nicht ein Fehler in der Idee notwendiger Bedingungen, das uns den Status transzendentaler Argumente als eher hypothetisch denn endgültig auffassen läßt[9].

Eine Anzahl von Philosophen waren versucht, explizitere Verbindungen zwischen Diskussionen der wissenschaftlichen Methodologie - beispielsweise denen der Kapitel 2 und 3 - und der philosophischen Rationalität zu knüpfen. So ist vorgeschlagen worden, daß philosophische Behauptungen nach den relevanten Gesetzen suchen und Aspekte beinhalten sollten, die empirisch geprüft werden können. Unter Voraussetzung einer - wie man es nennen könnte - Reichenbachschen Wende behaupten diese Denker, daß für den Vollzug der Philosophie komplette Leitlinien und Standards ohne weiteres aus der wissenschaftlichen Praxis übernommen werden können[10]. Solche Forderungen gehören zu dem Projekt einer *Metaphilosophie* - der Suche nach normativen Strukturen und Bedingungen zum Vollzug der Philosophie. Dennoch übersehen sie oft die Tatsache, daß »a metaphilosophy will be part of a total philosophical view rather than a separate neutral theory above the battle«[11]. Wie läßt sich ohne Zirkularität die wichtige Funktion der Kritisierbarkeit verteidigen, oder die zentrale Bedeutung der Suche nach empirischen Aspekten, oder selbst noch das Gesetz der Widerspruchsfreiheit - gegenüber Widersachern, die gänzlich verschiedene Bedingungen geltend machen, an erster Stelle z.B. Schönheit oder revolutionäre Relevanz[12]? Angesichts einer solchen Pluralität philosophischer Optionen ist man gut damit beraten, Themen und Modelle aus der Wissenschafts-

---

9 Vgl. M.S.Gram: Transcendental Arguments; in: Nous 5/1971, 15-26; Ders.: Categories and Transcendental Arguments; in: Man and World 6/1973, 252-269; S.Körner u.a.: Zur Zukunft der Transzendentalphilosophie (Göttingen, 1978); und P.Bieri u.a.: Transcendental Arguments and the Philosophy of Science (Dordrecht, 1979).

10 Vgl. die beispielhaften Argumente von H.Reichenbach: The Rise of Scientific Philosophy (Berkeley, 1951).

11 R.Nozick, Philosophical Explanations 19.

12 Es gibt natürlich mögliche Strategien. Oft wird gegen den Skeptiker ein *tu quoque* - Argument gebraucht: Im Vollzug des Argumentierens mache er im allgemeinen Gebrauch von den Standards, deren Normativität er zu bestreiten versucht. Die Metaebene der *Praxis* kann ebenfalls einige Probleme beseitigen, die sich innerhalb der Philosophie diskursiv nicht lösen lassen; vgl. N.Rescher: Methodological Pragmatism: A Systems-Theoretic Approach to the Theory of Knowledge (New York, 1977) und Ders.: The Primacy of Practice: Essays Towards a Pragmatically Kantian Theory of Empirical Knowledge (Oxford, 1973).

theorie je für sich (und mit einer angemessenen Überarbeitung) zu übernehmen statt sie pauschal in die Philosophie einzuführen.

Das Problem, das wir hier betrachten, ist in einem gewissen Sinn das genaue Gegenteil des methodologischen Problems, dem wir in den früheren Kapiteln begegnet waren. Dort stand der Methodologe in der Gefahr, seiner Disziplin eine normative Struktur aufzuzwingen, die ihr *extern* (und daher möglicherweise irrelevant) ist. Hier sind wir gerade nicht in der Lage, eine externe Erklärung abzugeben: Alles, was über die Philosophie gesagt wird, ist selbst schon Philosophie. Selbst die Aussage, das Ziel der Philosophie sei die Suche nach der Wahrheit, impliziert einen Wert, den nicht alle fraglos akzeptieren würden; wenn wir dann noch fragen, wie wir die Wahrheit zu verstehen haben, nach der wir suchen sollen, wird eine Übereinstimmung nahezu unmöglich. An diesem Punkt stoßen wir erneut auf die Schwierigkeit, auf die wir oben schon angespielt haben: Die Philosophie unterscheidet sich dadurch von anderen Disziplinen, daß sie die Reflexion auf ihre eigene Definition, ihren Inhalt und ihre Bedingungen als Teil ihrer eigenen Aufgabe selbst schon einschließt. Wenn sich ein pankritischer (d.h. selbsttragender) Begriff der Rationalität nicht vertreten läßt, steht die Philosophie dem Trilemma eines infiniten Regresses, einer zirkulären Argumentation oder einem willkürlichen Abbruch des Untersuchungsverfahrens gegenüber[13].

Auf der anderen Seite brauchen wir auch bei den genannten Schwierigkeiten auf die Diskussion allgemeiner Kennzeichen der Rationalität nicht gänzlich zu verzichten. Die Zweckrationalität, wenn sie auch nicht das einzige mögliche Modell der Rationalität ist, charakterisiert viele kognitive, evaluative und praktische (handlungsorientierte) Kontexte. Darüber hinaus scheinen Angabe von Gründen und Modifikation der eigenen Position im Lichte besserer Argumente unverzichtbare Elemente *jedes* rationalen und theoretischen Diskurses zu sein. Was bessere Gründe liefert, mag sich vielleicht nur in den jeweiligen Kontexten und Themen bestimmen lassen. Dieser Relativismus läutet aber nicht sogleich die Totenglocke für die Rationalität der Philosophie. Selbst unter Voraussetzung einer solchen Kontextualisierung scheint der Schritt von bestimmten Gründen jeweils Einzelner - die unter dem Einfluß verschiedener idiosynkratischer Faktoren stehen - hin zu Gründen, die von einem idealen Subjekt in einer »idealen Sprechsituation« (wie sie oben im Zusammenhang mit Habermas beschrieben wurde) angeboten würden, immer noch die philosophische Rationalität in allen ihren Varianten zu charakterisieren. Diese Tendenz dahin, begrenzte Faktoren auszuschließen und zu immer umfassenderen Kontexten zu kommen, in denen tiefergehende bzw. weiterreichendere Erklärungen vertreten werden, läßt nun Kohärenzüberlegungen in das eigentliche Zentrum der Rationalitätsdiskussion rücken.

Der Begriff der Kohärenz ist notorisch schwierig zu bestimmen und ruft nach einer sehr viel ausführlicheren Darstellung, als ich sie hier geben kann. Margenau z.B. versuchte die Kohärenz in der Weise zu umschreiben, daß er sie als »multiple connections« zwischen Begriffen bezeichnete - sowohl innerhalb einer bestimmten Theorie als auch

---

13 So H.Albert: Traktat über kritische Vernunft (Tübingen, 5. Aufl. 1991), 13-18.

zwischen verschiedenen für gültig gehaltenen Theorien. Die Philosophen des deutschen Idealismus explizierten die Kohärenz mit dem Begriff des Systems, wenngleich ihre Begriffe des Systems genauso unterschiedlich waren wie ihre philosophischen Systeme selbst. F.H.Bradley machte häufigen Gebrauch von der Kohärenz als der systematischen Verknüpftheit und gegenseitigen Abhängigkeit aller Aspekte der Realität - ein Thema, das später für die wichtige Arbeit von Brand Blanshard zentral wurde[14]. Vor nicht langer Zeit schließlich hat Nicholas Rescher eine teilweise formalisierte Darstellung des Kohärenzbegriffs mit Hilfe von »maximally consistent subsets« von Daten vorgelegt. Doch selbst seine »coherence machinery« erweist sich als »a complex composite of multiple subcriteria« - einschließlich solcher diverser Faktoren wie Komprehensivität, »Systematizität« und Einfachheit[15].

Der Rekurs auf die Kohärenz als eines philosophischen Kriteriums impliziert zumindest, daß Behauptungen in einem Kontext aufgestellt werden - d.h. im Rahmen einer umfassenderen Menge von Behauptungen. Die Kohärenz der Menge bezieht sich dann auf »the internal coherence and mutual support its various stages lend to one another«. Es läßt sich also von einer begrifflichen gegenseitigen Abhängigkeit oder einer »ultimate goodness of fit« sprechen[16]. Meine These lautet, daß solche Erwägungen sowohl für die Bedeutung als auch für die Wahrheit philosophischer Erklärungen (und damit vielleicht ebenfalls für religiöse Erklärungen) zentral sind. Diese Position ist es wert, in einem eigenen Buch dargestellt zu werden (das ich bald vorzulegen hoffe); da sie jedoch in den folgenden Kapiteln eine Rolle spielt, mag sie an dieser Stelle zumindest in Umrissen skizziert werden.

Analytische Philosophen haben zwischen mindestens zwei Typen der unterschieden: der referentiellen und der kontextuellen Bedeutung[17]. Für die Konzeption der referentiellen Bedeutung steht dabei Freges Unterscheidung zwischen *Sinn* und *Bedeutung* im Hintergrund[18]. Extremere Versionen dieser Position leiten die Bedeutung eines Wortes in erster Linie oder sogar ausschließlich von dem Gegenstand ab, den es in der Welt bezeichnet. Die exklusive Betonung der referentiellen Seite der Bedeutung unterstreichen beispielsweise solche Schulen wie der Logische Positivismus, die sich allein auf die Korrespondenz mit den Sachverhalten als Definition oder Kriterium der Wahrheit gründen.

---

14 Vgl. F.H.Bradley: Essays on Truth and Reality (Oxford, 1914); und B.Blanshard: The Nature of Thought, 2 Bde. (London, 2. Aufl. 1969). Blanshard gab 1985 in einem persönlichen Gespräch zu, daß er das Problem einer präziseren Definition des Begriffes der Kohärenz für unlösbar halte.

15 N.Rescher: The Primacy of Practice (Oxford, 1973), 1. Die bisher umfassendste Darstellung seiner Kohärenztheorie findet sich in Ders.: The Coherence Theory of Truth (Oxford, 1973).

16 Vgl. jeweils N.Rescher: Methodological Pragmatism (New York, 1977), 121; und H.Putnam: Reason, Truth and History (Cambridge, 1981), 64.

17 Vgl. z.B. S.Ullman: Semantics: An Introduction to the Science of Meanings (Oxford, 2. Aufl. 1970), wo er zwischen »analytischer« und »operationaler« Bedeutung unterscheidet. Daß ich mich auf diese beiden Bestimmungen konzentriere, bedeutet keineswegs, daß sich nicht auch andere Bedeutungen der Bedeutung beschreiben lassen: C.K.Ogden und I.A.Richards waren in ihrem Buch *The Meaning of Meaning* (New York, 8. Aufl. 1945) in der Lage, 16 verschiedene Definitionen des Begriffs der Bedeutung aufzulisten.

18 Vgl. G.Frege: Über Sinn und Bedeutung; in: Zeitschrift für Philosophie und philosophische Kritik NF 100/1892, 25-50; wieder abgedruckt in G.Patzig (Hg.): Funktion, Begriff, Bedeutung (Göttingen, 2. Aufl. 1962), 38-63.

Ich glaube nicht, daß eine solche scharfe Unterscheidung zwischen referentiellen und kontextuellen Momenten der Bedeutung haltbar ist. Interessanterweise läßt sich gerade Frege hier als Zeuge anführen. Es ist allgemein bekannt, daß Freges Begriff des *Sinns* den Rekurs auf den Kontext des ganzen Satzes verlangt. In den frühen *Grundlagen der Arithmetik* aber ist auch sein Begriff der *Bedeutung* mit jenem Kontext eng verknüpft. »Nach der Bedeutung der Wörter muß im Zusammenhang, nicht in ihrer Vereinzelung, gefragt werden«, schreibt er; und später: »Es genügt, wenn der Satz als Ganzes einen Sinn hat; dadurch erhalten auch seine Teile ihren Inhalt«[19]. Nygren entwickelt das Kontextargument weiter: »Es ist nicht nur so, daß der Sinn der einzelnen Aussage von dem unmittelbaren Zusammenhang, in dem sie steht, abhängt, sondern auch dieser Zusammenhang selbst erhält seinen Sinn von dem Gesamtzusammenhang, in welchem er ein Glied bildet«[20]. Letztlich läßt sich keine künstliche Unterscheidung zwischen der referentiellen Bedeutung eines einzelnen Terminus und der kontextuellen Bedeutung - dem Sinn - größerer sprachlicher Einheiten aufrecht erhalten. Der Kontext verdirbt sogar Korrespondenzansprüche.

Dieses Ergebnis hat eine interessante Folge: Kein umgrenzter semantischer Kontext läßt sich willkürlich von den umfassenderen Kontexten isolieren, von denen er ein Teil ist. Stellen wir daher auch *diese* Behauptung in einen größeren Kontext: Ihre schon etwas weiter zurückliegende Quelle ist die theologische Hermeneutik Friedrich Schleiermachers. Zusätzlich zu seiner Vorwegnahme der Fregeschen Unterscheidung zwischen *Sinn* und *Bedeutung* präsentiert Schleiermacher eine komplizierte Kontexttheorie, die sich auf die folgende These konzentriert: »Der *Sinn* eines jeden Wortes an einer gegebenen Stelle muß bestimmt werden nach seinem *Zusammensein* mit denen, die es umgeben«[21]. Im Verlauf der Explikation dieser kontextorientierten Hermeneutik entdeckt Schleiermacher eine gewisse immanente Tendenz in Richtung auf immer umfassendere Kontexte, so daß letztlich »das Einzelne nur aus dem Ganzen verstanden werden« kann (97).

Bei Wilhelm Dilthey waren wir im wesentlichen auf dasselbe Ergebnis gestoßen. In der Ausarbeitung seiner kontextuellen Sinntheorie verteidigte Dilthey die immanente Bewegung durch Wort und Satz in Richtung auf das Ganze der Geschichte. In der Tat würde es willkürlich erscheinen, sich bis auf eine Ebene *n* kontextuellen Erwägungen zuzuwenden und dann mit einem Mal abzustreiten, daß der Sinn von *n* auch wieder auf einem nochmals umfassenderen Kontext beruhen muß. Daher impliziert die These eines irreduziblen kontextuellen Elements im Begriff des Sinns das Zugeständnis, daß jeder Haltepunkt vorläufig und in noch umfassendere Kontexte aufgehoben werden kann.

Läßt sich ein ähnliches Phänomen aufdecken, wenn wir uns der Wahrheitstheorie zuwenden? Hier lassen sich tatsächlich analoge Argumente entwickeln, obwohl ich doch nicht glaube, daß sie den gleichen Zwang ausüben wie in der Sinntheorie. Zunächst hat man sich von den gewichtigen Problemen zu überzeugen, die einer Korrespondenztheorie

---

19 G.Frege: Grundlagen der Arithmetik (Breslau, 1884), X, 71.

20 A.Nygren: Sinn und Methode (Göttingen, 1979), 263.

21 F.D.E.Schleiermacher: Hermeneutik und Kritik, hg. M.Frank (Frankfurt, 1977), 116 (Hervorhebungen von mir).

der Wahrheit gegenüberstehen. Dabei werden oftmals folgende Schwierigkeiten angeführt: (1) die Unklarheit, was eine Korrespondenz zwischen den Worten und der Welt wohl meinen könnte; (2) die Unvorstellbarkeit, einen Ort zu finden, von dem aus die Frage angegangen werden müßte (Von welcher Sprache aus? Vom Standpunkt der »Realität selbst« aus?); und schließlich (3) die Unmöglichkeit sogar einer brauchbaren Definition der Korrespondenz, um uns überhaupt zu der Erkenntnis zu führen, *welche* Behauptungen wahr sind.

Nachdem man nun der Korrespondenztheorie gegenüber mißtrauisch geworden ist, besteht der zweite Schritt darin, zu zeigen, daß eine Kohärenztheorie all das, was der Begriff der Korrespondenz leistet, ebenfalls leisten kann[22]. Die Korrespondenzthese wird sehr schön unserer Intention gerecht, daß ein wahrer Satz in Worten darstellen sollte, wie sich die Dinge tatsächlich verhalten. Könnte eine Kohärenztheorie dem Korrespondenzgedanken plausibel (kohärent) einen angemessenen Platz zuweisen? Ich habe schon früher angedeutet, daß es gute Gründe gibt, diese Frage zu bejahen. Ich hatte die Kohärenz als ein umfassendes Metakriterium entwickelt, das andere Kriterien als Spezifikationen (Spezialfälle) enthält. Im besonderen läßt sich die Korrespondenz als Ausdruck der Kohärenz von Sätzen mit Tatsachen reformulieren - beispielsweise mit Beobachtungsaussagen, die die Welt (und unsere Prädiktionen über sie) im Rahmen unseres theoretischen Diskurses repräsentieren. Man denke an die Strategie Tarskis, die Welt in einer *Objekt*-sprache darzustellen und diese Aussagen *über* die Welt mit Anführungszeichen in einer *Meta*-sprache zu wiederzugeben: »Schnee ist weiß« (S_M) ist wahr dann und nur dann, wenn Schnee weiß ist (S_O). Es ergibt sich dann, daß wir eine Theorie nach Maßgabe der Kohärenz ihrer Behauptungen (Prädiktionen) mit jeweils den Daten beurteilen können, die von (dem relevanten Teil) der wissenschaftlichen Gemeinschaft anerkannt werden. In ähnlicher Weise spezifiziert das Konsenskriterium die notwendige Bedingung einer finalen Kohärenz wissenschaftlicher Auffassungen; und so kann auch mit pragmatischen, Konsistenz- und Komprehensivitätskriterien verfahren werden.

Dieser Vorgang, die verschiedenen Wahrheitskriterien in der Begrifflichkeit des Kohärenzgedankens zu reformulieren, erweist sich im Fall der philosophischen Erklärungen als besonders hilfreich. Hier, wo die empirische Referenz von Ausdrücken weniger klar (man denke an Begriffe wie Substanz oder Gerechtigkeit) und die empirische Überprüfung nahezu unmöglich ist, läßt sich leichter als sonst auf die Kohärenz als die letzte Berufungsinstanz zurückgehen. Wenn ich die Erklärung anbiete, »die Sache verhält sich so und so« (S_M), dann meine ich, daß sich die Sache eben so uns so verhält (S_O). Aber wie kann ich die implizite Korrespondenzrelation zwischen S_O und S_M erklären? Entsprechend der Reformulierung, die ich vorschlage, kann eine Korrespondenzbehauptung nur so verstanden werden, daß die jeweilige philosophische Erklärung konsistent, umfassend, in pragmatischer Hinsicht nützlich, zusammenstimmend mit weithin (universal?) akzeptierten Überzeugungen, Intuitionen und Praktiken ist - kurz, daß sie kohärent im

---

22 In diesem Punkt bin ich von den Konzeptionen einiger deutscher Autoren, insbesondere L.B.Puntel und W.Pannenberg, beeinflußt worden.

weitesten Sinne des Wortes ist. Der Wunsch, darüber hinaus auch noch genau zu bestimmen, wie sie mit der Welt korrespondiert, sagt nicht mehr, sondern offensichtlich sogar viel weniger als die Kohärenztheorie der Wahrheit.

Diese kohärentiale Reformulierung der traditionellen Korrespondenztheorie vermeidet - wie ich meine - die Schwierigkeiten in der Aufklärung der vermeintlichen Beziehung zwischen Wort und Welt ebenso wie die Schwierigkeit, eine Korrespondenzdefinition der Wahrheit mit Nichtkorrespondenzkriterien der Wahrheit zu verbinden[23]. Die umfassendere Aufgabe würde nun darin bestehen, detailliert zu zeigen, wie sich die anderen wichtigen Kriterien mit dem Kohärenzbegriff zu einer systematischen Theorie der Wahrheit zusammenfügen lassen. Wenn diese Aufgabe befriedigend gelöst werden kann, haben wir eine umfassende Struktur, um die Begriffe von Wahrheit und Sinn ebenfalls unter Rekurs auf die Kohärenz miteinander zu verknüpfen. Die Attraktivität dieses Begriffs einer Kohärenz bzw. eines Kontextprinzips der Rationalität liegt in seiner Fähigkeit, so divergente Fragen wie die nach dem Sinn, dem Verstehen, der Erklärung, der epistemischen Rechtfertigung und der Wahrheit (zumindest auf einer Ebene) zu vereinheitlichen.

Eine solche Vereinheitlichung ist bedeutsam angesichts einer Frage, die sich an jede kontextualistische Theorie der Erklärung, wie sie auf diesen Seiten entwickelt worden ist, stellen läßt: »Wir haben nun eine - hypothetische - kohärente Erklärung, die eine Warum-Frage beantwortet. Warum sollte man aber meinen, daß sie aus diesem Grunde auch wahr ist?« Diese Frage *kann* einen Philosophen beschäftigen, der meint, seine Annäherungen an philosophische Strenge und Konsistenz seien mehr als bloße Unterhaltung. Sie *muß* einen religiösen Menschen beschäftigen, für den der Glaube und die Formulierung religiöser Erklärungen nicht nur eine wissenschaftliche Aufgabe darstellen. Wenn der Begriff der Kohärenz sich hinreichend klar genug ausarbeiten ließe, und wenn sich die Kohärenztheorie als eine philosophisch mögliche Auffassung erweisen würde, dann wären wir berechtigt, explanativen Erfolg in gewisser Weise als wahrheitsindikativ anzusehen.

Ich sollte diese Überlegung beschließen mit einem Vorbehalt gegenüber dem Kriterium der Komprehensivität. Obwohl das Erreichen des umfassendsten Kontextes ein ideales Desideratum darstellt, glaube ich nicht, daß man Sätze als *falsch* ansehen darf, die ohne Rekurs auf den weitestmöglichen Kontext formuliert werden. Die Tendenz, einzelnen Teilen volle Sinnhaftigkeit abzusprechen, wenn sie nicht im expliziten Horizont des Ganzen betrachtet werden, zeigt sich bei einigen Idealisten - wie z.B. bei Bradley - und mag in Pannenbergs These vorausgesetzt sein, daß sich die Bedeutung des Wortes *Rose* letztlich nur im Kontext des Ganzen der Geschichte verstehen lasse[24]. Es mag hier zwar

---

23 Für das Argument, daß die Probleme einer Trennung zwischen Korrespondenzdefinition und Kohärenzkriterium der Wahrheit unüberwindlich sind, vgl. N.Rescher: Truth as Ideal Coherence; in: Review of Metaphysics 38/1985, 795-806. Man kann übrigens auch an den selbstreferentiellen Test denken, der am Ende des Kap. 2 entwickelt wurde. Die Kohärenztheorie der Wahrheit besteht diesen Test: Wenn sie in dem hier skizzierten Sinne ausgearbeitet wird, ist sie für sich selbst konsistent, umfassend etc. - kurz: kohärent.

24 Vgl. W.Pannenberg: Glaube und Vernunft; in: Ders.: Grundfragen systematischer Theologie, Bd. 1 (Göttingen, 3. Aufl. 1979), 237-251; 250: »Wenn ... jemand Dinge benennt und sagt ›dies ist eine Rose‹, ›jenes ist ein Hund‹, dann kommt er immer schon her von einem unausdrücklichen Vorgriff

eine immanente Bewegung in Richtung auf immer umfassendere Sinnkontexte geben; doch deshalb wird das Verstehen, das auf den Zwischenebenen stattfindet, nicht falsch (Dasselbe gilt für Erklärungen, die von nur begrenzter Allgemeinheit sind). Außerdem mag es Kontexte geben - jede wissenschaftliche Disziplin stellt wohl einen dar -, bei denen es methodologisch wünschenswert ist, *keinen* umfassenderen Horizont einzuführen.

Der zentrale Punkt liegt vielmehr darin, daß der Impetus in Richtung auf eine kontinuierliche Ausdehnung des semantischen Umfangs keine inhärenten qualitativen Brüche aufweist - so daß beispielsweise nach einer bestimmten Ebene alles irrational oder sinnlos wäre. Aus dem Blickwinkel einer Kohärenztheorie des Sinns gehört eine philosophische (oder religiöse) Erklärung nicht zu einer völlig anderen Erklärungsart als eine geringstufigere Erklärung. Der Einzelne, der damit beginnt, sich über den Sinn eines Teils seiner Erfahrung Gedanken zu machen, kann - wenn er seine Fragen in umfassendere Kontexte stellt - in einem Kontinuum bis zum Kontext des Ganzen seiner Erfahrung voranschreiten, so daß sich seine Fragen zu Fragen nach dem Ganzen *menschlicher* Erfahrung oder sogar aller möglichen Erfahrung weiten.

Derjenige, der diese Reflexionskette bis zu ihrem Ende verfolgt, stellt Sinnfragen im weitestmöglichen semantischen Kontext. Ich bin versucht, diesen umfassendsten Kontext schon als solchen *religiös* zu nennen, wenngleich ihn andere als metapysisch, ästhetisch oder ethisch bezeichnet haben. Zumindest ist man auf dieser Ebene mit der Aufgabe konfrontiert, *der Erfahrung insgesamt einen Sinn abzugewinnen.* Es scheint ziemlich klar zu sein, daß dieses Unterfangen - in der Form einer Reflexionsaufgabe - das Ziel explanativer Versuche in zumindest einem wesentlichen Teil der traditionellen Philosophie darstellt. Die metaphysische Tradition in der Philosophie hat sich seit Thales explizit damit beschäftigt, die Beschaffenheit von allem zu ergründen, was ist. Tatsächlich ist die Suche nach einem letzten Prinzip nichts anderes als die Suche nach einem systematischen Prinzip, das in der Lage ist, alle begrenzteren Kontexte (bzw. Disziplinen) unter sich zu befassen. Sogar die eher analytischen Traditionen der Philosophie haben - trotz ihres Mißtrauens gegenüber allgemeinen synthetischen Systemen - mit der Zeit immer wieder die Versuche verworfen, den Bereich philosophischer Erklärungen einzugrenzen. Die Debatte um das Verifikationskriterium und seine schließliche Ablehnung in diesem Jahrhundert bietet ein gutes Beispiel für dieses Zusammenspiel analytischer und systematischer Tendenzen. Diese drei Aufgaben - zu synthetisieren, zu systematisieren und zu analysieren - bleiben unverzichtbare Aspekte des philosophischen Versuchs, die Erfahrung sinnvoll zu machen - ihr einen Sinn abzugewinnen.

---

auf die letzte Zukunft und von der erst durch die letzte Zukunft konstituierten Ganzheit der Wirklichkeit; denn erst innerhalb dieses Ganzen hat jedes einzelne seine definitive Bedeutung, sein Wesen«. Pannenberg hat sich später von dieser Auffassung abgewandt. Nach dem Eingeständnis, seine frühere Position habe der Überzeugung Weischedels nahe gestanden, »daß, wenn es überhaupt etwas gegründet Sinnhaftes geben soll, damit implicite ein unbedingter Sinn gesetzt ist«, ist er nun dazu übergegangen, diese Auffassung ausführlich zu kritisieren (W.Pannenberg: Theologie und Wissenschaftstheorie [Frankfurt, 1973], 217 Anm. 435).

Kapitel 5
Religiöse Überzeugungen als Erklärungen

Der Methodologe steht einer herausfordernden Anzahl von Schwierigkeiten gegenüber, wenn er sich von der Wissenschaftstheorie aus dem Studium der Religion zuwendet - selbst unter Annahme der allgemeinen Überlegungen des letzten Kapitels zur philosophischen Rationalität. Nur wenn es ihm gelingt, eine lange Reihe von Problemen zu lösen, darf er die Erklärung in der Religion in einer ähnlichen Weise wie in den vorangegangenen Kapiteln behandeln: (1) Es muß möglich sein, einen religiösen Kontext zu bestimmen, wenn der Terminus *religiöse Erklärung* überhaupt einen Sinn haben soll. (2) Bei religiösen Aussagen müssen konkrete explanative Funktionen aufgewiesen werden, die sich auch ihrerseits wieder bestimmen lassen müssen. (3) Die besonderen Schwierigkeiten, denen religiöse Erklärungen gegenüberstehen, müssen diskutiert und die sich daraus ergebenden Einschränkungen ihrer epistemischen Rechtfertigung notiert werden. (4) Religiöse Erklärungen müssen eine gewisse Ähnlichkeit zu Erklärungen in anderen Gebieten menschlicher Erfahrung aufweisen, wenn der Terminus *Erklärung* nicht äquivok sein soll. (5) Doch wenn die Ähnlichkeit, die (4) fordert, zu stark betont wird, dann werden leicht die Aspekte übersehen, die religiöse Erklärungen von anderen Erklärungen unterscheiden.

Wenngleich das Gewicht dieser Probleme nicht unterschätzt werden sollte, so ist es doch nicht gerechtfertigt, alle Vergleiche zwischen religiösen und nichtreligiösen Erklärungen *a priori* abzulehnen. Die Gegenstände religiöser Überzeugung und Erfahrung mögen wohl das menschliche Begreifen übersteigen; das muß aber nicht auch für den religiösen Glauben gelten. Gläubige sprechen in aller Ausführlichkeit davon, an was sie glauben und was das für sie bedeutet - selbst wenn der letztliche Referent ihrer Sprache unaussprechbar ist oder die Welt transzendiert. Wir sind durchaus in der Lage, die Entwicklung dieser Sinnkomplexe zu rekonstruieren und dabei zu spezifizieren, in welcher Weise religiöse Überzeugungen für Gläubige als Erklärungen fungieren. Wenn wir den Prozeß der Entstehung und Aneignung religiösen Sinns mit ähnlichen Prozessen in eher weltlichen sozialen Kontexten vergleichen können, dann sollte es möglich sein, die methodologischen Implikationen ihrer Ähnlichkeiten und Differenzen zu skizzieren - und erst danach zu den Fragen der Referenz religiöser Aussagen und der Entscheidung über ihre Wahrheit vorzustoßen. Unser Vorhaben in diesem Kapitel könnte man eine Phänomenologie der religiösen Sinnkonstruktion nennen - wenn dieser Ausdruck in dem (nicht notwendigerweise Husserlschen) Sinne einer Beschreibung dessen verstanden wird, wie Gläubige dazu kommen, bestimmte religiöse Überzeugungen anzunehmen und zu gebrauchen, um ihrer Welt einen Sinn abzugewinnen.

Das Ziel dieses Kapitels besteht dann darin, die Entstehung religiöser Sinnentwürfe zu beschreiben und im Anschluß daran die Angemessenheit (und Implikationen) einer

Das Ziel dieses Kapitels besteht dann darin, die Entstehung religiöser Sinnentwürfe zu beschreiben und im Anschluß daran die Angemessenheit (und Implikationen) einer Interpretation von Glaubensaussagen als Erklärungen zu erwägen. Die Art und Weise, in der ich diese Studie beginnen möchte, zeigt einige signifikante Parallelen zu dem Ansatz, den ich in den vorhergehenden Kapiteln durchgeführt habe. Vor allem unterstreicht die Ausrichtung auf *Sinnentwürfe* die Verbindungen zu einer Phänomenologie der sozialen Welt. Mit anderen Worten: Statt sich von Anfang an auf Glaubensaussagen in der Rolle kognitiver Wahrheitsbehauptungen zu konzentrieren, schlage ich vor, sie zunächst im Kontext des individuellen Bemühens zu sehen, der eigenen Erfahrung einen Sinn abzugewinnen. Andernfalls laufen wir Gefahr, Giddens' doppelte Hermeneutik der Geisteswissenschaften zu übersehen und (wie es die Formalisten taten) zu vergessen, daß sowohl der Forscher als auch der Forschungsgegenstand Subjekte sind, die eine sinnvolle Welt zu entwerfen versuchen. Diese semantische Struktur religiöser Welten bzw. Traditionen zwingt uns dazu, die Problematik der religiösen Erklärung (wie in Kapitel 3) auf der Ebene des individuellen Sinnentwurfs und seines sozial-religiösen Kontextes in den Blick zu nehmen. Wissenschaftliche und religiöse *Theorien* lassen sich direkt vergleichen; das Verständnis der *Aneignung* religiöser Überzeugungen erfordert aber den Umweg über die Sinnproblematik.

5.1 Die Religionswissenschaft

Um bei unserem Vorhaben einen Fortschritt zu erzielen, müssen wir den Standpunkt der Disziplin deutlich machen, von der aus wir religiöse Erfahrungen, Überzeugungen und Erklärungen ins Auge fassen. Religionswissenschaft und Theologie stellen zwei geläufige, aber wesentlich voneinander verschiedene Perspektiven dar. Erstere liefert in diesem Kapitel den Rahmen und die Metasprache zur Analyse der religiösen Sprache und Praxis selbst. Kapitel 6 betrachtet dann religiöse Erklärungen aus dem Blickwinkel der Theologie heraus - einschließlich der Frage, ob und in welchem Maße die Theologie als eine der Religionswissenschaft analoge Disziplin aufgefaßt werden kann.

Ich verwende - grob gesagt - den Terminus *Religionswissenschaft*, um einen zweitstufigen Diskurs zu bezeichnen, der sich mit dem Phänomen der Religion in allen seinen Manifestationen beschäftigt: mit religiöser Erfahrung, ihren Praktiken, Überzeugungen, ihrer Sprache und ihren Institutionen. Eine Vielzahl sozialwissenschaftlicher Disziplinen unterstützt dieses Unternehmen - einschließlich Psychologie, Soziologie, Anthropologie und Religionsgeschichte. Wie schon erwähnt, möchte ich ein besonderes Augenmerk auf die Religionsphänomenologie legen, die - wie ich meine - zwei wichtige methodologische Leitlinien für die Religionswissenschaft an die Hand gibt. Erstens muß man mit einer

Beschreibung der allgemeinen Kennzeichen des religiösen Phänomens beginnen. Dabei braucht man diesen Aspekten keinen transzendentalen Status zuzuschreiben; sie alle sind abhängig vom Ergebnis der tatsächlichen Erforschung religiöser Gemeinschaften und Praktiken. Zweitens klammern solche Beschreibungen die Frage nach der letzten Wahrheit der implizierten Behauptungen aus. Wenn ich als Phänomenologe sage: »Religion entstammt einer Begegnung mit dem Göttlichen«, so behaupte ich nicht, die Existenz eines oder mehrerer Götter zu wissen. Jedem solchen Satz steht implizit die Einschränkung voran: »Wie es der Gläubige sieht ...« oder: »Wie es die religiöse Sprache und Praxis einschließt ...«. Natürlich beinhaltet diese Ausklammerung keinesfalls, daß sich Gläubige *nicht* um den Wahrheitswert ihrer Aussagen kümmern; sie besagt nur, daß der Phänomenologe diese Frage außer Acht lassen muß, um ihre Aussagen und Praktiken zu verstehen[1]. In diesem Kapitel - so könnte man sagen - fragen wir nach der Eigenart der religiösen Perspektive; im nächsten dann nach Methoden der Prüfung, wenn sie eine theologische Form annimmt.

Meine These lautet, daß dasselbe gegenseitige Verhältnis, das wir in Kapitel 3 zwischen Erklärung und Verstehen entdeckt haben, sich *sowohl* beim Gläubigen *als auch* beim Religionswissenschaftler aufspüren läßt. Was die *religiöse Person* angeht, so sehen wir, daß sie in den Versuch, ihrer Welt - d.h. der Totalität ihrer (direkten und indirekten) Erfahrung - einen Sinn abzugewinnen, selbst mit einbezogen ist. Dabei lassen sich zwei separate Elemente unterscheiden: das intuitive *Verstehen* - das innere Erfassen einer allumfassenden Kohärenz der erlebten Welt - und die rationale *Erklärung* - die vernünftige Suche nach einer stringenten Kohärenz der religiösen Überzeugungen und Einstellungen auf der theoretischen Ebene. Obwohl die Unterscheidung zwischen Erklärung und Verstehen in einigen Bereichen der religiösen Erfahrung versagt, spielen dennoch in der Analyse des Phänomens der Religion beide Elemente eine wesentliche Rolle.

Der *Religionswissenschaftler* wiederholt dann in seinem Bemühen, den Untersuchungsgegenstand zu explizieren bzw. ihm einen Sinn abzugewinnen, denselben doppelten Prozeß auf einer abstrakteren Ebene. Genauso wie schon die psychologische und soziologische Theoriebildung ein Verstehen des (menschlichen) Gegenstandes gefordert hatte, so ist auch hier ein *Verstehen* der religiösen Dimension die Bedingung einer angemessenen Religionstheorie. Gläubige haben lange daran festgehalten, daß Forscher, denen ein Verständnis für die religiöse Lebensweise fehlt, nicht in der Lage seien, religiöse Praktiken und Einstellungen angemessen zu beurteilen. Dieses Verstehen mag zwar persönliche religiöse Erfahrungen einschließen - diese sind aber nicht für sich selbst schon hinreichend und vielleicht nicht einmal notwendig. Darüber hinaus ist eine Offenheit für die Denk- und Wahrnehmungsweisen des Gläubigen und auch eine Bereitschaft notwendig, die religiösen Phänomene nichtreduktionistisch (ohne naturalistische Voraussetzungen) zu betrachten - oder zumindest eine gewisse Neutralität in der Annäherung an Lebensformen zu wahren, die sich von der eigenen unterscheiden. Nachdem der Reli-

---

1 Man kann sogar die Wahrheitsfrage selbst phänomenologisch angehen; vgl. D.Guerrière (Hg.): Phenomenology of the Truth Proper to Religion: An Anthology (Albany, 1990).

gionswissenschaftler die spezifischen religiösen Praktiken und Überzeugungen verstanden hat, ist er dann in der Lage, bestimmte Hypothesen oder *Erklärungen* zu formulieren, die darauf abzielen, dem Phänomen der Religion einen theoretischen Sinn zu verleihen. Es ist seine Aufgabe, nicht nur zu beschreiben, welche Riten und Glaubensaussagen für die Religion charakteristisch sind, sondern auch zu erklären, warum sie so vorkommen, wie sie vorkommen, und wie sie als Komponenten eines religiösen Ganzen miteinander verknüpft sind. Religionswissenschaftliche Erklärungen können bestimmte unterbetonte oder unausgedrückte Überzeugungen formulieren, interpretative Begriffe oder theoretische Strukturen einführen, die der Gemeinschaft selbst unbekannt sind, oder auch Urteile über das Zusammenpassen von Überzeugungen und ihre Konsistenz mit anderen Erfahrungsbereichen fällen.

In der folgenden Darstellung versuche ich zu zeigen, daß intersubjektive (allgemein zugängliche) Erklärungen religiöser Phänomene nicht reduktionistisch zu sein brauchen - als ob ein explanatives Unterfangen etwa nur dann erfolgreich sein könnte, wenn es die fraglichen Überzeugungen »wegerklärt«. Die Beschäftigung mit Erklärungen und ihren Gründen ist ein integraler Bestandteil der Religionswissenschaft - und richtet sich auf den Gläubigen ebenso wie auf den Religionswissenschaftler selbst. Wir werden allerdings sehen, daß die Erklärung in der Religion sehr eng mit dem umfassenderen semantischen Bemühen verknüpft ist, der eigenen Existenz einen Sinn abzugewinnen - in einer Weise, die an Henry Dumérys Definition erinnert, das Verstehen sei der Versuch, »to recover from its structures the origin and establishment of meaning«[2]. In dem Maße, in dem wir die religiöse Suche als ein semantisches Unternehmen auffassen können, läßt sich mit den Methoden und in dem Rahmen arbeiten, den wir schon im Zusammenhang der Sozialwissenschaften entwickelt haben. Denn die Entdeckung einer Sinnhaftigkeit im religiösen Bereich ist doch nur eine andere Form der menschlichen Suche nach Sinn - wenngleich eine besondere Form, und möglicherweise die umfassendste von allen.

Wie ich schon bei der Diskussion des sozialen Sinnentwurfs betont hatte, braucht der Versuch, von der synthetischen Aktivität des Einzelnen aus die Entstehung und Entwicklung von Sinnkomplexen - religiösen oder anderen - nachzuzeichnen, nur einen heuristischen oder methodologischen Ausgangspunkt. Es ist offensichtlich falsch zu behaupten, daß religiöser Sinn in erster Linie ein individuelles Phänomen darstellt; eine derartige These würde den wichtigen Einfluß vorgängiger gesellschaftlicher und kommunaler Überzeugungen, Sinnstrukturen, Erwartungen, Lehrsysteme, der Liturgie und Praxis übersehen. Wie in der obigen Diskussion um Schütz klar wurde, lassen Husserl und er (und auch die Religionsphänomenologen, die zu sehr in ihrer Tradition stehen) sich zuschulde kommen, eine Seite der *beider*seitigen Interaktion von vorgegebenem Kontext und individueller Synthesis absolut zu setzen. Trotzdem bleibt es wichtig, den Prozeß zu untersuchen, in dem sich der Einzelne bestehenden Traditionen und Überzeugungen bei seiner Suche nach einer sinnvollen subjektiven Welt annähert - besonders in einer in so

---

2 H.Duméry: Phenomenology and Religion (Berkeley, 1958), VII; Duméry bezieht sich an dieser Stelle auf das Christentum.

hohem Maße individualisierten Zivilisation wie der des modernen Westens. Was auch immer die Einflüsse auf das religiöse Individuum sein mögen - zu jeder Zeit, wenn er der Tradition begegnet, wird er aufs Neue zu einem Mittelpunkt religiösen Sinnentwurfs.

5.2 Der Stellenwert der Sinndimension in der Religion

Zunächst eine Frage: Warum beginnen wir mit der Frage nach dem Sinn statt beispielsweise mit der nach der rationalen Begründung in der Religion? Dieses Vorgehen dient als Korrektiv: Welche Rolle auch immer wir der Vernunft im Zusammenhang religiöser Überzeugungen zuschreiben mögen, es besteht kein Grund, diese so zu analysieren, als seien sie als bewußte rationale Argumente entstanden[3]. Auch wenn einige religiös-apologetische oder systematisch-theologische Ansätze nur solche Glaubensaussagen betrachten, die sich gemäß objektiver Kriterien vertreten lassen, so kann doch ein phänomenologischer Ansatz nicht auf diese Weise vorgehen. In Wirklichkeit übt eine gewaltige Anzahl nichtrationaler Faktoren ihren Einfluß auf vorhandene religiöse Zusammenhänge aus. Die neuere Schule der »reformierten Epistemologie« hat beispielsweise einen interessanten Versuch unternommen, das Verhältnis des Gläubigen zu seinen Überzeugungen in einer Weise zu erklären, die nicht auf rationale Letztbegründung ausgerichtet ist. Plantinga spricht von *basic beliefs* - von Überzeugungen, die jemand nicht auf der Grundlage irgendwelcher anderer Überzeugungen akzeptiert[4]. Sicherlich hat Plantinga damit Recht, daß viele religiöse Personen ihre Glaubensaussagen tatsächlich in dieser Weise auffassen. Man *kann* in ein religiöses Überzeugungssystem eintreten wie in eine neue Welt - ohne vorgängige Reflexion, sondern allein aufgrund einer plötzlichen Bekehrung von der einen zu der anderen Sichtweise (Wittgenstein); außerdem gibt es oft einen sehr engen Zusammenhang zwischen der (unreflektierten) Praxis eines Menschen und seinen Überzeugungen.

Der Ausdruck »Sinndimension« lenkt die Aufmerksamkeit auf einen noch größeren Unterschied zur Methodologie der Wissenschaften: Religiöser Glaube und religiöse Praxis brauchen nicht in erster Linie propositional zu sein. Diese Tatsache wird verdunkelt, wenn die Analyse des religiösen Lebens von vornherein in einem exklusiv propositiona-

---

3 Merold Westphal hat überzeugend dargelegt, warum nicht mit der Frage nach der rationalen Begründung begonnen werden sollte; vgl. Ders.: God, Guilt, and Death: An Existential Phenomenology of Religion (Bloomington, 1984), z.B. Kap. 1.

4 Vgl. A.Plantinga: Reason and Belief in God; in: A.Plantinga; N.Wolterstorff (Hgg.): Faith and Rationality: Reason and Belief in God (Notre Dame, 1983), 16-93; vgl. auch Richard Swinburnes Betonung der Rolle der Basispropositionen bei seiner Behandlung des Glaubens in Ders.: Faith and Reason (Oxford, 1981), 20ff. In Kap. 1 habe ich einige kritische Anmerkungen zu diesem Ansatz skizziert; zumindest aber bietet er der Religionsphänomenologie einen Ansatzpunkt, ohne dabei die Begründungspflicht für diejenigen Behauptungen in Frage zu stellen, die einen Anspruch auf intersubjektive Geltung erheben.

len Rahmen stattfindet[5]. Statt dessen werde ich den Leitfaden aus der Methodologie der verstehenden Sozialwissenschaften übernehmen (Kap. 3) und mit einer *semantischen* Analyse des religiösen Glaubens beginnen. Nur von dieser Perspektive aus können wir zur Frage der Rationalität religiöser Erklärungen übergehen, ohne uns darum Sorgen machen zu müssen, nur künstliche Parallelen zwischen den Erklärungen in Religion und Wissenschaft zu ziehen.

Kurz: In solchen Gebieten, wo rationale Analysen von Propositionen nur wenig dazu beitragen, religiöse Überzeugungen zu erklären, kann eine Phänomenologie des religiösen Sinns noch viel zu sagen haben. Nicht alle religiöse Überzeugungen zeigen diese Vielfalt; trotzdem kann in Fällen, in denen nichtkognitive Faktoren eine beherrschende Rolle spielen, eine Religionsphänomenologie in der Lage sein, die Verstehens- und Erklärungskomponenten einer Glaubensaussage zu analysieren. Der Gläubige mag sich durchaus der internen Stimmigkeit seiner Überzeugungen bewußt sein; es gibt zumindest starke empirische Evidenzen dafür, daß Gläubige aktiv dafür eintreten, kognitive Dissonanzen zu vermeiden[6]. Wo die phänomenologische Untersuchung dennoch keine rationalen Gründe dafür ausfindig machen kann, warum ein Einzelner eine religiöse Tradition annimmt oder ihr treu bleibt, dort mag sie immer noch zeigen können, daß sein Verhalten von einer gewissen Sinnhaftigkeit oder einer persönlichen Erschließungskraft geleitet ist, den eine gegebene Überzeugung oder eine Menge von Überzeugungen ihm gewähren.

5.2.1 Religiöse Sinnentwürfe

Ich habe argumentiert, daß der erste Kontext für eine Annäherung an religiöse Erklärungen nicht epistemologisch, sondern semantisch ist. Mit der Technologisierung des modernen Lebens, der Zweckneutralität des neuzeitlichen naturwissenschaftlichen Weltbildes und der Reduzierung der gemeinschaftlichen Sphäre auf die sogenannte »Kernfamilie« ist die Frage nach dem Sinn des Lebens für viele zu einem bedrängenden Problem geworden. In dieser Sinnfrage regt sich ein elementares Bedürfnis; religiöse Erklärungen sind in erster Linie (wenngleich nicht ausschließlich) Antworten auf dieses Bedürfnis. Als Religionswissenschaftler suchen wir die semantische Dimension in der Religion dadurch rational zu rekonstruieren, daß wir theoretische Darstellungen bereitstellen, die den erststufigen explanativen Bemühungen in der Religion einen zweitstufigen Sinn verleihen. In diesem Abschnitt betrachten wir - anhand des Begriffs des religiösen Sinnentwurfs - verschiedene Darstellungen der semantischen Dimension. Obwohl ich

---

5 Vgl. R.Swinburne: Faith and Reason (Oxford, 1981); Kap. 1-3. Später schreibt er: »All the kinds of faith which I have discussed involve attitudes towards, behavior in the light of, *propositions*. They are not necessarily always so phased, but my claim is that talk about believing in God or trusting God can without loss of meaning be analyzed in one of these ways« (124).

6 Die klassische Ausarbeitung dieser Theorie findet sich bei L.Festinger: A Theory of Cognitive Dissonance (Evanston, 1957); vgl. J.Brehm; A.Cohen: Explorations in Cognitive Dissonance (New York, 1962). L. Festinger u.a.: When Prophecy Fails (Minneapolis, 1956); untersucht den Rationalisierungsprozeß eines religiösen Kultes, nachdem eine prophezeite Flut nicht eintritt; viele Aspekte dieser theoretischen Arbeit sind dann später von der Religionspsychologie übernommen worden.

Fragen der epistemischen Rechtfertigung bzw. Wahrheit religiöser Sinnstrukturen in diesem Zusammenhang nicht behandeln werde, werden wir sehen, daß sich diese Probleme im weiteren Fortgang unvermeidlich stellen.

Meine These lautet, daß religiöse Überzeugungen zu Beginn auf ihr Vermögen gegründet werden, der Erfahrung eines Einzelnen oder einer Gruppe einen Sinn zu verleihen. Der Gläubige versteht die Welt in einer bestimmten Weise - er nimmt bei bestimmten (oder allen) Objekten oder Situationen eine Bedeutsamkeit wahr, die andere nicht wahrnehmen. Bedeutsamkeit kann hier mit Hick verstanden werden als »that fundamental and all-pervasive characteristic of our conscious experience which *de facto* constitutes it for us [as] the experience of a ›world‹ and not of a mere empty void or churning«[7]. Unsere früheren Diskussionen haben uns dahin geführt, dies als eine hermeneutische Frage, als eine Sache der Interpretation aufzufassen. Der Gläubige hat eine Intuition des Zusammenhangs seiner religiösen Überzeugungen mit seinen nichtreligiösen (säkularen) Begriffen und Lebenserfahrungen; obwohl er nicht in der Lage sein mag, das *»wie«* genau auszudrücken, so bilden sie doch für ihn eine Welt bzw. Sinntotalität. Indem er einige Aspekte seiner Erfahrung besonders heraushebt und andere dafür unter den Tisch fallen läßt oder »wegerklärt«, konstruiert er einen einheitlichen Komplex bedeutsamer Beziehungen - einschließlich einer bestimmten Interpretation der Tradition, in der er sich selbst vorfindet. Dies geschieht in einer Weise, die unserer Diskussion des individuellen Handelnden in der sozialen Sphäre sehr ähnlich ist. Die Kohärenztheorie schlägt vor, daß die verschiedenen Elemente seiner Welt - seine mentalen, sozialen und religiösen Erfahrungen - ihren Sinn von dem Netzwerk der Verknüpfungen her erhalten, das jene Welt strukturiert. Wenngleich Gläubige und Nichtgläubige in manchen Fällen darin uneinig sein können, ob ein gegebenes Ereignis tatsächlich stattgefunden hat oder nicht (z.B. eine Heilung oder Auferstehung), so muß das doch nicht in jedem Fall so sein[8].

Wie lassen sich denn in dieser religiösen Dimension Sinnurteile fällen? Eine treffende Darstellung der Grundlagen von Überzeugungen in einem semantischen Kontext stammt von John Hick. Er greift auf Kardinal Newmans Begriff des *illative sense* zurück, das Gefühl einer Gewißheit, die eine Person von der Bedeutung und Wahrheit eines Urteils hat. Überzeugungen, die für Hick aus ungeklärten Gelegenheiten entstehen, bestehen aus einer Art von »appreciating the drift of a miscellaneous mass of evidence« (81). Nur in diesem vagen Sinne ist es möglich, von verschiedenen Gründen und Gegengründen zu sprechen, aus denen heraus religiöse Überzeugungen angenommen oder abgelehnt wer-

---

7 J.Hick: Faith and Knowledge (Ithaca, 2. Aufl. 1966), 98.

8 Man erinnere sich an Hicks berühmte Parabel von den beiden Männern, die zusammen auf einer Straße gehen. Der eine glaubt, sie führe zur Himmlischen Stadt, während der andere dies bestreitet (J.Hick, Faith and Knowledge 177f.). Von der Perspektive der gegenwärtigen Realität aus ähnelt Hicks Parabel sehr derjenigen von Wisdom, die von Flew übernommen worden ist; vgl. A.Flew: Theology and Falsification; in: A.Flew; A.MacIntyre (Hgg.): New Essays in Philosophical Theology (London, 1955), 96-105. Wie Mitchell in derselben Diskussion hervorgehoben hat, gibt es aber dennoch für gewöhnlich größere Uneinigkeiten, als diese Parabeln glauben machen wollen. Hick sucht mit seinem Begriff der »eschatological verification« zwischen Wisdom und Mitchell zu vermitteln - dem vorgestellten Ende der Reise, wenn sich herausstellt, daß entweder der Gläubige oder der Nichtgläubige im Unrecht ist (vgl. J.Hick, Faith and Knowledge 176ff.).

den. Beispielsweise können wir deshalb glauben, »because the belief coheres with the mass of our other beliefs and is not contradicted by any item of our experience«[9]. Selbst wenn wir aber die Gründe des Glaubens berücksichtigen, so enthalten Glaubensaussagen doch offensichtlich immer noch ein subjektives Element, das sich bei vielen anderen Erkenntnisansprüchen nicht findet. Glaubensaussagen gehen mit ihrer allgemeinen, holistischen Struktur des Passens bzw. der Bedeutsamkeit über Erkenntnisansprüche hinaus. In diesem Zusammenhang lenkt Hicks Rekurs auf den illativen Sinn die Aufmerksamkeit auf die Ebene der »global impressions« bzw. Interpretationen[10]. Tatsächlich zeigen die umfassenden Behauptungen, die sich normalerweise unter religiösen Überzeugungen finden, schon von sich aus, daß sie auf einer sehr globalen Ebene darin wirksam sind, die totale Erfahrung des Gläubigen zu integrieren.

Wie können wir diese vagen, möglicherweise nichtpropositionalen semantischen Urteile charakterisieren, die sich in der religiösen Sphäre als fundamental erwiesen haben? Ich meine, daß es für den Religionswissenschaftler von Nutzen ist, diese Welten religiösen Glaubens und Handelns als Sinnstrukturen oder *Sinnentwürfe* zu prüfen. Das Wort *Struktur* beinhaltet die Konnotation von etwas Konstruiertem und Dauerhaftem. Im gegenwärtigen Kontext bezieht sich das Konstruieren auf einen subjektiven Prozeß. Doch nichtsdestoweniger beinhaltet er identifizierbare semantische Strukturen, die sich isolieren und theoretisch analysieren lassen. In den Worten van der Leeuws ist eine Struktur »an organic whole which can not be analyzed into its own constituents ...; a fabric of particulars, not to be compounded by the addition of these ... but again only *understood* as a whole. ... Structure is reality significantly organized«[11].

Zwei von van der Leeuws Bemerkungen über die Struktur sind an dieser Stelle von Belang: (1) Auf der einen Seite erlaubt das objektive Element in den semantischen Strukturen dem Wissenschaftler, der sich mit menschlichen Handlungen auseinandersetzt (dem Historiker oder Phänomenologen), die Rekonstruktion von Sinnstrukturen in seiner theoretischen Arbeit fortzusetzen. Rationale Rekonstruktionen erfordern einen Wechsel der Ebene - eine Bewegung von der Beobachtung des Phänomens zu seiner Formulierung und Analyse. Auf der anderen Seite ist eine individuelle Welt zu komplex, um sie in Gänze zu rekonstruieren. Diese Begrenzung wird auch nicht durch einen Rückgriff auf den subjektiven Prozeß des Nacherlebens - d.h. des imaginativen Einlebens des Historikers in das Leben vergangener Personen - überholt, wie es von Dilthey und Collingwood

---

9 M.C.D'Arcy: The Nature of Belief (London, 2. Aufl. 1945), 130ff.; zitiert bei J.Hick, Faith and Knowledge 72, 91.

10 Hicks eigentliche These lautet, daß »while the object of religious knowledge is unique, its basic epistemological pattern is that of all our knowing« (J.Hick, aaO. 97). Die Parallelen ergeben sich aber, wie ich meine, sehr viel natürlicher im Rahmen einer Theorie des Sinns als (wie bei ihm) in einer Theorie der Erkenntnis (vgl. aber seine neuere Darstellung in J.Hick: An Interpretation of Religion [New Haven, 1989]).

11 G.van der Leeuw: Religion in Essence and Manifestation, Bd. 2 (New York, 1963), 672; vgl. auch die französische Ausgabe: La Religion dans son Essence et ses Manifestations (Paris, 1955).

vertreten worden ist[12]. Bestenfalls können wir bei dem »sketching of an outline within the chaotic maze of so-called ›reality‹« beteiligt sein (672).

(2) Die in der Religionswissenschaft beinhaltete Bedeutsamkeit ist weder rein subjektiv noch rein objektiv: »The sphere of meaning is a third realm, subsisting above mere subjectivity and mere objectivity«, obwohl der Sinn durch Verstehen »erfahren« wird (673). Van der Leeuws »realm« - Terminologie mag irreführend sein, der entscheidende Punkt aber ist klar: Die alte Dichotomie zwischen subjektiv und objektiv wird transzendiert, wenn der religiöse Sinn - einschließlich seiner subjektiven Untertöne - mit Hilfe strukturierter Komplexe von Einstellungen, Überzeugungen und Handlungen verstanden wird. Genau diesen *strukturalen* Ansatz des Sinns möchte ich mit dem Terminus *Sinnentwurf* aufnehmen.

Der Sinn - kontextuell bzw. kohärential verstanden - führt für die religiöse Person in einer immanenten Bewegung zu immer umfassenderen Sinnkontexten: »[Man] arranges life into a significant whole: and thus culture arises. ... But he never halts; he seeks ever further for constantly deeper and wider meaning. When he realizes that a flower is beautiful and bears fruit, he enquires for its ampler, ultimate significance. ... The religious significance of things, therefore, is that on which no wider nor deeper meaning whatever can follow. It is the meaning of the whole[13]«. Hick definiert wie van der Leeuw religiöse Bedeutsamkeit als »the believer's experience as a whole«. Um zu ihr zu gelangen, vollziehe man einen Akt der »total interpretation«[14]. Wir werden im folgenden Abschnitt zu diesem Thema zurückkehren.

Der Begriff des Sinnentwurfs weckt eine Reihe anderer Assoziationen, die sich sehr gut in unsere Diskussion der religiösen Dimension einfügen. Der Terminus impliziert eine bestimmte vorläufige (nicht voll artikulierte) Form; er schließt eine künstlerische Analogie (mit den damit verbundenen nichtrationalen Elementen) ein; er beinhaltet Konnotationen eines Umrisses, die Unterordnung von Details unter die grobe Skizze einer Idee. Sinnentwürfe sind - mit Nygren - »Entwürfe der in aller einzelnen Erfahrung mitgesetzten Sinntotalität«[15]. In ähnlicher Weise spricht John Kekes von ihnen als »metaphysical visions«[16].

Wir finden hier in der Sinnanalyse - wie es schon die Rede vom illativen Sinn andeutete - einen gewichtigen Unterschied zu *Theorien*, seien sie wissenschaftlich oder metaphysisch konzipiert; denn Theorien werden in diskursiven Kontexten analysiert, die die

---

12 Van der Leeuw ist bei einigen seiner methodologischen Bemerkungen von Dilthey beeinflußt worden - z.B. wenn er davon spricht, daß die Phänomenologie sich via »a second experience of the event, by a thorough reconstruction« (aaO. 678) vollzieht. Obwohl er aber behauptet, »all science is hermeneutics« (676), leistet seine Betonung der Objektivität des Sinns und seiner Abhängigkeit von Strukturen einer exzessiven Subjektivierung seiner Religionsphänomenologie Vorschub.

13 G.van der Leeuw, Religion 679f. Es zeigen sich deutliche Parallelen zu Heideggers Begriff der »Welt«, die sich mit Gewinn ausarbeiten ließen.

14 J.Hick, Faith and Knowledge 113; vgl. Kap. 7-9 für eine ausführlichere Darstellung seiner Auffassung dieser Themen.

15 A.Nygren: Sinn und Methode (Göttingen, 1979), 312. *Entwurf* sollte dabei in seinem dreifachen deutschen Sinne von Skizze, Vorschlag und Konzept genommen werden.

16 J.Kekes: A Justification of Rationality (Albany, 1976), 217f.

unmittelbare Struktur dieser religiösen Verknüpfungen nicht vollgültig erfassen. Trotzdem macht die Existenz einer Sinndimension *sui generis* die Behandlung der religiösen Phänomene in propositionalen oder epistemischen Termini - durch Gläubige selbst oder Religionswissenschaftler - nicht völlig überflüssig. Tatsächlich lassen sich einige interessante Parallelen mit metaphysischen Überzeugungen aufweisen: Beide Typen der Überzeugung tendieren dahin, umfassend oder all-einschließend zu sein. Wenn jemand versucht, einem Sinnentwurf einen didaktischen (statt z.B. poetischen) Ausdruck zu geben, kann er durchaus die Form einer metaphysischen Theorie wählenen[17]. Kekes bemerkt dazu: »Metaphysical theories share an important feature not just with aesthetic and mystical visions but also with such large-scale scientific theories as cosmological speculations about the expanding universe, the theory of evolution, the conservation of parity, and the theory of relativity. This shared feature is the *goal of offering a comprehensive explanation of what there is ...* Metaphysical theories explain by providing schemes in terms of which phenomena, whatever they may turn out to be, could be explained[18]«.

Mit anderen Worten: In dem Maße, in dem Sinnentwürfe eine explanative Funktion erfüllen, teilen sie auch eine Verwandschaft mit metaphysischen Theorien. Beide Ansätze können auf einer »Grundmetapher« beruhen - einem fundamentalen Rahmen zur Interpretation der Welt -, selbst wenn die Metapher in der Metaphysik mehr epistemisch, in der Religion mehr semantisch interpretiert wird[19]. Diese Parallelen dürfen nicht übersehen werden, nur weil die Metaphysik rationale Systematisierung und Rechtfertigung betont, während in der Religion das Augenmerk auf der subjektiven Erschließungskraft und praktischen Anwendbarkeit liegt. Man könnte sogar religiöse Sinnentwürfe hypothetisch nennen - in dem Sinne, daß sie vorläufig bleiben, daß sie *einige* empirische Implikationen haben (obgleich sich damit im Fall sehr allgemeiner religiöser Überzeugungen Schwierigkeiten ergeben), und daß sie auf der Seite des Einzelnen konstruktive Aktivität erfordern.

5.2.2 Die Suche nach dem totalen Kontext

Sinnentwürfe - so wie ich sie konstruiert habe - machen eines der Gebiete aus, in denen Philosophie und Religion einige gemeinsame Grundlagen haben. In vielerlei Hinsicht ist der Vergleich zwischen Religion und Philosophie schlicht ein Kategorienfehler; trotzdem bleiben zumindest auf dieser Ebene einige Ähnlichkeiten. Der Gläubige, der versucht, für seine religiösen Erfahrungen, die Praxis seiner Gemeinschaft oder die Lehren seiner hei-

---

17 Dieses Phänomen ist sehr schön von Merold Westphal in *God, Guilt, and Death* (Bloomington, 1984) Kap. 2, beschrieben worden. Dabei benutzt er das Beispiel der Ambivalenz zwischen Anziehung durch und Furcht vor dem Heiligen.

18 J.Kekes, Justification 230f.

19 Vgl. S.Pepper: World Hypotheses (Berkeley, 1970). Die Rede von grundlegenden Metaphern hat unlängst eine zentrale Rolle in den Analysen der theologischen Methode durch Ian Barbour (Ders.: Myths, Models and Paradigms [New York, 1974]) und Sallie McFague (Dies.: Metaphorical Theology [Philadelphia, 1982]) gespielt.

ligen Schriften eine kohärente Formulierung zu finden, ist mit einer Tätigkeit befaßt, die von der des Philosophen in seiner metaphysischen Spekulation nicht gänzlich verschieden ist. Die Tätigkeit des Gläubigen hat andere als epistemische Ziele; ihm geht es nicht ausschließlich darum, etwas zu wissen. Aber doch sind wir in der Lage, von beiden Unternehmungen als von Bemühungen zu sprechen, die ihrer jeweiligen Welt in einem philosophischen oder religiösen Kontext einen Sinn abgewinnen wollen; beide sind explanativ.

So bemerkt Tillich: »Jeder geistige Akt ist ein Sinnakt; ... immer ist Geist Sinnvollzug und das im Geist Gemeinte Sinnzusammenhang«[20]. Daraufhin definiert er Philosophie als »die Lehre vom Aufbau der Sinnwirklichkeit« (ebd.). Allerdings gibt es auch gute Gründe, einer Gleichsetzung der philosophischen und religiösen Motivationen gegenüber vorsichtig zu sein: Die Philosophie muß notwendigerweise ihre Fragen in einem begrifflichen Rahmen definieren (z.B. die Suche nach einer *arche*), während die Religion oft die Negation (oder zumindest die Aufhebung) der philosophischen Perspektive in ein größeres oder tiefergehendes religiöses Ganzes beansprucht. Selbst Tillich besteht darauf, daß die Philosophie bzw. »Kultur« zwar auf bestimmte Formen des Sinns und ihrer Einheit bezogen ist, allein die Religion aber »sich auf den unbedingten Sinn, den Sinngehalt« richtet: »*Religion ist Richtung auf das Unbedingte*« (320). Es mag sein, wie Schleiermacher behauptet, daß die Philosophie mit Dingen (einschließlich metaphysischer Entitäten) und ihrer Relationen beschäftigt ist, »während das religiöse Bewußtsein die endlichen Gegebenheiten als gegründet im Unendlichen und Ganzen erfaßt und so das Unendliche selber in den endlichen Dingen anschaut«[21]. Trotz solcher Differenzierungen des Inhalts findet sich Raum genug, verschiedene wichtige Parallelen deutlich zu machen. Beispielsweise haben natürliche Theologen beim Prozeß der Formulierung des religiös Gegebenen philosophische Methoden und Termini verwendet, wohingegen eine Anzahl von Philosophen die vorsprachlichen Intuitionen oder die Handlungen des Einzelnen bzw. der Gemeinschaft als Ausgangspunkt der philosophischen Reflexion hervorgehoben haben.

Die Ähnlichkeiten zwischen den religiösen und philosophischen Impulsen können am besten ausgedrückt werden - bei voller Kenntnis der bleibenden Differenzen -, wenn man mit einem semantischen statt epistemologischen Kontext beginnt. Ich habe schon ein allmähliches Kontinuum immer umfassenderer Sinnkontexte dargelegt. Plazieren wir die einzelnen Kapitel dieses Buches in das Kontinuum, so können wir zusammenfassend sagen, daß in der naturwissenschaftlichen Praxis Sinnfragen zwar unthematisch, aber doch präsent sind; die Sozialwissenschaften thematisieren sie dann explizit, aber immer in Bezug auf einen spezifischen, festumrissenen sozialen Kontext. In der Fundamentalphilosophie gibt es keine Umfangsbegrenzungen mehr und bleibt keine höhere Reflexions-

20 P.Tillich: Religionsphilosophie; in: Ders.: Gesammelte Werke, Bd. 1, hg. R.Albrecht (Stuttgart, 1959), 295-364; 318.

21 Wolfhart Pannenberg mit Bezug auf Schleiermacher in W.Pannenberg: Sinnerfahrung, Religion und Gottesfrage; in: Theologie und Philosophie 58/1984, 178-190; 187. Vgl. Wittgensteins Aussage in seinem *Tractatus* (London, 1922): »*Wie* die Welt ist, ist für das Höhere vollkommen gleichgültig. Gott offenbart sich nicht *in* der Welt« (6.432).

ebene außer Betracht: Reflexion über Philosophie *ist* Philosophie. Vielleicht in einigen Traditionen der Philosophie[22], sicher aber im religiösen Bewußtsein stellt sich dann die Frage nach dem alles umfassenden Sinn der Erfahrung insgesamt. Wenn die Philosophie das Ganze der Wirklichkeit thematisiert, tut sie es als ihr letztes Ziel oder Telos (wie bei Aristoteles oder Hegel). Im Vergleich dazu gilt für die Religion: »The religious dimension *means* the concern for the ultimate ground and goal of existence«[23]. Nicht jede Person fragt nach der Totalität ihrer Erfahrung - wie man auch nicht sagt, daß alle Personen religiös sind. Wenn aber jemand mit Bezug auf das Ganze des Sinns handelt, reflektiert oder symbolisiert, dann hat er die religiöse Ebene betreten.

Es ist hilfreich, diesen Abschnitt mit einer Fallstudie zu beschließen. Anders Nygren hat in seinem wichtigen Buch *Sinn und Methode* einen bemerkenswerten Beitrag für eine angemessene Theorie des Sinns in der Religion geliefert und dabei Kohärenz- und Kontextargumente gebraucht, die denen, die in den vorangegangenen Kapiteln dargestellt wurden, sehr ähnlich sind[24]. Seine Beschreibung der semantischen Bewegung in Richtung auf einen totalen Kontext ist vollkommen korrekt; doch unerklärlicherweise schreckt er vor den offensichtlichen Konsequenzen seiner eigenen Position zurück.

Als Vorbedingungen, um sich der Sinnfrage zuwenden zu können, analysiert Nygren die wissenschaftliche Argumentation (Kap. 4), diskutiert die metaphysischen und wissenschaftlichen Tendenzen in der Philosophie (Kap. 3) und bestimmt letztlich die Philosophie selbst als »Sinnanalyse« (Kap. 5). Darüber hinaus verankert er den kohärentialen Sinnbegriff im Mittelpunkt der Auseinandersetzungen um Geltungsansprüche, philosophische Argumentationen und die Analyse von Präsuppositionen und macht damit deutlich, daß die Sinnproblematik tatsächlich so zentral für die Philosophie ist, wie ich es behauptet hatte. Nygrens Analyse der Natur von »Sinnzusammenhängen« (Kap. 9-11) unterstreicht erneut die Unverzichtbarkeit des Kontextes in der Sinnanalyse. Er warnt vor den Gefahren eines »Logizismus«: »Man ist minutiös genau in den Details, vernachlässigt aber das Ganze, den Kontext. Es wird daraus mit anderen Worten eine ›Sinnanalyse‹, die von dem absieht, was der Aussage ihren Sinn gibt« (178). Sehr viel wesentlicher aber ist folgendes: Nygrens verschiedene Argumente zeigen, daß die Rede von Sinnkontexten unausweichlich auf den Begriff eines »umfassenden Sinnzusammenhanges« führt: »So geht die Frage nach ›Sinn und Methode‹ in die Frage nach den verschiedenen umfassenden Sinnzusammenhängen über[,] und es ergibt sich als letztlich entscheidender Gesichtspunkt der, wie diese Sinnzusammenhänge, die von ihren je eigenen Grundvoraussetzungen determiniert sind, sich zueinander verhalten, sich voneinander unterscheiden und eventuell letztlich miteinander zusammengehören« (264).

---

22 Vgl. z.B. M.Müller: Klassische und moderne Metaphysik oder Sinn als Sein; in: R.Wisser (Hg.): Sinn und Sein (Tübingen, 1960). Die moderne Hermeneutik in der Tradition von Heidegger und seinen Schülern ist ein weiteres Beispiel.

23 J.E. Smith: Ultimate Concern and the Really Ultimate; in: S.Hook (Hg.): Religious Experience and Truth (New York, 1961), 65-69; 66 (Hervorhebung von mir).

24 Vgl. A.Nygren: Sinn und Methode. Prolegomena zu einer wissenschaftlichen Religionsphilosophie und einer wissenschaftlichen Theologie (Göttingen, 1979).

Trotzdem fährt Nygren nach seiner exzellenten Exposition des Verhältnisses zwischen Sinn und Kontext nicht damit fort, die Logik seines eigenen Arguments auf das Gebiet der Religion zu übertragen. Man könnte erwarten, daß die Religion in einer gewissen Weise mit dem totalen Kontext verknüpft würde, den er als das Telos seiner Sinntheorie darstellt. Doch statt die religiöse Dimension mit seinem »letztlich entscheidende[n] Gesichtspunkt« der letzthinnigen gegenseitigen Abhängigkeit und Verknüpfung aller anderen Kontexte zu benennen, plaziert er einfach die Religionswissenschaft an die Seite aller anderen Sinnkontexte: »Die Religionsphilosophie hat den religiösen Sinnzusammenhang, seine Grundvoraussetzungen, seine Eigenart und seinen Sinn im Verhältnis zu anderen Sinnzusammenhängen wie auch seine Verbindung mit diesen zu untersuchen« (264). Das Buch endet mit Behandlungen der verschiedenen Motivzusammenhänge in den unterschiedlichen Gebieten von Wissenschaft, Ethik, Ästhetik und Religion. Da jeder Sinnzusammenhang den anderen gegenüber unabhängig ist, können sie zwar verglichen, aber niemals hierarchisch geordnet werden: »Jeder Sinnzusammenhang [ist] autonom ... und [muß] nach seinen eigenen Gesetzen beurteilt werden« (315). Nun ist Nygren zwar im Recht, darauf zu bestehen, daß eine »wissenschaftliche Philosophie« mit *bestehenden* Sinnkontexten beginnen muß und »keiner sich dem anderen gegenüber zu legitimieren oder sich mit seinen Maßstäben messen zu lassen« braucht (317). Das ist aber ein anderes Thema als das der religiösen Dimension, die einen Zugang zu einem allumfassenden Sinnkontext beinhaltet. Nygrens eigene Gedanken sollten ihn doch zu dieser Schlußfolgerung hinsichtlich der Religion gebracht haben, da er überzeugend für eine zwingende Bewegung im Kontextbegriff argumentiert hat, die zu einer immer umfassenderen Perspektive drängt[25].

Wie hat Nygren den holistischen Impuls vermieden, der bei ähnlich ausgerichteten Denkern wie Schleiermacher und Dilthey ebenso zum Ausdruck kommt wie in seinen eigenen Aussagen, z.B.: »Der Begriff ›Sinn‹ ist nicht, wie man oft vermutet hat, nur eine historische Kategorie. Er hat vielmehr einen universal umfassenden Gehalt« (272)? Die Antwort liegt in seiner letztlichen Gleichsetzung von Sinnkontexten mit Wittgensteins Sprachspielen (289f.) und der Übernahme seiner Sinndefinition: »Der Gebrauch des Ausdrucks und seine Funktion im Zusammenhang *ist* sein Sinn« (299). Wenngleich Wittgenstein im *Tractatus* gezeigt hat, daß er sich des im religiösen Glauben implizierten transzendierenden Impulses bewußt ist, behandelt er weder in den *Philosophischen Untersuchungen* noch in seinen religionsphilosophischen Vorlesungen[26] die Religion als

25 Nygren hält Probleme, bei denen nicht länger *ein spezifisches Objekt* im Blick ist, für leere Fragen der Metaphysik und versucht sie zu umgehen. Aber die Alternative »entweder autonome Sinnzusammenhänge oder klassische Metaphysik« ist nicht haltbar. Die gegenwärtige Religionsphilosophie - besonders in der phänomenologischen und symbolischen Tradition - hat häufig betont, daß die Religion eine synthetische Perspektive liefert und die Aporien der metaphysischen Tradition dennoch meidet. Vgl. u.a. H.Duméry: The Problem of God in Philosophy of Religion (Evanston, 1969); oder die französische Ausgabe: Le Problème de Dieu en philosophie de la religion (Paris, 1957); L.Dupré: The Other Dimension: A Search for the Meaning of Religious Attitudes (New York, 1972); sowie die Diskussion des religiösen Glaubens im folgenden Abschnitt.

26 Vgl. L.Wittgenstein: Lectures and Conversations on Aesthetics, Psychology and Religious Belief (Oxford, 1966).

etwas anderes denn einfach eine andere Lebensform. Dieser internalistische Ansatz ist aber der synthetischen Bewegung in Richtung auf immer umfassendere Kontexte, die Nygren so meisterhaft dargestellt hat, diametral entgegengesetzt.

Soziologisch betrachtet mag die Religion durchaus eine unter mehreren Lebensformen darstellen; eine soziologische Betrachtung ist aber nicht notwendigerweise auch eine religiöse. Wie die Phänomenologie der Religion gezeigt hat, besteht der religiöse Impuls darin, jeden begrenzten Kontext in Richtung auf den umfassendsten Standpunkt, der möglich ist, zu überschreiten[27]. Beispielsweise kann die religiöse Person in ihrem Bereich die Autorität der Wissenschaft durchaus zugestehen und dabei doch behaupten, daß Gott selbst die Wissenschaft noch transzendiere, oder mit dem frühen Wittgenstein sagen: »Der Sinn der Welt muß außerhalb ihrer liegen«[28]. Die Unmöglichkeit, daß die Religion nur eine Lebensform unter anderen darstellt, tritt sehr viel deutlicher in den östlichen Religionen zu Tage, wo die Paradoxien in Wissenschaft und Ethik (oder kantische Antinomien zwischen wissenschaftlichen und religiösen Wahrheiten) traditionellerweise die Gelegenheit bieten, sich erleuchten zu lassen und den wahren Eingang in die religiöse Dimension zu finden[29].

5.3 Zu einer Theorie der religiösen Erklärung

Wir haben hinreichend detailliert die semantische Ebene, auf der religiöse Überzeugungen vorkommen, und die allgemeine Struktur der Sinnfrage betrachtet, die sie motivieren. In welchem Verhältnis stehen nun aber das Unternehmen, einer totalen Erfahrung einen Sinn zu verschaffen, und die spezifischen Details der individuellen religiösen Erfahrung (und Überzeugung) zueinander? Welche Rolle - wenn überhaupt - spielt in diesem Prozeß der Begriff der Erklärung? Offensichtlich haben Erklärungen in der Religion ihren Ort bei den Glaubensaussagen, die von einzelnen Personen oder religiösen Gemeinschaften vertreten werden. In vielen Fällen mag das Explanans (die explanative Darstellung) bzw. mögen ihre Rechtfertigungen auch *nicht*-religiöse Geltungsansprüche einschließen: daß das Universum wirklich zu einem bestimmten Zeitpunkt zu existieren begann; daß ich tatsächlich wieder gesund bin, nachdem der entsprechende Heilungsritus vollzogen ist; daß ein notwendiges Wesen die Existenz kontingenter Wesen erklärt. Die meisten religiösen Erklärungen aber werden in unverkennbar religiösen Termini formuliert. Daher wollen wir uns nun der explanativen Funktion dieser religiösen Überzeugungen zuwenden.

---

27 Für eine Zusammenfassung dieser Position und für Literatur vgl. L.Dupré: The Other Dimension (New York, 1972), Kap. 1.

28 L.Wittgenstein, Tractatus 6.4.1.

29 Vgl. das *Koans* des Zen Buddhismus (vgl. D.Krishna: Religious Experience, Language and Truth; in: S.Hook [Hg]: Religious Experience and Truth [New York, 1961], 231-240).

5.3.1 Religiöse Überzeugung als Erklärung

Religiöser Glaube entsteht aus einer anfänglichen Begegnung mit dem Göttlichen. Natürliche Theologen sprechen von einer Offenbarung durch die Natur, Durkheim von einer Begegnung mit dem Heiligen, van der Leeuw von einer Einstellung der Ehrfurcht und Otto von der Ahndung des Heiligen[30]. Die Antwort der betroffenen Personen ist charakterisiert durch äußersten Respekt (Verehrung) und große Anziehung (Ottos *mysterium tremendum et fascinans*); durch ein Gefühl von Kontingenz, Endlichkeit und Sündhaftigkeit; und durch eine gänzliche Neuordnung von Werten und Prioritäten. Mit dieser Begegnung sind in der Religionsgeschichte oft außergewöhnliche oder charismatische Phänomene verknüpft worden. Weber hat diese Phänomene im Kontext der Gründung religiöser Traditionen und ihrer prophetischen Erneuerungen analysiert und dabei den Idealtypus eines charismatischen Führers ins Spiel gebracht. Er definiert *Charisma* als die »Qualität einer Persönlichkeit, um deretwillen sie als mit übernatürlichen oder übermenschlichen oder mindestens spezifisch außeralltäglichen ... Kräften oder Eigenschaften [begabt] ... gewertet wird«[31]. Sei es direkt oder vermittelt durch den erwählten oder erleuchteten Propheten (Moses, Buddha) - die Nachfolgenden spüren dann die Möglichkeit einer Nähe zum Transzendenten, das Potential für ihre eigenen religiösen Erfahrungen und die Verpflichtung zur Heiligkeit, die aus der Begegnung mit dem Heiligen erwächst.

Nach dieser anfänglichen Begegnung mit dem Göttlichen - die möglicherweise längere Zeit andauert - vollzieht sich der Übergang zu einer gefestigteren Periode, die Weber die *Institutionalisierung des Charisma* nennt. In dieser »normalen Religion« (um Kuhn zu paraphrasieren) entstehen nun relativ stabile Muster von Glaube, Gefühl und Verehrung: eine Sammlung von Überlieferungen, eine heilige Schrift, ein Kultus mit Riten und Ritualen, eine Priesterkaste, Organisationsstrukturen für Erziehung, Bewahrung und Kontrolle. Nun könnte man vielleicht denken, daß Gläubige, die eine in dieser Weise

30 Man könnte also sagen: Religiöser Glaube entsteht aus einer Begegnung mit dem, was für das Göttliche gehalten wird. Zugleich sei daran erinnert, daß sich eine Phänomenologie der religiösen Überzeugungen eines Kommentars über die Wahrheit dieser Überzeugungen enthält. Auch wäre eine lange Diskussion notwendig, um meinen Gebrauch des Terminus *Göttliches* zu rechtfertigen - ein Terminus, den ich zwar noch für akzeptabel halte, der aber vielleicht doch zu sehr von der westlichen Tradition gefärbt ist. Es gibt aber auch Schwierigkeiten mit anderen Termini; Louis Dupré beispielsweise hat den gewöhnlichen Gebrauch des Begriffes des Heiligen in Frage gestellt und statt dessen die Kategorie der *Transzendenz* favorisiert (vgl. Ders.: Transcendent Selfhood. The Loss and Rediscovery of the Inner Life [New York, 1976], Kap. 2, bes. 22-26).

31 M.Weber: Wirtschaft und Gesellschaft. Grundriß der verstehenden Soziologie, Bd. 1 (Tübingen, 5. Aufl. 1976); 140. Es ist interessant, die Gründung einer neuen religiösen Tradition mit dem Prozeß einer wissenschaftlichen Revolution zu vergleichen, wie er von Kuhn in *The Structure of Scientific Revolutions* beschrieben worden ist - ein Vergleich, der durch Kuhns Rede von einer »Bekehrung« zu einem neuen Paradigma noch unterstützt wird. In ähnlicher Weise erinnert Webers Begriff der »Institutionalisierung des Charisma« im nächsten Absatz an Kuhns Beschreibung des Übergangs zur »normalen Wissenschaft« - obgleich es keinerlei Anzeichen dafür gibt, daß Kuhn von Weber beeinflußt worden ist.

institutionell vermittelte Tradition ererben, damit auch einen fertigen und vorgegebenen Sinnkomplex übernehmen. Damit würde sich meine Hervorhebung des individuellen Aspektes in der semantischen Analyse der Religion als unangemessen für Gläubige erweisen, die in einer geschichtlichen Distanz zu der Gründung ihrer Tradition stehen. In einem gewissen Sinne ist das richtig: Eine heilige Kosmogonie beispielsweise gewinnt der Welt in einer ganz bestimmten Weise einen Sinn ab; ein spezifischer Ritus wie die katholische Messe bietet einen festumrissenen Rahmen für genau die religiösen Erfahrungen, die sich dann auch einstellen mögen.

Trotzdem bleibt ein bestimmtes religiöses Erlebnis, eine bestimmte religiöse Interpretation oder Praxis, immer die Erfahrung eines Einzelnen - ähnlich wie »mein Sehen dieser Vorstellung« oder »mein Empfinden dieses Gefühls«. Sie kann gleichzeitig ein kommunaler Ritus sein, doch sie wird von einer einzelnen Person erfahren. Die Art und Weise, in der jeder Einzelne seine religiöse Tradition erfährt und versteht, ist idiosynkratisch und spiegelt eine besondere Konstellation von Gefühlen, Einstellungen und Lebenserfahrungen wider. In diesem Sinne eignet sich jeder Einzelne seine Tradition neu an und macht sie auch erst dadurch zu seiner eigenen - zu *seiner* Synagoge, *seiner* Erstkommunion, *seiner* Erlösung. Zugestandenermaßen variiert der Beitrag der individuellen synthetischen Kreativität bei diesem Prozeß je nach Person (ob Prophet, Lehrer oder bloß unkreativer Kirchgänger) und je nach traditionellen oder nichttraditionellen Kulturen (man denke an die beschränkten Glaubensoptionen des Stammesangehörigen im Gegensatz zur Vielzahl von Alternativen, denen der europäische oder nordamerikanische Gläubige gegenübersteht). Doch wenn jede subjektive Welt, wie wir oben gesehen haben, eine besondere Synthese bestimmter Erfahrungen und Wahrnehmungen darstellt, dann muß auch die Aneignung einer gegebenen religiösen Tradition und ihrer Symbole - die Art, in der sie der persönlichen Welt einen Sinn verleiht - jeweils verschieden sein. Daher stimmt es, daß »the religious experience of *individuals* and their reflection upon it has been not only the origin of religious beliefs and practices but also a source of their continuation from age to age and of the transformations they have undergone in every religious community«[32]. Es ist gerade die zentrale Rolle der semantischen Dimension in der Religion, die die häufige Betonung der religiösen Erfahrung in Religionsphilosophie und -phänomenologie bestätigt.

Für die Zwecke der Verknüpfung von religiöser Überzeugung und Erklärung können wir dann den religiösen Glauben als ein gegenseitiges Verhältnis definieren zwischen *einer ererbten Tradition* von institutionalisiertem Glauben, Praxis und Erfahrung auf der einen Seite und *einer besonderen individuellen Welt*, persönlicher Aneignung oder Reinterpretation der Tradition und individueller religiöser Erfahrung auf der anderen Seite. Mit dieser Definition lehne ich implizit die Auffassung von Tillich ab, jedes Objekt eines »unbedingten Anliegens« sei für den Einzelnen schon ein religiöses Objekt[33]. Es ist der

32 G.F.Thomas: Philosophy and Religious Belief (New York, 1970), 62 (Hervorhebung von mir).

33 Vielleicht ist dies auch nur die Abgrenzung gegenüber einer Karikatur der Auffassung Tillichs. In seiner *Systematischen Theologie* unterscheidet er zwischen einem »bedingten« und einem »unbedingten Anliegen« und bezeichnet den Versuch, etwas Bedingtes auf die Stufe des Unbedingten

Bezug auf eine religiöse Tradition notwendig - und sei es auch nur eine solche, die der Einzelne bei der Formulierung seines Überzeugungskomplexes dann verwirft. Umgekehrt bezweifle ich auch rein soziologische Behandlungen des religiösen Sinns, die sich unter Ausschluß des Horizonts der individuellen Aneignung mit der erzählten Überlieferung beschäftigen[34].

Wenngleich keiner der beiden Pole nur je für sich behandelt werden kann, so ist es doch der Einzelne, der den Aspekt der Tradition mit jener kreativen Aneignung bzw. Modifikation verknüpft. Beides muß zusammenkommen, wenn eine religiöse Tradition nicht alt und trocken - eine »tote« Tradition - werden soll. In seinem Insistieren auf dem *pro nobis* des persönlichen Glaubens hat Luther so die Notwendigkeit einer sinnvollen persönlichen Aneignung unterstrichen. In ähnlicher Weise steht diese Betonung im Zentrum von Schleiermachers Kritik der natürlichen Religion in den *Reden:* »Einzelne Anschauungen und Gefühle sind, wie ihr wißt, die Elemente der Religion, und diese nur so quantitativ zu betrachten, wie viele ihrer und namentlich was für welche vorhanden sind, das kann uns unmöglich auf den Charakter eines Individuums der Religion führen«[35]. Welche anderen Standards auch immer schließlich auf religiöse Erklärungen angewandt werden können, sie hängen zumindest von der persönlichen Erschließungskraft der Überzeugungen ab, in denen sie ausgedrückt werden[36].

Es sollte klar sein, daß ich religiöse Überzeugungen und (persönliche oder kommunale) religiöse Erfahrung in gegenseitiger Verknüpfung behandle. Das bedeutet, daß ein System von Überzeugungen einen spezifischen Typus von Erfahrung anregt, während umgekehrt bestimmte Erfahrungen dazu tendieren, einen korrespondierenden Typus der Überzeugung entstehen zu lassen. Die Erfahrung der Macht auf natürlichem oder sozialem Gebiet kann in einem animistischen oder monotheistischen Glaubenssystem ihren Ausdruck finden; die Erfahrung einer persönlichen Betroffenheit oder Fürsorge kann zu einem personalistischen Theismus führen; die Erfahrung der Liebe Gottes zu einer ausgebildeten Lehre der göttlichen Providenz. Schon oft ist darauf hingewiesen worden, wie passend die Erfahrung sinnlosen Leidens durch den karmischen Begriff des fast endlosen Kreises von Tod und Wiedergeburt ausgedrückt wird. Statt meiner These einer gegenseitigen Verknüpfung ziehen es allerdings einige Religionswissenschaftler vor, von der Synthesis religiöser Überzeugung und Erfahrung in einer (oder der) »religious attitude«

---

zu erheben, als »götzendienerisch« (P.Tillich: Systematische Theologie, Bd. 1 [Berlin, 8. Aufl. 1987], 20; vgl. auch Ders.: Wesen und Wandel des Glaubens; in: Ders.: Gesammelte Werke, Bd. 7, hg. R.Albrecht [Stuttgart, 1970], 111-196; 141). - Wenn es aber auch eine Karikatur sein sollte, so ist sie doch sehr einflußreich.

34 Mit seiner Betonung der Verschmelzung der Horizonte von Tradition und Interpret im Verstehen bietet H.G.Gadamer: Wahrheit und Methode (Tübingen, 5. Aufl. 1986); ein hilfreiches Korrektiv für solche Positionen.

35 F.D.E.Schleiermacher: Über die Religion. Reden an die Gebildeten unter ihren Verächtern (Berlin, 1799), 251.

36 Der Gebrauch der »persönlichen Erschließungskraft« als eines Kriteriums wurde vertreten von A.F.Holmes: Christian Philosophy in the Twentieth Century (Nutley, 1969), IXf.; und Ders.: Faith Seeks Understanding (Grand Rapids, 1971), 5ff.

schen dem kognitiven Inhalt und den Erfahrungs- und Gefühlselementen des religiösen Phänomens zu unterscheiden. Daß es manchmal schwierig ist, Erfahrung und Überzeugung in der Praxis auseinander zu halten, bedeutet nicht, daß es für eine Religionsphänomenologie unmöglich ist, die Charakteristika beider Momente zu beschreiben. Selbst wenn man sie nur als Facetten einer tiefer liegenden Realität auffaßt, können die Beschreibungen von religiöser Überzeugung und Erfahrung variieren: Sie zeigen eine unterschiedliche »Logik«.

Angenommen, wir können tatsächlich trotz ihrer Einbettung in eine persönliche oder kommunale Sinnkonstruktion den Inhalt von Glaubensaussagen diskutieren, so ist es nun möglich, die einzelnen Fäden dieser Diskussion zu einer Theorie der religiösen Erklärung zusammenzuknüpfen. Ich habe religiöse Überzeugungen als jene Teile des religiösen Phänomens dargestellt, die sich propositional formulieren, beschreiben und in einigen Fällen auch kritisch prüfen lassen. Vielleicht werden sogar in allen religiösen Traditionen mit solchen Glaubensaussagen religiöse Erklärungen formuliert. Denn Erklärungen sind die theoretischen Ausarbeitungen der Suche nach Kohärenz oder allumfassender Bedeutsamkeit auf der Seite des Gläubigen. Sie sind der vernünftige Versuch, eine nichtdissonante Stimmigkeit zu erlangen, eine Relation der beiderseitigen Implikation zwischen Überzeugungen und Einstellungen.

Mit der Erklärung geht der Gläubige zu einer Form des theoretischen Diskurses über - wie vorsichtig auch immer, und wie eng seine Bindung an die Aspekte seines Glaubensvollzugs auch sein mag. Wie bei anderen Formen des theoretischen Diskurses werden auch hier Warum-Fragen gestellt - »Warum existiere ich? Warum habe ich diese Erfahrung gemacht? Warum ist die Welt so, wie sie ist?« -, die eine religiöse Tradition mit ihrer Glaubensstruktur zu beantworten sucht. Natürlich bilden Frage und Antwort nicht notwendigerweise eine chronologische Abfolge, sondern stehen eher in einem logischen Verhältnis. Es mag durchaus sein, daß spezifische religiöse Erklärungen erst ihre eigene bestimmte Menge von Warum-Fragen entstehen lassen. Das Bemühen um systematische Konsistenz - von den christlichen Kirchenvätern bis hin zum Advaita-Vedanta Hinduismus, von der Ausarbeitung stammesreligiöser Schöpfungsmythen bis hin zur Schöpfungslehre - zeigt, daß sich dieselbe Suche nach weitreichender Kohärenz auf der religiös-theoretischen Ebene widerspiegelt, als welche sie schon auf der Ebene individueller religiöser Sinnentwürfe angestrebt worden war.

Wenn man sie zusammen betrachtet, liefern die individuellen Überzeugungen, die vom Gläubigen vertreten werden, eine (mehr oder weniger) kohärente Erklärung der ihm bekannten Welt. Die religiöse Tradition, in der er sozialisiert wurde, spielt - wie schon erwähnt - keine geringe Rolle dabei, welche Fragen er stellen und welche Antworten als explanativ adäquat er annehmen sollte. Die Erklärung braucht sich nicht einer unbeteiligten Spekulation zu verdanken und die Evidenz für das Explanans nicht nur objektiv zu sein. Religiöse Erklärungen sind nicht unabhängig von Paradigmen. Dennoch *muß* die vorherrschende religiöse Tradition Antworten auf die Fragen bereithalten, die den Einzelnen beschäftigen - wenn sie seine verschiedenen Erfahrungen in ein sinnvolles Ganzes integrieren zu können beansprucht.

ten Spekulation zu verdanken und die Evidenz für das Explanans nicht nur objektiv zu sein. Religiöse Erklärungen sind nicht unabhängig von Paradigmen. Dennoch *muß* die vorherrschende religiöse Tradition Antworten auf die Fragen bereithalten, die den Einzelnen beschäftigen - wenn sie seine verschiedenen Erfahrungen in ein sinnvolles Ganzes integrieren zu können beansprucht.

Die Strafe für explanativen Mißerfolg ist kognitive Dissonanz - ein Gefühl der Spannung zwischen jemandes nichtreligiöser intellektueller (moralischer, affektiver) Erfahrung und ihrer religiösen Darstellung. Solche explanative Unangemessenheit *muß* nicht unmittelbar zu einer Verwerfung der religiösen Tradition zu führen, da die Gliedschaft in einer religiösen Gemeinschaft noch anderen Funktionen dient als lediglich der erfahrenen Welt einen Sinn zu verschaffen. Dennoch wird ein Mißerfolg die Möglichkeiten des Individuums einschränken, sich die in Frage stehende Tradition anzueignen, und den Versuch jener Tradition bedrohen, ihre integrative semantische Aufgabe wahrzunehmen. Dieser Mangel kann vorkommen, egal ob die Tradition der Formulierung und Untersuchung ihrer fundamentalen explanativen Darstellungen einen expliziten Platz einräumt oder nicht[38].

5.3.2 Erklärungsebenen in der Religion

Es gibt so viele Formen und Funktionen religiöser Erklärungen, wie es Typen religiöser Überzeugungen gibt. Sie variieren von der extrem persönlichen Funktion, die gegebene religiöse Erfahrung eines Einzelnen zu erklären, über die Rechtfertigung sozialer Sitten oder einer gesellschaftlichen Autoritätsstruktur bis hin zu der Erklärung, »warum etwas ist und nicht vielmehr nichts«. Zur Frage der Prüfung religiöser Erklärungen werden wir im folgenden Abschnitt kommen. Zuächst aber ist es wichtig, das Verhältnis zwischen religiöser Erklärung und dem Verstehen zu bestimmen - je nach den verschiedenen Ebenen der religiösen Erfahrung.

Wir können zwischen einem engen und einem weiten Begriff der religiösen *Erfahrung* unterscheiden - und entsprechend dazu auch des Glaubens und der religiösen Erklärung[39] -, sofern diese Begriffe nicht eine Dichotomie, sondern die entgegengesetzten Enden eines Kontinuums bezeichnen. Dem *engen* Begriff zufolge sind spezifische Erfahrungen an spezifische Überzeugungen über Gott und die Welt gebunden. Das Göttliche, verstanden als etwas, das eine bestimmte Form und einen (zumindest teilweise) erkennbaren Inhalt hat, ist in individuellen Erfahrungen und Lebensmomenten dem Gläubigen begegnet. Gewisse Zeiten und Orte (Passah, der Tempel), und gewisse Handlungen (Gebet) werden »religiöser« als andere interpretiert. Jenseits davon, entweder in reiner

---

38 Ein exzellentes Beispiel für ein solches Scheitern findet sich in Chinua Achebes Novelle *Things Fall Apart* (New York, 1959). Das Buch zeichnet - im Kontext einer afrikanischen Stammesreligion - die wachsende explanative Unangemessenheit einer religiösen Tradition nach.

39 Vgl. G.F.Thomas: Philosophy and Religious Belief (New York, 1970), 63f.; dessen Arbeit ich hier extrapoliere. Die Termini *eng* und *weit* werden dabei natürlich in einem nicht-normativen Sinn verwendet.

Form oder als Tendenz innerhalb der engen Konzeption, ordnet der *weite* Begriff der religiösen Erfahrung alles Leben unter die Kontrolle des Göttlichen, sieht *alles* als Ausdruck seiner Gegenwart und faßt alle Handlungen als Antworten zu ihm auf. Religion in diesem weiten Sinne ist der deutlichste Ausdruck jener inhärenten Bewegung zum umfassendsten Kontext, die sich in unserer obigen Sinndiskussion ergab. Doch auch in der engeren Konzeption wird das göttliche Wesen oder die heilige Wahrheit, die sich manifestiert, als universal in ihrer Bedeutsamkeit verstanden.

Diese beiden Begriffe der religiösen Erfahrung werfen ein Licht auf verschiedene Tendenzen im religiösen Impuls. Die enge Konzeption fordert für religiöse Überzeugung und Praxis Spezifität: Sie läßt Platz für ein Glaubensbekenntnis oder eine bestimmte Geschichte und ethische Maximen, nach denen zu leben ist - für eine Gemeinschaft in gleicher Weise glaubender Personen als eines sozialisierenden und unterstützenden Netzwerks, und für einen Kultus, um den gemeinsamen Glauben auszudrücken. Solche Bedürfnisse haben die sogenannten positiven Religionen als die hauptsächlichen *Loci* religiöser Erfahrung und religiösen Glaubens in allen Kulturen hervorgebracht und geltend gemacht. Trotzdem - in Spannung mit dieser Komponente - widersetzt sich der weite religiöse Impuls einer letzten Aufsplitterung: »Dein Gott ist zu klein!«, widerspricht der eine; »Man kann Gott nicht in eine Kiste zwängen!«, ruft ein anderer. Sichtbar in ihrer reinsten Form in der mystischen Erfahrung und der negativen Theologie, überschreitet die synthetische Tendenz alle Glaubensbekenntnisse und Grenzen positiver Religion, so notwendig sie in der alltäglichen Praxis auch sein mögen, und bewegt sich in Richtung auf ein letztes und einheitliches Gebiet, wo alle Distinktionen wegfallen[40].

Ich bin der Meinung, daß die Unterscheidung zwischen diesen beiden Konzeptionen religiöser Erfahrung eine bestimmte Beschränkung der Geltung aller Theorien religiöser Überzeugung und Erklärung erforderlich macht. In den Sozialwissenschaften fanden wir eine Spannung zwischen der umfassenden explanativen Kraft höherstufiger (allgemeinerer) Theorien und dem explanativen Detail geringstufiger Theorien; dieselben Spannungen wiederholen sich auf dem Gebiet der Religion. In nahezu allen Religionen wird das Göttliche in oder durch bestimmte Objekte oder Ereignisse wahrgenommen, während es doch alle begrenzenden Worte und Kontexte überschreitet. Jüdische und christliche Theologen betonen beispielsweise die Heilsgeschichte als den bestimmten Ort der Selbstoffenbarung Gottes, ohne dabei den Gedanken aufgeben zu wollen, daß er auch der Herr der Universalgeschichte ist[41].

Ich meine, daß dieses Phänomen auch eine mehrstufige Darstellung *religiöser Erklärungen* notwendig macht - eine Darstellung, die das Unterfangen, auf einer konkreteren Erfahrungsebene einen Sinn zu gewinnen, unterscheidet von der Sinnfrage auf einer Ebene des Ganzen der Erfahrung. Dabei können wir drei Stufen voneinander abheben:

(1) Auf der engsten Ebene nimmt der Gläubige einen bestimmten Komplex von Erfahrungen und Überzeugungen an, um eine Erklärung für ein bestimmtes Ereignis bzw.

---

40 Für eine Zusammenfassung dieser Tendenz in den verschiedenen mystischen Traditionen vgl. L.Dupré: The Other Dimension (New York, 1972), Kap. 9.

41 Vgl. W.Pannenberg (Hg.): Offenbarung als Geschichte (Göttingen, 5. Aufl. 1982).

mehrere bestimmte Ereignisse zu gewinnen: Jahwe ließ die Sintflut kommen, um die Sündhaftigkeit der Menschen zu bestrafen; Gott hat heute diese Panne an meinem Mercedes erlaubt, um mich Geduld zu lehren. Eine religiöse Erklärung der fraglichen Ereignisse schließt den Bezug auf die spezifische Aktivität Gottes in oder hinter dem Ereignis ein. Für den Gläubigen wird die Erklärung wahr sein, wenn Gott tatsächlich in der behaupteten Weise gehandelt hat. Solche Aussagen, die empirische Behauptungen zu implizieren scheinen, brauchen nicht unmittelbar verifizierbar zu sein. Trotzdem können interne Kontradiktionen in der Darstellung des Gläubigen - empirische Prädiktionen, die falsifiziert werden, und Spannungen mit naturalistischen Erklärungen desselben Ereignisses - in einigen Fällen gegen seine Erklärung in Anschlag gebracht werden[42].

(2) Selbst auf einer etwas weiteren Ebene lassen sich noch Warum-Fragen formulieren: »Warum erschuf Gott die Welt? Warum wiederholt sich der Kreis von Tod und Wiedergeburt?« Hier werden auch Antworten der jeweiligen Lehre gegeben, in der Regel von höherstufigen theologischen Behauptungen, die sich auf die Schöpfung der Welt oder »Gottes Plan in der Geschichte« beziehen. Der Rekurs geht nun aber auf die Geschichte als ganze. Es wird Wahrheit in Anspruch genommen für die Aussagen, daß Gott existiert oder das *Samsara* enden wird, wenn das angesammelte *Kharma* keinen neuen Kreislauf mehr aus sich heraussetzt - wenngleich es in der Gegenwart keine besonderen Ereignisse mehr geben dürfte, die diese Wahrheitsbehauptungen falsifizieren könnten. Sie dienen dazu, den Gläubigen zu erklären, warum ihr Leben so ist, wie es ist, und tun das, indem sie eine allumfassende Interpretation liefern, die mehr das Ganze zu beschreiben scheint als einen besonderen Aspekt zu erklären.

Wir sehen auf diesen ersten beiden Ebenen einen langsamen Übergang von Erklärungen von Erfahrungen hin zu Einstellungen hinsichtlich Erfahrungen. Man könnte behaupten, daß explanative Darstellungen auf dieser Ebene noch immer empirische Konsequenzen beinhalten; sie werden aber nur von einer sehr abgeschwächten Art sein. Vielleicht sollte es in der Welt kein Leiden geben, wenn ein allmächtiges, allwissendes und allgütiges Wesen existiert, oder doch kein Übergewicht des Bösen über das Gute - zumindest nicht auf längere Sicht. Definitive Falsifikationen erscheinen sehr unwahrscheinlich, insofern sich diese Erklärungen über einen langen Zeitraum der menschlichen (oder göttlichen) Geschichte erstrecken; angemessener ist ein Rückgriff auf die *eschatological verification* oder Falsifikation (vgl. oben Anm. 8). Trotzdem weisen auch umfassendere religiöse Darstellungen auf etwas, das wir *explanative Kohärenz* nennen können: Sie versuchen, menschliche Erfahrung mit den allgemeinsten Termini zu erklären, in denen eine Erklärung formuliert werden kann. Im Ergebnis können dann auch noch auf dieser Ebene bestimmte Typen der Inkohärenz als Basis für intersubjektive Kritik dienen.

(3) Auf der *weitesten* Ebene der religiösen Erfahrung kann man aber, wenn überhaupt, von Erklärung nur noch in einem von der sonstigen Bedeutung sehr verschiedenen Sinn sprechen. Wenn wir uns an unseren Versuch erinnern, eine Theorie der Erklärung

---

42 Vgl. z.B. R.Heimbeck: Theology and Meaning (Stanford, 1969). Heimbeck argumentiert, daß solche Behauptungen oft prüfbare Elemente beinhalten. Ein ähnliches Argument wird auch von Edward Schoen in seinem Buch *Religious Explanations* (Durham, 1985) vorgebracht; vgl. bes. Kap. 5.

von der Naturwissenschaft aus bis in die Theologie hinein zu entwerfen, dann stehen wir hier vielleicht dem größten Hiatus gegenüber. Auf dieser Ebene unterscheidet sich die Erklärung so sehr von wissenschaftlichen Erklärungen, daß jeder Versuch eines Vergleichs unter der Gefahr einer Äquivokation steht. Die Existenz dieser Ebene in der Religion unterstreicht das Wahrheitmoment des Rekurses auf eine *total interpretation* bei Autoren wie John Hick und W.Cantwell Smith (Daß sie nur *ein* Aspekt des religiösen Lebens darstellt, bildet das Wahrheitsmoment der ihnen entgegengesetzten Positionen).

Auf der Ebene der totalen Erfahrung ist der Glaube »an uncompelled mode of ›experiencing as‹ ... No *way* of accounting for the data can be said to be, in any objectively ascertainable sense, more probable than another«[43]. Im Zusammenhang mit der Bedeutsamkeit des Ganzen kommt es mehr auf fundamentale Intuitionen denn auf Argumente an; man spricht symbolisch - wenn überhaupt; religiöse Erfahrungen werden undifferenziert in dem Sinne, daß die Bedeutung direkt dem Ganzen zugeschrieben wird und nicht mehr durch Ableitung jedem seiner Teile. Kein Wunder, daß Autoren wie Nygren, der die Religionsphilosophie als einen Prozeß sprachlicher Analyse und Klärung entfalten wollte, in ihren Sinntheorien diesem Punkt nur kurze Beachtung schenken und sich dem religiösen Kontext nur in dem Maße zuwenden, in dem er in rein propositionalen und epistemischen Termini dargestellt werden kann. Dasselbe gilt für den größten Teil der Behandlungen der Religion in der anglo-amerikanischen - »analytischen« - Tradition.

Auf dieser Ebene vollzieht sich die sinnstiftende Funktion der fundamentalen religiösen Intuitionen des Gläubigen für seine Erfahrung als ganzer eher in der Art eines unmittelbaren ästhetischen Sinns des Schönen als in der Art einer propositionalen Analyse. Der Gläubige oder Mystiker spürt (»sieht«), daß die Dinge zusammenpassen, daß es eine zugrunde liegende Kohärenz gibt, daß »All shall be well, and / All manner of thing shall be well«[44]. Hier am Rand der Propositionalität bleibt nur noch eine geringe Analogie mit anderen explanativen Unternehmungen. Intuitives Verstehen ist nicht mehr länger eine Vorbedingung der Erklärung, sondern scheint sie zu überholen. Das Beste, was der Religionswissenschaftler anbieten kann, ist die semantische Linie von begrenzten zu umfassendsten Sinnkontexten - wie sie bisher skizziert wurde -, und selbst diese Linie ist mehr gesetzt als beobachtet. Wir können daher sagen, daß diese höchste Ebene - die Intuition des Sinns einer totalen Erfahrung - den Grenzfall für explanative Bemühungen auf anderen Ebenen darstellt. Hier beansprucht der Gläubige oder Mystiker, eine letzte Kohärenz zu haben - einen höchsten und allumfassenden Zusammenhang. Hier mag er von Harmonie oder Einheit oder der Akzeptanz all dessen reden, was ist. Die Elemente aber, die die Erklärungen in unseren vorgehenden Überlegungen kennzeichneten, fehlen nun: Keine Problemsituation kann jetzt spezifiziert und kein Feld abgesteckt werden, da die Erklärung alles umfaßt; keine Warum-Frage kann formuliert werden; es bleibt keine

---

43 J.Hick: Faith and Knowledge (Ithaca, 2. Aufl. 1966), 151, 154. Hick hat Unrecht, wie wir sehen werden, wenn er in seinem Buch *An Interpretation of Religion* (New Haven, 1989) *allen* religiösen Glauben - beispielsweise auch den Disput zwischen Theismus und Atheismus - dieser Ebene zuordnet.

44 T.S.Eliot: Little Gidding. The Four Quartets; in: Ders.: The Complete Poems and Plays (New York, 1971), 138f.

Unterscheidung zwischen allgemeinen Gesetzen und spezifischen Instanzen. Die Referenz (wenn sich Subjekt und Objekt, Intuition und Referenz, überhaupt noch trennen lassen) ist nicht mehr ein Punkt in der Welt, sondern die Welt im Ganzen, ihre Beziehung zum Transzendenten als dem ganz Anderen. In einem wichtigen Sinne ist nun das ganze explanative Bemühen zurückgelassen oder transzendiert worden; das Verstehen ist an die Stelle der Erklärung getreten.

Interessanterweise reicht dieser Grenzfall der religiösen Erklärung bis in die konkreten Erklärungen hinein, die sich in religiösen Überzeugungssystemen finden. Ich habe schon die Wechselwirkung weiter und enger Religionsbegriffe in den meisten vorhandenen religiösen Systemen erwähnt. Eine Folge dieser Gegenseitigkeit ist es, daß sich sogar in solchen religiösen Erklärungen eine holistische Komponente findet, die in der Reichweite relativ begrenzt sind. Selbst in Traditionen, die bereit sind, in univoker Terminologie und sehr detailliert über ihren Gott oder ihr kosmisches Prinzip zu reden, finden sich einige Hinweise auf ein Transzendentes oder ganz Anderes, daß außerhalb aller Sprache steht. Die stillschweigende Präsenz dieses letzten Horizonts, in dem alle Unterschiede verschwinden, wirkt (auf eine oft sehr subtile Weise) zurück auf den Bereich, in dem noch Unterscheidungen getroffen und Theorien formuliert werden. Sie erweist deren Status damit als begrenzt und provisorisch - vielleicht sogar als hypothetisch.

Aus all diesen Gründen können wir niemals die Religion so verstehen, als ob Gläubige nur Erklärungen formulieren und überprüfen. Religiöse Aussagen sind niemals ganz frei von ihrem *Telos* im Ganzen oder Jenseits; die explanative Rolle bildet also nur einen Teil ihres religiösen Gebrauches. Das semantische oder interpretative Element hingegen gerät, wie wir sahen, nicht unter eine solche Beschränkung. Da die Erklärung auf den höchsten Gebieten religiöser Überzeugung und Erfahrung allmählich in das Verstehen übergeht, läßt sich dieser Prozeß antizipativ auch schon in begrenzteren religiösen Kontexten am Werke sehen - wenngleich in einer weniger offensichtlichen Weise. Es ist unberechtigt, das explanative oder epistemische Element in der Religion zu übersehen, nur weil es dort mit einem subjektiven Sinn im Zusammenhang steht. Es ist aber genauso unberechtigt, religiöse Überzeugungen einfach auf ihre explanative Funktion zu reduzieren.

5.4 Die Rationalität religiöser Erklärungen

Im Rest dieses Kapitels wollen wir der Frage nachgehen, ob religiöse Erklärungen rational geprüft werden können - und wenn ja, unter welchen Bedingungen dies möglich ist. Wir fragen nicht nach der Rationalität bestimmter religiöser Erklärungen, wenngleich die Ergebnisse für ein solches apologetisches Bemühen Platz schaffen werden. Auch die andere Frage möchte ich nicht behandeln, wie rational es ist, in unserer modernen Welt auf religiöse Erklärungen zurückzugreifen. Die Aufgabe hier ist sehr viel bescheidener: Es geht darum, zu präzisieren, was von religiösen Überzeugungen gefordert werden muß, wenn sie als rational im Sinne intersubjektiver Kritisierbarkeit gelten sollen. Ich werde argumentieren, daß es tatsächlich einige Bedingungen gibt und man den Begriff der rationalen Rechtfertigung nicht beliebig in Anspruch nehmen kann. Zugestandenermaßen wird im Lichte der Schwierigkeiten und Einschränkungen, die in diesem Kapitel zutage getreten sind, die rationale Prüfung religiöser Erklärungen eine schwierige und bestenfalls teilweise zu lösende Aufgabe darstellen. Trotzdem hat bisher kein Argument die Schlußfolgerung gerechtfertigt, daß der Anspruch auf rationale Erklärung in der Religion unhaltbar ist.

Unsere Prüfung der religiösen Überzeugung und des religiösen Sinnentwurfs hat u.a. gezeigt, daß es unmöglich ist, religiöse Überzeugungen je für sich zu prüfen. Diese erste Bedingung für jede rationale Diskussion von Glaubensaussagen sollte keine Überraschung darstellen. Kontextuelle Bedingungen ergaben sich schon bei unserer Untersuchung der Naturwissenschaften, wo ich sie unter der Rubrik des Kontextprinzips der Rationalität betrachtete; in der Behandlung der sozialwissenschaftlichen und philosophischen Rationalität wurden sie nochmals besonders hervorgehoben. Wenn man sich auf religiöse Überzeugungen in ihrer Rolle als Erklärungen konzentriert und ihre explanative Adäquanz zu überprüfen sucht - welche Reichweite die Prüfungskriterien auch immer haben mögen -, dann muß man sie auf der Ebene von Systemen in den Blick nehmen.

Selbst dort, wo diese Forderung akzeptiert wird, bleibt eine Unstimmigkeit über die Arten von Glaubenssystemen, die es zu beurteilen gilt. In dem Bemühen, Vergleiche zwischen abstrakten philosophischen Systemen und religiösen Glaubenssystemen zu vermeiden, haben einige Autoren darauf insistiert, daß allein die formalen Lehren der großen Weltreligionen einer Prüfung zugrunde gelegt werden sollten - d.h. solche altehrwürdige religiöse Traditionen, die die in religiösen Gemeinschaften sich findenden Riten und Praktiken voraussetzen. Obwohl es Gründe gibt, sich auf die praktizierenden religiösen Gemeinschaften zu konzentrieren, halte ich es dennoch nicht für angebracht, die religiöse Sphäre allein auf sie zu beschränken. Es ist absolut vorstellbar, daß die Philosophie Whiteheads (oder Teilhards oder Swedenborgs) eine umfassende Theorie der menschlichen Existenz inhaltlich füllen könnte. Daß eine »bloße Philosophie« vielen religiös unangemessen erscheint, kann nicht verhindern, daß sie von anderen leidenschaftlich vertreten wird. Menschen haben ein kreatives Vermögen und eine geschichtliche Offenheit, die uns davon abhalten sollten, neue Religionen oder Systeme religiöser Überzeugungen auszuschließen.

Die großen existierenden religiösen Traditionen haben dennoch den Test der Zeit bestanden: Sie haben dazu beigetragen, einer weiten Zahl von Personen über Jahrhunderte hinweg Sinnwelten zu bieten, und ihr rationales Potential - die Möglichkeit, sie in kohärente Systeme zusammenzufügen - wurde durch viele verschiedene geschichtliche Kontexte hindurch entfaltet. Daher ist es zumindest *prima facie* gerechtfertigt, mit ihnen zu beginnen, wenn sich die Frage nach der Rationalität religiöser Überzeugungen stellt. Darüber hinaus verhilft die Konzentration auf bestehende religiöse Traditionen dazu, viele der Pseudo-Verknüpfungen zu vermeiden, die oft zwischen Wissenschaft und Religion hergestellt werden. Eine Anzahl von Autoren trachtet danach, die Physik selbst als Religion oder aber als direkte Quelle für eine religiöse Position verwenden zu können[45]. Solche Ansätze mögen hilfreich sein als Apologetiken für existierende religiöse Traditionen, um zu zeigen, daß sie mit der modernen Wissenschaft nicht unvereinbar sind (Obwohl ich es bezweifle, daß sie in dieser Hinsicht einen Dienst leisten). Der Versuch aber, die Religion direkt auf der Basis der Wissenschaft ohne Rücksicht auf die semantische Weltkonstruktion des Einzelnen (wie in Kap. 3 dargestellt) zu begründen, wird eher dazu führen, gerade dort weitreichende Kontinuitäten zwischen der Erklärung in der Wissenschaft und in der Religion zu postulieren, wo tatsächlich wichtige Diskontinuitäten im Vordergrund stehen.

Was konstituiert eine religiöse Tradition? Thomas Luckmann definiert Religionen als »specific historical institutionalizations of symbolic universes«[46]. Wir können wohl »symbolic universes« verstehen als entwickelte und gemeinsame Versionen von Sinnentwürfen, wie sie oben dargestellt worden sind. Luckmanns Definition setzt voraus, daß es für den Gläubigen oder Religionswissenschaftler möglich sei, den »symbolic universe« einer Religion von ihrer jeweiligen institutionalisierten Form zu einer bestimmten Zeit zu unterscheiden. Die verschiedenen Propheten haben ja oft gerade dies getan und im Lichte des vermeintlich originalen Sinns der jeweiligen Religion die Veränderung institutionaler Strukturen oder Praktiken gefordert. Dennoch mag die explanative Adäquanz eines religiösen Systems für jeden ihrer Anhänger sehr eng mit seiner gegenwärtigen institutionalen Form und seinem Lehrgehalt verknüpft sein. Jedem Einzelnen ist es darum zu tun - wie schon gezeigt -, eine Kohärenz zwischen seinen eigenen Lebenserfahrungen (intellektuellen, ethischen, ästhetischen und explizit religiösen) und den Überzeugungen und Praktiken der Tradition herzustellen.

5.4.1 Jenseits der Dichotomie zwischen Innen und Außen

Die Frage nach der Rationalität des religiösen Glaubens läßt sich nur dadurch beantworten, daß zwischen den beiden explanativen Ebenen unterschieden wird, die zu Beginn des Kapitels eingeführt worden waren: (1) Wenn wir uns einer phänomenologischen Untersuchung des einzelnen Gläubigen zuwenden, können wir mit dem Ergebnis zufrieden sein, daß die in Frage stehende religiöse Tradition *ihm* dadurch hilft, seiner Erfahrung einen Sinn abzugewinnen, daß sie sie - in *seinen* Augen - angemessen interpretiert oder erklärt. Es ist in der Tat beinahe tautologisch zu sagen, daß Aussagen nur soweit gültig

---

45 Dies ist wahrscheinlich die treibende Kraft hinter A.N.Whitehead: Process and Reality (New York, 1978); wenngleich er sich die Einsteinschen Quellen nur mittels einer detaillierten organischen Metaphysik angeeignet hat. Notorisch wurde dieses Genre durch Bücher wie F.Capra: The Tao of Physics (New York, 1975); und G.Zukav: The Dancing Wu-Li Masters (New York, 1980). Etwas subtilere Überlegungen finden sich bei D.Bohm: Wholeness and the Implicate Order (London, 1980); und P.Davies: God and the New Physics (New York, 1983).

46 T.Luckmann: The Invisible Religion: The Problem of Religion in Modern Society (New York, 1967), 43.

sein müssen, wie der Einzelne es braucht, um sie als gültig ansehen zu können. Die Religionsgeschichte zeigt überdeutlich, daß Personen Aussagen als rational zufriedenstellend akzeptieren, die für andere sehr viel weniger rational zwingend sind. Es mag durchaus allgemeine, begriffliche Kriterien geben, die diese Erklärungen als rational mangelhaft ausweisen; es gibt aber keine Rechtfertigung, sie damit auch für *religiös* inadäquat zu halten.

(2) Wenn wir im Gegensatz dazu die Perspektive des Religionswissenschaftlers einnehmen, zeigt sich die Notwendigkeit einer erneuten Beurteilung. Der Religionswissenschaftler beschäftigt sich mit der Analyse der weltkonstruierenden Aktivitäten religiöser Individuen und Gruppen. Mit der Erweiterung des Erfahrungsbereiches (der Evidenz), dem seine explanativen Bemühungen angemessen sein müssen, erweitert er ebenso die Standards von Adäquanz und Inadäquanz. Indem er auch von außen kommende Kritik zuläßt, legt er sich darauf fest, intersubjektive Beschreibungen und Argumente zu geben - die also zumindest im Prinzip jedem informierten Leser zugänglich sind. Aber müssen wir wirklich einen qualitativen Unterschied zwischen den explanativen Unternehmungen des Gläubigen und des Religionswissenschaftlers machen?

Meine Antwort auf diese Frage läßt sich mit Hilfe einer etwas ausführlicheren Parabel veranschaulichen. Stellen wir uns einen typischen Religionswissenschaftler vor, dem es um sozialwissenschaftliche Religionsstudien (Anthropologie, Psychologie) *und* Religionsphilosophie zu tun ist. Nehmen wir an, er sei mit der Untersuchung der religiösen Überzeugungen eines indonesischen Stammes, den Ajunyee, beschäftigt, die den Kriegsgott Tzojov verehren. Der Anthropologe lernt, daß Tzojov die Welt geschaffen habe - die Insel, die von den Ajunyee bewohnt wird, und die Inseln der Umgebung, von denen sie Kenntnis haben - indem er sie mit seiner knöchernen Angel aus einer mythischen Unterwelt emporgezogen habe. Darüber hinaus wird Tzojov deshalb verehrt, weil er mächtiger ist als die gefährlichen Geister der Ahnen und den Sieg im Kampf gegen die benachbarten Kannibalenstämme garantiert, wenn ihm geeignete und hinreichende Opfer dargebracht werden.

Die Ajunyee-Kosmogonie ist für Ajunyee-Gläubige explanativ angemessen, da sie die objektive und soziale Welt erklärt, die sie kennen - und dies in einer Weise, die für sie passend ist. Sie beantwortet die relevanten Warum-Fragen so, daß sie ihrer Welt einen Sinn gibt. Außerdem wird Tzojov verehrt, weil er die Macht hat, Dinge zu beschaffen, die ein Ajunyee braucht oder schätzt. Trotzdem wird der philosophisch orientierte Anthropologe, wenn er von der Beschreibung zur *Beurteilung* dieser Überzeugungen übergeht, an der Ajunyee-Kosmogonie auszusetzen haben, daß sie nicht in der Lage ist, zusätzliche Tatsachen und Institutionen zu erklären, die den Ajunyee unbekannt sind (den »Ruhrpott«, McDonald's ...). Er wird auch Schwierigkeiten haben, an ihren Gott zu glauben (abgesehen von der Frage nach Beweisen für seine Existenz), da ihm bestimmte ethische Eigenschaften völlig fehlen (Gerechtigkeit, Güte) und er nicht mächtig genug ist - nicht einmal theoretisch - für die bestimmenden Sorgen seiner Welt Lösungen herbeizuführen (eine gerechte Weltordnung, den Beamtenstatus eines Professors ...). Wenn jemand Schwierigkeiten mit dem Ajunyee-Beispiel hat, dann mag er an den Verlust der

Überzeugungskraft der griechischen Gottheiten oder an die modernen Behauptungen denken, der thomasische Begriff Gottes als des allmächtigen *esse subsistens* sei inkompatibel mit dem liebenden Vater des Neuen Testaments und daher nicht länger ein brauchbarer Gegenstand der Verehrung[47].

Wenn die religiöse Erklärung wie in diesem Beispiel aufgefaßt wird, tritt allmählich eine interessante Möglichkeit ans Licht. Die Unterscheidung zwischen den Ebenen des Gläubigen und des Religionswissenschaftlers braucht nicht absolut zu sein. An dem kritischen Prozeß der Annahme oder Ablehnung von Erklärungen auf der Grundlage von Gründen können *beide* beteiligt sein. Statt des Anthropologen, der die Ajunyee-Überzeugungen explanativ unangemessen findet, können wir uns ebensogut auch einen weitgereisten Ajunyee vorstellen, der in ähnlicher Weise reagiert. Stellen wir uns beispielsweise einen Ajunyee vor, der beim Fischen von einem Hurrikan nach Jakarta getragen wird, wo er sich niederläßt und lernt, Mikrochips herzustellen. Dieser Stammesangehörige wird wohl zu denselben Schlußfolgerungen über die Unangemessenheit der Ajunyee-Religion kommen - und das aus Gründen, die denen des Anthropologen sehr ähnlich sind.

Mit der Betonung der Parallelen zwischen Gläubigem und Religionswissenschaftler will ich auf gar keinen Fall die Religion auf rationale Reflexion reduzieren. Es braucht nicht vorausgesetzt zu werden, daß aus einer wirkungsvollen Kritik automatisch die Ablehnung eines Überzeugungssystems folgt - selbst wenn der zu erklärende Erfahrungsbereich explizit erweitert und die Bedingung einer intersubjektiven Kritisierbarkeit vollständig erfüllt wird. Der Gläubige oder die Gemeinschaft können *ad hoc*- Modifikationen einführen oder den Status der Überzeugungen in einer anderen Weise interpretieren, um sie gegen die Schwierigkeiten abzuschirmen. Der verlorengegangene Stammesangehörige kann auf seine Insel zurückkehren, ohne seine religiösen Überzeugungen zu ändern. Vielleicht wird er entscheiden, daß Tzojovs Macht sehr viel größer ist, als er es als Kind gelernt hatte, oder daß die Ajunyee-Religion ihm in ästhetischer Hinsicht immer noch gefällt, wenn sie rein symbolisch interpretiert wird. Möglicherweise hält ihn aber auch die Furcht vor sozialer Ächtung oder der Auslieferung an die benachbarten Kannibalen davon ab, seine Überzeugungen aufzugeben. Daß aber der Gläubige der rationalen Prüfung nicht immer volles Gewicht beimißt, ist kein Beweis dafür, daß religiöser Glaube und eine fragende oder kritische Einstellung miteinander unvereinbar sein müssen. Sozialwissenschaftler sind auch nicht immer kritisch, wenngleich mehrere von ihnen der Meinung sind, daß sie es sein sollten. Das Phänomen des Anthropologen beispielsweise, der »wie ein Eingeborener lebt« und unkritisch Teile (oder das Ganze!) einer einheimischen Kosmologie übernimmt, ist wohlbekannt. In solchen Fällen können die Prüfungen des Anthropologen durchaus noch weniger kritisch oder objektiv sein als die der einheimischen Gläubigen selbst.

Mit anderen Worten: Meine These lautet, daß die Unterscheidung zwischen den Ebenen von Gläubigem und Religionswissenschaftler nicht als letztgültig angesehen werden

---

47 Vgl. C.Hartshorne: A Natural Theology for Our Time (La Salle, 1967).

darf. Der eine ist nicht immer nur innen eingeschlossen, während der andere außen steht. Der Religionswissenschaftler kann durchaus ein ebenso gutes, wenn nicht sogar besseres Verständnis gewinnen wie die eigentlichen Gläubigen und Glieder einer Religion (Daß dieses Verständnis eine notwendige Bedingung seiner Tätigkeit als Sozialwissenschaftler darstellt, war eine Hauptthese von Kapitel 3). Dafür können Gläubige - und tun es auch oft - ihre religiösen Erklärungen im Licht einer »externen« Evidenz (aus der Wissenschaft, Ethik oder Philosophie) und nach Maßgabe von Kriterien beurteilen, die nicht direkt aus ihrem eigenen »internen« Glaubenssystem stammen. Wenn der Bereich der für den Gläubigen relevanten Erfahrung erweitert wird - wie im Beispiel des Ajunyee-Fischers -, kommt es zu semantischen und explanativen Anfragen an sein religiöses Paradigma. Eine Erklärung, die er einst als rational angemessen angesehen hatte, mag nun modifiziert oder verworfen werden, da sie die neuen Daten nicht kohärent darstellen kann - wiederum unter der Voraussetzung, daß er solche Daten in Erwägung zieht und externe Probleme berücksichtigt, die sich durch andere Erfahrungen oder Disziplinen stellen.

In diesen Fällen *gibt es nicht länger eine scharfe Trennlinie zwischen religiösen Erklärungen und solchen, die sich üblicherweise in der Religionsphilosophie finden.* Anders gesagt, die Trennlinie zwischen dem Anhänger einer religiösen Tradition (oder ihrem Kritiker) und dem (ideal-) objektiven Analytiker ihrer rationalen Stärken und Schwächen darf nicht mit Hilfe des Schemas Beteiligter-Nichtbeteiligter gezogen werden. Sicher werden viele religiöse Aussagen - wie die Wittgensteinianer betonen - vermutlich nur innerhalb eines gegebenen religiösen Paradigmas einen Sinn ergeben. Solchen internalistischen Darstellungen des religiösen Glaubens aber, die behaupten, daß externe kritische Beurteilungen in religiösen Überzeugungssytemen keinen Platz haben, gebührt nicht das letzte Wort. Der Gläubige kann die Rolle des objektiven Analytikers spielen und umgekehrt.

5.4.2 Zur Verteidigung des säkularen Gläubigen

Wir haben gesehen, daß die Unterscheidung zwischen Innen und Außen relativ ist: Sie kann - und wird auch oft - von religiösen Gläubigen überholt. Diese Tatsache spielt eine wichtige Rolle für die Auffassung von religiösen Überzeugungen, Erklärungen und des theologischen Unternehmens, die auf den noch verbleibenden Seiten dieses Buches vertreten wird. Wenden wir sie zunächst auf den religiösen Glauben an - und besonders auf den oft ausgesprochenen Vorbehalt, daß ein Scheitern in der Darstellung eines internen religiösen Diskursbereiches notwendig zu einer Reduktion der Religion auf Ethik, Psychologie oder Einbildung führt. Meine These lautet, daß das Zugeständnis einer freien Bewegung zwischen den Ebenen der Religion und der Reflexion über die Religion die religiösen Überzeugungen nicht auf etwas Nichtreligiöses reduzieren muß, wenngleich darin die Offenheit zu einer Revision enthalten ist - sofern diese notwendig werden sollte.

Es ist hilfreich, der Kritik des Reduktionismus mit einer Unterscheidung zu begegnen, die von Wayne Proudfoot eingeführt worden ist. Proudfoot verwirft den Gebrauch *beschreibender Reduktionen* bzw. »the failure to identify an emotion, practice, or experience under the description by which the subject identifies it«[48]. Das ist sicherlich richtig. Unsere frühere Betonung der wichtigen Funktion des Verstehens in den Sozialwissenschaften - ebenso wie die Arbeit der großen Religionsphänomenologen in diesem Jahrhundert - haben die Notwendigkeit einer genauen, internen Beschreibung unterstrichen, wenn es um das Verstehen des betreffenden Phänomens gehen soll.

Dennoch erlaubt Proudfoot eine *explanative Reduktion*, die »consists in offering an explanation of an experience in terms that are not those of the subject and that might not meet with his approval« (197). Proudfoots Kapitel über die Erklärung ist eine umfangreiche Darstellung der explanativen Reduktion als des notwendigen Bestandteils einer allgemeinen Theorie der religiösen Erfahrung. Er behauptet, es sei grundlegend für die Religionswissenschaft, einander konkurrierende Erklärungen der Aktivitäten und Perspektiven von Gläubigen zu geben. Denn religiöse Erfahrungen setzten von sich aus Begriffe und Überzeugungen voraus, die nicht ausschließlich religiös sind. Dies ist das *noetische* Element in der religiösen Erfahrung, das Proudfoot in der These Schleiermachers, die Religion sei ein autonomes Moment der menschlichen Erfahrung, vermißt - zumal sich für die Konzeption einer »Religion ohne Erklärung«, wie Proudfoot mit Recht bemerkt, keine befriedigenden Argumente finden[49].

Wesentlicher noch für meine These ist es, daß wir, wenn wir andere Teile *unserer eigenen* Erfahrung erklären, ständig auf solche externe Erklärungen zurückgreifen. Wegen der Pluralität konkurrierender Erklärungen sei es untersagt, eine »protective strategy« (233) anzuwenden, um die Prüfung anderer möglicher Erklärungen auszuschließen. Diese Offenheit gegenüber Kritik bilde den Kern einer Theorie der *intersubjektiven* Rationalität.

Auf den ersten Blick scheint Proudfoots These einer explanativen Reduktion der Theologie und dem Denken einzelner Gläubiger nicht genügend Raum zu lassen[50]. Wie werden wir den Prozeß verstehen, durch den Gläubige ihre Erfahrung in anderen Termini und Begriffen als denen der *primären* Sprache ihrer Verehrung oder Schriften zu beschreiben versuchen - und dabei doch Termini verwenden wollen, die (direkt oder indirekt) aus ihrer Tradition entstammen? Berücksichtigt Proudfoots explanative Reduktion die - vom Gläubigen selbst entworfenen - Rekonstruktionen der religiösen Überzeugungen in nichtreduktionistischen (glaubensinternen) Termini? Werden sie in dieser Hinsicht der Theologie gerecht? Wenn ich meine Erfahrungen und sogar die ganze Weltgeschichte als eine Folge der Sünde und Distanz von Gott theoretisch erklären kann, habe ich dann nicht rational gehandelt? Solche Rekonstruktionen scheinen in einem undurchsichtigen

48 W.Proudfoot: Religious Experience (Berkeley, 1985), 196.

49 Vgl. D.Z.Phillips: Religion without Explanation (Oxford, 1976).

50 Die Einsicht in die Wichtigkeit der internen Beschreibung einer Tradition verdanke ich Diskussionen mit dem vor einiger Zeit verstorbenen Hans Frei; vgl. H.Frei: The Eclipse of Biblical Narrative (New Haven, 1974).

Dunkel zwischen Proudfoots beiden Kategorien zu liegen: Sie sind nicht nur intuitives Verstehen, aber auch noch keine kompletten (allen zugängliche) Erklärungen. Die Beschreibung des Glaubens in glaubensinternen Termini mag - *in der Perspektive des Beteiligten* - eine vollgültige oder doch zumindest partiale Erklärung darstellen. Die Beschreibung kann für solche Individuen oder in solchen Gemeinschaften als vollgültige Erklärung dienen, wo Erziehung und Sozialisation nicht eine besondere säkulare Perspektive hervorbringen. Umgekehrt kann sie für die meisten der in Europa und viele der in Nordamerika aufgewachsenen Personen, bei denen gerade eine solche säkulare Perspektive dominiert, nur die Rolle einer partialen Erklärung einnehmen. Wenn der Einzelne behauptet, daß eine interne Beschreibung seinen erststufigen Überzeugungen und Erfahrungen einen Sinn abgewinnt, dann wäre es unangebracht, diesen Anspruch als gänzlich verfehlt zurückzuweisen. Die *interne Erklärung* ist kein unsinniger Begriff.

Dennoch sind interne Erklärungen für eine große Anzahl von Gläubigen in unserer modernen Zeit epistemisch unbefriedigend geworden - diesen Typus des Gläubigen wollen wir einen *säkularen Gläubigen* nennen. Für solche Personen - die im entwickelten Westen nicht ungewöhnlich sind - koexistieren säkulare Perspektiven und Denkweisen - wissenschaftliche, politische, ethische - neben religiösen Erfahrungen und/oder der aktiven Teilnahme an der »Lebensform« einer Kirche oder Synagoge. Für diese Personen paßt Wittgensteins Behandlung der Religion nicht: »Suppose that someone believed in the Last Judgement. ... He has what you might call an unshakeable belief. It will show, not by reasoning or by appeal to ordinary grounds for belief, but rather by regulating for [him] in all his life. ... This in one sense must be called *the firmest of all beliefs*«[51]. Diese Gruppe moderner Gläubiger »springt« nicht mit Kierkegaard und beginnt auch nicht wie Barths Anselm ihre rationale Reflexion vom Standpunkt eines sicheren Wissens um Gottes Existenz aus. Selbst das traditionelle *fides quaerens intellectum* mit seiner zugrunde liegenden Voraussetzung eines linearen Fortschritts vom Unglauben über den Glauben bis zum intellektuellen Verstehen trifft auf diese Personen weniger zu als ein eher hermeneutisches Modell des ständigen Dialogs zwischen religiösen und säkularen Denkweisen.

Der säkulare Gläubige mag seinen Skeptizismus mit den Formulierungen seiner religiösen Tradition zu beantworten versuchen. Da der Zweifel aber seinem religiösen Glauben nicht mehr extern ist, wird das Bemühen, ihm in einer allgemein akzeptablen Weise zu begegnen, zu einem immanenten Bestandteil seines Glaubenslebens. Erinnern wir uns, daß wir in Kapitel 1 die intersubjektive Erklärung als den Versuch bestimmt hatten, Gründe anzugeben, die auch für solche Personen annehmbar sind, die außerhalb der eigenen Lebensform - bzw. Glaubensgemeinschaft - stehen. Der entscheidende Punkt ist hier, daß diese Suche nach intersubjektiver Begründung dem religiösen Glauben weder extern sein noch reduktionistisch verfahren muß, sondern statt dessen der Dynamik des Glaubens intern sein kann. Säkulare Gläubige können durchaus das berühmte Zitat Dide-

---

51 L.Wittgenstein: Lectures and Conversations on Aesthetics, Psychology and Religious Belief (Oxford, 1966), 53f. (Hervorhebung von mir).

rots zu ihrem Motto erheben: »Les doutes, in matière de religion, loin d'être des actes d'impiété, doivent être regardés comme des bonnes oeuvres, lorsqu'ils sont d'un homme qui reconnaît humblement son ignorance, et qu'ils naissent de la crainte de déplaire à Dieu par l'abus de la raison«[52].

Interessanterweise findet man diesen *religiösen* Dialog zwischen Glaube und Zweifel, zwischen »internen« Gründen und »externer« Kritik, auch häufig schon in der Entwicklung des religiösen Denkens und der westlichen Theologie. Es besteht keine Notwendigkeit, diesen Prozeß im Detail darzustellen, da er genau von jenen akzeptiert wird, die diese Entwicklung am meisten beklagen. Das Unterfangen des Denkens eines Gottes, dessen Existenz - besonders im Mittelalter und in der Reformationszeit - als unproblematisch angesehen wurde, wandelte sich in der Aufklärung und später zu dem Bemühen, die Existenz dieses Gottes zu beweisen. Die einfache Nacherzählung der biblischen Geschichte wurde zur historisch-kritischen Aufgabe, den Weizen dessen, was immer noch geglaubt werden kann, vom Spreu vormoderner Wundergeschichten und anderen Ausschmückungen zu trennen - oder zur philosophischen Aufgabe, den (wirklichen) Sinn hinter den traditionellen Erzählungen zu entdecken[53]. Ninian Smart schließt daraus, daß »there is an assimilation of the results of Religion [›Religion‹ definiert er als Religionswissenschaft] into the making of Theology«[54]. Etwas zugespitzter könnte man sogar sagen, daß in der westlichen Tradition - besonders im christlichen Raum - die Religionsphilosophie zu einem Element der Theologie geworden ist - in einer Weise, wie es in vielen nichtwestlichen religiösen Traditionen nicht der Fall ist.

Offenbar stehen angesichts dieser allgemein zugestandenen Tatsache zwei Möglichkeiten offen. Man kann vorschlagen, daß wir zur Voraufklärung zurückkehren oder (was auf dasselbe hinausläuft) uns auf eine postmoderne Denkungsart einlassen sollten. Wir könnten auch versuchen, die philosophischen Verunreinigungen aus der religiösen Reflexion wie die Kletten aus der Baumwolle auszukämmen, indem wir dem Glauben zugestehen, sich nicht auf säkulare Disziplinen gründen zu müssen, sondern sich - im Sinne des epistemischen Kohärentialismus - allein durch seine persönliche Erschließungskraft oder das Gewicht seiner Tradition zu rechtfertigen. Doch die menschliche Suche nach dem Sinn vollzieht sich gerade nicht in dieser Weise. Wie wir in Kapitel 3 gesehen haben, hängt der Sinn einer Überzeugung für den Einzelnen von ihrem Platz in seiner jeweiligen semantischen Welt ab. Daher ist der Sinn einer gegebenen religiösen Tradition mit ihren Überzeugungen und Praktiken für den modernen Menschen ein anderer als für einen Gläubigen, der im ersten, fünften oder dreizehnten Jahrhundert gelebt hat. So schreibt beispielsweise Ninian Smart: »In uttering a New Testament Theology (e.g. Paul's Theology) am I actually expressing the [first-century] picture? The reason for doubt is that the terms I use have a new significance in *my* twentieth-century milieu. For

52 D.Diderot: Addition aux Penseés philosophiques; in: Ders.: Oeuvres Complète, Bd. 1, hg. J.Assézat (Paris, 1875), 158.
53 Vgl. Hans Frei: The Eclipse of Biblical Narrative (New Haven, 1974).
54 N.Smart: The Phenomenon of Religion (New York, 1973), 25.

example, if I affirm a miracle in this scientific age am I *making the same point* as was originally being made? We may call this the phenomenon of milieu-transformation«[55].

Wenngleich nicht zu leugnen ist, daß es Gläubige gibt, die im Rahmen der Geschichten des ersten Jahrhunderts leben können, so ist es doch genauso klar, daß es viele gibt, die sie nur durch eine Fusion mit den Perspektiven des zwanzigsten Jahrhunderts lesen und sich ihnen nähern können. Es ist gerade nicht der Fall - wie Cornelius van Tils »metaphysical presuppositionalism« behauptet -, daß man in einer präsuppositionalen Welt denkt, daß es keine Anknüpfungspunkte und keine gemeinsamen Kriterien zwischen den Welten gibt, und daß Christen und Juden eine Welt proklamieren, in die der säkulare Geist des zwanzigsten Jahrhunderts entweder hineinspringen und sie als ganze übernehmen muß oder aber sie überhaupt nicht erfassen kann[56].

Daher sind jene, die den rationalen Zweifel in ihre Theorien der religiösen Erklärung aufnehmen, zumindest hinsichtlich des Typus von Person in der modernen westlichen Kultur im Recht, den ich den säkularen Gläubigen genannt habe. George Thomas' Thesen liefern ein gutes Bild dieses Typus des Glaubens: »Since [religious experiences] are not self-authenticating, we must subject them to *critical examination* to determine whether they are supported by other religious experiences and by experience as a whole. If they are not supported by the religious experiences of others and are not consistent with other kinds of experience, they are bound to be regarded as doubtful, if not false«[57]. Für den säkularen Gläubigen ist dies eine notwendige Bedingung der Glaubensrationalität - wenngleich nicht geeignet für den Angehörigen einer traditionellen Kultur, dessen Glaube Nachfrage und Wahlmöglichkeit nicht einschließt, oder für den Christen, der so sehr in seiner christlichen Tradition sozialisiert ist, daß derartige Zweifel nicht aufkommen.

In diesem Kontext sollte die Unhaltbarkeit der Unterscheidung zwischen »decisive assent« und »interim assent«, die von Gary Gutting eingeführt wurde, deutlich geworden sein[58]. Die endgültige Zustimmung ist durch die Tatsache definiert, daß »it terminates the process of inquiry into the truth of *p*«: »Thus does not mean that I no longer think about *p*, but my thoughts are concerned with developing its significance (analyzing its meaning, determining its implications) rather than establishing its truth« (105). Im Gegensatz dazu gilt für die vorläufige Zustimmung: Sie »accepts *p* but without terminating inquiry into the truth of *p*. Its effect is to put me on the side of *p* in disputes about its truth« (105). Guttings Schlußfolgerung läßt an Deutlichkeit nichts zu wünschen übrig: »Religious belief requires decisive, not just interim, assent« (106).

---

55 N.Smart, Phenomenon 21. Ein ähnliches Argument ließe sich mit Hilfe von Gadamers Begriffen des geschichtlichen Horizonts und der stets neuen Synthesis formulieren, die sich aus der Verschmelzung der Perspektiven eines einzelnen Individuums oder eines geschichtlichen Horizonts mit der originalen Geschichte oder Darstellung ergibt.

56 Vgl. C.van Til: The Defense of the Faith (Philadelphia, 1955); vgl. auch E.R.Geehan (Hg.): Jerusalem and Athens: Critical Discussions on the Theology and Apologetics of Cornelius Van Til (Nutley, 1974).

57 G.F.Thomas: Philosophy and Religious Belief (New York, 1970), 83f.

58 Vgl. G.Gutting: Religious Belief and Religious Skepticism (Notre Dame, 1982).

Meiner Auffassung nach befindet er sich im Irrtum. Die Struktur des religiösen Glaubens beinhaltet keine Momente, die uns eine vorläufige Zustimmung zu religiösen Wahrheitsansprüchen untersagen, und das weitverbreitete Phänomen des säkularen Gläubigen läßt diese Einstellung sogar sehr lebendig erscheinen. Da Guttings Position typisch für viele Standpunkte in der modernen Diskussion ist, wollen wir seine drei Thesen benutzen, um die Position des säkularen Gläubigen zu verteidigen.

These 1: »Religious belief represents *the (relative) end* of a quest for emotional and intellectual satisfaction« (106, Hervorhebung von mir). Gutting hat Recht, wenn er eine Menge von Überzeugungen als ein relatives Ende - einen (kurz- oder langanhaltenden) Ruhepunkt - ansieht; er irrt sich aber mit seiner Implikation, daß damit das Tor zur Wahrheitsfrage geschlossen ist. Der religiöse Glaube ist nicht äquivalent zu der Entwicklung wissenschaftlicher Hypothesen; Ian Barbour u.a. haben mit Recht darauf hingewiesen, daß religiöse Überzeugungen ein größeres subjektives Engagement verlangen als wissenschaftliche Überzeugungen[59]. Doch es ist schwer einzusehen, daß nur solche Personen als Gläubige angesehen werden können, die »entirely confident« sind[60].

These 2: »A merely interim assent is inconsistent with the typically religious attitude toward nonbelief« (108). Es mag der Fall sein, daß Gläubige oft gegenüber solchen, die ihre Auffassungen nicht teilen, unduldsam sind und sie verurteilen; doch daraus folgt kaum, daß sie sich so verhalten *sollten*. Obgleich säkularen Gläubigen die von Zweifeln unangefochtene Überzeugung fehlt, mit denen Heilige die Jahrhunderte hindurch andere Gläubige inspiriert haben, so mag doch ihre andauernde Offenheit für andere Positionen im modernen Horizont eines religiösen Pluralismus und Dialogs das bessere Modell darstellen. Allein die politischen Konsequenzen einer derartigen traditionalistischen Einstellung gegenüber dem »Unglauben« - ob im Mittleren Osten oder unter amerikanischen Fundamentalisten - sollten ausreichen, um hier an Veränderungen zu denken.

These 3: Der religiöse Glaube fordert »a total committment to its implications for action that is incompatible with continuing reflection on its truth« (107). Aber auch wenn jemand *definiert*, daß nur solche Überzeugungen religiös sind, die sich aus einem totalen Engagement ergeben, so meine ich dennoch, daß diese Festsetzung willkürlich ist. Im allgemeinen lebt man mit Überzeugungen, die der Revision gegenüber offen bleiben. Gesteht nicht sogar Gutting gerade diese Möglichkeit zu, wenn er sagt: »I can rightly give my life for a belief that I acknowledge as merely probable and that I admit I might give up on the basis of new evidence« (107)? Welcher Unterschied besteht zwischen dieser *rationalen* Handlung und dem »simply foolish« Schritt des »giving up everything for a belief that I think requires further discussion and evaluation« (108)?

Doch These 3 erhebt implizit noch zwei andere Einwände gegen den Begriff des säkularen Gläubigen, die wir in Betracht ziehen müssen - die Fragen von Gehorsam und

---

59 Vgl. I.Barbour: Issues in Science and Religion (London, 1966), 185: »Our thesis [is] that science and religion may be placed in a spectrum of personal involvement«. Es ist bemerkenswert, daß Thomas F. Torrance genau diesen Aspekt des persönlichen Engagements verwendet, um in *Theological Science* (London, 1969) jegliche bedeutsame epistemologische Unterscheidung zwischen Theologie und Wissenschaft zu *leugnen*.

60 G.Gutting, Religious Belief 106.

Vertrauen. Zum einen: Macht nicht eine fortdauernde Offenheit für Kritik den religiösen Gehorsam unmöglich? Wie kann sich der säkulare Gläubige auf religiöse Observanz festlegen, wenn die Wahrheitsfrage nicht ein für allemal beantwortet ist? Tatsächlich hat William James gezeigt, daß man dann, wenn der religiöse Glaube als eine »forced option« - wo nichts zu entscheiden heißt, schon entschieden zu haben - aufgefaßt wird, nichts anderes tun kann als auf eine unbestimmte Evidenz hin zu handeln[61]. Nehmen wir für einen Moment an, daß ein säkularer Gläubiger die allgemeinen Forderungen seiner Religion ausgearbeitet hat und sie für wahr hält. Sicherlich scheinen zumindest in gewöhnlichen ethischen Situationen, wo der Preis einer religiösen Observanz nicht allzu hoch ist, die Grundlagen seines Glaubens auszureichen, um diese Observanz zu befolgen.

Aber wie sieht es bei anderen Fällen aus: Wie würde es der säkulare Gläubige halten, wenn er gezwungen wäre, entweder einem anderen Gott zu huldigen oder zu sterben? Er hatte ja doch die Wahrheit seiner Religion nicht ein für allemal entschieden! Die Antwort muß lauten: Wenn ein neuer Entscheidungskontext eingeführt wird, hat der säkulare Gläubige seine Haltung neu zu überprüfen - *genauso wie der traditionelle Gläubige.* Der einzige Unterschied besteht darin, daß die Perspektive, die ich vertrete, die Dichotomie zwischen Innen und Außen, zwischen Glaube und Zweifel, verwirft. So können säkulare Gläubige in dem Martyriumsbeispiel durchaus entscheiden, daß nun der Preis für eine Observanz zu hoch ist und sich ihrer religiösen Bindung entledigen. Sie können aber auch wie jeder andere Gläubige die allgemeinen Forderungen ihrer Religion überdenken - man denke an die Juden im Spanien des sechzehnten Jahrhunderts, die damals christliche Rituale in einer für Juden undenkbaren Weise praktiziert haben und doch ihrer jüdischen Observanz durch neu eingeführte Kodizes, symbolische Lieder usw. treu geblieben sind. Der zweifelnde Gläubige könnte schließlich aber auch das Martyrium wählen - und zwar aus einer Vielzahl konsistenter Gründe heraus: weil seine Religion wahrer als ihre Rivalen zu sein scheint; weil die Werte, die sie verkörpert, denen ihrer Gegner vorzuziehen sind; weil der Gehorsam trotz des Zweifels zu einem reflexiven Habitus geworden ist usw.

Ich meine, daß diese Entscheidungsoptionen tatsächlich exakt die Haltung vieler Gläubiger im Westen widerspiegeln. Man denke beispielsweise an die katholische Kirche (protestantische Beispiele ließen sich ebenso anführen): Es gibt einen weitgefächerten Widerstand gegen Verlautbarungen von päpstlicher Seite - von der Geburtenkontrolle und der Invitrofertilisation über die klassischen Lehren wie z.B. der Transsubstantiation oder der Rolle der Frau in der Kirche bis hin zu modernen Problemen wie der Ordination von Homosexuellen, des Zölibats, der atomaren Bewaffnung oder der Befreiungstheologie. Und doch verbleiben viele als fromme Katholiken ihrer Observanz und ihrem individuellen Selbstverständnis verpflichtet. Diese Kombination von aufrichtigem Glauben und säkularen (oder zumindest nichttraditionellen) Zweifeln und Vorbehalten bildet gerade die

---

61 Vgl. W.James: The Will to Believe; in: Ders.: The Will to Believe and Other Essays in Popular Philosophy (New York, 1923), 1-31. Der Einwand hinsichtlich des Gehorsams wurde von Steven Knapp im Gespräch erhoben.

doppelte Identität, die ich dem säkularen Gläubigen zuschreibe. Ein ähnliches Phänomen wirkt sich auf den jüdischen Glauben und seine Observanz aus - wenngleich hier weniger ausgeprägt, da das Verhältnis zwischen dem jüdischem Glauben und der kulturellen und politischen Elemente, die bei vielen für ihre jüdische Identität ebenso zentral sind, ein anderes ist.

Der zweite Einwand, den ich erwähnte, bezieht sich auf die Struktur des religiösen Glaubens: Wie kann der Glaube etwas anderes als ein totales Engagement sein, das die endgültige Wahrheit seiner Glaubensaussagen immer schon voraussetzt? Haben wir in der allmählichen Bewegung dieses Kapitels vom religiösen Sinn über Überzeugungen und Erklärungen bis hin zu ihrer rationalen Prüfung nicht die spezifischen Charakteristika des Glaubens selbst ausgeschlossen? Auch was diese Frage angeht, bin ich nicht davon überzeugt, daß die Theorie des säkularen Gläubigen größere Revisionen des traditionellen westlichen Verständnisses der Religion erforderlich macht. Der Glaube wurde im allgemeinen mit einer subjektiven Einstellung von Engagement, Vertrauen oder Hoffnung verknüpft. Die westlichen theologischen Traditionen haben immer zugestanden, daß ihre Glaubensaussagen nicht *rational gewiß* sind; doch sie haben mit Recht die Möglichkeit subjektiver Gewißheit und starken Engagements verteidigt. Es gibt keinen Grund, warum der säkulare Gläubige sich hier in einer anderen Lage befinden sollte. Denn der Grad der subjektiven Gewißheit steht in keinem notwendigen Zusammenhang mit »objektiven« philosophischen, historischen oder wissenschaftlichen Begründungen: Ich kann mir über die spezielle Relativitätstheorie oder einen geometrischen Beweis im Ungewissen sein und doch die Gewißheit haben, daß ein zukünftiges Ereignis eintreten wird oder daß Gott existiert. Der säkulare Gläubige besteht allein deshalb auf der Rolle des Zweifels und der subjektiven Ungewißheit, um auf diese Weise die begrenzte Reichweite der rationalen Rechtfertigung deutlich machen zu können.

Dennoch steht die Theorie des säkularen Gläubigen im Gegensatz zu *einer* Fehlinterpretation des religiösen Glaubens, die gelegentlich aufkommt - der These, daß der Glaube selbst als Evidenz für die Wahrheit religiöser Aussagen dienen kann. In vielen Traditionen ist der Glaube eine religiöse Tugend, das Zeichen einer Anerkennung von und eines Vertrauens auf den Glaubensgegenstand. In der *religiösen* Perspektive mag er das Herz der Religion darstellen. Dieser Abschnitt braucht nicht als Herausforderung dieser Auffassung angesehen werden. Trotzdem ist der Glaube keine *epistemische* Tugend (und auch kein epistemisches Laster!). Im Kontext von Argumentation und Verteidigung macht er den Glaubensgegenstand um keinen Deut wahrscheinlicher. Wir wenden uns nun diesem letzten Problem zu.

5.4.3 Die Rationalität des Glaubens

Es ist nicht zu leugnen, daß eine Diskussion der Rationalität des Glaubens, die mit dem Modell einer vorläufigen Zustimmung arbeitet, gegen die vertrauteren Begriffe des Glaubens als der »unendlichen Leidenschaft der Innerlichkeit« (Kierkegaard) oder der »allen

Zweifel ausschließenden Sicherheit« richtet. Doch sind die in diesem Glaubensmodell implizierten Revisionen nicht so gravierend, daß man es verwerfen müßte. Wir haben den Kern der religiösen Einstellung angemessen mit Hilfe der Parameter von Sinn, Komprehensivität und Kohärenz bestimmt, so daß seine Eigenart nicht auch noch mit der subjektiven Stärke eines individuellen Bekenntnisses abgesichert werden muß. Es überrascht nicht, daß eine Behandlung der religiösen Rationalität, die sich an einer Theorie der wissenschaftlichen Rationalität orientiert, dahin tendiert, mehr den Kontext der Rechtfertigung als den der Entdeckung zu betonen. Mit anderen Worten: Es sind nicht allein die subjektiven Kriterien, *wie* jemand glaubt, die den Glauben als religiös bestimmen (wenngleich sie in der Phänomenologie der Religion eine bedeutende Rolle spielen); ebenso müssen auch die formalen und substantiellen Faktoren dessen, *was* geglaubt wird, in Betracht gezogen werden.

Hinsichtlich des Problems, warum jemand glaubt - das Problem, das mit der Rationalität des religiösen Glaubens in besonderem Zusammenhang steht - würde ich also zwei Möglichkeiten vorschlagen. (1) Das vormoderne wie auch das postmoderne Modell betrachten den Glauben auf der Grundlage der Tradition - d.h. ohne Rücksicht auf etwas, das außerhalb der Tradition selbst liegt. Natürlich kann die Rationalität eines solchen Glaubens rein intern mit Hilfe der Kohärenz der Glaubensaussagen mit den eigenen Lebenserfahrungen des Gläubigen, mit Hilfe ihrer Kohärenz untereinander oder mit den zugrunde liegenden Überlieferungen und der konkreten Praxis der religiösen Tradition beschrieben werden[62]. (2) Dennoch kann für den Typus des modernen Gläubigen, den ich den »säkularen Gläubigen« genannt habe, die religiöse Rationalität auch so verstanden werden, daß sie kohärentiale Verknüpfungen auch außerhalb der religiösen Tradition erfordert - also mit der Lebenserfahrung von Nichtgläubigen und mit andererseits akzeptierten wissenschaftlichen oder ethischen Wahrheiten. Anders gesagt: Die kognitive Dissonanz als Folge einer Inkohärenz wird im ersten Fall allein aus Schwierigkeiten innerhalb der Tradition abgeleitet (*intratextuale* Inkohärenz), im zweiten hingegen aus Inkompatibilitäten oder Spannungen zwischen Traditionen (*intertraditionale* Inkohärenz).

Das Rationalitätsmodell des Glaubens, das auf *intertraditionaler* Kohärenz und Prüfung beruht, ähnelt einem Vorschlag, den Wolfhart Pannenberg oftmals vertreten hat: »Es gehört ... zur Endlichkeit theologischen Erkennens, daß der Gottesgedanke auch in der Theologie hypothetisch bleibt und vor der Welterfahrung und Selbsterfahrung des Menschen zurücktritt, an der er seine Bewährung zu finden hat«[63]. Zugestandenermaßen verdankt sich Pannenbergs Wunsch, einen Glaubenssubjektivismus zu vermeiden, anderen Intentionen als dem Phänomen des säkularen Gläubigen, das hier beschrieben worden ist. Er betont ausdrücklich die Geschichtlichkeit der Wirklichkeit, die er als im modernen Denken weithin akzeptiert behauptet, und entwickelt ein Verständnis der Theologie, das diesem metaphysischen Ausgangspunkt entspricht: »Die Wirklichkeit

---

62 Dieses intern bestimmte Modell der Rationalität des religiösen Glaubens findet sich, so meine ich, in George Lindbecks Interpretation von Religion und Lehre in *The Nature of Doctrine* (Philadelphia, 1984).

63 W.Pannenberg: Wissenschaftstheorie und Theologie (Frankfurt, 1973), 302.

Gottes ist mitgegeben jeweils nur in subjektiven Antizipationen der Totalität der Wirklichkeit, in Entwürfen der in aller einzelnen Erfahrung mitgesetzten Sinntotalität, die ihrerseits geschichtlich sind, d.h. der Bestätigung oder Erschütterung durch den Fortgang der Erfahrung ausgesetzt bleiben.Dabei steckt im Moment der Antizipation immer auch schon das des Hypothetischen.« (312f.).

Die Schlußfolgerung bleibt aber dieselbe: Selbst für den Gläubigen können die Inhalte des Glaubens strittig bleiben. Religiöse Erfahrung und religiöse Praxis können Sicherheit erkennen lassen - und schaffen sie zuweilen auch[64] -, aber es ist dennoch möglich, religiöse Überzeugungen hypothetisch aufzufassen - in fortdauerndem Dialog mit anderen religiösen und nichtreligiösen Positionen und in bewußter Offenheit gegenüber der Kritik an Formulierung und Inhalt. Von der internen Perspektive der religiösen Erfahrung aus können religiöse Überzeugungen wohl als sich selbst autorisierend aufgefaßt werden[65]. Doch damit verliert die Suche nach einer umfassenderen epistemischen Rechtfertigung nicht an Gewicht - wenn der Gläubige eine allumfassende Kohärenz seiner Erfahrung erreichen will. Denn »unter anderen Gesichtspunkten, nämlich unter denen der theoretischen Reflexion, [ist] auch der Wahrheitsanspruch religiöser Erfahrung und Überlieferung als hypothetisch und die Gewißheit des Glaubens als subjektive Antizipation zu beurteilen«[66].

In Kapitel 2 haben wir die wissenschaftliche Rationalität mit Hilfe hypothetischer Lösungen für bestimmte Problemsituationen bestimmt. Wir sehen jetzt, daß - mit geeigneten Modifikationen - eine ähnliche Struktur auch für das Bemühen des Gläubigen, seinen Glauben zu prüfen, nicht unangemessen ist. Dieses Bemühen kann die Form einer Rekonstruktion der Erfahrung und Praxis in glaubensinternen Termini annehmen; es kann aber ebenso Glaubensaussagen in Frage stellen und in einen Dialog mit anderen Perspektiven hineinnehmen, der für den Glauben selbst entscheidend wird. Das Kontextprinzip der Rationalität, das sich aus den Kapiteln 2 und 3 ergab, spielt im philosophischen Diskurs eine immer größere Rolle (Kap. 4) und erinnert daran, daß religiöser Glaube, religiöse Erfahrung und Praxis ursprünglich im Kontext - oder als Reaktion auf die Dominanz - einer gegebenen religiösen Tradition entsteht. Dennoch bewahrt uns die unverzichtbare Rolle des Einzelnen bei der Zusammenfügung der Elemente seiner Tradition in ein besonderes Ganzes bzw. in eine »Welt« (Kap. 3) davor, Traditionen oder Lebensformen als monolithische und nicht übertragbare Gegebenheiten aufzufassen. Die Fusion von Komprehensivität und Kohärenz in der religiösen Dimension (z.B. im umfassenden Begriff der religiösen Erfahrung) widerstreitet einer Aufsplitterung religiöser Wahrheitsansprüche und bietet einige Leitlinien für einen intertraditionalen Dialog.

---

64 Man denke an Bonhoeffers Ermahnung, daß jemand, der zweifelt, mit seiner aktiven Einbindung in der Kirche fortfahren sollte, um als aktives Glied der Gemeinschaft allmählich mit seinen Zweifeln umgehen zu lernen; vgl. D.Bonhoeffer: Widerstand und Ergebung. Briefe und Aufzeichnungen aus der Haft, hg. E.Bethge (München, 1952).

65 Vgl. P.Helm: The Varieties of Belief (London, 1973), 101ff., bes. 111-115.

66 W.Pannenberg: Wahrheit, Gewißheit und Glaube; in: Ders.: Grundfragen systematischer Theologie, Bd. 2 (Göttingen, 1980), 226-264; 264. Es muß allerdings ergänzt werden, daß es Pannenberg in diesem Aufsatz mehr um die Sicherheit des Glaubens und seine Verknüpfungen mit den holistischen Urteilen des Bewußtseins geht als um die theoretische Offenheit seiner Wahrheitsansprüche.

Wenngleich der vorläufige Status religiöser Behauptungen nicht den Glauben aller religiösen Personen charakterisiert, so ergibt sich damit doch ein gangbarer Weg, um den Glauben auch im Kontext der modernen Kultur rational akzeptabel erscheinen zu lassen.

Wie sollte aber nun die Disziplin der Theologie verstanden werden? Was ist ihr Publikum und wie weit reichen ihre Geltungsansprüche? Wir können wohl einige Parallelen zwischen der individuellen religiösen Erklärung und dem mehr formalen theologischen Diskurs erwarten. Doch es ergeben sich besondere Schwierigkeiten, wenn die Theologie als ein wissenschaftliches Unternehmen im Rahmen der Universität betrieben wird. Wie kann die Theologie den Graben zwischen *Jerusalem* und *Athen*, zwischen Kirche und Wissenschaft, überbrücken? Kann sie in Kontinuität mit einem Begriff der Rationalität verstanden werden, der aus den Naturwissenschaften stammt, oder ist sie ein Unterfangen des Glaubens, das nur ihrem eigenen Begriff der Rationalität verantwortlich ist? Wir wollen uns diesen Fragen im letzten Kapitel zuwenden.

Kapitel 6

Theologie als Erklärung und die Frage nach der theologischen Methode

6.1 Theologie und Erklärung

Wir haben ein ganzes Kapitel der Frage gewidmet, in welcher Weise der Einzelne - oder eine religiöse Gemeinschaft - der persönlichen oder kommunalen Erfahrung einen Sinn verleiht. Bei unserer Analyse haben wir herausgefunden, daß Erklärung und Verstehen sowohl bei Gläubigen als auch bei Religionswissenschaftlern aufs Engste miteinander verknüpft sind. Wir waren aber nicht in der Lage, irgendwelche formalen Strukturen ausfindig zu machen, die allen religiösen Erklärungen gemeinsam sind. Statt dessen wiesen diese Erklärungen das allgemeine Merkmal auf, die Erfahrung des Gläubigen zusammenzufassen (und ihr dadurch einen Sinn zu verleihen) statt sie nur zu wiederholen oder zu beschreiben. Sie tun dies, indem sie versuchen, disparate Elemente in ein kohärentes Ganzes einzufügen - wie bei der Konstruktion religiöser Sinnentwürfe.

Die Parallelisierung mit der kontextuellen Wende in den Naturwissenschaften zeigte dann, daß religiöse Erklärungen mehr durch die Suche nach Kohärenz als durch eine universale Struktur gekennzeichnet sind. Dennoch sind sie im Gegensatz zu den Naturwissenschaften auf eine *semantische* Kohärenz bezogen, auf die Sinnhaftigkeit eines kohärent konstruierten Weltbildes, das eine persönliche Erschließungskraft beinhaltet. Weiterhin mag der Prozeß in einer Weise Sinn erschließen, die allein dem Einzelnen zugänglich und nur von ihm überprüfbar ist. Letztlich treibt ein innerer Impuls das religiöse Unternehmen bis hin zur Unsagbarkeit und droht die Erklärung auf die Sprachlosigkeit eines unmittelbaren Verstehens zu reduzieren. Diese Kennzeichen religiöser Erklärungen werden von vergleichenden Untersuchungen der Religion und Wissenschaft zu oft übersehen; jedes von ihnen reicht aus, eine oberflächliche Parallelisierung zu unterbinden.

In diesem Kapitel wenden wir uns nun von dem semantischen Unterfangen des Einzelnen her der formaleren Disziplin der systematischen Theologie zu, deren Behauptungen über eine persönliche Erschließungskraft hinausgehen. Im Vergleich mit dieser neuen Aufgabe scheint das vorangegangene Kapitel die weniger schwierigen Probleme behandelt zu haben. Im Rückblick ist es nicht überraschend, daß der einzelne Gläubige in einer Weise eine semantische Welt konstruiert und sie kohärent zu machen versucht, die dem Verhalten des Einzelnen in der Gesellschaft sehr ähnlich ist. Daher sollte es auch nicht überraschend gewesen sein, daß wir einige weitreichende Verknüpfungen zwischen der Phänomenologie der individuellen Weltkonstruktion und der Phänomenologie der religiösen Erfahrung aufspüren konnten. In der Tat könnten wir uns auch das Gewand des Soziologen anziehen und noch sehr viel engere Parallelen zwischen religiösen und nichtreligiösen Gemeinschaften aufweisen, als wir es hier getan haben. Denn eine religiöse Gemeinschaft ist eine soziale Gemeinschaft und weist als solche die charakteristischen Merkmale aller menschlichen Gemeinschaften auf. Ohne die Literatur im Detail zu rezensieren, können wir also der These zustimmen, auf die die Religionssoziologen so viel Wert legen: Erklärungen erfüllen sowohl in religiösen als auch in nichtreligiösen Gruppen ähnliche Funktionen. Gemeinschaften unternehmen wie Einzelne den Versuch, einen bestimmten Erfahrungsbereich sinnvoll zu interpretieren und vermengen dabei explanative Behauptungen mit intuitivem Verstehen, mit größeren oder kleineren Zweifeln bzw. kognitiven Dissonanzen und mit nichtrefleflexiver Handlung bzw. Praxis.

Selbst die zweitstufige Reflexion der Religionswissenschaft stellte das Verständnis nicht vor unüberwindliche Probleme. Obwohl hier eine höhere Abstraktionsstufe als bei den erststufigen religiösen Phänomenen erreicht ist, und obwohl die Relation zwischen Erklärung und Verstehen hier wie in Kapitel 3 zu bestimmen ist, liegt die allgemeine Struktur dieser Disziplin durchaus noch nicht im Dunkeln. Die Religionswissenschaft ist eine zweitstufige Disziplin, die sich mit dem Phänomen der Religion oder bestimmten ihrer Elemente beschäftigt. Sie hat eine sachliche bzw. deskriptive Komponente - die Aufgabe der Beschreibung relevanter religiöser Überzeugungen und Praktiken - und eine explanative Komponente - die Aufgabe der Erklärung, warum Einzelne (oder Gemeinschaften) so glauben und handeln, wie sie es tun, und wie ihre Überzeugungen für sie ein kohärentes Ganzes bilden.

Allerdings kann der Religionswissenschaftler eine Frage ausklammern, die für den Gläubigen bzw. die religiöse Gemeinschaft wichtig ist: die Frage nach der Wahrheit der religiösen Überzeugungen. Ich kann erklären, wie die Überzeugungen eines Medizinmannes im Rahmen seines religiösen Weltbildes ein kohärentes Ganzes bilden, selbst wenn ich weiß, daß bestimmte seiner Auffassungen falsch sind - genauso wie ein Wissenschaftstheoretiker die Experimente des Alchemisten erklären kann, obwohl er die Wahrheit seiner Prämissen bestreitet. In jedem Falle kann man die untersuchte Person als einen rational Handelnden auffassen, ohne seine Auffassungen über die Welt teilen zu müssen. Diese Freiheit haben der Gläubige und der Theologe nicht, wie auch immer wir letztlich ihr Verhältnis zueinander bestimmen mögen. Beide Personen scheinen der Wahrheit ihrer religiösen Überzeugungen verpflichtet zu sein oder zumindest in Übereinstimmung mit solchen Überzeugungen zu handeln - oder zuallermindest mit der Frage nach der Wahrheit der betreffenden Überzeugungen beschäftigt zu sein. Dieser Sachverhalt stellt an die Disziplin der Theologie eine besondere Bedingung: Wie die Religionswissenschaft ist sie eine zweitstufige Disziplin, die sich auf bestimmte Aspekte einer gegebenen Religion richtet; doch wie der Gläubige oder die religiöse Gemeinschaft kann die Theologie nicht einfach alle Wahrheitsfragen ausklammern. Die Bestimmung der Struktur von Erklärungen in dieser eigenartigen Disziplin, die ihren Gegenstand gleichzeitig »intern« und »extern« thematisieren muß, und damit auch die Klärung der Struktur dieser Disziplin selbst (d.h. die Klärung der Frage nach der theologischen Rationalität) wird die Aufgabe dieses abschließenden Kapitels sein.

Schon diese erste Beschreibung des Problems weist auf zwei Parameter für unsere Betrachtung der Theologie: *Auf der einen Seite* ist die Theologie nicht äquivalent mit der Religionswissenschaft; sie ist gerade keine andere Sozialwissenschaft. Beispielsweise können wir David Tracy Recht geben, daß die christliche Theologie in einer bestimmten Weise der »Öffentlichkeit« der Kirche dienen muß - ebenso wie den Öffentlichkeiten der Wissenschaft und der Gesellschaft[1]. Keine derartige Bedingung betrifft die Sozialwissenschaft, selbst wenn Denker wie Clifford Geertz und Peter Winch darin Recht haben, daß der Sozialwissenschaftler in die Kultur oder Gemeinschaft eintauchen muß, die er studieren will. *Auf der anderen Seite* bleibt zwischen dem Theologen und dem Gläubigen ein Unterschied der Ebene, insofern die theologische Untersuchung den Gläubigen selbst, den Inhalt seiner Überzeugungen oder die Handlungen der religiösen Gemeinschaft zu seinem Objekt macht. Doch es ist nicht klar, wie scharf die Trennlinie zwischen der theologischen Untersuchung und ihrem Gegenstand gezogen werden muß - es ist sogar nicht einmal klar, was genau dieser Gegenstand ist. Daher wird es zu unseren Zielen gehören, präzise anzugeben, was die Unterscheidung der Ebenen im Fall der Theologie bedeutet. Wie auch immer diese Unterscheidung aber bestimmt wird - eine angemessene Darstellung der Theologie wird auf jeden Fall die begriffliche Unterscheidung zwischen der Theologie als eines rationalen Diskurses über etwas und dem festzuhalten haben, worüber dieser Diskurs geführt wird.

Was sind dann theologische Erklärungen? Meiner Auffassung nach findet sich ein Teil der Antwort schon in unserer Diskussion religiöser Erklärungen in den vorangegangenen Kapiteln. Das heißt: Theologische Erklärungen sind aus Gruppen von Aussagen zusammengesetzt, die Antworten auf Warum-Fragen bieten. Diese Warum-Fragen aber - so haben die Kontextualisten in der Wissenschaftstheorie erkannt - variieren sehr, was ihr Thema und ihre Funktion angeht. Einige beantworten Fragen mit Termini, die einer bestimmten Religion intern sind (»Wir studieren die Torah, um die Gebote Jahwes zu lernen« oder »Jesus ist die zweite Person der Trinität«), während andere Warum-Fragen Antworten erfordern, die in einer für die religiöse Gemeinschaft und Außenstehende gemeinsamen Terminologie formuliert sind (»Der jüdisch-christliche Gott ist die Quelle all dessen, was ist« oder »Gott handelt gerecht« oder einfach »Gott existiert«).

Eine Analyse der Funktionen theologischer Erklärungen muß in ähnlicher Weise auf Faktoren Bezug nehmen, die der religiösen Tradition sowohl intern als auch extern sind. In funktioneller Hinsicht versuchen theologische Erklärungen eine Verbindung zwischen den inneren Überzeugungen und Praktiken einer gegebenen religiösen Tradition und der gegenwärtigen Erfahrung ihrer Anhänger herzustellen. Theologische Erklärungen lassen sich in der Begrifflichkeit traditioneller Lehren, der Praktiken (Riten, Rituale, Liturgien) der religiösen Gemeinschaft oder ihrer Normen bzw. Verhaltenskodizes formulieren. Sie

---

1 Die Unterscheidung zwischen den drei Öffentlichkeiten von Kirche, Wissenschaft und Gesellschaft findet sich bei D.Tracy: Analogical Imagination: Christian Theology and the Culture of Pluralism (London, 1981).

können sich aber auch von der umfassenderen (sozialen, ethischen, intellektuellen) Lebenserfahrung herleiten, von einer bestimmten psychologischen Theorie, einem politischen Programm oder einer allgemeinen religiösen Sensibilität des Gläubigen. Wo auch immer ihre Quelle liegen mag - theologische Erklärungen haben ihre Funktion darin, kontinuierlich die Relevanz der Tradition gegenüber den modernen Herausforderungen sicherzustellen (z.B. die Antworten der Tradition auf die Evolution, die Abtreibung und Euthanasie, die atomare Bewaffnung und den Minirock).

Offensichtlich ist die Diskussion mit den Naturwissenschaften über die Struktur der Theologie sehr komplex. Ihre ganze Geschichte hindurch haben Theologen den Versuch unternommen, den Status der Theologie im Gegenüber zu den Wissenschaften zu bestimmen. Eine vollständige Behandlung der christlichen Tradition würde u.a. die Position Thomas' und des Mittelalters hinsichtlich der *scientia*, die nachreformatorischen Debatten über den Charakter der Theologie als einer Wissenschaft, den Einfluß der Aufklärung und des Newtonschen Wissenschaftsmodells und eine Vielzahl von Auffassungen des 19. und 20. Jahrhunderts (Mechanismus, Positivismus, Relativitätstheorie, Induktivismus, Relativismus) darzustellen haben. Darüber hinaus bildet dieser ganze Streit wahrscheinlich nur einen Teilaspekt der umfassenderen Debatte über das Verhältnis zwischen Glaube und Vernunft, die auf christlicher Seite unvermeidlich zu Fragen der Christologie, Offenbarung, der Kirche, der Sünde und Erlösung führt.

Natürlich können wir nicht alle diese Fragen in diesem Kapitel behandeln. Statt eines historischen Überblicks oder auch nur einer Typologie der verschiedenen Positionen will ich die Frage vom Standpunkt der gegenwärtigen Diskussion um die wissenschaftliche Rationalität aus angehen. Ein solches Vorgehen wird dazu beitragen, die Diskussion zu strukturieren, und überdies den Zusammenhang mit den vorangegangenen Kapiteln bewahren. Umgekehrt gibt es, da so viel ausgelassen wird, für ein solches Vorgehen nur eine vorläufige Rechtfertigung. Ich meine zwar, daß meine Interpretation der Theologie immerhin einen gangbaren Weg darstellt - eine Hypothese, die weiterer Diskussion wert ist. Das Fehlen eines vollständigen Überblicks oder einer Typologie bedeutet aber, daß es durchaus auch andere intern konsistente Entwürfe des Terminus *Theologie* geben kann. So könnte man sie beispielsweise aus dem Kreis der wissenschaftlichen Disziplinen gänzlich herausnehmen oder sie in erster Linie deskriptiv (erststufig) statt explanativ (zweitstufig) definieren. Es gibt meines Erachtens gute Gründe, daß die Theologie nach wissenschaftlicher Qualität und explanativer Adäquanz strebt; andererseits scheint eine solche Auffassung nicht schon von sich aus notwendig zu sein.

Eine wichtige terminologische Klärung vorab: Ich verwende den Ausdruck *wissenschaftlich* in diesem Kapitel in dem weiten Sinne von *scientia* und damit in bewußtem Gegensatz zu den naturwissenschaftlichen Konnotationen, wie sie z.B. bei dem englischen Wort *science* vorliegen. Damit will ich ihn auf *jede* explanative Disziplin anwenden können, sei sie empirisch oder anders ausgerichtet. Der Terminus ist nicht synonym mit *rational*, denn auch nichtexplanative Aktivitäten (malen, waschen) können rationale Methoden beinhalten. Wissenschaftlichkeit schließt eine *deskriptive* Komponente ein - als Name für jede wissenschaftliche Disziplin. Sie enthält aber auch ein *normatives* Element:

Eine Disziplin verdient wissenschaftlich genannt zu werden, wenn sie - vielleicht nur implizit - gewisse Standards der Wissenschaftlichkeit akzeptiert. Das heißt: Das Erstere verbietet die Begrenzung des Terminus *wissenschaftlich* auf eine gegebene Disziplin - ein Schritt, den wir *den positivistischen Fehlschluß* nennen können. Das Letztere lenkt die Aufmerksamkeit auf das Vorhandensein einiger Bedingungen. Welche Bedingungen finden dann aber auf die Theologie in ihrem Verständnis als Wissenschaft Anwendung?

6.2 Theologie als Wissenschaft

Wenn eine disziplinübergreifende, kontextfreie Theorie der Wissenschaft existieren würde, die in der Lage wäre, definitiv zwischen akzeptablen und inakzeptablen Ansprüchen auf Wissenschaftlichkeit zu unterscheiden, dann wäre unsere Diskussion nur kurz. Wir haben aber schon in den vorangegangenen Kapiteln das Scheitern solcher rein formalistischen Programme verzeichnen müssen. Eine Theorie der Wissenschaft muß nun den Bezug auf kontextuelle und pragmatische Faktoren einschließen, selbst wenn diese so umfassend sind, daß sie ganze Bereiche des wissenschaftlichen Unternehmens umgreifen. Konsequenterweise muß man sich also der tatsächlichen Praxis der Wissenschaft quer durch alle wissenschaftlichen Disziplinen zuwenden, um einer theologischen Methodologie die nötige Schärfe zu verleihen.

6.2.1 Jenseits des epistemischen Fundamentalismus

In den letzten Jahren hat sich der Kontext für die Formulierung der Frage nach der Wissenschaftlichkeit der Theologie radikal geändert, teilweise auch wegen der neueren Entwicklungen in der naturwissenschaftlichen und sozialwissenschaftlichen Wissenschaftstheorie. Vor dem Aufkommen dieser neueren Rationalitätsmodelle nahmen Versuche, Fragen über die Wahrheit der Tradition *in die systematische Theologie selbst* mit aufzunehmen, die ernste Gefahr auf sich, die Integrität der Theologie zu opfern. Denn nach den damaligen epistemologischen Voraussetzungen, die wir heute unter der Bezeichnung *epistemischer Fundamentalismus* zusammenfassen, bedeutete die Einführung von Gründen aus Disziplin *B* für die Wahrheit der in Disziplin *A* formulierten Behauptungen eine *de facto* - Reduzierung von *A* auf *B*. Kurz: Das fundamentalistische Modell der Rechtfertigung fördert eine Trennung zwischen theologischen und nichttheologischen Begründungen und droht - wie im Falle der *theologia naturalis* - die Theologie auf Philosophie bzw. Wissenschaft zu reduzieren, sobald man diese Disziplinen in den Argumentationszusammenhang einbezieht. Versetzt uns der hier entwickelte Rahmen in die Lage, die inhärenten Fehler des Fundamentalismus zu vermeiden?

Kenner des 19. Jahrhunderts sind am besten mit der einst weit verbreiteten Tendenz vertraut, die Theologie auf eine andere Disziplin zu reduzieren. Kant fand unter der Rubrik der »praktischen Vernunft« einen Platz für die Theologie - um den Preis, Christus auf ein moralisch-religiöses Ideal reduzieren zu müssen[2]. Von Schleiermacher wird gesagt, er habe die christliche Erfahrung auf eine bestimmte Form des universalen Gefühls der schlechthinnigen Abhängigkeit reduziert. Hegel - und D.F.Strauß in seinem Spätwerk[3] - fanden zwar auch einen Platz für die Theologie, aber als vorletztes Moment in einem System, das letztlich mehr eine Philosophie des absoluten Geistes als Theologie war. Allmählich und aus unterschiedlichen Gründen wurde die wichtige Rolle, die die verschiedenen Denker Gott zuschrieben, dysfunktional - und das Ende vom Lied bei Feuerbach, Marx, Durkheim und Freud ist zu bekannt, um es hier zitieren zu müssen.

Die neueren Entwicklungen in der Wissenschaftstheorie, die in diesem Buch skizziert worden sind, haben aber zu einem gänzlich neuen Ansatz geführt, um die Geltungsansprüche der Theologie einzulösen. Zunächst bewahrt die Unterscheidung zwischen Entdeckungs- und Begründungszusammenhang[4] die Geltung religiöser Wahrheitsansprüche davor, allein wegen ihrer Herkunft als umstritten zu gelten. Ob eine Behauptung aus persönlicher Erfahrung, einer göttlichen Offenbarung in der Geschichte oder der Praxis einer Gemeinschaft entstammt, ist für Urteile über ihren epistemischen Wert irrelevant. Weiterhin versetzt uns die kontextuelle Wende in die Lage, nicht nur einzelne Behauptungen, sondern ganze religiöse Glaubenssysteme als Hypothesen oder Forschungsprogramme aufzufassen (Lakatos)[5]. Dies erfüllt, wie ich meine, eine zentrale Forderung der epistemischen Antifundamentalisten, daß es nämlich einer fremden Autorität nicht erlaubt ist, willkürlich die Überzeugungen einer theologischen Tradition durchzugehen und einzelne Aussagen wegen mangelnder Evidenz zu verwerfen. Schließlich hat der Verifikationismus des Logischen Positivismus durch Popper und andere eine so gründliche Widerlegung erfahren, wie es bisher in solchen Debatten nur selten vorgekommen ist. Diese Widerlegung ermöglicht es uns, alle Forderungen nach einer Punkt-für-Punkt Verifikation theologischer Aussagen als unangemessen zurückzuweisen. Entwicklungen wie diese schneiden die Theologie nicht von den allgemeinen Standards des wissenschaftlichen Diskurses ab, sondern mildern und kontextualisieren die verbleibenden Bedingun-

---

2 Vgl. I.Kant: Die Religion innerhalb der Grenzen der bloßen Vernunft; in: Ders.: Werke in sechs Bänden, Bd. 4, hg. W.Weischedel (Darmstadt, 4. Aufl. 1975), 645-879. Vgl. auch E.Fackenheim: Immanuel Kant; in: N.Smart u.a. (Hgg.): Nineteenth Century Religious Thought in the West, 3 Bde. (Cambridge, 1985), 1/17-40; und - in derselben exzellenten Sammlung über das neunzehnte Jahrhundert - der Hintergrundabschnitt von Brian Gerrishs Aufsatz über Schleiermacher (Ders.: Friedrich Schleiermacher; aaO. 1/123-156), z.B. 1/140f.

3 Vgl. H.Frei: David Friedrich Strauß; in: N.Smart u.a. (Hgg.): Nineteenth Century Religious Thought, 3 Bde. (Cambridge, 1985), 1/215-260.

4 Diese Unterscheidung zwischen heuristischem und bewährendem Zusammenhang verdankt sich im Original H.Reichenbach: Experience and Prediction: An Analysis of the Foundations and the Structure of Knowledge (Chicago, 1938). Sie spielt (mit Modifikationen) bei Popper eine zentrale Rolle, und ist besonders sorgfältig von Hans Albert in seinem Buch *Traktat über kritische Vernunft* (Tübingen, 5. Aufl. 1991), bes. 44-50; formuliert worden.

5 Die Interpretation systematischer Theologien als Lakatos'scher Forschungsprogramme ist vor kurzem von Nancey Murphy im Detail durchgeführt worden; vgl. Dies.: Theology in the Age of Scientific Reasoning (Ithaca, 1990).

gen. Die Leitgedanken eines Theoretikers wie Lakatos ruhen nicht länger auf der Voraussetzung eines Empirismus oder naturwissenschaftlichen Positivismus; statt dessen bilden sie nun die Minimalbedingungen eines jeden wissenschaftlichen Diskurses, ohne die eine kritische Untersuchung in der Wissenschaft nicht möglich wäre.

Diese Entwicklungen haben auf vielen Gebieten einen Sturm methodologischer Aktivitäten entfacht. Wenn sich jemand ernsthaft mit der bestehenden, wahrscheinlich inhärenten Spannung zwischen den religiösen und wissenschaftlichen Bindungen der Theologie beschäftigt, so wird er die Frage der theologischen Methode mit besonderer Sorgfalt angehen müssen. Bemühungen, die Theologie auf eine »Glaubenswissenschaft« zu reduzieren, auf der einen Seite oder der Entwurf einer abstrakten »Wissenschaft von Gott« auf der anderen können die delikate Balance sehr leicht aus dem Gleichgewicht bringen. Wegen dieser Gefahr werden die neueren methodologischen Entwicklungen beim Selbstverständnis und der Selbstdarstellung der Theologie als einer wissenschaftlichen Disziplin eine unverzichtbare Rolle zu spielen haben.

Diese Position bringt es aber nicht mit sich, auch für die fundamentalistische Forderung einzutreten, auf eine externe Quelle zurückgehen zu müssen, um vor der eigentlichen theologischen Arbeit Sinn und Wahrheit theologischer Aussagen definitiv zu bestimmen. Statt dessen kann die Formulierung theologischer Erklärungen und die Beurteilung ihrer Wahrheit vor sich gehen, noch bevor die Bedingungen ihrer beiden Öffentlichkeiten in vollem Umfang als kompatibel erwiesen sind; besser: die materiale Arbeit der Theologie kann in Angriff genommen werden, *während* in gegenseitiger Verknüpfung damit auch die Integration von Kirche und Wissenschaft vorangetrieben wird.

Wie dem auch sei: Die Ablehnung des epistemischen Fundamentalismus treibt nicht automatisch in die offenen Arme der Antifundamentalisten, die behaupten, Theologie könne ganz ohne Beachtung der Struktur und des epistemischen Status ihrer Wahrheitsansprüche betrieben werden. Ganz im Gegenteil beruht die Debatte zwischen Fundamentalismus und Antifundamentalismus wahrscheinlich auf der falschen Dichotomie eines überholten epistemologischen Dilemmas. Die Wende zu einer fallibilistischen Epistemologie vermeidet, wie ich meine, die vermeintliche Notwendigkeit, entweder ein Fundamentalist oder ein Antifundamentalist zu sein.

Die Dichotomie hinter sich zu lassen, die die alte Debatte zwischen Glaube und Vernunft maßgeblich bestimmt hat, hat große Auswirkungen auf die theologische Methodologie. So ist es nicht länger notwendig, die traditionellen theologischen Prolegomena nur als Hilfsdisziplin der Theologie auffassen zu müssen, denen (wie in der Fundamentaltheologie) die Aufgabe zukommt, zu Beginn die Grundlagen zu schaffen, auf denen die Theologie aufbaut. Doch es kann weder auf die epistemologischen noch auf die komparativen Fragen der Prolegomena verzichtet werden. Statt dessen meine ich, *daß die theologischen Prolegomena nun als Teil einer im Gang befindlichen Untersuchung in die Praxis der Theologie selbst mit aufgenommen werden können.* In dem Maße, in dem sie als eine Wissenschaft verfährt, wird die Theologie Erklärungen formulieren, die sowohl der Kirche als auch der Wissenschaft gegenüber für Kritik (und Revision) offen sind. Wird die Theologie in dieser Weise aufgefaßt, so kann sie analog zu den explanativen

Bemühungen in der Wissenschaft verstanden werden, für die - wie wir gesehen haben - universale Kritisierbarkeit die Regel ist. Es läßt sich keine Behauptung rational aufrecht erhalten ohne eine Rechtfertigung, die (soweit möglich) allem gegenüber offen ist; damit bleibt jede Formulierung auch offen gegenüber Kritik und Revision im Lichte der weiteren Diskussion. Rationalität und intersubjektive Kritisierbarkeit sind untrennbar.

Dieser Vorschlag für die theologische Methode ist aufs Engste mit der Auffassung verknüpft, die schon im ganzen Buch entfaltet worden ist. Man erinnere sich, daß ein besonderes Augenmerk ebenso auf kontextuellen Merkmalen lag, die je nach Disziplin und Thema variieren, wie auf einigen allgemeineren Qualitäten, die als regulative Ideen für jede wissenschaftliche Untersuchung zu fungieren scheinen. Wir haben uns der Debatte um die Erklärung im Rahmen umfassenderer Theorien der Rationalität genähert - und diesen Theorien ihrerseits anhand der Probleme der rationalen Prüfung in den verschiedenen wissenschaftlichen Disziplinen. Mit dem Hauptteil der Untersuchung im Rücken ist es nun angebracht, an dieser Stelle innezuhalten und den postfundamentalistischen Ansatz in der Rationalitätsfrage zu formulieren, den ich vertreten und anzuwenden versucht habe.

Letztlich erfordert diese Aufgabe eine Art von Phänomenologie der wissenschaftlichen Forschung, der ich zwei einander ergänzende Teilaufgaben zuweisen möchte - die eine in erster Linie deskriptiv-soziologisch, die andere eher formal oder (vielleicht) transzendental: (1) *Zunächst* müßte man die betreffende Disziplin im Kontext der Universität und des wissenschaftlichen Diskurses untersuchen. Soziologen haben z.B. besondere Teildisziplinen bestimmt, Zeitschriften und Konferenzen sowie ihre Rolle in der Förderung der Kommunikation diskutiert und Hypothesen über die kognitiven, affektiven und subkulturellen Komponenten des Meinungswechsels aufgestellt. Die Arbeit von Denkern wie Stephen Toulmin, Thomas Kuhn und Gerald Holton liefert für eine derartige Analyse ein brauchbares Modell, und Habermas' Phänomenologie der idealen Sprechsituation kann als weiteres Beispiel dienen.

Die Analyse läßt sich, wie ich behauptet habe, auf eine nichtreduktionistische Weise durchführen, indem allein pragmatische Relationen dargestellt werden, ohne den Inhalt von Überzeugungen und Argumenten herunterzuspielen. Dieser Punkt ist wichtig, um den Fehler des von Karl Popper beschriebenen sozialwissenschaftlichen Tagungsteilnehmers - eines Sozialanthropologen - zu vermeiden, der den *Inhalt* der vorgebrachten Argumente völlig vernachlässigte, um sich allein auf die soziale Dynamik zu konzentrieren - auf »die Art, wie der eine oder andere versucht, die Gruppe zu dominieren ... [und wie] sich dann eine hierarchische Rangordnung und damit ein Gruppen-Gleichgewicht entwickelt und ein Gruppen-Ritual des Verbalisierens«[6]. Das Oxford-Symposium des Jahres 1979 über Wissenschaft und Theologie bot einige peinliche Beispiele für Ansätze in dieser Frage, die in ihrer Konzentration auf soziologische Analysen den Inhalt von Argumenten vollständig außer Acht ließen[7].

---

6 K.Popper: Die Logik der Sozialwissenschaften; in: T.W.Adorno u.a.: Der Positivismusstreit in der deutschen Soziologie (Berlin, 1969), 103-123; 110.

7 Vgl. A.R.Peacocke (Hg.): The Sciences and Theology in the Twentieth Century (Stocksfield, 1981), bes. Teil 4.

Um eine vollständige Darstellung der wissenschaftlichen Argumentation zu liefern, muß der soziologische Ansatz daher von einer detaillierten Analyse der rationalen Überzeugungskraft von Argumenten in einem wissenschaftlichen Diskurs begleitet werden. Dies erfordert einen Übergang von der deskriptiven auf die normative Ebene. Es zeigen sich nun auch grundsätzliche Merkmale einer Diskursrationalität. Zu ihnen würde ich zählen: den freien und öffentlichen Austausch von Ideen, Gebrauch und Angabe von Quellen, vernünftige und kritische Diskussionen der Ideen anderer, die Ideale von Klarheit, Objektivität und Kritisierbarkeit. Diese allgemeinen Charakteristika müssen jede explanative Disziplin kennzeichnen - einschließlich der Theologie -, wenngleich ihre Anwendung von den speziellen Problemen bestimmt ist, die sich im besonderen Kontext einer bestimmten Disziplin ergeben. Daher bleiben trotz der Kritik von Barth und anderen die »Minimalforderungen« von Heinrich Scholz - oder vergleichbare Vorschläge - als Modell der theologischen Rationalität von Nutzen[8].

(2) Die *zweite*, formale oder transzendentale Aufgabe spielt in der Phänomenologie der wissenschaftlichen Forschung ebenfalls eine Rolle, wenngleich eine begrenztere. Es läßt sich auch durch eine begriffliche Analyse des Begriffs der Wissenschaft selbst ein Fortschritt erzielen. Beispielsweise können wir fragen, was der Fall sein muß, damit die wissenschaftliche Forschung durchgeführt, wiederholt und getestet werden kann. Zugegebenermaßen waren die Ergebnisse aus der Behandlung der transzendentalen Argumente von Habermas und Apel in Kapitel 3 weithin negativ: Die Verworrenheit der Logik einer transzendentalen Argumentation führt nur allzu leicht zu aufgeblasenen Ansprüchen auf vermeintlich definitive Schlußfolgerungen. Dennoch mag auch dann, wenn man erkennt, daß Analysen dieses Typs niemals rein a priori sind - daß der deskriptive und der formale Ansatz genaugenommen nur zwei Seiten derselben Medaille sind -, für den letzteren Typus der Analyse ein gewisser Spielraum bleiben[9].

6.2.2 Die Theologie im Rahmen der Wissenschaften

Gemäß der Forderung, die oben zunächst erhoben wurde, werden mit der Bezeichnung der Theologie als Wissenschaft zumindest zwei Dinge gesagt: Theologie ist eine explanative Disziplin, die im Bereich der Universtität angesiedelt ist; dies ist eine unumstrittene deskriptive Aussage. Es gilt aber auch, daß die Theologie alle formalen Forderungen erfüllt, die an eine Mitgliedschaft im Kreis der Wissenschaft geknüpft sind. Diese mögen

---

8 Vgl. H.Scholz: Wie ist eine evangelische Theologie als Wissenschaft möglich?; in: Zwischen den Zeiten 9/1931, 8-53; bes. 49-53. Scholz' Diskussion seiner drei Kriterien - der Postulate von Propositionalität, Kohärenz und »Kontrollierbarkeit« - läuft dem Gebrauch von Kohärenz und Kritisierbarkeit und der Analyse der Behauptung parallel, die hier vertreten wird; vgl. auch I.G.Barbour: Myths, Models and Paradigms (New York, 1974).

9 Wenngleich ich an dieser Stelle keine ausführliche Darstellung seiner Auffassungen bieten kann, gibt doch die Arbeit von Bernard Lonergan ein instruktives Beispiel für diesen Ansatz; vgl. Ders.: Insight: A Study of Human Understanding (New York, 1957) und Ders.: Method in Theology (New York, 1972).

vielleicht extrem minimal sein - die Universitätsgemeinschaft ist eine ziemlich disparate Sammlung verschiedener Ziele und Interessen. Dennoch ist es bedeutsam, daß man sich mit der Theologie in den Räumen der Universität beschäftigt, wo weder gepredigt noch gebetet wird. Was hat die Tradition damit impliziert, die Theologie als eine Wissenschaft zu bezeichnen? Wenn der Name nicht nur leer ist, können wir erwarten, daß die Theologie die allgemeinen Charakteristika und Bedingungen erfüllt, die zu allen Wissenschaften als Wissenschaften gehören. Wie sich herausstellen wird, weist die Behandlung der Theologie als einer Wissenschaft einige wichtige Parallelen mit unseren früheren Diskussionen von Erklärung und Rationalität in den Natur- und Sozialwissenschaften auf.

Die Situation ist für die Theologie dadurch kompliziert, daß sie zwei Öffentlichkeiten gegenüber zur Rechenschaft verpflichtet ist - der Kirche und der Wissenschaft. Natürlich ist es möglich, eine der beiden außer Acht zu lassen - die geschichtlichen Vorgänger dafür sind Legion -, entweder durch Aufkündung der Bindung an die Kirche (Theologie als eine rein philosophische Diskussion unter Wissenschaftlern) oder durch Vertreibung der Theologie von der Universität (Theologie als eine rein kirchliche Aktivität). Dennoch werde ich von der Tatsache zweier Öffentlichkeiten der Theologie ausgehen[10]. Das Ergebnis ist, daß die Theologie zwei konkurrierenden Mengen von Forderungen gegenübersteht - der der religiösen Gemeinschaft (mit den Problemen des Sinns, der Wahrheit und der Praxis) und der, die zur Wissenschaft gehört. Da es für die Theologie, wie ich meine, unumgänglich ist, auf beide Öffentlichkeiten einzugehen, sind wir dazu aufgerufen, ihre Maßstäbe nicht als beiläufig für die Theologie abzutun, sondern als Teil ihrer Grundverfassung anzusehen. Daher schlage ich vor, daß die Theologie die Fragen nach ihrem Platz in und ihren Aufgaben für die religiöse Gemeinschaft einschließen muß. In ähnlicher Weise geht sie auch auf den Disput über ihren wissenschaftlichen Status ein - Fragen, die die Struktur theologischer Erklärungen, die Kriterien theologischer Rationalität und die speziellen Merkmale und Ziele der Theologie als Wissenschaft betreffen. Ausschließlich auf diese doppelte Weise kann der Dringlichkeit einer Selbstdefinition der Theologie in der gegenwärtigen Diskussion Rechnung getragen werden. Die Debatte über die Wissenschaftlichkeit der Theologie - oft als dem Vollzug der Theologie selbst *extern* angesehen - sollte, wie ich meine, *intern* in unsere Darstellung der Struktur dieser Disziplin aufgenommen werden. Es ist deutlich, daß diese Position eine natürliche Folge meiner Argumente für die Überwindung der Dichotomie in der Religionswissenschaft zwischen Innen und Außen darstellt.

Was ist damit gemeint, daß die Theologie die Suche nach den Kriterien (und ihrer Spezifikation) einschließt, die ihr als einer explanativ-wissenschaftlichen Disziplin zukommen müssen? Zunächst dies, daß die gegenwärtige Debatte um die wissenschaftliche Rationalität der Theologie nicht fremd ist. Das trifft für verschiedene Bereiche zu. Theologen sind in der Debatte über allgemeine Kriterien für wissenschaftliche Erklärungen

---

10 Indem ich so vorgehe, übergehe ich das Problem der Verantwortlichkeit der Theologie vor Tracys dritter Öffentlichkeit - der Gesellschaft. Diese dritte Verantwortlichkeit würde keinen der hier geltend gemachten Punkte für ungültig erklären, wenngleich sie die Identität (und die methodologischen Schwierigkeiten) der Theologie genauer bestimmt.

(wie in den abschließenden Abschnitten des Kapitels 2) zu hören. Sie tragen zu Diskussionen um Kriterien für solche Wissenschaften bei, die nach Erklärungen komplexer Sinnentwürfe suchen, und sind auch selbst davon betroffen. Traditionellerweise sind sie zusammen mit Philosophen darin aktiv gewesen, die methodologischen Probleme von Theorien zu benennen, die mit der Erfahrung als Ganzes zu tun haben (Kap. 4). Schließlich haben sie auch in methodologischen Diskussionen in der Umgebung von Disziplinen, die *religiöse* - im Gegensatz zu sozialen, moralischen oder ästhetischen - Erfahrungen untersuchen, eine wichtige Rolle gespielt.

Die Theologie stellt aber auch schon für sich selbst vor methodologische Probleme. Das vielleicht schwerwiegenste besteht in den Auseinandersetzungen zwischen funktionalen und semantischen Ansätzen hinsichtlich des religiösen Glaubens. Ich habe argumentiert, daß ausschließlich funktionale Analysen religiöser Erklärungen durch eine Betrachtung ihrer Wahrheitsansprüche und sie stützender Argumente ergänzt werden müssen. Funktionale Ansätze der Erklärung fragen danach, welche Funktion Dogmen (*fides quae* - Aussagen) innerhalb einer gegebenen Gemeinschaft zukommt - z.B. wie eine bestimmte biblische Erzählung von Gottes Wundertaten im täglichen Leben der Gemeinde funktioniert und ethisch bzw. politisch verwendet wird. Sie benutzen dabei eine Begrifflichkeit, die vom Inhalt der fraglichen Überzeugung unabhängig ist: wie die Dogmen die Solidarität der Gruppe fördern, welche nichtkognitiven Faktoren der Einstellung oder des Affekts sie repräsentieren, oder wie sie als Normen oder »grammatische Regeln« der Gemeinschaft dienen. Ein solcher Ansatz beginnt mit der religiösen Gemeinschaft als einer existierenden sozialen Entität oder kulturellen Einheit, unabhängig von der Wahrheit oder Falschheit ihrer Überzeugungen, und überprüft theologische Erklärungen nach Maßgabe ihrer Funktion innerhalb der Gemeinschaft. Der Ausgangspunkt bei der Analyse der Gruppendymanik bringt es notwendigerweise mit sich, daß die Diskussion religiöser Erklärungen in erster Linie soziologisch orientiert sein wird[11]. Der propositionale Inhalt - wenn er überhaupt thematisiert wird - wird dann nur sekundär sein, abgeleitet von und ausgedrückt in der Begrifflichkeit dieser soziologischen Analysen.

Die in diesem Buch vertretene Analyse der wissenschaftlichen Erklärung und Rationalität schlägt im Gegensatz dazu vor, daß die Theologie mit dem *Inhalt* der Überzeugungen einer Gemeinschaft beginnt. Dieser Ausgangspunkt beinhalt verschiedene Voraussetzungen hinsichtlich Erklärung und Gläubigem. (1) Religionen beinhalten einen »Glauben an«, der *als solcher* für den Gläubigen von vitalem Interesse ist. (2) Wenngleich eine angemessene Analyse religiöse Überzeugungen in einer Vielzahl von Kontexten (emotiven, sozialen, ethischen) auf die Probe stellt, sollte dies niemals auf Kosten ihres primären Inhalts geschehen. Eine Theorie der Religion, die diese Überzeugungen auf Produkte oder Begleiterscheinungen einer in erster Linie soziologischen Realität reduziert, wird der *fides quae* - Komponente des religiösen Glaubens nicht gerecht. (3) Auf der Ebene des Lehrinhalts sind einige Vergleiche zwischen Religionen oder mit der Philosophie durchaus

---

11 »Soziologisch« meint hier George Lindbecks »kulturell-linguistische« Theorie der Religion in *The Nature of Doctrine* (Philadelphia, 1984) oder die »interpretierende Anthropologie« von Clifford Geertz in *The Interpretation of Cultures* (New York, 1973).

möglich. Religionen intendieren die Formulierung von Aussagen über die Welt, die - ob entscheidbar oder nicht - einander widerstreitende oder (zumindest im Prinzip) übereinstimmende Behauptungen aufstellen.

Die Darstellung in Kapitel 4 war gemeint als Unterstützung für die Auffassung, daß Glaubensaussagen eine bestimmte Art von Weltbild formen[12]. Eine Religion beinhaltet eine bestimmte Sicht von jemandes Umwelt oder Erfahrung. Was diese Sicht religiös macht, ist - neben anderen Dingen - ihre Weite: Religiöse Überzeugungen thematisieren unsere Welt als ganze, die Totalität unserer Erfahrung. Ein Grundstock von Glaubensaussagen versucht in einer bestimmten Weise, dieser Welt einen Sinn zu verleihen. Nun besteht keine Veranlassung, die unglaubliche Vielzahl von Weisen zu leugnen, in denen Religionen Sinn stiften. Doch - wie auch Ninian Smart zugibt, der ansonsten die Inkommensurabilität der Religion behauptet - schon die Übereinkunft selbst, Religionen als Interpretationen oder Erklärungen der Welt aufzufassen, erlaubt es uns, sie in zumindest einer wichtigen Hinsicht zu vergleichen[13]: Es mag sein, daß für viele nichtwestliche Religionen die Ausarbeitung einer solchen Weltsicht zu einer rationalen Theologie unwahrscheinlich ist - oder doch nur unter westlichem Einfluß stattfinden wird[14]. Dennoch meine ich, daß eine theologische Untersuchung des Inhalts dieser Behauptungen sowohl notwendig als auch möglich ist. Religiöse Behauptungen können wohl gemeinschaftsinterne Funktionen erfüllen. Da sie aber die Form von Aussagen über die Welt und das Göttliche haben und von Gläubigen als solche verstanden werden, muß die Theologie auch die Frage nach der *Wahrheit* ihres Weltbildes stellen.

Wenn die Argumentation in diesem Punkte stimmt, sollte es nun möglich sein, das Verhältnis zwischen religiösen Überzeugungen und der theologischen Aufgabe einer Tradition präziser zu bestimmen. Dabei wollen wir uns im besonderen auf das Beispiel der christlichen Theologie konzentrieren. Gemäß des hier vertretenen Ansatzes wird es der christlichen Theologie - neben anderen Dingen - um christliche Überzeugungen als Komponenten eines christlichen explanativen Systems zu tun sein - einer mehr oder weniger kohärenten Menge von Überzeugungen hinsichtlich Gottes, der Menschen und der Welt. Das reflektierende Element der Theologie - das Moment der Abstraktion von der unmittelbaren religiösen Praxis und Überzeugung - verlangt danach, sie als eine

---

12 S.Pepper: World Hypotheses: A Study in Evidence (Berkeley, 1970); bleibt trotz des Widerstandes gegen religiöse Weltbilder eine der klassischen Darstellungen der Struktur und Beurteilung solcher allumfassenden Weltbilder. Man beachte, daß dieser Gebrauch des Terminus »world hypotheses« die Konnotationen einer Finalität und Gegebenheit vermeidet, die mit dem Terminus *Weltanschauung* seit Herder verknüpft sind. Aus diesem Grund habe auch ich es vermieden, diesen Terminus zu verwenden.

13 Vgl. N.Smart: Worldviews: Crosscultural Explorations of Human Beliefs (New York, 1983). Smart schlägt vor, daß die Kategorien von Erfahrung, Mythos, Lehre, Ethik, Ritus und Sozialem den Vergleich verschiedener Weltsichten erlauben (Kap. 3-8).

14 Man würde allerdings eine derartige Entwicklung in solchen Fällen erwarten, wo die Überzeugungen der Religion im Rahmen einer Universität gelehrt werden, oder wo eine Debatte zwischen widerstreitenden Schulen die Begriffe von Orthodoxie, Häresie oder Apologetik hat entstehen lassen (z.B. im patristischen Christentum oder im Hinayana bzw. Mahayana Buddhismus).

zweitstufige Disziplin zu verstehen[15]. In dem Maße, in dem wir die Theologie als eine Wissenschaft auffassen, ist sie die Wissenschaft *über* die Überzeugungen *über* die Welt (Menschen, Gott), die in der christlichen Tradition behauptet werden.

Die Unterscheidung von Ebenen greift zurück auf meine Verteidigung des theoretischen Diskurses im Kontext von Habermas' Theorie der Rationalität. Obwohl wir die verschiedenen Bedeutungen von Rationalität und Wahrheit untersucht haben, die zum theoretischen, regulativen und expressiven Diskurs gehören, wurde deutlich, daß Erklärungen allein im Kontext eines theoretischen oder konstativen Diskurses beurteilt werden können. In ähnlicher Weise beinhaltet auch die Theologie als zweitstufiger Diskurs eine bestimmte *Distanznahme* von der unmittelbaren Verwobenheit religiöser Aussagen in ihren originalen Kontext. Sie hat die *deskriptive* (und in diesem Sinn phänomenologische) Aufgabe, klarzustellen, was erststufige Aussagen ausdrücken und wie sie fungieren. Sie hat aber auch die *systematisch-explanative* Funktion, die Verknüpfungen dieser Aussagen offenzulegen und ihren systematischen Zusammenhang zu zeigen. Letzteres stellt Theologen vor eine analytische wie auch kreative (synthetische) Aufgabe: Formulierungen einer systematischen Theologie oder eines umfassenden Verständnisses des Christentums können nicht direkt von Erfahrungskontexten des Glaubens oder der Verehrung »abgelesen« werden.

Das Moment der Distanznahme zeigt sich in ähnlicher Weise bei der *revidierenden* Komponente der Theologie. Jeder theologische Entwurf konstruiert den christlichen Glauben und seine Tradition auf eine bestimmte Weise. Natürlich ist diese Konstruktion nicht willkürlich; hinzu kommt ein Prüfverfahren. Bestimmte systematisch-theologische Entwürfe, die für formal angemessen erachtet werden (konsistent, kohärent, hinreichend umfassend), können gegen Glaubensaussagen in erststufigen Kontexten aufgewogen werden, um ihre materiale Adäquanz - d.h. den Grad ihrer Übereinstimmung mit oder Abweichung von der Tradition - festzustellen. Dabei kann es sich ergeben, daß einige Revisionen so drastisch ausfallen, daß nunmehr ihre »Christlichkeit« in Frage steht[16]. Dennoch gehört es zur Struktur der christlichlichen Traditionsüberlieferung, daß die Theologie - wie Brian Gerrish gezeigt hat - im Prozeß der Aneignung der Tradition diese modifiziert[17].

---

15 Ich verwende den Terminus *erststufig*, um mich auf unmittelbare Überzeugungen, Einstellungen und Praktiken der christlichen Gemeinschaften und der christlichen Tradition zu beziehen, und den Terminus *zweitstufig*, um jede Form des Diskurses zu bezeichnen, die den Versuch unternimmt, systematische oder abstrakte Aussagen über diesen Glauben bzw. diese Praxis zu treffen. Im Gebrauch dieser Termini statt beispielsweise der anderen *erstrangig* oder *zweitrangig* möchte ich die Frage offen lassen, welcher Form des Diskurses logische (oder theologische) Priorität zukommen sollte.

16 Man denke an die Überlegungen der vergangenen Jahrhunderte, ob eine gegebene Position häretisch sei oder nicht, und wohl in neuerer Zeit an die Fälle von Küng und Schillebeeckx. Es wäre interessant, die soziologischen Parallelen zwischen früheren Häresie-Entscheidungen und der neueren Debatte über die Befreiungstheologie, die feministischen Revisionen christlicher Erzählungen oder sogar die neue Bibel der Presbyteraner (in der Gott und Jesus nicht mehr maskulin sind) auszuziehen, um die Verschiedenheit der Faktoren auszuloten, die bei der Prüfung materialer Adäquanz beteiligt sind.

17 Vgl. B.Gerrish: Tradition and the Modern World: Reformed Theology in the Nineteenth Century (Chicago, 1978), 11: »The outsiders of a confessional tradition may sometimes, from their own

In diesem Rahmen muß auch die Frage nach der theologischen Rationalität gestellt werden. Ganz allgemein handelt es sich dabei um eine Frage nach der Struktur des Prozesses, der bei der Konstruktion und Prüfung theologischer Aussagen abläuft, und auch nach der Beschaffenheit der so konstruierten Aussagen. Im Einzelnen gehören folgende Dinge dazu: (1) das Verhältnis dieser theologischen Aussagen zu erststufigen Aussagen, d.h. wie eine Person von den einen zu den anderen übergeht, wie sich der erststufige und der zweitstufige Diskurs voneinander unterscheiden und welches die relativen Prioritäten der beiden sind; (2) die Frage nach den Kriterien, die sich für die Theologie aus ihren beiden Öffentlichkeiten von Kirche und Wissenschaft ergeben; (3) die Probleme, die ein Vergleich der systematischen Theologie mit anderen Disziplinen mit sich bringt - beispielsweise: Ist der Prozeß, der in der systematischen Theologie vor sich geht, am besten verstanden, wenn er mit der Hermeneutik, Anthropologie, Philosophie oder der pastoralen Seelsorge verglichen wird? Mit (3) fragt man auch nach der Theologie als einer Disziplin an der Universität: Welche Ähnlichkeiten weist sie mit anderen Disziplinen auf? Was trennt sie von ihnen? Gibt es gegenseitige Abhängigkeiten zwischen der Theologie und anderen Disziplinen? Wie unterscheidet sich z.B. ihr Gebrauch der Philosophie von ihren Anleihen bei der Anthropologie oder der klinischen Psychologie?

Theologische Erklärungen können nur systematisch - d.h. als Teile eines vielseitigen religiösen Weltbildes und damit im Zusammenhang mit der Philosophie und den Wissenschaften - geprüft werden. Allerdings ist es wichtig, *diesen* Begriff der Systematisierung von einigen der traditionellen Begriffe des Systems zu unterscheiden, die in der Geschichte dieser Disziplin verwandt worden sind. Der Begriff des Systems wurde im Jahre 1600 von B.Keckermann in Verbindung mit der analytischen Methode in die Theologie eingeführt[18]. Bei seinem Gebrauch im 17. Jahrhundert deutete der Begriff auf einen scholastischen oder wissenschaftlichen Ansatz der Theologie[19]. Der Begriff der Systematisierung erfuhr aber eine Wandlung, als der Umfang der systematischen Theologie erweitert wurde. Der Aufweis quasi-deduktiver Verknüpfungen - der für Keckermann noch möglich war, indem er mit den klassischen *Loci* arbeitete - verlor an Geltung, als die systematische Theologie während der drei folgenden Jahrhunderte zu einem umfassenden Konglomerat methodisch und material unverbundener Disziplinen und Unterdisziplinen wurde. In einem gewissen Sinne stellt Plancks Definition immer noch ein hilfreiches Ideal der theologischen Systematisierung dar: »Systematische Theologie ist Inbegriff eben der Religionswahrheiten, die in der Bibel enthalten sind, nur daß sie hier nach ihren Voraussetzungen und Folgen weiter entwickelt, in den Zusammenhang, der ihren Beziehungen aufeinander gemäß ist, gebracht, oder - mit andern Worten - in einer

standpoint, be viewed not as apostates but as true bearers or renovators of the heritage insofar as *its transmission can be interpreted as a process of revision and change*« (Hervorhebung von mir).

18 Vgl. B.Keckermann: Systema logicae (Hannover, 1600); und Ders.: Systema ss. theologiae (Hannover, 1602); zitiert nach W.Pannenberg: Theologie und Wissenschaftstheorie (Frankfurt, 1973), 357 Anm. 656.

19 Vgl. W.Pannenberg, Wissenschaftstheorie 406ff.

Ordnung dargestellt sind, worin eine die andere entweder beweist und erläutert, oder einschränkt und genauer bestimmt«[20].

Natürlich muß unser Rekurs auf diese Verknüpfungen und Kontexte von allen deduktiven oder apriorischen Konnotationen gereinigt werden. Die systematische Theologie kann ihre Begriffe in einer geordneten und kohärenten Weise ausdrücken, ohne ein mathematisches Modell der Axiomatisierung verwenden zu müssen. Dabei bleibt die Theologie allerdings auch ohne das frühere Ziel des Systementwurfs - das aus der scholastischen Metaphysik herrührte - dazu verpflichtet, die Überzeugungen der religiösen Tradition in einer systematischen Weise zu thematisieren[21]. Wir haben das *individuelle* Vorgehen, der Welt einen Sinn zu verleihen, um sie kohärent erklären zu können, schon diskutiert. Auf der *korporativen* Ebene des theologischen Diskurses kommt es zu exakt demselben Vorgehen - aber nun mit einer explizit theoretischen Begrifflichkeit und mit der Forderung nach intersubjektiver Kritisierbarkeit. Die Suche nach Sinn teilt hier - während sie noch immer dem individuellen Vorgehen parallel läuft - die allgemeinen Minimalkriterien des theoretischen Diskurses. Allerdings bemüht sich der Theologe nun - statt um die Adäquanz allein zu seiner eigenen Erfahrung - um die Adäquanz zur Erfahrung einer Tradition - sowohl in der Gegenwart als auch in der Geschichte. Diese doppelte Bindung erklärt die Spannung, die die Theologie als theoretischen *und* religiösen Diskurs kennzeichnet.

Es ist von großer Wichtigkeit, die Verantwortung gegenüber der eigenen Tradition und gegenüber der wissenschaftlichen Systematizität - die zusammen die Theologie durch die Geschichte hindurch geformt und belebt haben - voneinander abzugrenzen und zu verstehen, denn spezielle Entwürfe einer theologischen Methode lassen sich nur vor dem Hintergrund dieser beiden gegenläufigen Tendenzen angemessen beurteilen. Die Theologie bleibt an ihre religiöse Tradition gebunden. Ein metaphysisches System kann mit irgendwelchen Grundprinzipien beginnen und enden, die dem Metaphysiker gelegen erscheinen - nicht so die Theologie. Die Themen, die sie benennt, die Begriffe, die sie verwendet - all das hat seinen Grund in den vorhandenen Überzeugungen einer religiösen Gemeinschaft. Ferner bleiben Theologen für die Überzeugungen der Gemeinschaft verantwortlich, wenn sie an einer Rekonstruktion der Tradition arbeiten, denn die Anwendbarkeit eines theologischen Paradigmas auf die Tradition muß sich zeigen lassen können[22]. Hier sehen wir das Wahrheitsmoment einer Auffassung der Theologie als Glaubenswissenschaft: Die Begriffsschemata, die in zweitstufigen Theorien verwendet werden, müssen den Typen von Überzeugungen und Praktiken angemessen sein, die in der Religion vorgefunden werden. Daher lautet der Wahrheitskern, der in dem Diktum »Der

---

20 G.J.Planck: Einleitung in die theologischen Wissenschaften (Leipzig, 1794), 113; zitiert nach W.Pannenberg, Wissenschaftstheorie 408.

21 Dieses Kriterium, das dem deutschen Leser eher selbstverständlich erscheinen wird, wird in der gegenwärtigen amerikanischen Theologie weitgehend ignoriert - in politischen und hermeneutischen ebenso wie in modelltheoretischen Ansätzen; vgl. S.McFague: Models of God: Theology for an Ecological, Nuclear Age (Philadelphia, 1987).

22 Vgl. P.Clayton: Anticipation and Theological Method; in C.E.Braaten; P.Clayton (Hgg.): The Theology of Wolfhart Pannenberg: Twelve American Critiques (Minneapolis, 1988), 122-150; bes. 142ff.

Untersuchungsgegenstand bestimmt die Untersuchungsmethode« liegt: Ein System darf nicht einem Gegenstand aufgezwungen werden, das ihm fremd ist.

Natürlich läßt diese Forderung für eine Verhältnisbestimmung zwischen religiösem Glauben und theologischer Reflexion noch genügend Spielraum. Ich habe schon geltend gemacht, daß der Übergang zu einem reflektierenden Diskurs konstruktives kreatives Denken verlangt. Von unserer obigen Diskussion des wissenschaftlichen Positivismus her müssen wir Auffassungen, die dieser These widersprechen, als *theologischen Positivismus* bezeichnen. Theologische Positivisten sagen uns, daß die Theologie allein die Aufgabe habe, einen vorhandenen Inhalt bzw. eine »Grammatik«, die dem religiösen Leben und ihrer Praxis bereits inhäriert, zu beschreiben oder explizit zu machen. Wenngleich ihre Methode die korrekte Richtung angibt, so vernachlässigt sie doch das kreative Moment, das eine rationale Rekonstruktion erststufiger Überzeugungen in jeder explanativen Disziplin verlangt. Beispielsweise können wir nicht die Position akzeptieren, die gelegentlich Schleiermacher zugeschrieben wird, daß die Theologie direkt von einem religiösen (oder christlichen) Bewußtsein zu theologischen Aussagen übergehen könne. Es ist mehr impliziert als nur eine simple Formulierung der Bedeutung der religiösen Praxis. Es gibt kein »Wesen der Verehrung«, das wir durch eine »Wesensschau« direkt im Akt der Verehrung selbst erfassen könnten. Solche Behauptungen eines unmittelbaren Verstehens übergehen das Element der Vorläufigkeit und Fallibilität, das sich in jedem interpretativen explanativen Diskurs findet[23].

Daher ist es notwendig, sich den Minimalbedingungen der theoretischen Aufgabe zuzuwenden. Das Unterfangen der Systematisierung von Daten und der Erklärung eines Erfahrungsbereiches stellt als solches grundsätzliche Bedingungen, die über die in Frage stehenden Daten hinausgehen. Hier bedarf das Diktum »Gegenstand bestimmt Methode« einer Korrektur[24]. Die Wissenschaft - im allgemeinen Sinne einer intellektuellen Unternehmung - wird nicht angemessen erfaßt, wenn sie nur mit der leeren Formel umschrieben wird: »eine Art menschlicher verbaler Aktivität, in der der Gegenstand diese Aktivität bestimmt«. Um dies zu beweisen, braucht man nur die Frage zu stellen, auf welcher Ebene *diese* Formel selbst formuliert wird. Welchen Status hat sie? Argumente über die Struktur der theologischen Methode (z.B. die These, daß eine theologische Tradition gegenüber einer anderen inkommensurabel ist) implizieren schon - wenn sie nicht sinnlos sind - das Vorhandensein einer Ebene des theoretischen Diskurses, wie beschränkt, voreingenommen oder problematisch sie auch immer sein mag. Es ist unsere Aufgabe - es sei denn, wir sind dazu bereit, auf alle Aussagen über die Struktur der Religion zu verzichten -, uns über die Beschaffenheit dieses Diskurses Gedanken zu machen. Unter Annahme der neueren Entwicklungen in der Theorie der wissenschaftlichen Rationalität, die wir in den vorangegangenen Kapiteln untersucht haben, kann es möglich sein, präzi-

---

23 Man erinnere sich nochmals an die Rolle, die dem Verstehen in den Kapiteln 3 und 4 zugewiesen worden war: Das Verstehen bleibt eine Bedingung - eine notwendige, wenngleich nicht hinreichende Bedingung - theoretischer Erklärungen.

24 Gerade diesen Punkt hat T.F.Torrance in seinem sonst sehr gelehrten Buch *Theological Science* (London, 1969) übersehen - und dieser Fehler kehrt in seiner Beschäftigung mit der Problematik der wissenschaftlichen Methode immer wieder.

ser zu umschreiben, was es für die Theologie bedeutet, eine Anzahl von religiösen Überzeugungen und Praktiken zu untersuchen und systematiseren[25].

Nun mag es sein, daß die Theologie als kritischer Diskurs unmöglich ist. Vielleicht ist das wohlbekannte Dilemma unlösbar: Entweder handelt die Theologie von einem transzendenten Wesen, so daß alle menschliche Rede über das Göttliche nur äquivok ist, oder sie handelt (wie Feuerbach behauptete) von der Menschheit, so daß die Transzendenz nur eine Illusion darstellt. Vielleicht ist aber auch die Offenheit gegenüber Kritik und Revision, die den Hypothesen eignet, mit dem religiösen Glauben psychologisch oder spirituell inkompatibel. Das wissenschaftliche Ideal der Objektivität mag sich letztlich als mit der persönlichen und existentiellen Bindung unvereinbar erweisen, die die Einstellung des Gläubigen zu seinen Überzeugungen und seiner religiösen Gemeinschaft bestimmt. Tillich hat sehr deutlich die Spannung herausgestellt zwischen dem existentiellen »unbedingten Betroffensein«, das den denkenden Gläubigen in einen »theologischen Zirkel« einschließt, und den Forderungen einer wissenschaftlichen Theologie[26]. Seine These: »Niemand kann sich selbst als Theologen bezeichnen, selbst wenn er zum Lehrer der Theologie berufen ist« (18) muß vielleicht in diesem Zusammenhang verstanden werden. Wenn Tillich die Möglichkeit einer wissenschaftlichen Theologie leugnet, verdient sein Fall besondere Aufmerksamkeit: Die Möglichkeit, daß eine zweitstufige Diskussion des christlichen Glaubens - wie er meint - die Unterscheidung zwischen Theologie und Religionsphilosophie verdunkelt, läßt sich nicht ausschließen.

Es mag aber auch sein, daß die Christen - wenn die Bedingungen einer explanativen Wissenschaft deutlicher hervortreten - die Theologie nun lieber aus dem wissenschaftlichen Kontext kritischer Untersuchungen herausnehmen und behaupten, sie unterscheide sich nicht von einem erststufigen (rein internen) Diskurs. Es läßt sich zeigen, daß dieses Ziel der These von Barth zugrunde liegt, das offenbarte Wort stehe außerhalb der Reichweite der Philosophie und selbst der Religion. Dasselbe trifft aber auch für Schleiermacher zu. Ernst Troeltsch meinte, Schleiermacher hätte wesentlich aus diesem Grund den Übergang von der Dogmatik zur »Glaubenslehre« herbeigeführt, in der allein Aussagen über das glaubende Bewußtsein getroffen werden. Und Troeltsch selbst - nachdem er im ersten Teil die religionsgeschichtlichen Aspekte des Christentums behandelt hatte - wid-

---

25 Wenngleich T.F.Torrance in seinem Buch *Theological Science* (London, 1969) dieser Aufgabe nur wenig Raum zu lassen scheint, beinhaltet *Ground and Grammar of Theology* (Charlottesville, 1980) einige interessante Vorschläge. Torrance will weiterhin daran festhalten, daß Naturwissenschaft und theologische Wissenschaft jeweils ihre eigene Rationalität und Verifikation haben, da die eine »inquires into the processes and patterns of nature«, während die andere »inquires of God the Creator of nature« (6). Doch - und dieses Element finde ich in seiner früheren *Theological Science* nicht so klar ausgesprochen - *als* Untersuchung oder Wissenschaft zeigen sie einige Gemeinsamkeiten. Torrance schreibt: »But each of them is the kind of thing it is as a human inquiry because of the profound correlation between human knowing and the space-time structures of the creation, each is in its depth akin to the other« (6f.). Die Frage, die uns hier betrifft, ist genau die, *was* beide als »inquiries« oder »sciences« gemeinsam haben.

26 Vgl. P.Tillich: Systematische Theologie, Bd. 1: Vernunft und Offenbarung, Sein und Gott (Berlin, 8. Aufl. 1984), 15-18.

mete den zweiten Teil seiner Glaubenslehre der Explikation des Inhalts der gegenwärtigen christlichen Erfahrung[27].

Zugestandenermaßen also ist die Scheidung der Theologie von der Wissenschaft und sogar von der Religion selbst das Ziel vieler großer Theologen gewesen; ich erhebe nicht den Anspruch, diese lange Tradition umfassend dargestellt oder gar widerlegt zu haben. Dennoch meine ich, daß *eine* Befürchtung, die in dieser Tradition immer wieder zur Sprache kommt, nicht zutrifft. Es gibt *a priori* keinen Grund, warum der Rekurs auf eine Theorie der Erklärung und Rationalität, die der Diskussion anderer wissenschaftlichen Gebiete entnommen ist, als illegitimer Versuch der Herrschaft über die Theologie oder als aufklärerische Einschränkung der Offenbarung angesehen werden sollte. Zweitstufige Überlegungen haben weder Autorität über die erststufige Praxis und den Sprachgebrauch der religiösen Gemeinschaft noch über die religiöse Erfahrung des Gläubigen. Einzelne Gläubige sind darin frei, von einer diskursiven Explikation ihrer Überzeugungen Abstand zu nehmen und nicht von der ersten Stufe auf die zweite überzugehen. Die Gemeinschaft hat dieselbe Freiheit. Im Entschluß, die Arena des kritischen Diskurses nicht zu betreten, würde man natürlich von allen externen Forderungen unberührt bleiben.

Auf der anderen Seite gilt mit einer Paraphrase von Wittgenstein: »Wenn Du das (diskursive) Spiel spielen willst, mußt Du auch dessen Regeln befolgen«. Die Theologie steht vor der Wahl. Wenn sie sich aber mit zweitstufigen Aktivitäten beschäftigen und beispielsweise in interkommunaler Terminologie den Status ihrer Sprache oder den Sinn ihrer Aussagen erklären und ihre Wahrheit nachweisen möchte - und wenn sie es in einem wissenschaftlichen Rahmen tun möchte -, dann muß sie die allgemeinen Kennzeichen des wissenschaftlichen Diskurses in Rechnung stellen. Damit gewinnen hier die normativen Elemente der Wissenschaftstheorie (wiederum mit dem Verständnis von *Wissenschaft* im weitesten Sinne) an Bedeutung. Diese Normativität ergibt sich nicht aus einer willkürlichen Verknüpfung von Theologie und Philosophie, sondern aus der Entscheidung, nach einem systematischen begrifflichen Ausdruck des christlichen Glaubens zu suchen. Es ist bezeichnend, daß faktisch Theologen oftmals Argumente für ihre Positionen vorbringen und ihr Unternehmen damit gerne als allgemein rational ansehen. Selbst die, die Freiheit vom Satz des Widerspruchs fordern, widersprechen sich selbst nicht (zumindest nicht bewußt!) in ihrer Argumentation und halten den Selbstwiderspruch für einen Fehler bei ihren Kollegen. In ähnlicher Weise würden nur wenige bereit sein, die Theologie aus dem Rahmen der Universität herauszulösen (die meisten Theologen sind Professoren!), sondern akzeptieren in der Praxis für ihre Disziplin wissenschaftliche Ideale wie die Kritisierbarkeit und die Suche nach allgemeingültigen Argumenten. So lange wie in der Praxis diese Wahl getroffen wird, müssen auch in der Theorie die entsprechenden Konsequenzen gezogen werden; die Arbeit an der Definition und der Methode der Theologie muß die akzeptierten Bedingungen der wissenschaftlichen Theologie in Rechnung stellen.

---

27 Vgl. E.Troeltsch: Glaubenslehre (München, 1925). Vgl. auch B.Gerrish: The Possibility of a Historical Theology: An Appraisal of Troeltsch's Dogmatics; in: Ders.: The Old Protestantism and the New: Essays on the Reformation Heritage (Chicago, 1982), Kap. 13.

6.2.3 Zu einer methodologischen Definition der Theologie als Wissenschaft

Um dem folgenden methodologischen Entwurf eine geeignete Grundlage zu verschaffen, wollen wir uns an die Ergebnisse erinnern, zu denen uns die Untersuchung bisher geführt hat. Zunächst hatten wir gesehen, daß der rationale Diskurs auf bestimmte *explanative Probleme* verschiedener Art ausgerichtet ist. Im Licht eines gegebenen Problems werden Erklärungsvorschläge oder Problemlösungen formuliert, kritisiert und in der Folge modifiziert oder verworfen. Die Struktur dieses diskursiven Prozesses stellt an potentielle Erklärungen bestimmte Bedingungen:

(1) Sie müssen offen sein für intersubjektive Überprüfung und Kritik.

(2) Es lassen sich keine prinzipiellen Grenzen ziehen, wer an dieser Überprüfung teilnehmen kann, selbst wenn manche mehr als andere als Experten qualifiziert sind. Ich hatte schon in Kapitel 1 geltend gemacht, daß intersubjektive Prüfbarkeit eine *pan*-subjektive Zugänglichkeit einschließt.

(3) Keine Lösung kann auf privilegierte Prämissen begründet werden. Natürlich haben wir gewisse Grundüberzeugungen, auf die wir andere Überzeugungen gründen, für die wir aber selbst keine Argumente besitzen. Es ist nicht irrational, wenn wir auf diese Überzeugungen im Rahmen von Auseinandersetzungen mit anderen rekurrieren, die sie ebenfalls teilen. Wenn aber diese Grundüberzeugungen in Zweifel gezogen werden, verlangt der rationale Diskurs, daß Gründe für sie angegeben werden. Wo dies unmöglich ist, kommt den fraglichen Überzeugungen weder ausdrücklich noch implizit weiterhin ein epistemischer Wert zu.

(4) Also müssen in einem diskursiven Kontext letztlich *alle* Überzeugungen als *Hypothesen* behandelt werden. Als Hypothesen müssen sie intern kohärent (konsistent) und deutlich kritisierbar sein; als Versuche der Erklärung weiter Bereiche menschlicher Erfahrung müssen sie umfassend genug sein, um die Warum-Fragen beantworten zu können, die sich hinsichtlich ihres Geltungsbereiches stellen.

Diese Schlußfolgerungen liefern die Basis für eine gangbare methodologische Definition der Theologie als Wissenschaft:

(1) Als eine wissenschaftliche Disziplin formuliert die Theologie Erklärungen, die intersubjektiv kritisierbar sein sollten.

(2) Die Forschungsergebnisse anderer Disziplinen sind relevant; es gehört zur Aufgabe des Theologen, sich mit den Einwänden der Naturwissenschaftler, Sozialwissenschaftler, Historiker und Philosophen auseinanderzusetzen.

(3) Wo in der Diskussion grundsätzliche theologische Überzeugungen bestritten werden, wird eine Rechtfertigung unumgänglich. Erst dann können wir im intersubjektiven explanativen Kontext von der Wahrheit dieser Überzeugungen ausgehen. Von einem Psychologen würde man normalerweise nicht erwarten, den Gebrauch von kognitiver Dissonanz oder Rationalisierung als explanativer Kategorien zu verteidigen; sollten sie

aber in Frage gestellt werden, so ist er verpflichtet, den explanativen Wert solcher theoretischen Termini darzulegen.

(4) Schließlich müssen im wissenschaftlichen Kontext die Aussagen der Theologie als Hypothesen aufgefaßt werden. Der Verlauf der Argumentation mag zu Revisionen bei den Modellen und Behauptungen führen, die der Theologe in Anspruch genommen hat. Diese Revidierbarkeit theologischer Aussagen meint allerdings nicht, daß sie immer auch als hypothetisch *erfahren* werden. Es bleibt also Raum für des Glaubens »feste Zuversicht auf das, was man hofft, und ein Nichtzweifeln an dem, was man nicht sieht« (Hebr 11,1). Dennoch braucht in der Theologie ebensowenig wie in jeder anderen Disziplin eine direkte Korrespondenz zwischen dem Grad persönlicher subjektiver Bindung an eine Aussage und dem epistemischen Status zu bestehen, den die Disziplin ihr zuschreibt. Es lassen sich ebenso leicht Theologen ausfindig machen, die ihrer Disziplin *kritischer* gegenüberstehen als Naturwissenschaftler, wie es Theologen gibt, die sehr viel stärker subjektiv gebunden sind.

Kurz: Wie in anderen Disziplinen Behauptungen ohne eine letzte Sicherheit aufgestellt werden, so kann auch die Theologie als eine wissenschaftliche Disziplin dieses Element der Offenheit in sich aufnehmen. Tatsächlich ist im Lichte der Pluralität gegenwärtiger religiöser (und nichtreligiöser) Optionen ein Moment des Zweifels bzw. der Offenheit bei vielen Gläubigen heute schon mit dem Glauben selbst verbunden. Dies war der entscheidende Punkt bei meiner Konzeption des säkularen Gläubigen. Die Theologie kann ihre Dogmen im Sinne besonderer christlicher Lehren auffassen, ohne deshalb über die Gefahr eines *Dogmatismus* im Sinne einer Immunität gegenüber Kritik hinwegsehen zu dürfen.

Die vier gerade aufgezählten Bedingungen sind die Grundbausteine einer methodologischen Definition der Theologie als Wissenschaft. Dennoch ist es nun wichtig, auf einige einzelne Theologen zu achten, um konkret erkennen zu können, in welcher Weise diese Vorschläge in der tatsächlichen theologischen Arbeit aufgenommen werden. Dabei gehe ich auf drei Autoren ein, die sich in besonderem Maße methodologischen Problemen zugewandt haben - zwei davon in den letzten Jahren -, um die Implikationen meiner Position zu verdeutlichen: Friedrich Schleiermacher, Ian Barbour und Wolfhart Pannenberg. Wir müssen fragen: Steht der Gebrauch von Minimalbedingungen des wissenschaftlichen Diskurses in einem unaufhebbaren Gegensatz zur theologischen Tradition? Oder sind ihre Theorien der Rationalität kompatibel mit einer konsistenten und konstruktiven Arbeit innerhalb der Theologie selbst?

Für die gegenwärtigen Diskussionen unserer Frage ist kein Denker wichtiger als Friedrich Schleiermacher, wenngleich kein anderer vor so viele Interpretationsschwierigkeiten stellt und von mehr konkurrierenden Lagern in Anspruch genommen wird als er. Mehr als jeder andere hat dieser Vater der modernen Theologie die Notwendigkeit für die Theologie erfaßt, ebenso als zweitstufiger theoretischer Diskurs zu fungieren wie als Sprache der Kirche zu dienen. Als zweitstufige Reflexion teilt die Theologie die wissenschaftliche Methode aller wissenschaftlichen Disziplinen, doch als Reflexion auf »Glaubensaussagen« ist sie Teil des Lebens der Kirche. Schleiermacher war offensichtlich der Meinung, beide Ansätze ließen sich ohne Subordination miteinander verknüpfen. Dennoch gilt, wie Hans Frei bemerkte, daß »general agreement among commentators ever since his day has been that he failed at nothing more succintly than this attempt«[28]. Schleiermacher hat aber darin Recht, an beiden Polen des Dilemmas kompromißlos festzuhalten. Gerade deshalb bleibt sein Werk auch für die heutige Theologie grundlegend. Wir würden vielleicht an die Stelle seines Schlüsselbegriffes des Gottesbewußtseins einen anderen Begriff setzen (z.B. den Gottesbegriff selbst) und uns vermutlich einem etwas mehr eklektischen Pluralismus von Themen und Modellen zuwenden; man mag schließlich sogar das ganze Unternehmen für unmöglich erklären (wenngleich sich dann die Frage stellt, in welcher Sprache das möglich wäre). Wir können aber den epistemischen Status der Theologie als einer wissenschaftlichen Disziplin nicht erhalten, wenn wir Schleiermachers Aufgabe überhaupt nicht beachten und in ihrer Tragweite wahrnehmen.

Es leidet keinen Zweifel, daß Schleiermacher die Theologie für eine Aktivität im Dienste der Kirche hielt. Seine *Kurze Darstellung des theologischen Studiums* nennt sie im ersten Paragraphen eine »positive Wissenschaft«[29]. Schleiermacher fordert: »Die christliche Theologie ist sonach der Inbegriff derjenigen wissenschaftlichen Kenntnisse und Kunstregeln, ohne deren Besitz und Gebrauch eine zusammenstimmende Leitung der christlichen Kirche, d.h. ein christliches Kirchenregiment, nicht möglich ist« (§ 5). In ähnlicher Weise behauptet Schleiermacher auf den ersten Seiten seiner Dogmatik: »Da die Dogmatik eine theologische Disziplin ist, und also lediglich auf die christliche Kirche ihre Beziehung hat: so kann auch nur erklärt werden, was sie ist, wenn man sich über den Begriff der christlichen Kirche verständiget hat«[30].

Dennoch scheint Schleiermacher in der Praxis jeden Begriff mit einer allgemeinen Vorstellung oder Begrifflichkeit zu verbinden, die nicht allein dem Christentum eigen ist. In den *Reden* ist es das Gefühl der schlechthinnigen Abhängigkeit, dessen sich sogar die »Gebildeten unter ihren Verächtern« bewußt sind; in der Glaubenslehre fungiert das universale Gottes- oder Christusbewußtsein als dieser allgemeine Begriff. Schleiermachers Verknüpfung des Allgemeinen mit dem Besonderen, des Externen mit dem Internen, wird aber nicht nur auf der methodologischen Ebene durchgeführt; sie bahnt sich ihren Weg in jedem einzelnen Lehrabschnitt. Beispielsweise bestimmt Jesu Gottesbewußtsein Schleiermachers Christologie und diese daraufhin seine Anthropologie. Unausweichlich stellt seine Dogmatik eine besondere Ausprägung eines allgemeineren Gefühls, Begriffs oder einer Idee dar, wie es in der Mitte von Schleiermachers Christologie heißt: »Soll die Selbsttätigkeit des neuen Gesamtlebens ursprünglich in dem Erlöser sein und von ihm allein ausgehen: so mußte er als geschichtliches Einzelwesen zugleich urbildlich sein, d.h. das Urbildliche mußte in ihm vollkommen geschichtlich werden, und jeder

---

28 Hans Frei in seinen *Shaffer Lectures* (Yale, 1983).

29 F.D.E.Schleiermacher: Kurze Darstellung des theologischen Studiums zum Behuf einleitender Vorlesungen, hg. H.Scholz (Hildesheim, 1961), § 1.

30 F.D.E.Schleiermacher: Der christliche Glaube, Bd. 1, hg. M.Redeker (Berlin, 1960), § 2.

geschichtliche Moment desselben zugleich das Urbildliche in sich tragen«[31]. Gerrish faßt es dahingehend zusammen, »that ›the Word became flesh‹ (probably Schleiermacher's favourite text) means that in Christ the ideal became historical«[32].

Kaum hat Schleiermacher der christlichen Kirche für die Dogmatik eine normative Rolle zugewiesen, da behauptet er in der Glaubenslehre, daß der Begriff der christlichen Kirche »selbst nur richtig zu erzielen sein [wird] durch den allgemeinen Begriff der Kirche überhaupt, verbunden mit einer richtigen Auffassung der Eigentümlichkeit der christlichen«[33]. Dieser Versuch, das theologisch Besondere mit dem religiös Allgemeinen zu verbinden - der paradigmatisch ist für die Methodologie, die ich vertrete - ist immer wieder von modernen Theologen aufgenommen worden, wenngleich manchmal mit geringerer Konzentration auf das Besondere. So lange sie ein genuiner Versuch bleibt, das Besondere in allgemeinen Termini zu formulieren, drückt Schleiermachers Methode das Wesen der Theologie aus: die Einzigartigkeit ihrer eigenen Tradition zu bewahren, ohne die intersubjektive (interkommunale) Zugänglichkeit zu opfern, die von ihr als einer Wissenschaft verlangt wird.

Leider hatte Schleiermacher trotz seiner programmatischen Formulierung der Aufgabe einer theologischen Methodologie keinen Erfolg damit, die Forderungen von Kirche und Wissenschaft zu verknüpfen. Der Grund für sein Scheitern liegt, wie ich meine, im Rekurs auf seinen zentralen Terminus des »Gottesbewußtseins«. Die Idee dieses Rückgriffes ergibt sich daraus, daß dieser Ausdruck das dem Christentum externe Gefühl der schlechthinnigen Abhängigkeit mit dem Erfahrungswissen zu verknüpfen scheint, das die Erlösten von ihrem Erlöser haben - wodurch sich das Externe und das Interne in *einen* begrifflichen Rahmen zusammenfügen ließen. Aber beide Lager haben diese Strategie abgelehnt. Die Religionsphilosophen argwöhnen als Folge dieses Rekurses auf ein »Gefühl der schlechthinnigen Abhängigkeit« einen vollkommenen Subjektivismus, während verschiedene Theologen Schleiermacher vorwerfen, der Theologie einen systematisch philosophischen Rahmen aufzuerlegen, und fundamentalistische Autoren - z.B. die amerikanischen Evangelikalen - bei ihm die Wurzel allen modernen Übels (d.h. den Liberalismus) finden[34]. Die systematische Doppeldeutigkeit im Begriff des Gottesbewußtseins hat zur Folge, daß Schleiermacher nun von beiden Seiten aus angegriffen wird. Denn der Begriff ist nicht in der Lage, die Synthesis zu leisten, die er für sich in Anspruch nimmt; wie Wittgensteins »Hasenente«[35] scheint er zwischen einem rein philosophischen und einem rein kirchlichen Begriff hin und her zu pendeln. Schleiermachers Interpreten debattieren noch heute darüber, welche Seite in Schleiermachers Denken der

---

31 F.D.E.Schleiermacher: Der christliche Glaube, Bd. 2, hg. M.Redeker (Berlin, 1960), § 93.

32 B.Gerrish: Friedrich Schleiermacher; in: N.Smart u.a.: Nineteenth Century Religious Thought in the West, 3 Bde. (Cambridge, 1985), 1/142.

33 F.D.E.Schleiermacher: Der christliche Glaube, Bd. 1, hg. M.Redeker (Berlin, 1960), § 2.

34 Schleiermacher ist von niemandem stärker gescholten worden als von Carl F.H. Henry. Bob E. Patterson schreibt mit Recht: »Schleiermacher represents to Carl Henry and contemporary evangelicals all that is wrong in theology. Schleiermacher did not believe the Enlightenment was fatal for Christianity«. Vgl. B.E.Patterson: Carl F.H. Henry (Waco, 1983), 28.

35 Vgl. L.Wittgenstein: Philosophische Untersuchungen; in: Ders.: Werkausgabe, Bd. 1 (Frankfurt, 1989), 519-522.

Vorrang gebührt, während scheinbar alle darin übereinstimmen, daß er es nicht geschafft hat, eine begriffliche Verschmelzung zu erreichen.

Ian Barbour hat die neueren Entwicklungen in der Wissenschaftstheorie dazu in Anspruch genommen, die Spannung zwischen dem traditionellen Selbstverständnis der Theologie und den allgemeineren Bedingungen wissenschaftlicher Rationalität aufzuheben. Sein Erfolg zeigt die methodologische Fruchtbarkeit der kontextuellen Wende in der Wissenschaft bei ihrer Rekonstruktion der traditionellen Debatte zwischen Glaube und Vernunft. Um die Forderung nach intersubjektiv gültigen Argumenten mit dem Vorhandensein kontextueller und pragmatischer Faktoren auszugleichen, konzentriert sich Barbour - sowohl in der Wissenschaft als auch in der Religion - auf den Gebrauch von Modellen und Paradigmen bzw. Beispielen. Man beachte seine Definition der Theologie: »Theology is the systematic and self-critical reflection of a paradigm community concerning its beliefs. The theologian traces the ways in which the memory of historical exemplars has shaped the life and thought of the community. He explores the relationships among its central models and doctrines and the implications of its view of nature, man and God«[36].

Mit Sicherheit läßt sich Barbour nicht vorwerfen, er habe die religiöse Gemeinschaft und ihre Praktiken nicht angemessen beachtet. Seinen Ausgangspunkt bilden die wirklichen Überzeugungen der religiösen Gemeinschaft, und er bedenkt in aller Ausführlichkeit, wie diese geschichtlichen Beispiele tatsächlich fungieren, um bestimmte religiöse Traditionen zu vereinheitlichen. Dennoch fährt er fort, die theologische Reflexion als *systematisch* und *selbstkritisch* zu charakterisieren. Was können diese wissenschaftlichen Bedingungen im Kontext der Theologie besagen? Der erste Terminus schlägt hinsichtlich theologischer Aussagen vor, die innere Kohärenz zwischen Glaubensaussagen *ebenso* auszudrücken (»relationships among ... central models and doctrines«) wie zu Lehrsätzen der Naturwissenschaft, der Anthropologie und der philosophischen Theologie (»implications of its views of nature, man and God«). Der Terminus *selbstkritisch* leitet sich aus dem ersteren ab: Der Dialog mit anderen Disziplinen macht eine kritische Kontrolle über diesen Prozeß erforderlich. Eine interdisziplinäre Debatte impliziert interdisziplinäre Standards der Diskussion.

Ich meine, daß Barbours Definition der Theologie einen Ausweg bietet, um Schleiermachers ungelöstes Dilemma zwischen Kirche und Wissenschaft zu überwinden. Der wissenschaftstheoretische Begriff des Paradigmas erlaubt uns - wie er argumentiert - zwischen »external description« und »internal self-description« (26) zu vermitteln. Die Theologie bleibt eine »reflection of a paradigm community« - daher ihre Partikularität. Doch während er differenziert, fungiert der Paradigmenbegriff zugleich auch als allgemeines Modell, das allen wissenschaftlichen Disziplinen gemeinsam ist. Selbst Kuhn, der (wie ich glaube, zu Unrecht) die Inkommensurabilität von Paradigmen betont, ist bereit, zuzugestehen, daß es weithin gemeinsame epistemische Werte unter disparaten Diszipli-

36 I.Barbour: Myths, Models and Paradigms: A Comparative Study of Science and Religion (New York, 1974), 176.

nen gibt. Solche Werte dienen für die Theologie solange als Kriterien, wie sie ein Glied der umfassenden wissenschaftlichen Gemeinschaft bleibt. Barbour leitet mit Recht aus seiner Behandlung des Paradigmenbegriffs zumindest fünf Kriterien für die theologische Reflexion ab: systematische Konsistenz, Kritisierbarkeit, Aufrichtigkeit gegenüber der gegebenen religiösen Tradition wie auch der üblichen Denkart und Praxis, Kohärenz der paradigmeninternen Aussagen und Korrelationen zu den dem theologischen Paradigma externen Disziplinen.

Es gibt daher Hoffnung, daß Schleiermachers Projekt unter Verwendung der Ergebnisse der modernen Wissenschaftstheorie konsistent durchgeführt werden kann. Wir sollten somit innehalten, um explizit die hauptsächlichen Implikationen der Verknüpfung von intern und extern in der Weise, wie ich es als Modell für die Theologie vorgeschlagen habe, hervorzuheben. Ich schließe mit dem methodologischen Entwurf von Wolfhart Pannenberg, um zwei dieser Implikationen aufzuweisen: (1) Die theologische Wissenschaft muß als Wissenschaft von Gott oder als Wissenschaft beispielsweise des Christentums statt als Glaubenswissenschaft konstruiert werden; (2) Ihre Aussagen müssen der Revision im Lichte weiterer Forschung und Diskussion gegenüber offen bleiben.

(1) Pannenbergs Bestimmung der Theologie als der »Wissenschaft von Gott«[37] ist schon weithin bekannt. Die Betonung der Tradition und der Besonderheit der christlichen Gemeinschaft, die für die christliche Theologie wesentlich zu sein scheinen, einmal vorausgesetzt, so argwöhnen doch viele, Pannenbergs Schritt würde letztlich die Verknüpfung der Theologie mit der Partikularität der christlichen Offenbarung bedrohen. Darüber hinaus hegen einige die Befürchtung, sein Verständnis Gottes als der »alles bestimmenden Wirklichkeit« hebe die Theologie in die klassische Metaphysik oder den Rationalismus der Aufklärung auf und trenne sie von der wirklichen geschichtlichen Religion und der gegenwärtigen Lage des Christentums.

Dies ist aber keineswegs der Fall. Pannenberg argumentiert, daß in erster Linie *die geschichtlichen Religionen* - nicht die Philosophie - der Ort sind, »an dem die Erfahrung der Selbstbekundung Gottes oder göttlicher Wirklichkeit überhaupt im Ganzen der Weltwirklichkeit thematisch wird« (315). Die einzige Aufhebung ist daher - trotz vielfacher Mißverständnisse - die »Aufhebung der formalen Bestimmung des Gottesgedankens als Grund oder Ursprung der Wirklichkeit im ganzen in die Geschichtlichkeit der positiven Religionen«[38]. Tatsächlich degradiert Pannenberg »die allgemeine Religionsphilosophie« auf die Rolle einer »Propädeutik« (421). Um das Phänomen der Religion zu verstehen, »muß die Abstraktion des Allgemeinbegriffes von Religion, die als Ausgangspunkt unumgänglich ist, aufgehoben werden in die Vielfalt der geschichtlichen Wirklichkeit der Religionen« (422).

---

37 Vgl. W.Pannenberg: Wissenschaftstheorie und Theologie (Frankfurt, 1973), 299-348. Interessanterweise ist auch Thomas F. Torrance - obwohl er Pannenberg gegenüber Karl Barth viel näher steht - dazu bereit, die Theologie als »Wissenschaft von Gott« zu definieren; vgl. Ders.: The Ground and Grammar of Theology (Charlottesville, 1980), 112.

38 W.Pannenberg, Wissenschaftstheorie 316.

Dies sind schwierige Probleme. Unsere Position macht es erforderlich, die Theologie - im weitesten Sinne - als Wissenschaft von Gott aufzufassen. Eine Vielzahl von Faktoren kann dazu beitragen, die theologische Forschung in dieser Hinsicht durchzuführen: die vergleichende Religionswissenschaft, eine Phänomenologie menschlicher religiöser Erfahrungen, die Sinnfrage, die Metaphysik, der Gang der Geschichte. Sicherlich richtet sich das hauptsächliche Augenmerk mehr auf den *Inhalt* theologischer Überzeugungen als auf subjektive Antworten oder Annäherungen. Auf einer spezielleren Ebene kann die christliche Theologie verstanden werden als »Wissenschaft vom Christentum« (317). In diesem Fall können wir unbefangen mit einer bestimmten religiösen Tradition und der Weise beginnen, in der sich ihre Überzeugungen und Praktiken über die Zeit hinweg entwickelt haben. Dabei konzentrieren wir uns aber auf das Christentum als eines geschichtlichen Phänomens und nicht ausschließlich auf die subjektive oder gemeinschaftliche Erfahrung des Christseins. Mit Hilfe dieser Betonung können wir eine Anthropomorphisierung des Christentums vermeiden, die ihren primären Bezug auf die interne (soziologische) Dynamik christlicher Gemeinschaften reduzieren würde. Damit wird dem Element des *fides quae* in der christlichen Religion ein angemessener Platz bewahrt - einschließlich einer Diskussion über die Thesen einer göttlichen Offenbarung und der darin implizierten Wahrheitsansprüche.

(2) Pannenberg tritt weiterhin dadurch hervor, daß er theologische Aussagen als vorläufig und der Revision gegenüber offen auffaßt[39]. Auch diese Position impliziert insofern eine Revision der traditionellen theologischen Methodologie, als die Theologie früher die Wahrheit ihrer zentralen Überzeugungen entweder vorausgesetzt oder doch nur in den Prolegomena oder der Apologetik behandelt hatte - die grundsätzlich vom Vollzug der Theologie selbst getrennt waren. Die Wahrheit der theologischen Erklärungen kann aber nicht als definitiv angenommen werden; die Wahrheitsfrage muß für die weitere Arbeit in der Disziplin offen bleiben. Im gegenwärtigen Kontext ist die theologische Wahrheit allemal eine hypothetische Wahrheit.

Wir wollen nun die Position in den Fragen der theologischen Methodologie und Rationalität, die in diesem Abschnitt zutage trat, zusammenfassen. Obwohl diese Bemerkungen für die Theologie jeder religiösen Tradition gelten sollten, die als wissenschaftliche Disziplin gelten will, habe ich sie besonders auf die christliche Theologie hin ausgerichtet. Ich habe vorgeschlagen, die christliche Theologie als einen zweitstufigen Diskurs über erststufige Überzeugungen, Einstellungen und Praktiken der christlichen Gemeinschaft zu verstehen. Als einer kritischen Untersuchung geht es ihr um eine Beschreibung der erststufigen Daten in einer systematischen und selbstkritischen Weise; sie steht daher in einem methodologischen Zusammenhang mit anderen Disziplinen. Da die Theologie zu einer Klärung von Überzeugungen und Praktiken beiträgt, ist sie von eminenter Bedeu-

[39] Vgl. u.a. W.Pannenberg: Der Gott der Geschichte; in: Ders.: Grundfragen systematischer Theologie (Göttingen, 1980), 112-128; Ders.: Systematische Theologie, Bd. 1 (Göttingen, 1988), Kap. 1. Für eine Analyse seiner Position vgl. P.Clayton: The God of History and the Presence of the Future; in: Journal of Religion 65/1985, 98-108; und Ders.: Being and One Theologian; in: The Thomist 52/1988, 645-671.

tung und Hilfe für die Kirche - es mag in diesem Sinne auch (mit Schleiermacher) gesagt werden, sie arbeitet im Dienst der Kirche. Doch weil diese Klärung des christlichen Glaubens notwendigerweise die Abhängigkeit von Kategorien impliziert, die - ebenso wie die allgemeinen Begriffe von Wahrheit, Sinn und Referenz - nicht aus der christlichen Tradition selbst stammen, sieht sich die christliche Theologie auch in einen notwendigen Diskurs mit den Naturwissenschaften, der Philosophie und anderen Theologien gestellt.

6.3 Der Wahrheitsanspruch der Theologie

Es ergibt sich nun ein Problem, das bisher nur im Vorbeigehen gestreift worden war: die Frage nach der Wahrheit der Theologie. Welcher Zusammenhang besteht zwischen Erklärung und Wahrheit? Kann die Theologie auch ohne die Art von Wahrheitsansprüchen betrachtet werden, die mit anderen explanativen Disziplinen verknüpft sind? Wenn nicht, wie stark und in welcher Weise sollten Theologen ihren Anspruch auf Wahrheit zur Geltung bringen?

6.3.1 Theologie ohne Erklärung?

Es gibt weder von der Praxis der wissenschaftlichen Rationalität noch von der Hermeneutik aus einen direkten Weg zur Wahrheit - dies ist auch unseren Zeitgenossen sehr wohl bekannt. Im Zusammenhang der (versuchten) Abwendung von der Metaphysik in unserem Jahrhundert kam es auch zur Abwendung von der klassischen Erkenntnistheorie mit ihrer unproblematischen Rede von Referenz und Wahrheitsbedingungen. Verschiedene Autoren sind zwar sehr um die Wissenschaft - ihre Methodologie und Art der Rechtfertigung - bemüht; aber wenn diese Beschäftigung auch epistemologisch ist, so ist sie es doch nicht im klassischen Sinne. Eine auf die Frage nach »gerechtfertigter Behauptbarkeit« innerhalb eines bestimmten sprachlichen oder pragmatischen Kontextes reduzierte Epistemologie wird zur Wissenschaftstheorie oder Sprachphilosophie.

Als sich die »ordinary language« - Philosophen mit der Struktur der Sprache zu befassen begannen, zeigten ihre Studien auf unüberwindliche Schwierigkeiten mit den einfachen und direkten Auffassungen des Verhältnisses zwischen Sprache und Welt - wie z.B. der Bildtheorie des frühen Wittgenstein. Ebenso bedeutend wie Wittgensteins *Philosophische Untersuchungen* - die die These vertraten, viele Gebrauchsweisen der Sprache seien weder referentiell gemeint noch als solche konstruierbar - waren Quines mittlerweile weithin bekannte Lehren der Unterbestimmtheit und Unerforschlichkeit der Referenz. Im Zusammenhang der Argumentation für die Unerforschlichkeit der Referenz insistierte

Quine darauf, daß wir *keinen* Zugang zu den Entitäten haben, auf die sich unsere Worte beziehen sollen. Die Evidenz, die wir haben, *unter*-bestimmt unsere Aussagen über die Welt, so daß es unmöglich ist, zu wissen, welche der verschiedenen möglichen ontologischen Interpretationen unserer Sprache die richtige ist. In einem seiner bekannten Beispiele argumentiert Quine: »We can systematically reconstruct our neighbor's references to squirrels as references to squirrel-stages, and his apparent references to formulas as references to Gödel numbers, and vice versa«[40]. Vor einiger Zeit hat B.Hauptli die epistemologischen Konsequenzen der Position Quines ausgeführt und für eine »disappear-ance theory of truth« fruchtbar gemacht: Wenn es keine evidenten Vermittler zwischen zwei verschiedenen Theorien gebe, um zu bestimmen, welche der beiden wahr ist, dann sei der traditionelle Wahrheitsbegriff sinnlos: »What it means when one says that a theory or statement is true is that it is indeed the theory held by the theory's supporters«[41].

Die Argumente von Wittgenstein und Quine stellen die traditionelle Theorie der Wahrheit vor ernsthafte Schwierigkeiten und üben nach wie vor großen Einfluß aus. In einem wichtigen Buch ist Hilary Putnam von der Unterbestimmtheit Quines zu einer weitreichenden Kritik des metaphysischen Realismus und des »God's Eye point of view« übergegangen[42]. Ähnlich wie die radikalere Position von Nelson Goodman argumentiert Putnam für eine Vielzahl von Welten, Referenzen, Wahrheiten und Rationalitäten. Mary Hesse hat in vergleichbarer Weise Quines These der Unbestimmtheit mit der neueren Arbeit in der Wissenssoziologie kombiniert, um die Naturwissenschaften auf ihr Äquivalent in den Sozialwissenschaften zu reduzieren und beide auf Produkte unserer Kultur ohne besonderen epistemologischen Verdienst zurückzuführen[43]. Ihre *Stanton Lectures* über Religionsphilosophie[44] argumentieren für eine Theologie, die die Metaphysik und die Wahrheitsansprüche eines »metaphysischen Realismus« vermeidet. Wie ich schon in Kapitel 1 erwähnt hatte, sind ähnliche Versuche, eine referentielle Sprache in der Religion zu vermeiden, auch bei Religionsphilosophen verbreitet, die in der Nachfolge des Buches *Language, Truth and Logic* von A.J.Ayer stehen[45].

---

40 W.V.O.Quine: Ontological Relativity; in: Ders.: Ontological Relativity, and Other Essays (New York, 1969), 47.

41 B.Hauptli: Quinean Relativism: Beyond Metaphysical Realism and Idealism; in: The Southern Journal of Philosophy 18/1980, 393-410; 409, Anm. 18; vgl. auch Ders.: Inscrutability and Correspondence; in: The Southern Journal of Philosophy 17/1979, 199-212.

42 Vgl. H.Putnam: Reason, Truth and History (Cambridge, 1981), bes. Kap. 3, z.B. 49f. Für die zahlreichen Verweise auf Quine vgl. den Index und bes. 33ff. Putnams *Carus Lectures* von 1985, veröffentlicht als *The Many Faces of Realism* (La Salle, 1987), führen seine Kritik des klassischen Realismus und seiner Wahrheitstheorie fort; vgl. auch seinen wichtigen Sammelband H.Putnam: Realism with a Human Face, hg. J.Conant (Cambridge, 1990), z.B. sein neues Vorwort. Seine *Gifford Lectures*, die teilweise dasselbe Thema behandeln, werden vermutlich 1992 erscheinen.

43 Vgl. M.Hesse: Revolutions and Reconstructions in the Philosophy of Science (Bloomington, 1980), bes. Kap. 2.

44 In einer revidierten Fassung veröffentlicht als M.A.Arbib; M.Hesse: The Construction of Reality (Cambridge, 1986).

45 Für eine Darstellung und Kritik der nichtkognitivistischen Auffassungen der religiösen Sprache wie Expressivismus und Emotivismus vgl. W.T.Blackstone: The Problem of Religious Knowledge: An Impact of Philosophical Analysis on the Question of Religious Knowledge (Englewood Cliffs, 1963). Kai Nielsen arbeitet noch bis heute in dieser Tradition; vgl. Ders.: God, Scepticism and Mo-

Wenn Wissenschaftstheoretiker das Wahrheitsproblem ausklammern und Epistemologen weithin skeptisch sind, selbst eine modifizierte Form der Korrespondenztheorie zu formulieren, würde es dann nicht sicherer sein, die Theologie von den klaffenden Schluchten dieses Disputes fernzuhalten? Braucht die Theologie eine referentielle Theorie der Wahrheit? Es ist sicherlich nicht schwierig, Theologen zu finden, die behaupten, daß die Theologie weder als theoretischer Diskurs noch als hermeneutische Untersuchung eine außertheologische Darstellung der Korrespondenzrelation nötig hat. Viele meinen damit, daß es möglich sei, eine intern kohärente Auffassung der Theologie zu entwerfen, die die Probleme einer referentiellen Wahrheitstheorie umgeht. Diese Autoren scheinen daher die externe Frage nach der objektiven Wahrheit des Christentums beiseite zu lassen - indem sie meinen, sie sei irgendwie von den Gläubigen vorausgesetzt - und sich allein mit den Weisen zu beschäftigen, in denen christliche Aussagen innerhalb der Glaubensgemeinschaft fungieren[46].

Im folgenden Abschnitt werde ich eine gänzlich andere Auffassung der Disziplin der Theologie skizzieren. Dennoch meine ich auch nicht, daß es notwendig ist, eine internalistische Konstruktion der Theologie völlig zu verwerfen: Das internalistische Modell mag durchaus noch in dem Sinne rational sein, daß es in methodologischer Hinsicht manchen universitären Disziplinen - im besonderen solchen Disziplinen, die sich mit der Literatur und den Künsten beschäftigen - sehr ähnlich ist[47]. Man beachte jedoch, daß diese wissenschaftlichen Disziplinen nicht versuchen, einen bestimmten Gegenstand zu *erklären*, sondern lediglich verschiedene Perspektiven anbieten, ihn zu betrachten[48]. Mit einem in letzter Zeit vielfach diskutierten Begriff können wir davon sprechen, daß sie durch »Intratextualität«[49] gekennzeichnet sind. In der Literaturwissenschaft *könnte* man damit beschäftigt sein, die Bedeutung von Texten zu explizieren (ohne die Frage zu entschei-

dernity (Ottawa, 1989); und meine Kritik dazu, die bald in der Zeitschrift *Philosophy of the Social Sciences* (vermutlich 20/1992) erscheinen wird.

46 In ihrer Rezension meines Buches hat Mary Hesse die These aufgestellt, daß der klassische Realismus eine unvertretbare Position sei und die Theologie daher auf Korrespondenzbehauptungen besser ganz verzichten solle; vgl. ihre Rezension in: Bulletin of the Center for Theology and the Natural Sciences 11/1991, 39f.

47 Ein klassisches Beispiel dieses Ansatzes bildet Filmer S.C. Northrops Behandlung der Geisteswissenschaften in *The Logic of the Sciences and Humanities* (New York, 1947). In meinem Aufsatz *Disciplining Relativism and Truth* (in: Zygon 24/1989, 315-334) habe ich die scharfen Unterschiede zwischen Natur- und Literaturwissenschaften herausgearbeitet. Die Methoden der letzteren und ihre Implikationen für die Theologie gehören zu einer gänzlich anderen Ausrichtung der Untersuchung, die hier nicht verfolgt wurde. Sie würde die einzelnen Merkmale der geschichtlichen Wissenschaften zu betrachten haben, um sie als Modell für eine theologische Methode zu verwenden, wie es Pannenberg in seinem Buch *Wissenschaftstheorie und Theologie* (Frankfurt, 1973) getan hat. Viele der Unterschiede zwischen Pannenberg und mir lassen sich auf seine Bevorzugung der geschichtlichen Wissenschaften zurückführen.

48 Ich vermeide es absichtlich zu sagen, daß sie einen Gegenstand zu interpretieren versuchen, da Interpretationen (wie in Kap. 3 ausgeführt) einen gegebenen Sinn implizieren, auf den das interpretative Unternehmen ausgerichtet ist, und insofern wahrheitsbezogen sind. Für entscheidende Argumente für diese Auffassung der Interpretation vgl. S.Knapp; W.B.Michaels: Against Theory; in: W.J.T.Mitchell (Hg.): Against Theory (1985), 11-30.

49 Vgl. G.Lindbeck: The Nature of Doctrine: Religion and Theology in a Post-Liberal Age (Philadelphia, 1984). Mein Gebrauch des Terminus stimmt hier nicht vollständig mit Lindbeck überein.

den, ob diese Bedeutung mit den Intentionen des Autors, der Interpretation der ersten Leser oder der willkürlichen Reaktion des heutigen Dekonstruktivisten identisch ist) und dabei das Problem ihrer Wahrheit außer Acht lassen. Derartige Aktivitäten wie die Interpretation von Texten, Musik oder der bildenden Kunst und sogar die Schaffung solcher Kunstwerke selbst können »rationale«, zielgerichtete Aktivitäten darstellen, die durch sich selbst gesetzte Ziele verfolgen (Schönheit, politische Wirksamkeit, eine persönlich aufklärende Lektüre), ohne sich auf eine Korrespondenzrelation zu außertextualen Sachverhalten zu beziehen[50].

Stärker formuliert kann die Betrachtung solcher Aktivitäten dazu führen, von vielfachen Wahrheitsarten zu sprechen, die der Vielfalt dieser Aktivitäten entsprechen. Wir sahen schon in Kapitel 3, daß Habermas eine Vielfalt von Kategorien vorschlägt, um der Vielzahl von Geltungsansprüchen, die in den verschiedenen Typen der kommunikativen Handlung erhoben werden, zu entsprechen. Wolfgang Kayser hat beispielsweise von »der Wahrheit der Dichter« gesprochen, und ein neueres Buch von Kurt Hübner versucht eine eigene »Wahrheit des Mythos« zu definieren. Viele dieser Bemühungen stammen direkt von Heideggers Kritik der Hegemonie der Korrespondenzwahrheit und den Versuchen in seinem Spätwerk, eine Phänomenologie der Wahrheit zu entwickeln, die umfassend genug ist, um sowohl die Wahrheit der Kunst als auch die Wahrheit der Dinge aufzunehmen[51].

Gemäß einer solchen Wahrheitstheorie würde eine »Theologie ohne Erklärung« in eine literarische Theorie, eine Ästhetik oder eine Existentialphilosophie aufgehen[52]. Wenn einige Theologen ihre Disziplin mit einer dieser anderen Disziplinen in einer solchen Weise vermählen wollen, dann kann der Wissenschaftstheoretiker diesen Schritt nicht als ungültig ausschließen. Freilich gibt es Gründe gegen solche Verschmelzungen. Die jüngste Flut von Ansätzen zu einer narrativen Theologie stellt sich - selbst wenn sie methodologisch unanfechtbar sein mag - mit ihrer durchgängigen Narrativisierung in einen Gegensatz zum traditionellen Selbstverständnis der Theologie. Theologen könnten um die Autonomie ihrer Disziplin fürchten, wenn ihre Prädikate und Wahrheitsansprüche

---

50 Dies ist auch die These von Nelson Goodmans einflußreichem Buch *Ways of Worldmaking* (Indianapolis, 1978).

51 Zu diesem Thema vgl. W.Kayser: Die Wahrheit der Dichter. Wandlung eines Begriffes in der deutschen Literatur (Hamburg, 1959); H.Sedlmayr: Kunst und Wahrheit. Zur Theorie und Methode der Kunstgeschichte (Itzelsberger, 1978); und K.Hübner: Wahrheit des Mythos (München, 1985). Zu Heideggers Ansatz vgl. Ders.: Vom Wesen der Wahrheit (Frankfurt, 6. Aufl. 1976); und Ders.: Der Ursprung des Kunstwerkes; in: Ders.: Gesamtausgabe, Bd. 5, hg. F.-W. von Herrmann (Frankfurt, 1977), 1-74.

52 David Tracy (vgl. Ders.: The Analogical Imagination: Christian Theology and the Culture of Pluralism (London, 1981) hat diesen Schritt explizit vollzogen. In solchen Fällen scheint eine Unterordnung der Theologie unter die von Gottlieb Baumgarten besonders in seiner Dissertation von 1735 neu begründeten Wissenschaft der Ästhetik vozuliegen. Die Parallelen zwischen beispielsweise dem Thema eines Gedichtes und Gott als dem Thema der Welt legen eine Reduktion theologischer Wahrheiten auf ästhetische Wahrheiten nahe, wenngleich meines Wissens Baumgarten diese Schlußfolgerung nicht wirklich gezogen hat. Vgl. K.Harries: Copernican Reflections and the Tasks of Metaphysics; in: International Philosophical Quarterly 23/1983, 235-250. Die These, daß die Theologie auf Existentialphilosophie *reduziert* worden sei, ist eine gängige Kritik an Bultmanns Theologie. Vgl. J.Robinson; J.Cobb (Hgg.): The Later Heidegger and Theology (New York, 1962).

gänzlich in die Gewänder einer strukturalen oder narrativen Theorie eingekleidet werden. Die Ablehnung der narrativen Kategorien zugunsten des wörtlichen Schriftsinnes durch den Autor von *The Eclipse of Biblical Narrative* mag als Beispiel für die (gerechtfertigte) Angst der Theologie vor ihrer Selbstaufhebung dienen[53]. Freis spätere Arbeit konzentriert sich auf die These, daß die Theologie nicht aus einer Sammlung literarischer oder philosophischer Wahrheiten, sondern aus *theologischen* Wahrheiten besteht.

Einige der einflußreichsten heutigen theologischen Strömungen beinhalten die Verbindung der Theologie mit einer anderen Disziplin oder modernen Bewegung: in der narrativen Theologie mit der Literaturtheorie; in der Befreiungstheologie mit der marxistischen politischen Wissenschaft und so fort. Sollten diese Theologien als für die allgemeine Aufgabe der Theologie selbst nutzlos verworfen werden müssen - allerdings es ist noch zu früh, um darüber ein Urteil zu fällen -, dann wird das entsprechende Argument aus der Auffassung der Theologie als eines religiösen Diskurses zu kommen haben. So lange die Glieder der Glaubensgemeinschaften ihre Anliegen durch solche Ansätze vertreten sehen, gibt es für den Methodologen keine Möglichkeit, sie zu widerlegen. Der Widerstand gegen bestimmte disziplinäre Vermählungen, die der Theologie angetragen werden, könnte aber durchaus die Furcht vor dem Verlust der religiösen Nützlichkeit der Theologie wecken - wie z.B. bei einigen Kritikern der Prozeßtheologie[54]. Wir stehen also erneut vor den beiden Polen der Theologie: Wie hoch dürfen - um der disziplinären Identität willen - die Anleihen der Theologie bei anderen Disziplinen sein, ohne damit auf etwas anderes reduziert zu werden? Wie kann sie Internes und Externes miteinander ausgleichen?

Wenn sich diese beiden Pole schon nicht verschmelzen lassen, so können sie doch zumindest vermittelt werden. Ich setze voraus, daß die Formulierung einer allgemeinen theologischen Methodologie möglich und erstrebenswert ist. Natürlich legt sich jede Formulierung die Daten in einer bestimmten Weise zurecht. Jede stipulative Definition der Theologie, jede Aussage über die Struktur ihrer Lehren beeinflußt die Art und Weise, wie wir vergangene theologische Entwürfe lesen und interpretieren - die Theologie hat eine pluralistische Geschichte, die eine Anzahl unvereinbarer Selbstverständnisse umfaßt. Beispielsweise ist die Theologie keinesfalls immer als explanative Disziplin oder gar überhaupt als wissenschaftliche Disziplin konzipiert worden - wenngleich es, wie ich meine, gute Gründe dafür gibt, dies zu tun. Die methodologischen Schlußfolgerungen, zu denen diese Studie nun gekommen ist, verbieten nicht ein Selbstverständnis der Theologie, das auf derlei Aktivitäten wie Literaturtheorie, Poesie oder Kunst beruht. Jede repräsentiert eine Aktivität mit ihren eigenen Wahrheiten und Kriterien, ihren eigenen Strukturen, Regeln und Kategorien. Sie brauchen keine explanative Disziplinen zu sein;

---

53 Vgl. H.Frei: The Eclipse of Biblical Narrative (New Haven, 1974). Vgl. nun auch Ders.: The Literal Reading of Biblical Narrative in the Christian Tradition: Does It Stretch or Will It Break?; in: F.McConnell (Hg.): The Bible and the Narrative Tradition (New York, 1986). Freis Zurückhaltung gegenüber der Narratologie ist insofern von Bedeutung, als er als Begründer der »narrativen Theologie« gilt.

54 Vgl. T.V.Morris: God and the World: A Look at Process Theology; in: Ders.: Anselmian Explorations (Notre Dame, 1987), 124-150.

und ihr Ziel muß nicht dahin gehen, irgendetwas in der Welt (oder die Welt als ganze) zu erklären, sondern sie in verschiedener Weise zu beschreiben oder darzustellen. In solchen Fällen ist es wohl nicht möglich, zwischen erststufig und zweitstufig zu unterscheiden.

Daher könnte man durchaus auch zu anderen Ergebnissen kommen. So ließe sich beispielsweise argumentieren, daß die Theologie eine Universalwissenschaft sei, die - weil sie alle Wissenschaften unter sich subsumiere - ihre eigenen Grenzen nicht zu überschreiten brauche. Der klassische Thomismus und einige seiner heutigen Darstellungsweisen scheinen einer solchen Auffassung nahe zu stehen. Man könnte auch leugnen, daß es überhaupt irgendwelche unerwünschte Folgen hat, die Theologie gänzlich auf eine andere Disziplin zu reduzieren. Da ich derartige Positionen hier nicht dargestellt habe, kann ich auch nicht in Anspruch nehmen, sie widerlegt zu haben.

Dennoch haben wir einige Gründe gefunden, um einen *intersubjektiven* methodologischen Entwurf vorzuziehen. Es ist daher angebracht, auch in der Wahrheitsfrage die Auffassung zu verfolgen, die die Theologie als eine explanative Disziplin auffaßt - als ein Forschungsprogramm, das referentielle Wahrheitsansprüche erhebt, expliziert und vertritt. Auf den letzten Seiten werde ich mich nun diesem besonderen Modell der Theologie zuwenden, das sich auf die zentralen methodologischen Themen meines Buches stützt: auf das Kontextprinzip der Rationalität, die Kohärenztheorie des Sinns und die universale Struktur der religiösen Wahrheit.

6.3.2 Theologie und die Suche nach Erkenntnis

Kann die Theologie eine reine Theologie sein und reine theologische Wahrheiten hervorbringen, ohne auf irgendwelche andere Disziplinen zurückgreifen zu müssen? Ich meine nicht. Die universale Natur religiöser Wahrheitsansprüche macht es der Theologie unmöglich, innerhalb streng definierter disziplinärer Grenzen zu bleiben. Die »Selbstbegrenzung auf theologische Wahrheiten« ist ein Oxymoron - zumindest in der monotheistischen Tradition, in der der Ausdruck *Gott* den Schöpfer all dessen bezeichnet, was ist. Gerade wegen dieser Struktur ihrer Behauptungen findet sich die Theologie im Dialog mit explanativen Disziplinen quer durch das wissenschaftliche Spektrum. Wenn das stimmt, sollten wir dann nicht den Einfluß dieser Disziplinen und die Notwendigkeit, zwischen ihnen ein Urteil fällen zu können, *in unser Verständnis der Theologie selbst mit aufnehmen*?

Tatsächlich scheint es, daß das traditionelle Selbstverständnis der Theologie am wenigsten dadurch verändert wird, wenn ihre Aussagen als propositionale Wahrheitsansprüche über Gott und die geschaffene Welt aufgefaßt werden. Die Konzeption der Theologie als einer Disziplin, die Behauptungen aufstellt, die mit anderen Aussagen in den Naturwissenschaften, der Metaphysik oder der Ethik übereinstimmen oder ihnen widerstreiten können, entspricht der Hauptlinie ihrer Geschichte, der gegenwärtigen Überzeugung und Praxis der meisten Glaubensgemeinschaften und dem Bewußtsein vieler moderner religiöser Menschen. Das propositionale Modell kann daher als gangbarer Weg in der Debatte über Modelle der Theologie vertreten werden.

Um der umfassenden und propositionalen Struktur der Theologie Raum zu geben, entwerfe ich eine Methodologie, die die Frage nach ihrer objektiven Wahrheit *in den theologischen Vollzug selbst* hineinnimmt. Der Theologie geht es nicht nur um die Kohärenz einer Anzahl von Aussagen und ihrer Anwendung in der Praxis, deren letzlicher Wahrheitsstatus aber entweder vorausgesetzt oder nicht thematisiert wird. Statt dessen benennt die Theologie mit der Frage nach der inneren Logik und Verknüpfung ihrer Aussagen immer zugleich auch das Problem ihrer Wahrheit. Mindestens fünf Argumentationslinien weisen in die Richtung einer solchen Auffassung der Theologie.

(1) Es gehört zur Struktur von Behauptungen, daß sie sich auf außersprachliche Sachverhalte beziehen. Mit der Behauptung behauptet man etwas *über* etwas. Nun mag eine Analyse der Sprache zeigen, daß die Behauptungen religiöser Erklärungen ebenso auch andere Funktionen erfüllen; explanative Erklärungen können im weiteren Kontext des Diskurses sehr wohl auch eine affektive, performative oder doxologische illokutionäre Rolle einnehmen, wie unsere Darstellung von Habermas ergeben hatte. Tatsächlich zeigte die Diskussion in Kapitel 5 ja auch die wichtige Funktion der persönlichen Erschließungskraft für den Gläubigen. Zudem ist die Art und Weise, wie jemand seine Behauptungen und Lehren formuliert, geschichtlich an bestimmte Lebenssituationen der Glaubensgemeinschaft gebunden. Eine völlige Ablehnung ihrer intendierten ontologischen Referenz leugnet aber die Tatsache, daß Gläubige ihre Behauptungen *als* Behauptungen äußern. Man mag sich am Ende vielleicht ein wenig Skepsis gegenüber der Erkennbarkeit der intendierten Referenz wünschen und daher versuchen, theologische Aussagen auf etwas anderes zu reduzieren, als sie zu sein scheinen - beispielsweise auf emotive Ausdrücke oder basale Werturteile einer bestimmten Art. In der Zwischenzeit aber scheint es doch für Theologen merkwürdig zu sein, daß sie danach streben, ihre eigene Disziplin auf eine andere zu reduzieren. Für eine Darstellung der Theologie ist es zwingend geboten, die Tatsache, daß wir es hier mit Behauptungen wirklicher Sachverhalte zu tun haben, so wenig als möglich zu modifizieren.

(2) Das Argument in (1) läßt sich dadurch ergänzen, daß man auf die objektivierende oder repräsentierende Funktion sprachlicher Behauptungen achtet. Da es zur Funktion sprachlicher Behauptungen gehört, etwas Nichtsprachliches darzustellen (oder eine solche Repräsentation zumindest zu beanspruchen), muß im allgemeinen jede Konstruktion der Sprache (und im besonderen jede Theologie) abgelehnt werden, die den Aussagen ihre repräsentative Funktion bestreitet. Betrachten wir als Negativbeispiel die Hermeneutik von Hans-Georg Gadamer, der kontinuierlich die Rolle der Objektivation in der Sprache unterdrückt hat[55]. Emilio Betti hat mit Recht beklagt, daß Gadamers Hermeneutik dahin tendiert, die Tatsache zu verdunkeln, daß Texte »Sinnmeinungen« ausdrücken, die

55 Vgl. H.-G.Gadamer: Wahrheit und Methode (Tübingen, 5. Aufl. 1986); und Ders.: Rhetorik, Hermeneutik und Ideologiekritik. Metakritische Erörterungen zu »Wahrheit und Methode«; in: K.-O.Apel (Hg.): Hermeneutik und Ideologiekritik (Frankfurt, 1971), 57-82; bes. 76f.

wegen ihrer geschichtlichen Distanz zu uns der Interpretation bedürfen[56]. Ist Gadamer, insofern er zugesteht, daß der Horizont des Anderen uns als fremd gegenüberstehen kann, aber nicht auch selbst dazu verpflichtet, dem Begriff der Objektivierung einen Platz einzuräumen - zumindest in dem Sinn, zwischen meiner eigenen Subjektivität und den Objekten meines Bewußtseins oder Wissens zu unterscheiden? Pannenberg argumentiert, daß ein solcher Schritt noch keineswegs die Rückkehr zu einer rein objektivistischen Epistemologie bedeutet: Bei der »›Objektivität‹ ... kann es sich natürlich nicht um eine gänzliche Unabhängigkeit der Auslegung vom Standpunkt des Auslegers handeln, sondern nur darum, daß auf jedem solchen Standpunkt die auszulegende Sache selbst sich *unterscheiden läßt* von der Subjektivität des Auslegers und in dieser ihrer Unterscheidung zu Geltung gebracht werden kann«[57]. Wenn diese Kritik an Gadamer zutrifft, sind wir im Recht, prinzipiell auf dem objektiven Anspruch der Sprache zu bestehen, nichtsprachliche Sachverhalte sprachlich zu repräsentieren. Wenngleich die Verifikation der Relation zwischen Wort und Welt problematisch bleibt, so ist damit doch der Druck, diese Beziehung eliminieren oder wegerklären zu müssen, abgemildert. Es gehört zu den Zielen der Sprache selbst, Sachverhalte darzustellen; es ist nicht notwendig, die repräsentationale Wahrheit in die Wahrheit persönlicher Erschließung oder kommunaler Identität zu transformieren.

(3) Der Inhalt eines theistischen Glaubens beinhaltet Wahrheitsansprüche über die Weise, in der die Dinge sind. Beispielsweise glaubt man, wenn man an Gott glaubt, daß es ein Wesen mit diesen und jenen Eigenschaften gibt, das tatsächlich existiert. Zugestandenermaßen ist dies kein Rückgriff auf die natürliche Theologie. Unsere Sprache mag wohl Behauptungen über Gott aufstellen, die sich den klassischen Gottesbeweisen nicht einordnen lassen; trotzdem lassen sich in einigen Fällen die existentialen Implikationen einer Lehre von Gott ausweiten[58]. Die Christen behaupten, daß Gott die Macht über alles hat, was in der Welt geschieht, und die Abfolge der Ereignisse zu einem bestimmten Ende hin ausrichtet. Solche Aussagen erheben Ansprüche, die über die Grenzen der einzelnen Glaubensgemeinschaft hinausgehen. Sowohl in der Form als auch im Inhalt stellen sie Behauptungen dar, die intersubjektive Geltung beanspruchen. Wenngleich wir bestimmte Gründe haben mögen, religiöse Erklärungen lieber in einem anderen als in ihrem scheinbaren Sinn zu deuten, so meine ich doch, daß die Beweislast auf der Seite dieser anderen Interpretationen liegt - nachzuweisen, daß die theologische Sprache anders zu verstehen ist als sie sich zeigt.

Mit den übrigen Argumenten wenden wir uns nun etwas spezieller der christlichen Theologie zu. (4) Das Christentum ist eine geschichtliche Religion. Ihre Identität beruht auf dem Leben einer historischen Person und bestimmten Ereignissen, die die christlichen Schriften als zu bestimmten Zeiten an bestimmten Orten geschehen behaupten. Wenn-

---

56 E.Betti: Die Hermeneutik als allgemeine Methodik der Geisteswissenschaften (Tübingen, 2. Aufl. 1972), 47f.

57 W.Pannenberg, Wissenschaftstheorie und Theologie (Frankfurt, 1973), 168.

58 Eine klare Darstellung dieses Ansatzes ontologischer Behauptungen in der Theologie findet sich bei R.Heimbeck: Theology and Meaning (Stanford, 1969).

gleich die Behauptungen von Geburt, Tod und Auferstehung Jesu auch existentielle Implikationen für den Gläubigen haben, so weist doch zumindest ihre Oberflächenstruktur eine auf das Faktische bezogene Ausrichtung auf. Die Wahrheit dieser historischen Behauptungen wird in ihrer persönlichen und kommunalen Verwendung sicherlich vorausgesetzt. Darüber hinaus scheint die christliche Überlieferung die Christen auch auf andere historische Ereignisse vor und nach den neutestamentlichen Geschehnissen zu verpflichten. Natürlich haben die Theologen über die Jahrhunderte daran gearbeitet, einige oder alle dieser Behauptungen neu zu interpretieren oder zu entmythologisieren. Doch zumindest das Problem ihrer Wahrheit oder Falschheit muß für die, die die Welt mit Hilfe der christlichen Geschichte zu erklären versuchen, ein ständiges Anliegen bleiben.

(5) Positionen, die die externe Wahrheit ablehnen oder herunterspielen, behaupten oft, daß christliche Aussagen und die in ihnen enthaltenen Voraussetzungen ohne jede externe Begründung angenommen werden sollten. Aber ist nicht ein präsuppositionaler Ansatz in der Frage nach der Wahrheit des Christentums für solche Epochen angemessener, in denen diese Wahrheit allgemein vorausgesetzt worden war? Als Augustin den *assensus* als Zustimmung zu den Aussagen des christlichen Glaubens auf der Grundlage von Evidenz definierte, genügte es ihm, für diese Evidenz auf die Autorität der Kirche zu verweisen, die bis auf seine Zeit die Worte der ersten Zeugen glaubwürdig bewahrt habe[59]. Im Gegensatz dazu hat Thomas von Aquin bei seiner Auseinandersetzung mit dem Unglauben der Heiden seine Evidenz für den christlichen Glauben zu Argumenten für die Existenz Gottes ausgeweitet; doch es genügte ihm, seine metaphysischen Beweise mit den Worten »et hoc omnes intelligunt Deum« zu beschließen[60]. In jedem Fall konnten aber die Apologeten bestimmte begriffliche Schwierigkeiten vertuschen, die für ihre Leser gar keine Schwierigkeiten darstellten, und sich statt dessen direkt den Problemen zuwenden, denen ein nach Verstehen suchender Glaube gegenüberstand. In unserer Zeit bildet nun die Pluralität von Religionen und säkularen Optionen den Rahmen, um zu entscheiden, was glaubwürdig vorausgesetzt werden kann und was nicht.

Wir können nun versuchen, die Position etwas auszuarbeiten, die sich durch diese Erwägungen nahelegt. Welche Implikationen hat der Zusammenbruch der Unterscheidung zwischen Theologie und Apologetik für den christlichen Denker des 20. Jahrhunderts - in einer »nachchristlichen Ära«? In seinem Aufsatz *The Will to Believe* schreibt William James von »living« und »dead« Hypothesen, die davon abhängen, ob eine Glaubensaussage für eine gegebene Person oder Gruppe eine aktuelle Möglichkeit darstellt oder nicht[61]. Wir könnten seine Terminologie ein wenig anpassen und von lebendigen oder toten Zweifeln sprechen - von solchen, die lebendige Möglichkeiten für einen potentiellen (oder wirklichen) Gläubigen darstellen, und solchen, mit denen er sich nicht beschäftigt. Die Breite und Stärke der lebendigen Zweifel, denen die meisten modernen

---

59 Zur Verteidigung dieser Interpretation von Augustin vgl. R.H.Nash: The Light of the Mind: St. Augustine's Theory of Knowledge (Lexington, 1969), bes. 24ff.

60 Thomas von Aquin verwendet den zitierten Ausdruck in seiner *Summa theologiae* (Turin, 1952) I q2 a3, respondeo.

61 W.James: The Will to Believe and Other Essays in Popular Philosophy (New York, 1923), 1-31; 3.

Gläubigen gegenüberstehen, erweisen sich als erschreckend. Dann noch zu behaupten - deskriptiv oder stipulativ -, daß Gläubige die Wahrheit ihres Christentums als unproblematisch voraussetzen oder voraussetzen sollten, erscheint psychologisch unwahrscheinlich und begrifflich nicht ratsam. Zu viele derer, die noch aktiv in religiöses Leben involviert sind, sind säkulare Gläubige in dem Sinne, wie ich es in Kapitel 5 umrissen hatte.

Manche sehen hinter meinem Ansatz die Gefahr lauern, daß die Besonderheit des Christentums verloren gehen und einer fremden Autorität - höchst bedauerlicherweise der der Philosophie - untergeordnet werden könnte. Ich halte diese Sorge aus Gründen, die unten angeführt werden, für unbegründet. Viel entscheidender ist es, daß die vielen Versuche, die Bedeutung des Dialoges mit anderen Disziplinen herunterzuspielen, zu ernsten Problemen führen. Wir haben oben in den Punkten (1) bis (5) schon einige Schwierigkeiten solcher internen Ansätze dargestellt. Eine andere Strategie, die besonders von konservativen Theologen angewandt wird, beruft sich auf eine vollständige und selbstauslegende Offenbarung Gottes, die die Wahrheit des christlichen Glaubens und seiner Praxis garantiert. Dennoch verwickelt sich auch dieser Ansatz in Schwierigkeiten. Wir können von »Lockes Dilemma« sprechen: Entweder wird die biblische Offenbarung (d.h. biblische Aussagen) einfach als wahr vorausgesetzt - so daß keine intersubjektive Evidenz beansprucht werden muß - oder sie muß als wahr erwiesen werden. Im ersten Fall haben wir die Voraussetzung nur um einen Schritt nach hinten versetzt - von den sich selbst autorisierenden religiösen Überzeugungen zur sich selbst autorisierenden Offenbarung -, während im zweiten die Offenbarung nur so stark sein kann wie die Argumente für sie[62].

Tatsächlich sind Rückgriffe auf die Intratextualität oder eine sich selbst autorisierende Offenbarung nicht die einzigen Wege, um das theologische Unternehmen zu retten. Es gibt auch andere Möglichkeiten, die eine Diskussion des christlichen Wahrheitsanspruches innerhalb der Theologie erlauben, ohne sie damit auf eine andere Disziplin zu reduzieren. Eine dieser Möglichkeiten besteht darin, mit Pannenberg die Besonderheit des christlichen Glaubens gegenüber den allgemeinen Problemen der Religionsphilosophie zu behaupten[63]. Er *beginnt* mit dem Christentum als der »von der Frage nach der Wahrheit des christlichen Glaubens ... bewegte[n] Geschichte« (420) und argumentiert durchgehend für den hypothetischen Status - die Strittigkeit - der christlichen Wahrheit. Doch er verwirft jede »universale Theorie des Christentums« (421), indem er geltend macht, daß »*das Wesen des Christentums selbst ... diese Geschichte* zwischen dem Advent der Zukunft Gottes im Auftreten Jesu und der Zukunft des Gottesreiches im Zeichen des wiederkommenden Christus« ist (420, Hervorhebung von mir). Wenngleich vieles an diesem Entwurf sehr ansprechend ist, bin ich mir doch nicht sicher, ob Pannenbergs Ansatz das Problem der Sprache löst, in der die Wahrheit des Christentums als einer besonderen geschichtlichen Entität zu diskutieren ist. Wenn er nur rein intern christliche Termini gebraucht, würde er zwar in der Tat der geschichtlichen Besonderheit des Christentums gerecht werden, während er damit aber auf der anderen Seite nicht mehr in

---

62 Vgl. J.Locke: An Essay concerning Human Understanding, hg. P.H.Nidditch (Oxford, 1975), bes. IV/18.

63 Vgl. W.Pannenberg, Wissenschaftsheorie und Theologie (Frankfurt, 1973), 419-425.

der Lage wäre, den hypothetischen oder wissenschaftlichen Status in allgemeinen Termini geltend zu machen, wie er es möchte. Nichtgeschichtlich von der Wahrheit eines geschichtlichen Phänomens zu sprechen, scheint einen umfassenderen Rahmen und weiterreichendere Begriffe zu erfordern, die allgemein zugänglicher sind als lediglich interne christliche Beschreibungen[64].

Wieder einmal sind wir nun auf die doppelte Forderung gestoßen, der die Theologie gegenübersteht: Der Theologe muß die allgemeinen Probleme thematisieren, die sich mit den christlichen Wahrheitsansprüchen ergeben, ohne doch die Besonderheit der christlichen Tradition aufzugeben. Ich habe die Theologie als einen zweitstufigen Diskurs über erststufige Überzeugungen, Einstellungen und Praktiken definiert. Diese Forderung reflektiert auf der einen Seite die Beschäftigung der Theologie mit der Sprache und Situation ihrer eigenen religiösen Tradition. Auf der anderen Seite verweist sie auf die systematische und kritische Struktur des zweitstufigen Diskurses. In der Theologie wird an einer Erklärung der Phänomene von Glauben und Praxis in einer Metasprache gearbeitet, die umfassend genug ist, auch die Frage nach der Wahrheit dieser Phänomene zu thematisieren. Mit dem Eintritt in die letztere Debatte fügt man der Bestimmung der Theologie als einer Diszplin keinen Schaden zu, sondern expliziert lediglich die Implikationen der Ansprüche, die schon mit den erststufigen christlichen Aussagen und Praktiken erhoben werden.

An dieser Stelle kommen wie in Kapitel 4 die Theorien von Wahrheit und Sinn zusammen. Die wahrheitstheoretische Komponente der Theologie (im externalistischen Sinne) ist keinesfalls inkompatibel mit dem religiösen Unternehmen, »der totalen Erfahrung einen Sinn zu verleihen«. Wir haben beobachtet, daß religiöse Gläubige darum bemüht sind, ein sinnvolles Verständnis ihrer Welt zu erlangen, und daß Religionen im allgemeinen auf der umfassendsten möglichen Ebene eine Sinnerklärung anbieten. Die Überzeugungen des Christentums entwerfen ein solches besonderes Weltbild. Im theoretischen Diskurs der Theologie wird diese Erklärung systematisiert und der kritischen Analyse ausgesetzt: Ihre verschiedenen Aspekte werden dargelegt; auf dem Wege des Rückgriffs auf andere Erfahrungsbereiche werden weitere Details und Untermauerungen beigebracht; und schließlich wird nach einer formal konsistenten Formulierung gesucht. Christliche Erklärungen können aber nur dann der Welt einen Sinn abgewinnen, wenn die Gläubigen sie tatsächlich für wahr halten können - wenn sie glauben, daß das, was sie behaupten, auch wirklich der Fall ist. Gebiete, in denen die Wahrheit des Christentums unwahrscheinlich zu sein scheint, werden hier wohl Probleme aufwerfen.

---

64 Anders verhielte es sich natürlich, wenn sich zeigen ließe, daß grundsätzliche christliche Termini (*Prolepsis* oder *Antizipation*) zugleich partikular und universal zu verstehen sind - sowohl den besonderen geschichtlichen Ereignissen angemessen als auch in einem systematischen philosophischen Rahmen akzeptabel. Pannenberg richtet sein Augenmerk auf den ersten Pol in seinem Buch *Grundzüge der Christologie* (Gütersloh, 2. Aufl. 1966) und auf den zweiten in *Metaphysik und Gottesgedanke* (Göttingen, 1988). In Bd. 1 seiner *Systematischen Theologie* (Göttingen, 1988) vollzieht sich auf Seite 125 der Übergang von einem allgemeinen (universalen) Ansatz zu einer intern-christlichen Begrifflichkeit. Es bedeutet keine Übertreibung, wenn man sagt, daß der Erfolg seines ganzen Ansatzes mit diesem Übergang (und dem dort verwendeten Kohärenzbegriff) steht und fällt.

Um eine Einsicht von Lakatos' Arbeit über die Forschungsprogramme aufzunehmen: Wenn es keine lebendige rivalisierende Option gibt, wird man sich auch mit einer offensichtlich inadäquaten Erklärung zufriedengeben. Offenbar bringen Gläubige ihrem Glauben eine stärkere Bindung entgegen (und eine geringere Bereitschaft, ihre Überzeugungen zu modifizieren) als ein Wissenschaftler. Heutzutage gibt es aber mehrere lebendige Optionen. Der Theologe ist daher - wie hier behauptet wurde - verpflichtet, sich mit den anderen Positionen in einem ernsten und offenen Dialog auseinanderzusetzen. Wenn eine rivalisierende Auffassung eine zufriedenstellendere Erklärung anbieten kann, verdient sie eine rationale Betrachtung und mag entweder in ein bestehendes explanatives System aufgenommen werden oder dieses sogar ersetzen. Daher fallen auf dieser Ebene die Fragen nach Sinn und Wahrheit im christlichen Denken zusammen: Ich kann nicht meinen, daß die christliche Erklärung meiner totalen Erfahrung einen Sinn gibt, wenn ich nicht auch meine, daß sie wahr ist.

Zusammengefaßt: Wenn die Argumente gültig sind, die in diesem Abschnitt zugunsten einer objektiven referentiellen Funktion der assertorischen Sprache angeführt worden sind, dann sind wir berechtigt, wenn nicht sogar genötigt, ungeachtet skeptischerer Positionen in der Sprachphilosophie weiterhin von der möglichen objektiven Wahrheit eines gegebenen Glaubenssystems zu sprechen. Dennoch darf die skeptische Argumentation mit ihrer Kritik der Korrespondenz im Zusammenhang der epistemischen Rechtfertigung nicht vernachlässigt werden. Unter der Voraussetzung, daß der Rekurs auf direkte Evidenz oder Intuition unangemessen ist, gibt es keinen direkten Weg mehr, das Verhältnis zwischen Sprache und Welt im Fall eines gegebenen Anspruchs auf Erkenntnis (d.h. auf Wahrheit) zu verifizieren. Daraus folgt, daß - selbst wenn die Korrespondenztheorie ein unaufgebbarer Bestandteil jeder Wahrheitsdefinition bleibt - sie nicht länger als adäquates *Kriterium* der Wahrheit in Anspruch genommen werden kann. Wenn wir aber nicht in der Lage sind, die wahrheitsindikative Funktion *irgend eines* Kriteriums nachzuweisen, stellen meine Argumente für die Aufnahme der Wahrheitsfrage in die Theologie dann nicht einen Pyrrhus-Sieg dar[65]?

Ich bin nicht überzeugt, daß eine Definition *ohne* Kriterien für den Erfolg der Theologie tatsächlich ein so sinnloses Ergebnis darstellt. Selbst ohne eine vollständige (hinreichende) Aufzählung der Wahrheitskriterien kann eine gültige Definition eine nützliche Funktion erfüllen. Karl Popper - um zu dem Denker zurückzukehren, mit dem wir in Kapitel 2 unsere Analyse begonnen hatten - entwirft in den Naturwissenschaften den Wahrheitsbegriff als eine regulative Idee oder Grenzvorstellung. Wahrheit stellt die ideale Grenze der wissenschaftlichen Untersuchung dar - ungeachtet der Tatsache, daß wir von keiner Theorie sagen können, sie sei wahr (wenngleich wir durchaus in der Lage sind zu sagen, sie sei weniger falsch). Pannenberg hat zusammen mit anderen Poppers Position kritisiert[66]. Beide gestehen zu, daß wir keinen privilegierten Standpunkt haben, von dem

---

65 Die nun folgenden abschließenden Überlegungen sind zugestandenermaßen sehr spekulativ und verlangen nach einer eingehenderen Darstellung, als ihnen hier zuteil wird. Trotzdem mag ihre Aufnahme hier gerechtfertigt erscheinen, um einen Ansatz anzudeuten, der weiterer Erwägung wert ist.

66 Vgl. z.B. W.Pannenberg, Wissenschaftstheorie und Theologie (Frankfurt, 1973) 37-44.

aus wir Korrespondenzaussagen verifizieren können. Dennoch meint Pannenberg, Poppers Auffassung der Wahrheit als eines epistemischen Ideals sei schwächer als nötig. Allerdings ist eine regulative Theorie der Wahrheit nur im Vergleich mit einer bestimmten Alternative schwach - z.B. im Vergleich mit Pannenbergs eigener antizipativen Theorie der Wahrheit. Sollte letztere aber den Ansprüchen, die an sie gerichtet werden, nicht gerecht werden können[67], dann mag sich wohl der größere Skeptizismus eines rein regulativen Wahrheitsbegriffs als gerechtfertigt erweisen.

Erinnern wir uns der allgemeinen Bedingungen einer idealen Erklärung: Ihre Aussagen werden in gegenseitiger Implikation systematisch untereinander verknüpft sein (ideale Kohärenz) und korrekt die Art und Weise darstellen, in der die Welt ist (ideale Korrespondenz). - (Wir könnten ebenfalls festlegen, daß sie für ihre Vertreter oder Gläubige der Welt einen maximalen Sinn abgewinnt [Erschließungskraft], wenngleich es nicht in der gleichen Weise möglich ist, die wahrheitsindikative Funktion dieses Kriteriums nachzuweisen.) - Wir können nicht wissen, ob eine solche ideale Erklärung der Welt tatsächlich wahr ist, denn uns ist ein »God's Eye point of view« (H.Putnam), von dem aus die Korrespondenz verifiziert werden könnte, nicht zugänglich. Wir können die Verknüpfung zwischen idealer Erklärung und Wahrheit aber *postulieren*. Der Vorschlag lautet: Es ist zu akzeptieren, daß sich die systematische und kritische Reflexion (also Wissenschaft im weitesten Sinne) auf eine ideale Erklärung hin auszurichten hat, und dann zu postulieren, daß solche Erklärungen, könnten wir sie erreichen, auch als wahr aufzufassen sind.

Wir müssen, um uns diese Möglichkeit vorzustellen, den Begriff der idealen Kohärenz in einer Erklärung so konstruieren, daß er mehr als nur eine epistemische Rechtfertigung liefert; er müßte auch als wahrheitsindikativ gelten. Damit ist genau das erreicht, was die Verknüpfung von Kohärenz und Korrespondenz in Kapitel 4 beinhaltet. Mit anderen Worten: Es läßt sich ein Fall denken - unter Annahme einer kantischen Abwandlung der Argumente von F.H.Bradley und Brand Blanshard -, bei dem das kohärente System von Aussagen, dem größtmögliche Komprehensivität eignet, ausgewählt und *als wahr angesehen* werden kann - d.h. als Darstellung der Art und Weise, in der die Dinge wirklich sind. *Ein* (ebenfalls kantisches) Argument für diesen Schritt ist negativ ausgerichtet: Wenn unser ideal gerechtfertigtes Aussagensystem trotz jener Überlegung nicht wahr (oder sehr wahrscheinlich wahr) wäre, dann würde zwischen Rechtfertigung und Wahrheit kein Zusammenhang mehr bestehen. Das aber würde vom Standpunkt der Wahrheitsfrage aus alle intellektuellen Untersuchungen sinnlos machen. Daher müssen wir - wenn wir an der intellektuellen Suche nach Wahrheit festhalten wollen - postulieren, daß die ideale Rechtfertigung mit Wahrheit verknüpft ist. In dieser Weise können wir das Ideal postulieren, ohne es erreicht zu haben, und daran unser wissenschaftliches Vorgehen ausrichten. Denn *ex hypothesi* ist nun die Erklärung, die sich am meisten den idealen

---

67 An dieser Stelle lassen sich einige Bedenken geltend machen; vgl. meinen Aufsatz *Anticipation and Theological Method* (in: C.E.Braaten; P.Clayton (Hgg.): The Theology of Wolfhart Pannenberg: Twelve American Critiques (Minneapolis, 1988), 122-150; z.B. 136-142.

Eigenschaften einer wissenschaftlichen Erklärung annähert, auch *die* Erklärung, deren Wahrheit am wahrscheinlichsten ist.

Eine derartige regulative Wahrheitstheorie erlaubt es uns nun aber nicht, die Wahrheit einer jeden einzelnen Aussage oder eines explanativen Systems als abgeschlossen zu behaupten oder beispielsweise sicher zu sein, daß die Naturwissenschaften oder die Theologie sich immer mehr der Wahrheit annähern. Doch sie stellt, wie ich meine, einen Rahmen bereit, innerhalb dessen unsere Verwendung des Wahrheitsbegriffes im Kontext religiöser Erklärungen nicht nur gerechtfertigt, sondern auch gefordert ist, um der Erkenntnisfrage überhaupt einen Sinn zu bewahren.

Ich meine, daß eine mit Hilfe des Kohärenzgedankens entwickelte Theorie von Wahrheit und Sinn einige Fortschritte erzielt, um gegen die gegenwärtigen skeptischen Probleme bestehen zu können; dies zeigt gerade die neuere Beschäftigung mit diesem Thema[68]. Wir haben schon auf ihre Fähigkeit geachtet, verschiedene der anderen Kriterien aus der wahrheitstheoretischen Diskussion zu vereinheitlichen. Man denke daran, daß Korrespondenz als die Kohärenz verschiedener Arten linguistischer Einheiten (z.B. der Beobachtungsmenge mit der Theorienmenge) aufgefaßt werden könnte. In ähnlicher Weise dürfte auch Habermas' Konsensustheorie der Wahrheit für sich allein genommen inadäquat sein; sie beinhaltet aber ein Potential, daß mit einem Kohärenzkriterium verbunden werden könnte: Wie letzteres die Kohärenz einer Gruppe von Aussagen konnotiert, kann der Konsens als die Kohärenz einer Gruppe von Personen oder Meinungen aufgefaßt werden.

Ich will mich jetzt nicht damit aufhalten, die besonderen Implikationen dieser Argumentationslinie für die Theologie aufzulisten; die schwierigere Aufgabe in der gegenwärtigen Diskussion dürfte ohnehin darin liegen, die Aufnahme der ontologischen Wahrheitsfrage überhaupt zu verteidigen. Darüber hinaus spricht die Tatsache, daß der eine Theologe mehr zur traditionellen Metaphysik tendiert, der andere mehr zur vergleichenden Religionswissenschaft, der dritte wieder mehr zur Methodologie der modernen Naturwissenschaften, gegen eine Einengung der Theologie auf einen bestimmten Ansatz hinsichtlich ihrer ontologischen Wahrheit. Vielleicht ließen sich einige Anordnungen und graduelle Übergänge zwischen den verschiedenen theologischen Subdisziplinen aus einer Verbindung der regulativen Wahrheitstheorie mit der vollständigen Analyse der wissenschaftlichen Rationalität und Erklärung ableiten. Beispielsweise legt es die Unterscheidung zwischen zwei Ebenen nahe, daß die Theologie mit der Geschichte von Denken und Praxis in der christlichen Tradition bis auf den heutigen Tag beginnen und sich dann darum bemühen sollte, diese Überzeugungen in der kohärentesten Weise zu systematisieren und dabei die Möglichkeit von Kritik und Revision offen zu lassen; sie könnte ihre

68 Vgl. die verschiedenen Publikationen von Nicholas Rescher - von seiner Monographie *The Coherence Theory of Truth* (Oxford, 1973) bis hin zu dem Aufsatz *Truth as Ideal Coherence;* in: Review of Metaphysics 38/1985. Eine nützliche Zusammenfassung vieler Positionen findet sich in L.B.Puntel: Wahrheitstheorien in der neueren Philosophie (Darmstadt, 1978); vgl. auch sein neuestes Buch *Grundlagen einer Theorie der Wahrheit* (Berlin, 1990). Eine wichtige Darstellung - und Verteidigung - der (verwandten) Kohärenztheorie der epistemischen Rechtfertigung findet sich in L.Bonjour: The Structure of Empirical Knowledge (Cambridge, 1985).

Aufgabe schließlich mit einer Untersuchung der Frage nach der Wahrheit ihrer Überzeugungen abschließen. Wenngleich dieser Ansatz die Ergänzung einer praxisorientierten Version der Theologie durch nichtpragmatische Anliegen darstellt, braucht er der gängigen Praxis der Glaubensgemeinschaft nicht im Wege zu stehen. In einer Zeit, in der der Gläubige nicht länger erwarten darf, die Wahrheit seiner Überzeugungen unproblematisch voraussetzen zu können (man erinnere sich nochmals an den Begriff des säkularen Gläubigen), würde dieser Ansatz die Aufgabe der Theologie so weit ausdehnen, gerade auch diese Zweifel und Fragen mit einzuschließen, mit denen die Gläubigen heute tatsächlich ringen. Das Ergebnis dürfte wohl eine Behandlung religiöser Erklärungen sein, die letztlich religiöse Überzeugungen und Praktiken nicht destruiert, sondern sowohl für die Disziplin der Theologie als auch für die Bemühungen des einzelnen Gläubigen, seiner Welt einen Sinn abzugewinnen, eine konstruktive Möglichkeit an die Hand gibt.

Nachwort zur deutschen Ausgabe

Zeit im Umgang mit einem Argument führt - ebenso wie in der Beziehung zu einem Menschen - zu einer wachsenden Vertrautheit: Seine Charakteristiken - Stärken und Schwächen - lassen sich leichter erkennen, und seine Ähnlichkeiten und Unterschiede gegenüber anderen Auffassungen treten deutlicher hervor. Als das Buch in den Händen von Herrn Laube deutsche Gestalt annahm, fügte ich eine Anzahl kleinerer Änderungen ein, um die Darstellung gegenüber der englischen Ausgabe zu präzisieren und zu verbessern. Trotzdem bin ich sehr dankbar, daß ich zusätzlich die Gelegenheit habe, nochmals einen etwas umfassenderen Überblick über die Grundgedanken des Buches zu geben und mich mit der neuesten Literatur zum Thema auseinanderzusetzen.

Ich werde zunächst einen kurzen Blick auf die noch anhaltende Debatte um die Erklärung in den Natur- und Sozialwissenschaften werfen, und mich dann etwas intensiver mit dem Begriff des Sinns beschäftigen, der diesem Buch zugrunde liegt und dem ich in einer Theorie religiöser Erklärungen eine zentrale Rolle zugewiesen hatte. Anschließend werden wir uns den Disziplinen der Religionswissenschaft und Theologie zuwenden. Darauf folgt eine Auseinandersetzung mit einigen neueren Werken zum Thema - einschließlich expliziter Kritiken an der englischen Ausgabe. Zum Schluß werde ich einige allgemeine Bemerkungen über die Schwierigkeiten anfügen, denen jeder Versuch, zwischen Wissenschaft und Theologie zu vermitteln, - und damit auch dieses Buch - gegenübersteht.

1. Erklärung in den Naturwissenschaften

Wir wollen die Diskussion auf die beiden Hauptthemen des Kapitels 2 beschränken: die Struktur der wissenschaftlichen Erklärung und die Suche nach einer allgemeinen Theorie wissenschaftlicher Rationalität bzw. Methodologie.

(1) Die Erklärungsdebatte dauert unvermindert an, und nur ein überschäumender Optimismus könnte dazu verleiten, von einem sich abzeichnenden Konsens zu reden. Immerhin ist es - dank einer wichtigen neueren Aufsatzsammlung zum Thema[1] - mittlerweile möglich, die Debatte in einige markante Positionen zusammenzufassen. Mit Salmon können wir diese als die pragmatische, die mechanistische und die holistische Theorie der

---

1 Vgl. P.Kitcher; W.C.Salmon (Hgg.): Scientific Explanation (Minneapolis, 1989). Die chronologische Bibliographie (aaO. 196-219) kann unumstritten als die umfassendste Quelle zur Erklärungsdebatte angesehen werden.

Erklärung bezeichnen. Die pragmatische Theorie wurde schon in Kapitel 2 dargestellt[2]; Wesley C. Salmon und Philip Kitcher können als repräsentative Beispiele für die beiden anderen dienen. Salmon definiert die wissenschaftliche Erklärung mit Hilfe der zugrunde liegenden Mechanismen, die makrophysikalische Phänomene hervorrufen. Diese Mechanismen beziehen sich auf die grundlegenden Entitäten, die an kausalen Interaktionen beteiligt sind, und auf die Gesetze, die diese empirischen Prozesse steuern. Sozialwissenschaftler und Theologen sollten hier beachten, daß Salmon auf einer realistischen und ontologischen Interpretation von Erklärungen besteht und behauptet, daß sie eine Darstellung dessen einschließen, *wie die Welt operiert*, wenn sie ein gegebenes Explanandum hervorbringt. In analoger Weise auf die Religion angewandt würde diese Forderung besagen, daß sich theologische Erklärungen auf die letzten Konstituanten des Universums und ihrer (seiner) tatsächlichen kausalen Aktivitäten beziehen müssen. Kurz gesagt, theologische Erklärungen müßten ontologisch (metaphysisch) und nicht nur funktional sein; sie hätten eine Theorie von Gott zu entfalten, die den einzelnen religiösen Überzeugungen und Handlungen einen Sinn verleihen könnten.

Kitchers Position, die er »explanatory unification« nennt, liegt der theologischen Übertragung sogar noch näher. Sein Vorschlag lautet, daß wir den wissenschaftlichen Prozeß von einer globalen Ebene her (bzw. *von oben her*) organisieren, indem wir mit Hilfe von »grand laws« die Erklärungen so lange vergleichen und verfeinern, bis wir in der Lage sind, immer mehr Daten mit einzubeziehen. Explanative Darstellungen sind angemessen, wenn sie Teile eines »systematic picture of the order of nature« formen[3]. Die Position ist komplex; im Prinzip aber zeigt sie einige sehr enge Analogien zu Erklärungen in der Theologie. Denn statt *kausale* Erklärungen besonders herauszuheben, betrachtet sie sie als nur einen Typ explanativer Subsumption - als nur eine Weise, wie wir einen Bereich von Daten allgemeineren explanativen Prinzipien unterordnen. Kitcher besteht allerdings noch auf dem Gedanken der Deduktion; eine Übertragung seiner Position auf die Theologie muß sich an dieser Stelle von ihm unterscheiden. Dennoch unterstützt Kitchers Theorie einer globalen Vereinheitlichung im Zuge der Erklärung in bedeutsamer Weise die Schlußfolgerung meines Buches: Die explanative Aufgabe treibt uns zu immer umfassenderen Kontexten, so daß sich scharfe Trennlinien zwischen verschiedenen Disziplinen letztlich nicht aufrecht erhalten lassen.

Es zeigt sich schnell, daß die Implikationen *beider* Theorien für die Theologie dieselben sind: Wenn theologische Erklärungen im Sinne dieser beiden Wissenschaftstheoretiker als wissenschaftlich gelten sollen, dann müssen sie über eine systematische Gotteslehre hinaus nach außen reichen. Das explanative Ziel wird lauten, die weitreichende Viel-

---

2 Wir konzentrierten uns dort auf Bas van Fraassen. Vgl. aber ebenso Peter Achinsteins pragmatische »illocutionary theory« der Erklärung, derzufolge eine Erklärung ein geordnetes Paar ‹x,y› mit *x* als Proposition und *y* als explanativem Sprechakt darstellt; vgl. Ders.: The Nature of Explanation (New York, 1983). Die Verbindungen zwischen dieser Auffassung und Habermas' Werk in den Sozialwissenschaften sind von außerordentlicher Bedeutung für jene, die an einer einheitlichen Theorie der Erklärung quer durch alle Wissenschaften interessiert sind.

3 Vgl. P.Kitcher: Explanatory Unification and the Causal Structure of the World; in: P.Kitcher; W.C.Salmon (Hgg.): Scientific Explanation (Minneapolis, 1989), 410-505; 430.

falt religiöser Daten - beginnend wahrscheinlich mit solchen einer bestimmten religiösen Tradition - dadurch einzubeziehen, einige wenige zentrale Thesen über die Realität zu entfalten, die all diesen Phänomenen zugrunde liegt. Ein Erfolg wird dann von der Kohärenz des metaphysischen Entwurfs selbst abhängen - von seiner Fähigkeit, einzelne Daten ebenso zu erklären wie als umfassende explanative Hypothese angesehen zu werden.

(2) Anders als bei der Erklärungsdebatte bin ich in der Diskussion um die wissenschaftliche Methodologie bzw. Rationalität nicht der Auffassung, daß sich in der wissenschaftstheoretischen Literatur irgendwelche größeren Wandlungen angekündigt haben. Die Rede vom »Tod des Popperismus« - der Betonung der Falsifikation als des Schlüssels der wissenschaftlichen Methodologie - ist irreführend; er findet immer noch seine Anhänger (wie ein kurzer Blick in das *British Journal for the Philosophy of Science* sehr wohl zeigt). In gleicher Weise übt auch T.S.Kuhns Paradigmenansatz noch quer durch alle Disziplinen Einfluß aus; dasselbe gilt für I.Lakatos. Wir müssen feststellen, daß die alten Probleme noch immer ihrer Lösung harren: Die Verwerfung aller Kriterien in den Wissenschaften (die Verwerfung der Methode, um es mit Feyerabend zu sagen) scheint zu skeptisch - zu relativistisch - zu sein, um die wissenschaftliche Praxis darstellen zu können. Alle anderen Versuche allerdings, bindende Kriterien abzuleiten, schmecken nach Positivismus oder drohen irgendeine andersgeartete methodologische Hegemonie entstehen zu lassen - je nachdem, welcher Typus gerade in Mode ist. Ich fasse dieses Patt zwischen den Extremen als einen zusätzlichen Grund auf, um in der Methodologiedebatte einen vermittelnden Standpunkt einzunehmen. Schon Kapitel 2 hat gezeigt, daß nicht alle vermittelnden Positionen aus dem gleichen Holz geschnitzt sind; zwischen Kuhn und Lakatos bestehen schwerwiegende Unterschiede. Folglich meine ich immer noch, daß die Rationalitätsdebatte, wie ich sie in Kapitel 2 skizziert habe, das wesentliche Schlachtfeld bleibt, um den Status der Wissenschaft - und damit auch der Theologie - zu bestimmen.

Wenn überhaupt eine einzelne Idee an Profil und Plausibilität gewonnen hat, dann ist es die des *Pluralismus*. Die Autoren stellen oft heraus, daß es *viele* Methoden und Kriterien gibt, *viele* Perioden wissenschaftlicher Entwicklung und *viele* Fälle, auf die wissenschaftliche Erklärungen angewandt werden können. Dabei betonen sie, daß dieser Pluralismus weitreichende Konsequenzen für die Frage hat, wie wir das Unternehmen der Wissenschaft auffassen sollten. Hand in Hand mit dieser Entwicklung sind zunehmend auch die Grenzen der Wissenschaft und der wissenschaftlichen Vernunft selbst zum Thema geworden[4]. Viele meinen, daß das Ergebnis der Relativismus sei - eine Auffassung, derzufolge die von den Wissenschaftlern verwandten Standards weniger die Weise reflektieren, in der die Welt ist, als vielmehr die Struktur einer konventional geregelten Aktivität, die wir »Wissenschaft« nennen und uns selbst zurecht gelegt haben. Ob jemand nun einen starken Konventionalismus vertritt oder den in Kapitel 2 skizzierten *Kontextualismus* - es scheint sich hier nahezulegen, wissenschaftliche Kriterien - die Standards, nach denen wir Theorien beurteilen - als *Werte* aufzufassen, die von der wissen-

4 Man beachte unter vielen anderen David Fausts sozialpsychologische Einsicht, daß »scientists [and others] have a surprisingly restricted capacity to manage or interpret complex information« (Ders.: The Limits of Scientific Reasoning [Minneapolis, 1984]; Introduction).

schaftlichen Gemeinschaft ausgewählt oder konstituiert werden[5]. Es ist offensichtlich, daß die Rede von Werten in der Wissenschaft und vom Pluralismus im allgemeinen weitergehende Vergleiche mit der Theologie und ihren spezifischen Kriterien anregt.

2. Erklärung in den Sozialwissenschaften

Die Debatte bleibt auf diesem Feld komplexer und schwerer zu überblicken als auf dem Gebiet der Naturwissenschaften. Giddens' Beobachtung aus dem Jahre 1979, die Sozialwissenschaften zeigten einen »state of disarray« und ließen einen »orthodox consensus« vermissen, gilt nach wie vor[6]. Dennoch meine ich - heute sogar noch mehr als in den 80er Jahren -, daß das Aufkommen der verstehenden Sozialwissenschaften die Möglichkeit eröffnet, zwischen den verschiedenen Lagern zu vermitteln und sowohl die Aufgaben als auch die Methoden der Sozialwissenschaften einheitlich zu bestimmen[7].

In Zeiten einer disziplinären Malaise kann man auf dreifache Weise einen Ausweg suchen: Man kann sich auf den geschichtlichen Hintergrund ausrichten, der einen wichtigen Rahmen bereitstellt, um die jeweilige Disziplin zu definieren; man kann nach grundsätzlichen Prinzipien Ausschau halten, die noch immer weitreichende Zustimmung finden; und man kann sich an der Arbeit solcher Autoren orientieren, die mit den fundamentalen Problemen ringen und vielversprechende Entwürfe vorlegen. Ich habe mich in Kapitel 3 auf alle drei Aufgaben bezogen. In geschichtlicher Hinsicht waren die Sozialwissenschaften durchgängig zwischen zwei Traditionen hin und her gerissen, deren eine auf dem naturwissenschaftlichen Erklärungsmodell (wie bei Comte), deren andere auf der These einer Besonderheit des Studiums menschlicher Handlungen (Dilthey) beruhte. Zweitens finden beide Traditionen in einer Minimaldefinition der Sozialwissenschaften ihren Platz, indem sie - jeweils - die allgemeinen Bedingungen der Wissenschaftlichkeit und die ausgleichende Notwendigkeit eines individuellen Verstehens ausdrücke.

Was die dritte Möglichkeit betrifft, so ziehen die Erfolge und Mißerfolge von Jürgen Habermas auf dem Gebiet der sozialwissenschaftlichen Rationalität nach wie vor internationale Aufmerksamkeit auf sich. Drei Aspekte verdienen hier Beachtung:

---

5 Hier folge ich E.McMullin: Values in Science; in: Proceedings of the Philosophy of Science Association 2/1982, 3-28: »The appraisal of theory is in important respects closer in structure to value judgement than it is to the rule-governed inference that the classic tradition in the philosophy of science took for granted« (8f.). Natürlich können dies immer noch Werte sein, die von *allen* wissenschaftlichen Gemeinschaften geteilt werden, und es können auch Werte sein, *ohne die* wir überhaupt keine Aktivität als wissenschaftlich ansehen würden (d.h. transzendentale Werte).

6 Vgl. A.Giddens: Central Problems in Social Theory: Action, Structure and Contradiction in Social Analysis (Berkeley, 1979), 234-237.

7 Vgl. bes. P.Rabinow; W.M.Sullivan (Hgg.): Interpretive Social Science: A Second Look (Berkeley, 1987).

(1) Habermas hat darin Recht, die Malaise in der Philosophie der Sozialwissenschaften vom Standpunkt der Rationalität aus anzugehen. Die Preisgabe einer allgemeinen Theorie dessen, was soziale Erklärungen rational macht, bedeutet die Preisgabe der Sozialwissenschaften selbst.

Doch (2) ist, wie in Kapitel 3 behauptet, kommunikative Rationalität noch nicht alles. Die Kommunikationstheorie ordnet alle anderen Faktoren sozialwissenschaftlicher Forschung der Rubrik »Handlung« unter, während das tatsächliche Ziel der Forschung auch darin besteht, zu einer korrekten - und das heißt, einer wahren - Erklärung zu kommen.

(3) Die kommunikative Rationalität gehört zu der Klasse pragmatischer Theorien der Rationalität. Als pragmatische Darstellung verfährt die Theorie von Habermas (mit Recht) transzendental: Sie klärt in der Suche nach ihren notwendigen Bedingungen die Präsuppositionen einer bestimmten Praxis, genannt »rationaler Diskurs«. Doch sie zeigt in gleicher Weise auch ein teleologisches Gesicht: Sie interpretiert Rationalität mit Hilfe eines vorgestellten *Endes* der Untersuchung, eines Zielpunktes der Übereinstimmung. Betrachtet man die Abwendung vom Apriorismus, den Habermas in den 70er Jahren noch mit Apel geteilt hatte, dann erweist sich sein Ansatz zudem als empirisch. Habermas erhebt den Anspruch, Kriterien zu entwickeln, um Annäherungen an oder Gegensätze zu der idealen Sprechsituation in der tatsächlichen Praxis erkennen zu können. Ich halte alle drei Ziele für unaufgebbare Bestandteile einer angemessenen Theorie der Sozialwissenschaften. Hat Habermas dann aber auch Erfolg damit?

Meiner Beobachtung nach setzt sich zunehmend die Einsicht durch, daß die Theorie der kommunikativen Handlung ihren Anspruch auf Letztgültigkeit weder als Wahrheits- noch als Rationalitätstheorie eingelöst hat. Wolfgang Becker hat vor kurzem die Kritik an der Habermas'schen Konsensustheorie der Wahrheit sehr wirkungsvoll ausgeweitet[8]. Konsens ist nur *Teil* einer Definition der Wahrheit, und die Kriterien, die Habermas entwickelt hat, können *bestenfalls* als notwendige, auf keinen Fall aber als hinreichende Bedingungen der Wahrheit gelten. Ich befürchte, daß Ähnliches auch auf Ansätze zutrifft, die eine finale Konvergenz als hinreichende Wahrheitsbedingung auffassen[9]. Wie attraktiv auch immer der Reiz eines finalen Ziels der Forschung sein mag, so bleibt es doch möglich, daß unsere besten Bemühungen um die Wahrheit selbst auf Dauer (»in the long run«) darin fehlschlagen, die Dinge so zu erfassen, wie sie wirklich sind - selbst dann, wenn, wie es »Internalisten« wie Putnam und Rorty gerne betonen, wir gar nicht sagen könnten, *wie* sie fehlgehen (ja nicht einmal wissen könnten, *daß* sie fehlgehen). Und außerdem ist es offensichtlich, daß der Begriff eines *finalen* Konsenses nicht hinreicht, um uns Kriterien für unser gegenwärtiges, sehr unfinales Wissen zu liefern.

---

8 Vgl. W.Becker: Wahrheit und sprachliche Handlung. Untersuchung zur sprachphilosophischen Wahrheitstheorie (Freiburg/München, 1988); und Ders.: Der prozedurale Rationalitätsbegriff und die Konsensustheorie der Wahrheit; in: Ethik und Sozialwissenschaften 3/1990, 343-350.

9 Man kann diese Auffassungen *neopeirceisch* nennen. In Übereinstimmung mit Habermas meine ich, daß Hilary Putnam als wichtiger Repräsentant einer solchen Auffassung angesehen werden kann - zumindest seit seinem Buch *Reason, Truth and History*. Vgl. meine beiden Aufsätze P.Clayton: Two Kinds of Conceptual-Scheme Realism; in: The Southern Journal of Philosophy 29/1991, 167-180; und Ders.: In Defense of Regulative Realism; bald in: Synthesis Philosophica.

Doch sollte uns zumindest eine (oft geäußerte) Kritik an Habermas nicht weiter aufhalten: die Behauptung, seine Position sei abzulehnen, da sie die Rückkehr zu einer »aufklärerischen« Auffassung der Vernunft darstelle und sich daher der völlig verkehrten Suche nach einer allgemeinen Theorie der Rationalität zuwende. Denn zunächst sind die Ähnlichkeiten zwischen dem Vernunftmodell des 18. Jh. und der kommunikativen Rationalität ziemlich gering, da Habermas mit dem ganzen Bereich der Dinge beginnt, die Menschen mit der Sprache tun. Wichtiger aber ist, daß Habermas darin Recht hat, daß eine sozialwissenschaftliche Methodologie notwendig einer expliziten Theorie dessen bedarf, was ihre erfolgreichen Theorien überhaupt zu rationalen Unternehmungen macht. Gerade auf der amerikanischen Seite des Atlantiks erwecken einige Autoren den Eindruck, als könnten wir uns derartigen normativen Fragen einfach entziehen und doch die Sozialwissenschaften irgendwie erhalten - vielleicht als Befreiungsbewegungen, als subjektive Reflexionen über unsere geschichtliche Situation, unsere verschiedenen kulturellen Kontexte oder unsere praktischen Verpflichtungen gegenüber der Gesellschaft. Doch einen derartigen Pluralismus ohne irgendwelche normativen Bedingungen zu akzeptieren, bedeutet nur eine Verherrlichung des willkürlichen Spiels der »wissenschaftlichen« Perspektiven - und damit gerade der Auffassung, die wir mit der literarischen Bewegung des Dekonstruktivismus verknüpfen. Vielleicht liegt ja gerade hierin die Bedeutung des Dekonstruktivismus: Er zeigt uns die »andere« Alternative, das willkürliche Spiel, das bleibt, wenn wir so etwas wie Habermas' Bemühung um normative Bedingungen der Sozialwissenschaften als einer theoretischen wissenschaftlichen Aktivität verwerfen.

3. Sinn und Erklärung

Es sollte nicht überraschend sein, daß man sich der Frage nach sozialen und religiösen Erklärungen über die Sinnfrage nähert. Derartiges wurde in der Tradition der analytischen Philosophie schon ebenso unternommen[10] wie im Rahmen des Positivismusstreits in der deutschen Soziologie (z.B. von Habermas und Apel). Verschiedene Darstellungen, unter ihnen besonders W.Pannenbergs *Wissenschaftstheorie und Theologie*, haben zudem schon einige der Implikationen dieser Kombination für die Theologie untersucht. Allerdings wurde die Sinnfrage noch nicht im Kontext einer Auffassung theologischer Aussagen als wissenschaftlicher *Erklärungen* behandelt; hier scheint ein allgemeines Schweigen zu herrschen. Einige Autoren haben zwar von der Rationalität theologischer Darstellungen gesprochen, von ihrer kognitiven Sinnhaftigkeit oder Sinnlosigkeit (eine gänzlich verschiedene Frage) und von ihrer Bedeutsamkeit (ihrer Wirkung, ihrer Erschließungs-

---

10 Vgl. z.B. D.M.Taylor: Explanation and Meaning (Cambridge, 1970); G.H.von Wright: Explanation and Understanding (Ithaca, 1971); A.Nygren: Sinn und Methode (Göttingen, 1979).

kraft) für die Gläubigen. Dennoch bleibt die Frage bestehen: Wie sollten auf diesem Gebiet Rationalität und Sinn miteinander verknüpft werden?

Um diese Frage zu beantworten, war es zunächst notwendig, den Gegensatz zwischen Erklärung und Verstehen in seiner ganzen Schärfe zu skizzieren (Kapitel 2 und 3): auf der einen Seite mit dem Positivismus und seinen modernen Varianten (die heute zwar im Ton etwas moderater sind, ohne jedoch deshalb die Bindung an ihren Ursprung aufgegeben zu haben); auf der anderen mit der Sinntradition, die zumindest von Dilthey bis Gadamer reicht - einschließlich ihrer angelsächsischen Vertreter wie Peter Winch und der amerikanischen Hermeneutiker. Erst nachdem dieser Gegensatz dargelegt worden war und sich als falsche Alternative erwiesen hatte, konnten vermittelnde Entwürfe wie die Theorie von Lakatos für die Theologie an Bedeutung gewinnen. Eine Lakatos'sche Theorie der Rationalität ließ sich so als wissenschaftliche Methodologie wie auch als Sinntheorie wissenschaftlicher (einschließlich theologischer) Theorien entwerfen.

Die auf diese Weise sich abzeichnende Verschmelzung der analytischen mit der Diltheyschen Tradition läßt es nun aber zunehmend dringlich erscheinen, die zentralen Begriffe *Sinn* und *Bedeutung* präzise festzulegen[11]. Ich meine, daß hier zumindest drei verschiedene Begriffe von Sinn und Bedeutung am Werke sind: (1) die *Bedeutung* eines Wortes oder Satzes im Sinne einer nichtsprachlichen Entität, die ihm die Bedeutung gibt (dies betrifft das Referenzproblem); (2) der *Sinn* von Sätzen oder größeren sprachlichen Entitäten, den sie aus dem Ganzen erhalten, dessen Teile sie sind; (3) die Bedeutsamkeit einer Behauptung oder Überzeugung in einem von *(1)* und *(2)* verschiedenen Sinne, wenn wir beispielsweise sagen: »Ich weiß, was dieser Text für seinen ursprünglichen Autor bedeutet hat; nun will ich versuchen, was er für uns heute bedeuten könnte«. Ich schlage vor, wir nennen diese drei Fälle (jeweils) die *reale* (oder ontologische) Bedeutung, die *semantische* (oder kontextuelle) Bedeutung - den *Sinn* - und die *Bedeutsamkeit* oder angewandte Bedeutung.

Daraus ergibt sich unmittelbar, daß *(1)* mehr an einzelnen Worten oder (um Freges Kontextprinzip zu folgen) einzelnen Aussagen ausgerichtet ist. Im Gegensatz dazu impliziert *(2)* von Beginn an die Verknüpfung mit umfassenderen Kontexten. Denn da jeder Kontext in immer wieder umfassendere Kontexte gestellt werden muß (der Satz in das Kapitel, das Kapitel in das Buch, das Buch in den jeweiligen Kontext des Diskurses ...), beinhaltet *(2)* die Tendenz, den Kontext bis zum umfassendsten denkbaren Kontext hin auszudehnen. Schließlich setzt *(3)* voraus, daß immer schon ein bestimmter Bedeutungsbegriff - d.h. eine Kombination von *(1)* und *(2)* - zugrunde liegt, der es uns erst ermöglicht, von der Bedeutung eines Textes, einer Handlung oder eines Ereignisses zu sprechen; *(3)* kontrastiert dann diese Bedeutung *an sich* mit seiner Bedeutung *für uns*.

Wie aber sollen wir *(1)* und *(2)* miteinander in Beziehung setzen? Die Antwort ergibt sich nun schon fast von selbst: Die reale und die semantische Bedeutung repräsentieren jeweils die ontologische und die epistemologische Dimension. Was für uns erreichbar ist,

---

11 Für das Folgende habe ich von hilfreichen Diskussionen mit Lorenz Puntel und Martin Laube profitiert.

sind die Kontexte, die eine gegebene Überzeugung, eine Handlung oder ein Ereignis sinnvoll machen: die Überzeugungen und Praktiken, die sie umgeben (kulturelle Kontexte), die Ziele eines Einzelnen oder einer Gemeinschaft (intentionale Kontexte), ihr Hervorgehen aus einer wirkungsgeschichtlichen Tradition (geschichtliche Kontexte) und ihre Gründung in anderen Überzeugungen (epistemische Kontexte). Der objektive Sinn, den ich in Kapitel 3 skizziert habe, kennzeichnet auch hier die zentrale Struktur der semantischen Bedeutung - einer Bedeutung im Rahmen von Kontexten, die zu erkennen wir in der Lage sind.

Im Gegensatz dazu ist die reale Bedeutung uns nicht direkt zugänglich. Sicherlich gibt es keine angemessene Theorie der Sprache ohne Referenz, ob jene Referenz nun semantisch wie bei Tarski oder in Anlehnung an die klassische Korrespondenztheorie der Wahrheit bestimmt wird. Die Referenz kann aber schon aus ihrer eigenen Natur heraus nicht vollständig im Rahmen einer Sprache rekonstruiert werden; keine Sprache kann ihre eigenen Referenten enthalten, auf die sie sich bezieht, und eine Darstellung dieser Referenzrelation selbst geben (Die Metasprache hingegen, die die Referenzrelation in einem bestimmten Fall ausdrückt, kann wiederum keine Darstellung der *eigenen* Referenzrelation zu ihrem Objekt geben). Daher schlage ich vor, daß die reale Bedeutung das ist, worauf sich die semantische oder kontextuelle Bedeutung bezieht - selbst wenn alles, was wir tun können, darin besteht, die Kontexte zu rekonstruieren, durch die Überzeugungen und Handlungen für uns einen Sinn bekommen. Es könnte sein - wie Lorenz Puntel vor kurzem dargelegt hat[12] -, daß diese Menge untereinander verknüpfter Kontexte, als das Ganze genommen, gerade die Referenz ist und es daher gar nichts gibt, auf das man sich außerhalb aller dieser Kontexte beziehen könnte. Eine derartige Auffassung führt zu einer noch größeren Ähnlichkeit zwischen unserer Bedeutungstheorie und der Wahrheitsfrage, da sie *(1)* auf *(2)* reduziert - oder besser *(2)* so weit ausdehnt, daß sie *(1)* umfaßt. Sie lehnt also die Notwendigkeit einer »magischen« Theorie der Referenz - einer mysteriösen Verknüpfung zwischen Sprache und Welt - ab. Allerdings ist sie in intuitiver Hinsicht auch problematisch, da sie uns dazu zwingt, unsere starken Intuitionen einer außersprachlichen Referenz aufzugeben. Über eine Zusammenstellung dieser Vor- und Nachteile hinaus können wir aber diese wahrheitstheoretische Debatte hier nicht lösen.

Die methodologische Diskussion hat uns jetzt - für den deutschen Leser vielleicht nicht allzu überraschend - zielstrebig auf die grundlegenden Begriffe von Sinn und Wahrheit geführt, und diese beiden Begriffe weisen zudem eine ähnliche Struktur auf. Der Sinn einer Proposition, Aussage oder Handlung bestimmt sich durch die relevanten Kontexte, und diese Kontexte, als Ganzes genommen, tragen dazu bei, ihre Referenz festzulegen (bzw. sind nach Puntel einfach ihre Referenz). Kürzer: Sinn als Kontext begründet (bzw. einfach ist) Bedeutung als Referenz. Man beachte, daß diese Bedeutungstheorie sowohl pluralistisch als auch monistisch ist. *Pluralistisch*, weil es offen-

---

12 Vgl. L.B.Puntel: Grundlagen einer Theorie der Wahrheit (Berlin, 1990); vgl. auch bald Ders.: The Context Principle, Universals, and Primary States of Affairs; in: American Philosophical Quaterly 29/1992; sowie die ausführliche Diskussion um seine Position in der Zeitschrift *Ethik und Sozialwissenschaften* 5/1992.

sichtlich eine ganze Reihe von relevanten Kontexten gibt, in das ein gegebenes Explanandum eingefügt werden kann und »Relevanzurteile« zudem notorisch schwierig im Rekurs auf eine einzige, allgemeine Theorie zu begründen sind. Darin besteht das Wahrheitsmoment einer *conceptual scheme* - Philosophie, wie sie sich bei Putnam in seinem Buch *Reason, Truth and History* findet. Aber *monistisch*, weil der Prozeß, ein Datum in immer umfassendere Sinnkontexte einzufügen, (zumindest intentional oder teleologisch) auf einen umfassendsten denkbaren Kontext hin fortschreitet, in den alle anderen eingehen. Beispielsweise wirken meine Weltauffassung und meine zentralen religiösen Überzeugungen auf der Ebene der Ganzheit meiner Erfahrung; ich intendiere, daß sie alle Gebiete meiner individuellen Lebenserfahrungen umfassen. Wenn wir uns dahin bewegen, nicht nur die Erfahrungen eines Einzelnen, sondern die Erfahrungen vieler, schließlich sogar aller Menschen zu integrieren, dann wird dieses *Ganze* notwendigerweise geschichtlich. Damit stellt sich die Frage: Was wird der Sinn der menschlichen (kosmischen?) Geschichte als ganzer sein? Dies kann als die fundamentale religiöse Frage gelten; ich behaupte, daß sie implizit schon in der Bedeutungstheorie enthalten ist, die der sozialwissenschaftlichen Forschung zugrunde liegt.

Dennoch ist es offensichtlich, daß wir diese letzte einheitliche Perspektive nicht besitzen. Sie ist für die Sinnfrage unverzichtbar, liegt aber doch in der Zukunft. Vielleicht werden wir sie *niemals* erreichen können; dann würde sich unsere Hypothese einer letzten Einheit als falsch erweisen. Wie sind wir in der Lage, etwas zu verstehen, das für ein begriffliches Problem unverzichtbar und doch (vielleicht) epistemisch unerreichbar ist? Ich folge Kant darin, so etwas (d.h. die Einheit des Sinns) ein regulatives Ideal zu nennen - ein Ideal, das in allen Sinnzuweisungen vorausgesetzt wird. Wir setzen eine gewisse Wahrheit der Sache voraus, wenn wir der Überzeugung sind, daß sich bestimmte Dinge so und so verhalten. In gleicher Weise setzen wir einen letzten Sinnkontext voraus, wenn wir einer Handlung oder einer Aussage einen Sinn zuschreiben - wie pluralistisch auch immer unsere Methodologie in einem solchen Fall sein mag. Die gemeinsame Struktur von Sinn und Wahrheit bedeutet also keine Koinzidenz.

4. Von der Religionswissenschaft zur Theologie

Vielleicht hat der vorangegangene Abschnitt etwas deutlicher gemacht, warum ich meine, daß wir das Gebiet der religiösen Erklärungen über die Frage nach dem Sinn betreten müssen. Dies verlangt einen Ausgangspunkt »von unten«, der (im weitesten Sinne) anthropologisch genannt werden kann. Natürlich braucht ein derartiger Beginn bei menschlichen Sinnkontexten keinen Naturalismus zu beinhalten - keine Reduktion allein auf die menschliche Dimension des Sinns -, so lange wir den Fortgang von der Frage

»*Wie funktionieren sie?*« zu der anderen »*Sind sie wahr?*« zugestehen. In Kapitel 5 habe ich mich einer derartigen Beschränkung in der Religionswissenschaft auf eine lediglich funktionale Analyse mit dem Hinweis darauf widersetzt, daß die Wahrheitsfrage schon für den Gläubigen selbst wesentlich ist. Wenn für den Gläubigen (wie für den Theologen) die funktionale Adäquanz einer religiösen Überzeugung noch nicht hinreichend ist, dann kann der Religionswissenschaftler nicht umhin, auch dieses andere zu thematisieren, was ich die Wahrheitsfrage genannt habe.

Nun halte ich zwar meine in Kapitel 5 skizzierte Theorie durchaus für überzeugend; trotzdem bedarf der Übergang von der Religionswissenschaft zur Theologie noch einer etwas sorgfältigeren Darstellung. Die Theologie kann es sich heute nicht mehr leisten, die Ergebnisse der Religionswissenschaft zu ignorieren (genauso wie es sich wahrscheinlich auch unsere Religionswissenschaft nicht leisten kann, vor der Theologie zurückzuschrekken). Statt dessen ist sie dazu aufgerufen, die Ergebnisse der Religionswissenschaft in ihre eigene Arbeit aufzunehmen. Der Religionswissenschaft geht es sicherlich in erster Linie um interkulturelle und vergleichende Betrachtungen. Wie können dann aber die Theologen, die einer bestimmten Tradition entstammen, dazu aufgerufen werden, die Ansprüche gänzlich verschiedener Traditionen zu »integrieren«? Religionswissenschaftler können sich vielleicht noch (wenngleich ich das bezweiflen möchte) auf die reine Beschreibung religiöser Differenzen beschränken. Diese Daten fordern aber spätestens dann zur kritischen Prüfung auf, wenn die Aufgabe lautet, eine bestimmte Tradition darzustellen[13] - und mit besonderem Nachdruck, wenn (anders als im Hinduismus) diese Tradition sich, geschichtlich und vielleicht sogar von ihrem Wesen her, vornehmlich im Gegensatz zu anderen Traditionen bestimmt. Der *erste* Schritt muß daher, wie in Kapitel 3, ein Verstehen sein, ein Verstehen beispielsweise der Art, wie es für den Dialog zwischen Buddhismus und Christentum gefordert wird (und oft erreicht worden ist). Dennoch ist für die Theologen einiger Traditionen dieser Dialog allein nicht hinreichend; ein tieferes Verstehen verschärft die Frage nach den Wahrheitsansprüchen der eigenen Tradition.

Welche Haltung sollte demnach ein Theologe hinsichtlich der reichen Vielfalt von religiösen Überzeugungen, Praktiken und Arten religiöser Reflexion quer durch alle Weltreligionen (um für den Moment kleinere Sekten und mögliche »Religionen« wie den Marxismus oder Humanismus beiseite zu lassen) einnehmen? Wir wollen uns hier vier neueren Arbeiten zum Thema zuwenden, die allesamt einem durchgängig interkulturellen Ansatz der Religionswissenschaft verpflichtet sind[14]. Vroom vergleicht die Wahrheitsbegriffe (und damit die Einstellungen gegenüber anderen Religionen) bei fünf größeren Weltreligionen. Er gesteht zu, daß sein Unternehmen schwierig und die Ergebnisse allenfalls vorläufig sind, besteht aber darauf, daß wir die Aufgabe haben, »several universally

---

13 Die Frage der kritischen Prüfung wird sich wahrscheinlich schon sehr viel eher stellen - denn wie kann ein Religionswissenschaftler einander inkompatible Wahrheitsansprüche aufdecken, ohne sich die Frage zu stellen, welcher davon eigentlich wahr ist?

14 Vgl. H.M.Vroom: Religions and the Truth: Philosophical Reflections and Perspectives (Grand Rapids, 1989); N.Frankenberry: Religion and Radical Empiricism (Albany, 1987); J.Hick: An Interpretation of Religion: Human Responses to the Transcendent (New Haven, 1989); W.C.Smith: Towards a World Theology: Faith and the Comparative History of Religion (Philadelphia, 1981).

valid conclusions from a description of what is said about religious truth within religious traditions themselves« (25) zu ziehen. Er behauptet, daß es Kriterien bzw. allgemeine Minimalbedingungen gibt, »which religious claims to truth must meet«; den Höhepunkt seines Buches bietet daher eine interreligiöse »theory of religious truth«. Im Gegensatz dazu vermag Frankenberrys vergleichende Analyse zwar Parallelen, aber keinen gemeinsamen Begriff religiöser Erfahrung ausfindig zu machen[15]. Eine komparative Beurteilung der Wahrheit einer Religion - bzw. der Wahrheiten der Religionen - würde sie als kulturell gebunden, intellektuell fehlgeleitet und zum Scheitern verdammt auffassen. Ihr Ziel ist statt dessen »the enchriment of Anglo-European cultural resources through the pursuit of novel evidences found in Asian culture« (159).

John Hicks Buch *An Interpretation of Religion: Human Responses to the Transcendent* ist eine umfassende und facettenreiche Arbeit auf dem Gebiet der Religionsphänomenologie und -philosophie - die Krönung seines Lebenswerkes. Er findet unzählige Wege, unser Verständnis der Religion durch Vergleiche zu verbessern, indem er z.B. die Aufmerksamkeit auf die Rolle religiöser Erfahrung, auf charismatische Propheten in jeder Tradition, auf moralische Überzeugungen und Ziele lenkt. Dennoch teilt er uns schließlich mit, daß dies alles nur phänomenale Ausdrücke seien, die auf ein noumenales Reales weisen; dieses Reale begreife zwar alle diese Ausdrücke als Einheit, werde selbst aber wieder nur in bestimmten Ausdrücken erfaßt. Hick findet keinen Platz, um die Wahrheitsfrage im Rahmen der vergleichenden Religionswissenschaft zu stellen, da *alle* Ausdrücke des Realen nur phänomenal sind und in Richtung auf das *Eine* zu kurz greifen. Selbst die Unterscheidung zwischen einer persönlichen oder unpersönlichen Auffassung des religiösen Gegenstandes ist letztlich vorläufig und muß vom Religionswissenschaftler transzendiert werden. In vieler Hinsicht ist Hicks Buch daher beste vergleichende Religionswissenschaft; dennoch greift es nicht über in den Bereich der Theologie.

Auf den ersten Blick scheint hier Smiths Buch *Towards a World Theology* weiterzugehen. Er geht explizit von einer gegebenen Tradition aus und nennt sein Ziel »a Christian theology of comparative religion« (153f.). Er teilt uns mit, daß die Wahrheitsfrage wichtig ist und er den »objective pole« (186) religiöser Erfahrung bewahren möchte. Am Ende aber verschwindet das alles. Wahre Religion bezieht sich auf das Vertrauen und nicht auf die Überzeugung, ihr geht es um »die Wahrheit für uns«, und die Besonderheit der christlichen (oder islamischen) Sprache versinkt wiederum in dem unaussprechbaren Einen, das alle Unterschiede übersteigt - einschließlich dessen zwischen Theismus und Atheismus. Sicherlich sind Smiths *ethische* Ermahnungen recht anregend: In der heutigen Welt sollten sich die Theologen aller Traditionen in der Tat um den Dialog mit den anderen Weltreligionen bemühen und diesen mit Demut und Toleranz führen. Wir haben von den Sozialwissenschaften gelernt, daß Verständnis für eine rationale Auseinandersetzung unverzichtbar ist; und ein tieferes Eindringen in andere Traditio-

---

15 »[My theory] neither explains religious experience in general, nor explains it away ... [I]t is extremely doubtful that there could ever be any such general explanation. It is even more doubtful ... that any cross-cultural single phenomenon called ›religious experience‹ can be identified, except as an invention of modern scholarship« (191f.).

nen führt zu dem gebührenden Respekt. Aber solche Einstellungen sind doch *auch* möglich - und sogar angemessener -, wenn es um sachlich weitreichende Differenzen geht.

Das Scheitern dieser vier Autoren (und noch vieler mehr), eine »world theology« zu erreichen, weckt Zweifel an der Möglichkeit eines solchen Unternehmens: Vielleicht sind die Unterschiede einfach zu groß, als daß die Vernunft irgendeinen Ausgangspunkt gewinnen könnte; vielleicht muß man leidenschaftlich an eine einzige Tradition glauben oder darf sich gar keiner zuwenden. Denn welche religiöse Tradition würde ein »Welttheologe« überhaupt repräsentieren? Eine weltweite religiöse Gemeinschaft? Nein; selbst Hick gesteht zu, daß gerade die verschiedenen Überzeugungen und Praktiken der unterschiedlichen Traditionen das konstituieren, was diese religiös erscheinen läßt; wir haben das Reale nur in der Form dieser oder jener Tradition. Man fürchtet direkt, daß der »Welttheologe« nur für die Gemeinschaft der religionswissenschaftlichen Professoren reden könnte - eine neue philosophische Gemeinschaft im Dienst des Einheitsgedankens, um traditionelle Gemeinschaften mit ihren jeweiligen politischen Unterteilungen und dem doktrinalen Gezänk zu überwinden.

Die Theologie kann den Pluralismus nicht länger ignorieren - weder in der Christenheit selbst noch unter den verschiedenen Religionen. Sowohl Smith als auch Hick werden mit dem Pluralismus fertig, indem sie - wie wir es nennen können - eine Wende zum Mystizismus vollziehen: die Relativierung aller theoretischer (sprachlicher, kultureller) Positionen auf ein umfassenderes Eines - ob es nun Glaube, das Noumenale, das Reale oder das Transzendente genannt wird. Es mag wohl sein, daß alle menschlichen Bemühungen, das Transzendente auszudrücken, doch immer wieder in eine Vielzahl begrifflicher Schemata auseinanderfallen, von denen keines mehr Wahrheit beanspruchen kann als ein anderes; umgekehrt mag es auch sein, daß sich einzelne Positionen als intellektuell vorläufig erweisen oder nicht in der Lage sind, ihren Anhängern in einer gewandelten Welt das Leben noch sinnvoll erscheinen zu lassen. Zu einem Zeitpunkt aber, zu dem selbst die Spezialisten zugestehen, daß die vergleichende Religionswissenschaft noch am Anfang steht und rapide Fortschritte zu erwarten sind, meine ich, daß es noch zu früh ist, ein Patt zwischen religiösen Weltauffassungen zu konstatieren und die Aufgabe vergleichender Beurteilungen preiszugeben (wahrscheinlich wird es dafür *immer* zu früh sein). Wenn wir uns ein letztes Übergreifen von Gegensätzen und konkurrierenden Positionen vorstellen, so kann das in einer Weise geschehen, die aus den gegenwärtigen Versuchen, unsere privaten und gemeinschaftlichen Erfahrungen und Gegebenheiten - sowohl innerhalb als auch zwischen den Religionen - zu erklären, keine Farce werden läßt. Gerade die Religionsgeschichte zeigt, daß derartige Ansätze alles andere als überflüssig sind: Nicht nur in der Christenheit, sondern beispielsweise auch im klassischen Hinduismus haben Seite an Seite der Glaube an eine über die Sprache hinausgehende Wahrheit ebenso wie sorgfältige theoretische Erwägung und begriffliche Analyse Bestand gehabt.

Auf jeden Fall hat die »orthodoxe« Christenheit in dieser Sache keine Wahl. Wenn für diese Tradition der Glaube tatsächlich eng mit konkreten Wahrheitsansprüchen verknüpft ist - wie ich meine und Smith in *Faith and Belief* abstreitet -, dann muß eine christliche Theologie entweder ihre Überzeugungen verteidigen - und damit bei der behaupteten Offenbarung in der geschichtlichen Person Jesu beginnen - oder mit ihrer geschichtlichen Tradition brechen und sich selbst in eine subjektive Vermengung verschiedener (religiöser oder auch säkularer) Traditionen hinein transzendieren. Sicherlich fehlen uns in einer ganzen Reihe von (internen und externen) Auseinandersetzungen die zwingenden Argumente; in solchen Fällen besteht die »wissenschaftliche« Reaktion darin, auf den Anspruch einer intersubjektiven Rechtfertigung für die Lehrmeinungen, die wir (dennoch) weiterhin vertreten, zu verzichten. In einer überraschenden Anzahl von Fällen lassen sich jedoch bessere und überzeugendere Gründe anführen und progressive Forschungsprogramme entwerfen. Der Einzelne - oder auch die westliche Gesellschaft insgesamt - kann zwar die Entscheidung treffen, auf rationalen Diskurs zu verzichten und sich mit einem einfachen Pluralismus zufrieden zu geben. Allerdings meine ich, daß dies nicht der einzige Weg ist, um sich »an der Diversität zu erfreuen«.

Zufälligerweise gilt Ähnliches auch von einem Pluralismus *innerhalb* des Christentums. Man erinnere sich an David Tracys Unterscheidung zwischen den unterschiedlichen »Öffentlichkeiten« von Akademie, Kirche und Gesellschaft[16]. Theologie als Wissenschaft muß die allgemeinen Bedingungen jeder anderen universitären Disziplin erfüllen, während sie zugleich der religiösen Gemeinschaft dienen und helfend auf soziopolitische Kontexte und Probleme eingehen soll. Zumindest in diesem Sinne ist der Pluralismus in der Theologie nicht länger eine umstrittene Behauptung, sondern eine simple Tatsache. Aber auch hier bedeutet die Annahme eines Pluralismus (oder mehrer »klassischer Texte«, wie Tracy meint) noch keinesfalls, einen kritischen Diskurs über unterschiedliche Positionen abzulehnen - wie schon Tracys eigene sorgfältige Argumentation in *Talking About God* und anderswo zeigen. Man könnte die Methodologie, die ich hier vertrete, *kritischen Pluralismus* nennen. Als Ideal wendet sie sich nicht nur an Theologen, wenn - wie ich oben argumentiert habe - ebenso auch Kirchenmitglieder eine rationale Diskussion über ihre Glaubensinhalte erwarten, die früher für gewöhnlich nur innerhalb akademischer Zirkel stattfand.

Was ist denn nun aber - zusammengefaßt - das Ergebnis einer Kombination der Erfordernisse der Religionswissenschaft mit der »Ortsgebundenheit« der Theologie? Es enthält so etwas wie die bemerkenswerte Demut (und die interkulturelle Sachkenntnis) von Wilfred Cantwell Smith und doch auch den Sinn für die Besonderheit (und die Stärken) von jemandes eigener Tradition, wie er sich bei Barth, Jüngel und Pannenberg - oder auch Jacob Neusner, Radhakrishnan, Masao Abe - findet. Es beinhaltet einen Bezug auf die Wahrheitsfrage[17], in Verbindung mit der Fähigkeit des Eingeständnisses, wenn die Argumente für eine Entscheidung nicht ausreichen. Wenn eine Darstellung der Paral-

---

16 Zusätzlich zu den im Text zitierten Werken vgl. D.Tracy: Plurality and Ambiguity: Hermeneutics, Religion, Hope (San Francisco, 1987); D.Tracy; J.B.Cobb Jr.: Talking About God: Doing Theology in the Context of Modern Pluralism (New York, 1983).

17 Eine guter zeitgenössischer Repräsentant dieses Bezuges ist Donald Wiebe; vgl. Ders.: Explanation and the Scientific Study of Religion; in: Religion 5/1975, 33-52; Ders.: Religion and Truth: Towards an Alternative Paradigm for the Study of Religion (Den Haag, 1981) Vgl. auch C.Davis: The Reconvergence of Theology and Religious Studies; in: Studies in Religion 4/1975, 205-221.

lelen zwischen Wissenschaft und Religion nicht mehr und nicht weniger als das beiträgt, dann hat sie ihre Aufgabe schon erfüllt.

5. Antworten auf Rezensionen und Kritiken

Der Wert und die Aussagekraft eines Buches läßt sich am besten nach der Diskussion bestimmen, die es entfacht. Es mag hier von Nutzen sein, die Hauptgebiete zu benennen, auf die sich die Kritiken konzentriert haben.

(1) Einige Rezensenten, unter ihnen Paul Helm, haben die Anwendung von *zwei* Typen wissenschaftlicher Erklärung auf *zwei* Ebenen der Religion (den Gläubigen und den Religionswissenschaftler bzw. Theologen) eher verwirrend als klärend gefunden[18]. Um Helms Fragen zu beantworten, müssen wir zunächst die besonderen Schwierigkeiten beachten, denen eine sozialwissenschaftliche Erklärung gegenübersteht, und diese dann auf religiöse Erklärungen übertragen. Die Suche nach allgemeinen Gesetzen oder Prinzipien, die es uns - unter Annahme klarer Randbedingungen - erlauben, ein Explanandum vorherzusagen oder abzuleiten (Hempel), liefert - so hatte ich argumentiert - eine Art von Ideal der rationalen Erklärung quer durch alle Disziplinen. Doch wir fanden eine Reihe von Gründen, die dieses Ideal *immer schwerer* erreichbar zu machen schienen, je weiter wir uns von den der Physik am nächsten stehenden Naturwissenschaften entfernten. Die der Physik fern liegenden Naturwissenschaften wie z.B. die Ökologie und die meisten der Sozialwissenschaften sind betont *idiographisch*: Der Einzelne spielt eine sehr viel unverzichtbarere Rolle als in den sogenannten nomologischen Disziplinen. Die »Gesetze« der klinischen Psychologie dienen beispielsweise eher als Maximen oder »grobe« Verallgemeinerungen; unsere besten Erklärungen nutzen hier im höchsten Maße kontextspezifische Gesetze oder Begriffe für das jeweilige Wohl des einzelnen Patienten. Eine Prädiktion würde auf diesem Feld eine schier unendliche Liste von Randbedingungen erfordern, die die Hauptlast des explanativen Gewichtes tragen und das meiste zu ihrem Inhalt beitragen. Ähnliches gilt für die Erklärung von Gruppenverhalten in der Kulturanthropologie, wenngleich hier für die Funktionen von Riten, Tabus und Ideologien wichtige interkulturelle Parallelen aufgewiesen worden sind.

Was erklärt diesen Unterschied? Der Sozialwissenschaftler steht bei einer Erklärung einer Forderung gegenüber, die es in den Naturwissenschaften nicht gibt: Er muß zunächst verstehen, in welcher Weise die in Frage stehenden Handlungen für den oder die Handelnden einen Sinn geben (oder gerade nicht!). Menschen sind »sinnschaffende« Wesen. Die Geisteswissenschaften sind daher in doppelter Weise hermeneutisch: Der

---

18 Vgl. P.Helm: Making Sense; in: London Times Higher Education Supplement (London, 2.2.1990), 20.

Wissenschaftler *wie auch* der Handelnde selbst, den er untersucht, sind *beide* Interpreten - Subjekte, die versuchen, bestimmte Bereiche von Daten zu erfassen und begreifen. Ob mein Subjekt nun ein Wall Street - Börsenmakler, ein Stammesangehöriger, der sich einem adoleszenten *rite de passage* unterzieht, oder ein Kirchentagsbesucher ist - ich muß verstehen, wie sich seine Verhaltensweisen und Überzeugungen in seiner subjektiven Perspektive zusammenfügen.

Wenn meine Analyse der Wissenschaften stimmt, können wir jetzt sowohl den Unterschied als auch die Ähnlichkeit zwischen dem religiösen Glauben selbst und der Erklärung eines solchen Glaubens erkennen. Religiöse Überzeugungen müssen zunächst lediglich die Bedingungen des Einzelnen und seiner Gemeinschaft erfüllen. Als Teilnehmer habe ich die Wirkungslosigkeit eines Fruchtbarkeitsrituals genau dann erklärt, wenn ich in einer für mich befriedigenden (und mit den Überzeugungen meiner religiösen Gemeinschaft kompatiblen) Weise darlegen kann, warum er nicht gewirkt hat. Der Anthropologe oder vergleichende Religionswissenschaftler auf der anderen Seite muß *nicht nur* verstehen, wie meine Darstellung das Ereignis für mich erklärt; er muß *ebenfalls* meine Handlungen in einer Weise erklären, die (1) kohärent mit einer theoretischen Position oder einem progressiven Forschungsprogramm ist, (2) (zumindest im Prinzip) in der Lage ist, Handlungen oder Einstellungen vorauszusagen, und (3) offen ist für intersubjektive Kritik durch die wissenschaftliche Gemeinschaft.

Nun können wir zur Ähnlichkeit zwischen dem Glauben und seiner Erklärung übergehen: Die Haltung, die ein Wissenschaftler einnimmt - unter Absehung vom Gegenstandskontext und unter Annahme der wissenschaftlichen Standards -, ist eine Haltung, die *auch* Gläubige einnehmen können. Es gibt in der Tat Gründe, um anzunehmen, daß eine wachsende Anzahl religiöser Menschen in Europa und Amerika - und, wie es scheint, nicht nur dort - die explanativen Bemühungen ihrer Religionen nur dann überzeugend finden, wenn sie mit den Darstellungen der Natur- und Sozialwissenschaften konsistent sind (oder zumindest ihre Standards erfüllen). In diesem Sinne sind viele von uns *säkulare Gläubige:* Wir handeln als Juden oder glauben als Christen, doch wir haben Schwierigkeiten, religiöse Lehren sinnvoll zu finden, die mit den Ergebnissen der Wissenschaften kollidieren.

(2) Einige Mitglieder der (sogenannten) Yale-Schule haben meine Skizze der Theologie als zu »externalistisch« bzw. »propositional« kritisiert; sie lasse der Theologie als eines innerchristlichen »Narrativs« mit ihrer eigenen Geschichte, ihren eigenen Kriterien und ihrer eigenen Wahrheit zu wenig Raum. In weiteren Diskussionen würde ich gerne drei weiterreichende Voraussetzungen in Frage stellen, die hinter dieser Kritik stehen: eine Theorie der Sprache, die viel, vielleicht zu viel, dem späten Wittgenstein verdankt[19]; die Rekonstruktion des christlichen Glaubens als eines Narrativs - als einer »christlichen Erzählung« - *statt* einer Menge von Wahrheitsansprüchen (wenn man hinter die Polemik schaut, mag sich eine bedeutsame gemeinsame Grundlage zeigen); und das soziologische

---

19 Vgl. G.Lindbeck: The Nature of Doctrine: Religion and Theology in a Post-Liberal Age (Philadelphia, 1984).

(pastorale?) Urteil, daß der einzige Weg, den Glauben in einer ungläubigen Welt zu bewahren, darin besteht, die Grenzen zwischen intern und extern zu betonen und das authentischen christliche Denken ausschließlich in ersterem zu verorten. Der Leser muß in diesem Disput vermitteln: Trifft eine Betonung der besonderen und einzigartigen Identität der christlichen Erzählung die Vorbehalte, die man an das Christentum heranträgt, oder drückt eher der Begriff des säkularen Gläubigen den Kontext aus, innerhalb dessen sich Theologie heute vollziehen muß? Im - begrenzten - Rahmen dieses Nachwortes sind nun zumindest die Fronten eindeutig geklärt worden.

(3) In einer analytisch klaren Rezension fragt Philip Quinn nach dem Platz für die Geschichte[20]: Gebe es denn nicht zwischen Erklärungen in der Geschichtswissenschaft (oder in »historischen« Wissenschaften wie der Geologie oder Evolutionsbiologie) und christlichen Erklärungen wichtige Analogien - sei doch »the great Christian drama of sin and salvation ..., after all, a grand historical narrative«? Die Antwort auf diese Frage ist implizit schon in meinem Buch enthalten, verdient aber (wie Quinn mit Recht bemerkt) eine explizite Ausführung. Es sollte in der Tat Analogien geben; diese sind aber durch mindestens zwei Faktoren begrenzt: (1) So werden sie erstens dadurch bestimmt, daß (vor allem) physikalische Erklärungen eine Art von Ideal oder Grenzfall für die anderen Disziplinen darstellen. Historische Erklärungen sind da nicht qualitativ anders; der Theologe würde auch gerne die Grundprinzipien des Wesens Gottes und seines Handelns in der Geschichte kennen. (2) Weiterhin ist es in der profanen Geschichtswissenschaft (und wahrscheinlich auch in einer Geschichtstheologie) notwendig, Ereignisse unter Rekurs auf die *Intentionen* der Beteiligten zu erklären. Auf dieses Charakteristikum der historischen Erklärung läßt sich nun all das übertragen, was wir oben über die Rolle des Sinnbegriffs in den Sozialwissenschaften gesagt haben. Mit anderen Worten: Ich bin der Meinung, daß historische Erklärungen keine eigene Klasse bilden, sondern einen Spezialfall des explanativen Unternehmens darstellen, das wir bei den Naturwissenschaften skizziert und modifiziert für die Sozialwissenschaften übernommen haben.

Natürlich weist die Rede von einem »grand historical narrative« von Gottes Reaktion auf die Sünde auf weitere Probleme für eine intersubjektive Erklärung. Sie steht dem Problem der »totalen Erklärung« gegenüber, das wir in Kapitel 5 behandelt haben, und stellt die Frage, wie es möglich ist, Wesen und Handeln des übernatürlichen Seienden zu betrachten, dessen Handlungen in der christlichen Heilsgeschichte beschrieben werden. In der Diskussion um die Wissenschaftlichkeit christlicher Erklärungen sollten diese zusätzlichen Hürden beachtet werden. Quinn greift meine These an, daß in einem Fall, wenn in einer intersubjektiven Diskussion um Erklärungen grundsätzliche theologische Überzeugungen von anderen bestritten werden, für ihre Wahrheitsgeltung eine epistemische Rechtfertigung gegeben werden muß. Im Lichte der Hürden betrachtet, denen eine intersubjektive Theologie gegenübersteht, könnte es durchaus sein, daß die Verfechter globaler Erklärungen (ob Laien oder professionelle Theologen) an der Wahrheit ihrer Überzeugungen festhalten wollen, ohne irgendwelche allgemein zugänglichen Gründe

20 Vgl. die Rezension von P.L.Quinn in: Theology Today 47/1990, 70-74.

anzugeben. Alles, was ich jedoch meine, ist, daß sie nicht beides tun dürfen: die vollgültige Wissenschaftlichkeit der »großen christlichen Erzählung« zu beanspruchen und *gleichzeitig* zu behaupten, daß wir damit eine privilegierte Erzählung besitzen, deren Kenntnis (oder Verstehen) nicht allen gleichermaßen zugänglich ist.

(4) Immerhin ist noch ein Rezensent darüber verwirrt, daß sich ein analytischer Philosoph mit der deutschen Tradition auseinandersetzt, um die Frage nach dem Sinn religiöser Erklärungen zu diskutieren (oder daß er sich überhaupt mit der Sinnfrage beschäftigt!)[21]. Man hätte doch hoffen können, daß Urteile wie das folgende schon hinter uns liegen: »When Clayton quotes Wittgenstein or Popper, he takes pains to quote something clear. But when he cites a more ›Continental‹ German, the accessibility of the thinker becomes unpredictable« (anscheinend sind die Deutschen hier fehl am Platze). Schlimmer noch ist, daß Herr King-Farlow mich davor warnt, daß ich dann, wenn ich »Continental Germans« in der Weise zitiere, wie ich es tue, zu gewärtigen habe, daß das Ergebnis »is likely to be the spreading of incipient xenophobia«! Die Annahme hier, daß ausschließlich eine Diskussion, die auf der angloamerikanischen analytischen Philosophie basiert, dem kritischen Leser etwas zu sagen habe, befestigt auf verhängnisvolle Weise genau die große Kluft zwischen analytischer und kontinentaler Philosophie, die die Diskussion zwischen Wissenschaft und Theologie bis heute gelähmt hat.

(5) Eine wichtige neuere Arbeit hat ebenfalls Imre Lakatos eine zentrale Rolle dabei zugewiesen, die Methode der Theologie als einer Wissenschaft zu bestimmen[22]. Professor Murphys Buch bildet ein interessantes Gegenüber zu dem meinigen. Ich fasse als unsere grundsätzliche Übereinstimmung auf, daß sich (1) die Wissenschaft von den Lehren des Positivismus und Fundamentalismus entfernt hat und (2) die Theologie es sich nicht länger leisten kann, ihre Erklärungen einer Kritik gegenüber zu immunisieren. Beide schließen wir (unabhängig voneinander) daraus, daß Lakatos' Ansatz der Forschungsprogramme ein ausgezeichnetes Modell für den theologischen Diskurs darstellt - ein Modell, das ebenso auf die Rationalitätsprinzipien ausgeht, die die Theologie mit anderen Wissenschaften teilt, wie die Bedingungen klärt, denen theologische Erklärungen gegenüberstehen, wenn sie wissenschaftlich sein wollen. Einige weitere veröffentlichte Beiträge erlauben es dem Leser, beide Positionen zu vergleichen, die Gebiete auszumachen, in denen die eine oder die andere einer weiteren Entfaltung bedarf, und - wie ich hoffe - allmählich die Stärken unseres gemeinsamen Unternehmens zu erkennen[23].

Jede der zwischen uns bleibenden Differenzen mündet für das zur Verhandlung stehende Thema in eine wichtige Frage. Wir wollen uns auf drei Aspekte konzentrieren: (1) Murphy schlägt vor, Lakatos' Kriterien als einen *direkten* Test für theologische Wahrheitsansprüche aufzufassen. Daher weist sie der *Prädiktion* in der Theologie eine wichtige

---

21 Vgl. die Rezension von J.King-Farlow in: Canadian Philosophical Reviews (9/1989), 434-437.

22 Vgl. N.Murphy: Theology in the Age of Scientific Reasoning (Ithaca, 1990).

23 Ausgehend von den Unterschieden in unseren beiden Büchern vgl. in *Zygon* 24/1989 ihren Artikel *Truth, Relativism, and Crossword Puzzles* (aaO. 299-314) und meinen Beitrag *Disciplining Relativism and Truth* (aaO. 315-334); und den neueren Austausch in *Bulletin of the Center for Theology and the Natural Sciences* 11/1991 (aaO. 29-31). Vgl. auch Murphys Rezension meines Buches, die bald in *Faith and Philosophy* (9/1992) erscheinen wird.

Rolle zu und fordert theologische »Experimente«, um prädiktive Behauptungen in der Theologie verifizieren oder falsifizieren zu können (So soll es z.B. möglich sein, durch Experimente herauszufinden, ob die Anbetung des Heiligen Geistes als spezifisch weiblich »in accord with the will of God« (168) bestimmt werden kann). Im Gegensatz dazu fasse ich den Ansatz der Forschungsprogramme als Modell für eine *Theorie der Rationalität* auf, versuche diese aber dadurch zu verallgemeinern, daß ich die empirischen Bedingungen und die zentrale Funktion des empirischen Fortschritts etwas zurücknehme und ihre Notwendigkeit bestreite.

(2) In (1) ist es evident, daß Murphy die aus der naturwissenschaftlich orientierten Wissenschaftstheorie gewonnenen Standards direkt auf die theologische Methodologie überträgt. Die Gemeinsamkeiten der Theologie mit den Sozialwissenschaften führen hier zu keinen umfassenderen Modifikationen. Im Gegensatz dazu habe ich in Kapitel 3 großen Wert auf die Sinnfrage in den Sozialwissenschaften gelegt und diese als die entscheidende Brücke aufgefaßt, um zur Religionswissenschaft übergehen (Kapitel 5) und von dort aus zum Problem der theologischen Methodologie fortschreiten zu können (Kapitel 6).

(3) Murphy macht geltend, daß wir nun eine Ära des »postmodernen Denkens« erreicht haben, in der der epistemologische Fundamentalismus, »the representational or referential theory of language« und der Atomismus bzw. Individualismus - zusammen mit den Positionen, die sich im Gegensatz dazu definieren - hinter uns liegen. Ich interpretiere das als ihre Diagnose und empfohlene Therapie zugleich. Es führt sie dazu, aus bestimmten aktuellen philosophischen Debatten - wie die zwischen Realismus und Antirealismus - herauszutreten: »There is no right or wrong in the matter. Thus I suggest that the best solution to the realist debate in science is simply to drop the issue«[24]. Ich möchte dem entgegenhalten, daß derartige Debatten für Philosophen wie Theologen wichtig und fruchtbar bleiben[25]. *Entgegen* der Auffassung der meisten postmodernen Autoren ist die Theologie zu Recht mit der Frage nach ihrer eigenen Wahrheit beschäftigt[26], die eine Auseinandersetzung mit dem Problem der sprachlichen Referenz beinhaltet. So lange solche Debatten von Bedeutung sind, bleibt die Theologie entweder *vor*-postmodern - oder mit der Dichotomie zwischen Moderne und Postmoderne stimmt etwas nicht[27].

---

24 Vgl. N.Murphy: Scientific Realism and Postmodern Philosophy; in: British Journal for Philosophy of Science 41/1990, 291-303; 302; vgl. auch Dies.: Theology in the Age of Scientific Reasoning (Ithaca, 1990), 199ff.

25 Als Zeichen dafür, daß die Teilnehmer nicht lediglich aneinander vorbeireden, vgl. den sich anbahnenden Konsens in P.French u.a. (Hgg.): Realism and Antirealism (Minneapolis, 1988).

26 Vgl. W.Pannenberg: Systematische Theologie (Göttingen, 1988), 11-72.

27 In Murphys Position befürchte ich hier eine Inkonsistenz. Wenn wir Postmodernisten sind - für die sich die Wahrheitsfrage allein im Kontext eines gegebenen Begriffsschemas stellt (wahrscheinlich so etwas wie Hilary Putnams *interner Realismus*) -, warum sollten wir dann irgendeinen Wert auf die empirische Prädiktion legen? Und wie ist es möglich, *kleinere Tests* für ein theologisches Programm zu konstruieren, wenn man ein *Holist* ist? Der theoretische Fortschritt wird zu einem windigen Begriff, wenn alle Daten theoriegeladen sind; es gibt dann keine Unterscheidung zwischen Theorie und Beobachtung, und alle Prüfung vollzieht sich relativ und intern auf ein gegebenes Programm. Es ist interessant, daß Murphy mir in ihrer Rezension vorwirft, die empirische Seite von Lakatos (seine Betonung der »novel facts«) zu vernachlässigen, und davor warnt, ohne diese sei ein »holistic account of theology« nicht länger »against the charge of cultural (epistemic, linguistic) relativism«

Als Kompromiß schlage ich so etwas wie Stephen Toulmins These einer »postmodern science« vor[28]. Die Wissenschaft (und daher auch die Theologie) ist nach Toulmins Auffassung noch immer aufs engste mit den Schwierigkeiten verknüpft, die sich mit der Moderne und ihren Konsequenzen ergeben haben. Doch statt die Frage zu ändern, versucht sein Ansatz neue Antworten zu finden. Er verwirft das frühmoderne wissenschaftliche Ideal der Distanzierung - mitsamt seinen Implikationen einer reinen Objektivität und der Unterscheidung zwischen Tatsache und Wertung - zugunsten einer Auffassung, die die Wissenschaftler selbst Teil der Welt (und von ihr abhängig) sein läßt, die sie untersuchen, und für die ethische Fragen einen intrinsischen Teil ihrer wissenschaftlichen Arbeit bilden.

Gibt es irgendwelche allgemeine epistemische Kriterien, die diese Einführung der Wertdimension in die Wissenschaft überleben? Ich schlage vor, daß wir Toulmins historische Einsichten und sein Motto »beyond objectivity« mit Michael Banners neuem Vorschlag verknüpfen, theologische Theorien als »inferences to the best explanation« (IBE) aufzufassen[29]. Die IBE-Methodologie argumentiert, daß wir in der Auswahl dessen, was uns in einer Gruppe möglicher Alternativen die *beste Erklärung* (bzw. die besten Erklärungen) zu sein scheint, epistemisch gerechtfertigt sind - auch wenn wir nicht beweisen können, daß sie die korrekte (wahre) Erklärung ist. Explanative Darstellungen lassen sich daher relativ auf ihre jeweilige epistemische Umgebung rechtfertigen, und die beste unter ihnen trägt die Lorbeeren einer »presently justified« Erklärung. Ich habe nun aber zugestandenermaßen Banners Argument etwas vorsichtiger reformuliert - tatsächlich vertritt er einen Realismus (»rational realism«) , der sich auf den angeblichen Erfolg und Fortschritt der Wissenschaften gründet. Hier aber sprechen gute Gründe für die postmoderne Weigerung, allzu vorschnell vom augenblicklichen Erfolg einer wissenschaftliche Theorie auf ihre Wahrheit zu schließen. Wir können daher durchaus einen gewissen *Internalismus* zugestehen und uns der Auffassung anschließen, daß von der Wahrheit allein im Rahmen eines bestimmten Paradigmas bzw. Begriffsschemas gesprochen werden kann. Dennoch folgt aus diesem Wandel weder, daß die Wahrheit (oder eine letzte vernünftige Übereinstimmung) nicht das ultimative Ziel der Theologie sein kann, noch auch, daß zwischen konkurrierenden theologischen Forschungsprogrammen keine normativen Urteile gesucht und getroffen werden können.

---

zu verteidigen, während sie selbst in ihrem Postmoderne-Artikel die Auffassung akzeptiert, daß keine Referenztheorie hinter den tatsächlichen Pluralismus unserer Sprachen zurückgehen kann, um sie zu prüfen.

28 Vgl. S.Toulmin: The Return to Cosmology: Postmodern Science and the Theology of Nature (Berkeley, 1982), z.B.: »The world view of contemporary science is one in which practical and theoretical issues, contemplation and action, can no longer be separated; and it is one that gives us back the very unity, order, and sense of proportion ... that the philosophers of antiquity insisted on, and those of the Renaissance destroyed. So human meaning finds its way back into our picture of the natural world, from which it was banished in John Donne's time« (264).

29 Vgl. M.C.Banner: The Justification of Science and the Rationality of Religious Belief (Oxford, 1990). Für die IBE vgl. bald P.Lipton: Inference to the Best Explanation (London, 1992).

(6) Das führt uns nun schließlich zur Rezension von Mary Hesse[30]. Hesse hat die leitende These des Buches, die Hermeneutisierung der Wissenschaft als des Angelpunktes der Parallelen zwischen Wissenschaft und Theologie, vielleicht besser als jeder andere Kritiker erfaßt. Allerdings meint sie, daß die Konsequenzen für die Theologie sehr viel radikaler sind, als ich zuzugestehen bereit bin: »A secular observer can justifiably conclude [sc. Hesse tut es?] that in religion *anything goes* that is subjectively or socially acceptable« (Hervorhebung von mir). Hesse möchte das noch einmal überdenken, was wir als die »Wahrheit« und den »Realismus« einer religiösen Sprache bezeichnen. Und sie weiß sehr wohl, was dabei auf dem Spiel steht: »Most historical religious traditions make truth-claims about trans-empirical realities which seem to be of their essence. Not to presuppose a built-in realism would change radically the nature of these religions«. Hesse fordert diese Wende.

Eine derartige radikale Umgestaltung stellt vor zwei wichtige semantische Fragen: *Ist Wahrheit ohne Referenz oder denkunabhängigen Inhalt immer noch Wahrheit?* und *Ist christliche Theologie ohne Gott (wenngleich vielleicht mit einem Symbol, das »Gott« genannt wird) immer noch* christliche *Theologie?* Ich verneine beide Fragen; andere fassen sie lediglich als einen Streit um Worte auf. Wie auch immer, Hesses Rezension macht in ausgezeichneter Weise deutlich, daß in dieser Diskussion das innerste Wesen der Religion - zumindest im Sinne der westlichen Traditionen - auf dem Spiel steht. Ihre These eines »general loss of faith in *any* objective and decidable truth-claims in science or any other discipline« und damit die Ablehnung der Aufgabe, der sich dieses Buch gewidmet hat, bedingt eine Veränderung in Religion und Theologie, die in der westlichen Religionsgeschichte ohne Beispiel ist[31].

---

30 Vgl. die Rezension von M.Hesse in: Bulletin of the Center for Theology and the Natural Sciences 11/1991, 39f.

31 Erst vor kurzem habe ich die ausführliche Rezension von J. Wesley Robbins erhalten, die bald in *Zygon* 27/1992 erscheinen wird. Sie verdient Erwähnung als ein Beispiel für neuere pragmatische Ansätze in der Theologie. Robbins möchte alle Wahrheitsansprüche bezüglich übernatürlicher Wesenheiten zugunsten einer »self-reliance« und »the creative power of human language use« herunterspielen oder sogar eliminieren. Damit bleibt für ihn (allein?) die Frage übrig, ob die Religion eine nützliche oder unnütze Praxis darstellt. Jemand, der diese Auffassung vertritt, kann der Entfaltung der Theologie als einer explanativen Disziplin - wie es mein Buch als seine Aufgabe angesehen hatte - offensichtlich nur ein geringes Interesse entgegenbringen. Robbins wirft mir aber darüber hinaus auch vor, zwar einen »holistic pragmatic account« der Wissenschaft zu entwerfen (eine Position, die er von Quine, Davidson und Rorty ableitet), aber dennoch zumindest intentional ein Realist zu bleiben. Genauer gesagt, ich widerspreche mir selbst, indem ich einerseits Lakatos in einen Kontextualismus folge und doch andererseits an Erklärungen festhalte, die den Ausdruck *Gott* als einen referierenden Terminus gebrauchen. - Ich muß mich hier kurz fassen. Ist eine holistische Epistemologie tatsächlich unvereinbar mit Erklärungen, die sich auf übernatürliche Wesenheiten beziehen? Es gibt sicherlich theologische Konzeptionen in der westlichen Tradition, die entschieden holistisch sind - z.B. solche, die Gott als Sein auffassen, als den Grund des Seienden oder als das (neuplatonische) Eine hinter allen Unterscheidungen. Für Robbins spricht, daß die »kontextuelle Wende« und die hier vertretene Theorie der Rationalität sicherlich soziale und pragmatische Aspekte in der Theologie zur Geltung bringen; doch ist damit *notwendig* ein strenger Konventionalismus - der vollständige Verzicht auf die Wahrheitsfrage - verknüpft? Nein, bestimmt nicht - das war der entscheidende Punkt meiner Kritik an Habermas' Konsensustheorie und der Ablehnung der radikaleren Schlußfolgerungen von Kuhn und Feyerabend. Was ist aber dann von der religiösen Sprache zu halten? Wir sollten - Pragmatisten wie Robbins zufolge - alle Rede von ihrer Korrespondenz zur Welt und damit alle realistische Sprache von Gott aufgeben. Ich habe den Einfluß des Kontextualismus auf die Problema-

6. Ein letztes Wort

Wie haben wir nun Vergleiche wie den vorliegenden zwischen den empirischen Wissenschaften und der Theologie zu verstehen? Sie können entweder heuristische oder substantielle Funktion haben[32]. Man erfüllt die *heuristische* Funktion, wenn man weitgehende Analogien zwischen Wissenschaft und Theologie aufweist oder Parallelen zieht, die unser Verständnis ändern, ohne die Substanz einer der beiden Seiten zu berühren. *Substantielle* Vergleiche wiederum sind entweder methodologisch oder metaphysisch. Beispiele für *letzteres* bilden die Prozeßtheologie mit Whiteheads Anwendung des neuen Begriffs der Raumzeit in den 20er Jahren und Kosmologien wie die von Barrow und Tipler in *The Anthropic Principle*, die direkt von den neuesten Entwicklungen in der Physik ausgehen. *Ersteres* findet sich in dem vorliegenden Buch, das die Methodologie der Natur- und Sozialwissenschaften als substantiell für die Theologie auffaßt.

Wie ähnlich sind sich aber die Disziplinen, die so miteinander verglichen werden? In den letzten zehn Jahren habe ich allmählich immer mehr die *Dis*kontinuitäten zwischen beiden herausgestellt. Bis 1983 vertrat ich einen *Gradualismus* - die Auffassung, daß sich

---

tik des Realismus schon an anderer Stelle untersucht (Vgl. P.Clayton: Two Kinds of Conceptual Scheme Realism; in: The Southern Journal of Philosophy 29/1991, 167-180; Ders.: In Defense of Regulative Realism; bald in: Synthesis Philosophica) und dabei geltend gemacht, daß die Intentionalität der realistischen Sprache - in diesem Fall die Rede von der Existenz *Gottes* - auch bei einem strengen Kontextualismus nicht notwendig eliminiert werden muß. - Interessanterweise bleiben die Pragmatisten oft hinsichtlich *einiger* Typen der Sprache Realisten. Das scheint auch auf Robbins zuzutreffen, wenn er sich ausläßt über »the world's operating selectively on our linguistic behavior shaping it into rules of action that are more or less useful to us in coping with it«. Das Hauptkriterium des Pragmatisten fragt danach, wie gut eine Überzeugung *B* es uns erlaubt, in unseren Handlungen mit der Welt zurechtzukommen; und wenn das Kriterium erfüllt ist, dann wissen wir, daß *B* wahr ist. Doch es scheint, daß dieser Realismus allein auf die Naturwissenschaften Anwendung findet. Denn Robbins sagt uns zwar, daß die Welt »a relative strictness« zeigt, »when it comes to physics«, da sie einige Theorien als unnütz ausschließt; andererseits aber heißt es doch, daß »there are no normative lessons to be learned from the touch with reality ... [about] how theology should be practiced«. Kurz: Robbins' Holismus hat selbst nur eine begrenzte Reichweite: Er findet seine Grenze dort, wo er die Physik als das letztgültige Modell des Wissens in Frage stellen könnte. Statt dessen *unterstreicht* er die Rolle der Physik sogar noch, insofern die Naturwissenschaften der einzige Bereich bleiben, in dem uns die Welt direkt sagt, was nützlich ist. Meine These lautete hingegen, daß solche Behauptungen im Kontext unseres gegenwärtigen hermeneutischen Verständnisses der Wissenschaften nicht länger selbstverständlich sind. - Mit anderen Worten: Pragmatische (Feuerbachsche?) Theologen wie Robbins übersehen das, was Hesse betont hervorhebt: Daß die Entlassung eines existierenden Gottes aus der Theologie für diese Disziplin einen epochalen Einschnitt bedeutet. Es mag wohl sein, daß die Pragmatisten immer noch für ein Verbleiben der theologischen Fakultäten an den Universitäten eintreten können, indem sie die Theologie als eine Art von Poesie, als historische oder kulturelle Anthropologie interpretieren (Aus diesem Grunde könnte man geneigt sein, sie lediglich dazu anzuhalten, entweder die Professorenämter oder aber die kirchliche finanzielle Unterstützung aufzugeben!). Dennoch ist die »Enttheoisierung« der Theologie keineswegs so unproblematisch, wie Robbins uns glauben machen möchte. Eine derartige Kritik betrachtet die eigentliche Aufgabe, die unsere größte Aufmerksamkeit und sorgfältigste Überlegung verdient, schon als ein *fait accompli* - die Frage, wie im Kontext eines Pluralismus von Begriffsschemata Thema und Inhalt der Theologie zu reformulieren sind.

32 Ich modifiziere hier Vorschläge von W.H.Austin in Ders.: The Relevance of Natural Science to Theology (London, 1976), 7f.

Physik und Theologie im Rahmen eines umfassenden *Kontinuums* nach Maßgabe spezifischer Parameter voneinander unterscheiden, ohne daß es jedoch zu qualitativen Brüchen kommt (Diese Theorie habe ich nach einem Aufenthalt in München und ausführlichen Diskussionen mit dortigen Philosophen und Theologen aufgegeben.). Im vorliegenden Buch tragen hermeneutische Erwägungen dazu bei, solche Identitätsbehauptungen zurückzuweisen und statt dessen die These zu unterstützen, daß das Verstehen für die Erklärung in den Geisteswissenschaften eine notwendige Bedingung darstellt und doch gesetzliche Erklärungen für beide Bereiche ein Ideal bleiben. In einem Artikel aus dem Jahre 1987 argumentierte ich ähnlich: Literatur und Kunst stellen - im Unterschied zu den Wissenschaften - keine explanative Behauptungen auf; daher haben sie auch keinen Einfluß auf eine *Theorie* der Erklärung oder die Bestimmung theologischer Erklärungen[33]. In einem späteren Essay jedoch versuchte ich die Lakatos'sche Methodologie der Forschungsprogramme etwas detaillierter über die Physik hinaus auf Ökonomie, Literar*kritik* und Theologie anzuwenden und stieß auf sehr viel größere Hindernisse für eine rationale Beurteilung als in den früheren Darstellungen[34]. Urteile zwischen progressiven und degenerativen Problemlösungen sind schon in der Ökonomie, der quantitativsten unter den Sozialwissenschaften, sehr schwierig. Wir mögen zwar durchaus in der Lage sein, in der Literarkritik die Kernstücke (»hard cores«) zentraler Lesestrategien zu identifizieren, dafür läßt sich aber nur wenig mehr der übrigen Lakatos'schen Methodologie anwenden. Schließlich beinhaltet die Theologie Erklärungen und historische Kritik; aber dazu gehören ebenso *Interpretationsprogramme* (weitreichende Konstruktionen des Lebenssinns) und *Lebensprogramme* (Strategien für ethische Handlungsweisen und Vorschläge für die Lebensführung). Wenn diese Diskontinuitäten zugestanden werden, verlieren die Verknüpfungen mit der Naturwissenschaft ihre substantielle Funktion und drohen wiederum nur von heuristischem Interesse zu sein.

Mit meinem Rückzug von der Identitätsthese (der These einer methodologischen Einheit von Naturwissenschaft und Theologie) stehe ich nicht allein; man findet Parallelen dazu bei einer Anzahl anderer Autoren. In einem Artikel habe ich das sogar als eine Art inhärenter Dialektik in der Diskussion zwischen Religion und Wissenschaft bezeichnet[35]. Man beginnt intuitiv mit einer kontrastierenden Theorie religöser und wissenschaftlicher Perspektiven: Die offensichtlichen Differenzen zwischen beiden legen es nahe, sie in *Opposition* gegeneinander zu definieren. Danach bemerkt man die neueren Umschwünge auf beiden Seiten: Auf der einen weicht der Positivismus zurück und jedermann spricht von Interpretationsproblemen, Paradigmen und »Bekehrungen« in der Wissenschaft; auf der anderen gestehen immer mehr Theologen die Notwendigkeit intersubjektiver Kritik in der Theologie zu. Diese Entwicklungen tendieren zu einer *methodologischen Identität* von Naturwissenschaft und Theologie. Trotzdem bleiben Differenzen bestehen; sie führen uns

---

33 Vgl. P.Clayton: Explanation from Physics to the Philosophy of Religion; in: International Journal for Philosophy of Religion 26/1989, 89-108.

34 Vgl. P.Clayton: Disciplining Relativism and Truth; in: Zygon 24/1989, 315-334.

35 Vgl. P.Clayton: Religious Truth and Scientific Truth; in: D.Guerrière (Hg.): Phenomenology of the Truth Proper to Religion: An Anthology (Albany, 1990), 43-59.

schließlich zu einer Synthese beider Positionen, die man *Kompatibilismus ohne Identität* nennen könnte. Als geordnete und kritische Reflexion auf einen bestimmten Gegenstand teilen Theologie und andere Wissenschaften einige wichtige Standards und Kriterien; die Unterschiedlichkeit ihrer Gegenstände jedoch lassen Unterschiede des Ansatzes, der Prüfbarkeit, der Einstellung und des Geltungsbereichs entstehen.

In der Perspektive dieses übergreifenden Rahmens läuft das Buch vielleicht auf zwei entscheidende Thesen hinaus, deren eine sich auf wissenschaftliche Erklärungen und deren andere sich auf den Status der Religion im Umfeld der modernen Gesellschaft bezieht. Ich behaupte, bestimmte notwendige Bedingungen für die Wissenschaftlichkeit einer Erklärung entdeckt zu haben. Aus dem umfassenden Kriterium der Kohärenz lassen sich ein pragmatisches Kriterium (vernünftiger Konsens) und verschiedene formal-semantische Ziele (Konsistenz, Korrespondenz, Komprehensivität) ableiten. Weitergehende pragmatische Forderungen beinhalten einen freien und öffentlichen Austausch von Ideen, kritische Prüfung vorgelegter Hypothesen, den Gebrauch und die Anerkennung von Quellen und die diskursiven Ideale von Klarheit, Objektivität und Kritisierbarkeit. Ich meine, daß es nicht möglich ist, die Theologie als eine wissenschaftliche Disziplin bewahren und gleichzeitig gegen diese Bedingungen immunisieren zu wollen.

Zweitens erinnere man sich an die These aus Kapitel 5, daß die Position des Gläubigen sich nicht qualitativ von der des Theologen unterscheidet. Daraus ergibt sich eine Konsequenz für die Einstellung einer bezeichnenden Anzahl moderner Gläubiger und die Konstruktion eines mit dieser Einstellung konsistenten religiösen Glaubens. Ich behaupte, daß der Status der christlichen Kirche (und des Judentums) derart ist, daß viele ihrer Glieder als Christen (bzw. Juden) glauben und handeln und sich *dennoch* an Standards und Denkweisen orientieren, die nicht ihren eigenen religiösen Überzeugungen entstammen (und mit ihnen oft sogar unvereinbar sind). Ich habe solche Personen *säkulare Gläubige* genannt. Das bedeutet nicht, daß die meisten Leute auf der Grundlage von Argumenten zur Religion stoßen, und impliziert daher auch keine Rückkehr zur alten natürlichen Theologie. »Säkular« *und* »religiös« geprägte Personen sind sich der Konflikte bewußt - zwischen Religionen, zwischen Religion und Wissenschaft und innerhalb einer gegebenen Tradition - und erwarten entweder angemessene Antworten von ihren Traditionen oder rationale Gründe (oder, wenn das nicht geht, wenigstens eine psychologische Unterstützung), um mit den sich ergebenden intellektuellen und persönlichen Spannungen zurechtzukommen. Das setzt freilich stillschweigend voraus, daß wir in einer kulturellen und intellektuellen Welt leben, die Behauptungen wie derjenigen ablehnend gegenübersteht, daß die eine Gruppe die Wahrheit besitze, während beispielsweise Moslems und Buddhisten im Unrecht seien. Das Christentum ist allerdings, wie Mary Hesse zu Recht andeutet, eine Religion, der solche Ansprüche tief in ihrer eigenen Tradition verwurzelt sind.

Wenn ich mit diesen beiden Thesen und ihrer Relevanz im Recht bin, dann müssen sie sowohl unser Verständnis des religiösen Glaubens als auch unsere Konstruktion der Theologie verändern. Vielleicht liegt darin der zentrale Punkt von *Rationalität und Religion.* Die Theologie muß sich heute in einem anderen Klima vollziehen. An erster Stelle hat hier der Dialog mit den Wissenschaften zu stehen, und das Modell hypothetischer Erklärungen und hypothetischer Wahrheitsansprüche ist für die Theologie als einer wissenschaftlichen Disziplin nunmehr unverzichtbar geworden. Darin besteht der erste Schritt in Richtung auf eine Theologie der Zukunft.

Philip Clayton
Santa Rosa (CA), im Januar 1992

Nachwort des Übersetzers

Die im angelsächsischen Sprachraum beheimatete analytische Philosophie hat ein besonderes Verhältnis zur Sprache - und das nicht nur, insofern die Sprache ihren methodischen Ausgangspunkt und sachlichen Bezugspunkt bezeichnet. Sie löst vielmehr auch im praktischen Umgang mit der Sprache den philosophischen Impetus *»Zu den Sachen selbst«* auf die ihr eigentümliche Weise ein: Die Werke analytischer Autoren verknüpfen Anschaulichkeit und Verständlichkeit mit logischer Präzision, sie verbinden das konkrete Beispiel mit der Ausrichtung auf die grundlegenden Probleme und vereinen auf diese Weise einen lockeren, mit gelegentlich aufblitzendem Witz gewürzten Stil mit der inhaltlichen Tiefe, die die leidenschaftliche Hingabe an die Sache verrät. Gewichtiges zu sagen und doch leicht zu schreiben - das ist die Tugend der analytischen Philosophie, die es nicht ganz zufällig erscheinen läßt, daß sie sich gerade im angelsächsischen Sprachraum so wirkungsvoll hat entfalten können.

Das vorliegende Buch mit dem englischen Titel *Explanation from Physics to Theology* von Philip Clayton reiht sich in diese Tradition analytischer Werke ein. Seine Übersetzung ins Deutsche stellte daher vor besondere Schwierigkeiten: Es galt, das analytische *Sprach-Spielen* in ein deutsches Gewand zu kleiden und dabei die Leichtigkeit der Sprache - den essayistischen Stil mit dem gerade bei Clayton besonders ausgeprägten hintergründigen Humor - zu bewahren, ohne Prägnanz und sachliche Tiefe preisgeben zu müssen. Die deutsche Sprache mit ihren wuchtigen, oftmals auch starren hypotaktischen Konstruktionen leistet einem solchen Unterfangen einigen Widerstand - auch hier ist es vielleicht kein Zufall, daß sich Transzendentalphilosophie und Idealismus gerade im deutschen Sprachraum entwickelt haben.

Immerhin stellte die Übersetzung vor *ein* Problem, das für das Verständnis des Claytonschen Buches von Gewinn ist und überdies dazu beitragen kann, seinen Platz im deutschen Sprachraum zu bestimmen. Das englische Wort »meaning« läßt sich im Deutschen sowohl mit »Bedeutung« als auch mit »Sinn« wiedergeben - beide Übersetzungen haben ihr Recht und auch ihre jeweilige philosophische Tradition: Die *Bedeutung* weist auf die analytische Semantik, der *Sinn* hingegen findet seinen Platz in der hermeneutischen Philosophie. Nun entspricht das englische »meaning« aufgrund der weiten Verbreitung der analytischen Tradition im angelsächsischen Sprachraum zumeist dem, was im Deutschen »Bedeutung« genannt wird (wenngleich Frege in seiner Unterscheidung zwischen *Sinn* und *Bedeutung* umgekehrt gerade das, worum es der analytischen Semantik geht, als »Sinn« bezeichnet hatte). In der vorliegenden deutschen Ausgabe aber wird das englische »meaning« mit dem deutschen »Sinn« wiedergegeben. Dabei stehen im Hintergrund dieser Übersetzung nicht nur die besondere Prägung, die dieser Begriff bei Clayton erfährt, und die Tradition, die er auf diese Weise fruchtbar machen will, sondern vor allem die grundsätzliche Ausrichtung des ganzen Buches, die in dieser Verknüpfung des *analytischen* »meaning« mit dem *hermeneutischen* »Sinn« ihren dichtesten Ausdruck findet.

Philip Clayton versucht mit seinem Buch *Rationalität und Religion* zwischen analytischer Philosophie und hermeneutischer Tradition zu vermitteln. Der Begriff des *Sinns* spielt dabei die entscheidende Rolle: Er fungiert als Katalysator, um beide Seiten miteinander zu verknüpfen. Auf der einen Seite werden Popper und Kuhn in die Lakatos'sche Konzeption der Forschungsprogramme zusammengebunden, um damit den für die weitere Diskussion grundlegenden Rahmen zwischen (formalistischer) Betonung der Allgemeinheit und (kontextualistischem) Aufweis der Vielheit aufzuspannen. Auf der anderen Seite wird - im Anschluß an Pannenberg - die Sinnthematik bei Dilthey mit ihrer Ausrichtung auf ein Sinnganzes entgegen der vorherrschenden hermeneutischen Lesart für ein »semantisches Kontextprinzip« in Anspruch genommen und auf dem Wege über Habermas an die Rationalitätsdebatte und damit die wissenschaftliche Methodologie zurückgebunden.

Auf diese Weise erfahren sowohl die hermeneutische als auch die analytische Tradition eine Umprägung: (1) Mit der Betonung des Sinnganzen wird die von Dilthey als »Theorie des Verstehens« entworfene *Hermeneutik* neu zur Geltung gebracht. An die Stelle ihrer wirkungsgeschichtlichen Aufnahme in eine »Phänomenologie des Daseins« bei Heidegger und Gadamer tritt somit erneut die - nun sprachlich gewendete - Ausrichtung auf das erkennende Subjekt. Dabei ermöglicht es das »semantische Kontextprinzip«, über Dilthey selbst hinaus die Dichotomie zwischen Verstehen und Erklären in den umfassenderen Rahmen des Sinnentwurfs aufzuheben. (2) Zugleich wird auch die *analytische* Engführung der Philosophie auf eine bloß formale Sprachkritik überwunden und damit der durch Quine eingeleiteten »ontologischen Wende« Rechnung getragen: Die Konzentration auf die epistemische Rechtfertigung von Behauptungen rückt die - in der frühen analytischen Philosophie gänzlich zurückgetretene - Fragestellung der Epistemologie wieder in den Vordergrund. Die aus der Entdeckung der Kontextrelativität resultierende »kontextuelle Wende« in der analytischen Wissenschaftstheorie wird somit epistemologisch interpretiert. Dabei kommt dem Kohärenzgedanken insofern eine Schlüsselstellung zu, als er formalistische und kontextuelle Momente zusammenzufügen und in die Sinnthematik aufzunehmen erlaubt.

In der deutschsprachigen philosophischen Landschaft heben sich zwei Lager von einem vielfach zerklüfteten Hintergrund ab. Die analytische Philosophie und die hermeneutisch-phänomenologisch geprägte Tradition stehen einander nahezu ohne Berührungen gegenüber. Clayton versucht die erstarrten Fronten aufzubrechen: Er verbindet die beiden Anliegen einer »*Hermeneutisierung*« der Naturwissenschaften und der mit ihr verknüpften analytischen Wissenschaftstheorie auf der einen und der »*Rationalisierung*« einer sich von jeder explanativen Aufgabe abgrenzenden geisteswissenschaftlichen Hermeneutik auf der anderen Seite. Die Sinnthematik bietet ihm hier die Möglichkeit, im Begriff des Sinnentwurfs das Faktum einer kontextuellen Vielheit rationaler Erklärungen mit der Ausrichtung auf eine im intuitiven Verstehen zu erfassenden Sinneinheit zusammenzubinden: Die *Erklärung* wird so als die rationale Rekonstruktion des unmittelbaren Sinn*verstehens* auf einer Metaebene bestimmt. Für die *methodologische* Diskussion ergibt sich daraus eine Position, die Clayton mit der Formel *Kompatibilität ohne Identität* umschreibt: Natur- und Geisteswissenschaften haben jeweils verschiedene Forschungsprogramme und Sinnkontexte, ohne deshalb auf bestimmte allgemeine Standards und damit auch eine letztlich einheitliche Perspektive verzichten zu müssen. Die *Unterscheidung* verschiedener Disziplinen ist zwar notwendig, eine letztgültige *Trennung* aber unmöglich.

Der Sinnbegriff verknüpft damit auch die beiden Bereiche von *Rationalität* und *Religion*. Insofern die Religion darauf ausgerichtet ist, der Welt »einen Sinn abzugewinnen«, gehören ihre Erklärungen - die dem religiösen Lebensvollzug gegenüber eine Metaebene begründen - in den Horizont der Vielfalt rationaler Sinnentwürfe. Für die Theologie bedeutet das, daß auch sie als »Wissenschaft von Gott« begründeten Anspruch auf Rationalität und intersubjektive Geltung erheben kann. Insofern es in der Religion allerdings um die Totalität der Wirklichkeit geht, stößt die rationale Erklärung an eine Grenze, die nur im intuitiven Verstehen einer Sinneinheit überschritten werden kann.

Damit wird hinter der methodologischen Verknüpfung von Erklärung und Verstehen das *epistemologische* Grundanliegen Claytons sichtbar, den Sinnbegriff gegenüber der Vielheit konkurrierender Modelle und Sinn*entwürfe* für den Gedanken einer *Einheit* fruchtbar zu machen. Aus diesem Grunde hatte bereits Pannenberg die Diltheysche Ausrichtung auf ein Sinnganzes neu zur Geltung gebracht. Clayton schließt sich dieser Interpretation an, legt aber die Ausrichtung auf ein Sinnganzes an die Kette eines (von Kant herstammenden) Popperschen *regulativen Ideals*. Die letzte und umfassendste Sinneinheit wird zwar in Anspruch genommen, bleibt aber als ein epistemisches Ideal unerreichbar. Damit unterscheidet er sich von Pannenberg: Während dieser der Sinntotalität eine transzendentale Funktion zuweist und damit die jeweiligen Sinnentwürfe als Antizipationen dieser Sinneinheit bestimmt, argumentiert Clayton in umgekehrter Richtung. Statt die Vielheit von vornherein auf eine transzendentale Einheit zu gründen, geht er von der faktischen Vielheit aus und versucht erst *in* der Pluralität das Ideal einer immer schon in Anspruch genommenen, damit aber zunächst auch nur regulativ wirksamen Einheit auszumachen.

Die leitende Absicht Claytons ist es, vor dem Hintergrund des in Amerika vorherrschenden Kontextualismus und Pluralismus eine intentionale Ausrichtung auf die Einheit zur Geltung zu bringen. Was im deutschen Sprachraum also - besonders im Bereich der Theologie - als Aufforderung zu Pluralismus und Relativismus mißverstanden werden könnte, zielt im Original gerade auf das Gegenteil: auf den Versuch, auch trotz faktischer Pluralität an dem Gedanken einer Einheit festhalten zu können.

Literaturverzeichnis

Abraham, William J.; Holtzer, Steven W. (Hgg.): The Rationality of Religious Belief: Essays in Honor of Basil Mitchell. Oxford, 1987.
Achebe, Chinua: Things Fall Apart. New York, 1959.
Achinstein, Peter: The Nature of Explanation. New York, 1983.
Achinstein, Peter: The Object of Explanation; in: Körner, S. (Hg.): Explanation. New Haven, 1975; 1-45.
Ackermann, Robert J.: The Philosophy of Karl Popper. Amherst, 1976.
Adorno, Theodor W. u.a.: Der Positivismusstreit in der deutschen Soziologie. Berlin, 1969.
Albert, Hans: Das Elend der Theologie. Kritische Auseinandersetzung mit Hans Küng. Hamburg, 1979.
Albert, Hans: Plädoyer für kritischen Rationalismus. München, 1971.
Albert, Hans: Theologische Holzwege. Gerhard Ebeling und der rechte Gebrauch der Vernunft. Tübingen, 1973.
Albert, Hans: Traktat über kritische Vernunft. Tübingen, 5. Aufl. 1991.
Albert, Hans: Transzendentale Träumereien. Karl-Otto Apels Sprachspiele und sein hermeneutischer Gott. Hamburg, 1975.
Andersson, Gunnar; Radnitzky, Gerard (Hgg.): Progress and Rationality in Science. Dordrecht, 1978 (Boston Studies, Bd. 58).
Anselm von Canterbury: Opera Omnia, Bd. 1; hg. J.-P.Migne. Turnholt, 1975 (Patrologiae Latinae, Bd. 158).
Anselm von Canterbury: Proslogion; hg. P.F.S.Schmitt OSB. Stuttgart, 1962.
Apel, Karl-Otto: Transformation der Philosophie, 2 Bde. Frankfurt, 1973.
Apel, Karl-Otto u.a.: Hermeneutik und Ideologiekritik. Frankfurt, 1971.
Apel, Karl-Otto (Hg.): Sprachpragmatik und Philosophie. Frankfurt, 1976.
Arbib, Michael A.; Hesse, Mary: The Construction of Reality. Cambridge, 1986.
Augustinus: Confessiones; in: Corpus Christianorum, SL XXVII. Turnholt, 1981.
Austin, John L.: How to do Things with Words; hg. J.O.Urmson. Cambridge, 1962.
Austin, William H.: The Relevance of Natural Science to Theology. London, 1976.
Ayer, Alfred J.: Language, Truth and Logic. London, 2. Aufl. 1946.

Banner, Michael C.: The Justification of Science and the Rationality of Religious Belief. Oxford, 1990.
Barbour, Ian G.: Issues in Science and Religion. London, 1966.
Barbour, Ian G.: Myths, Models and Paradigms: A Comparative Study in Science and Religion. New York, 1974.
Barnes, Barry: Interests and the Growth of Knowledge. London, 1977.
Barnes, Barry: Scientific Knowledge and Sociological Theory. London, 1974.
Barth, Karl: Die Christliche Dogmatik im Entwurf. München, 1927.
Barth, Karl: Kirchliche Dogmatik, Bd. I/1. Zürich, 9. Aufl. 1975.
Barth, Karl: Kirchliche Dogmatik, Bd. II/1. Zürich, 6. Aufl. 1982.
Barth, Karl: Kirchliche Dogmatik, Bd. IV/2. Zürich, 4. Aufl. 1985.
Bartley, William W.: On the Criticizability of Logic; in: Philosophy of the Social Sciences 10/1980, 67-77.
Bartley, William W.: Rationality *versus* the Theory of Rationality; in: Bunge, M. (Hg.): The Critical Approach to Science and Philosophy. New York, 1964; 3-31.
Bartley, William W.: The Retreat to Commitment. New York, 1962.
Becker, Wolfgang: Der prozedurale Rationalitätsbegriff und die Konsensustheorie der Wahrheit; in: Ethik und Sozialwissenschaften 1/1990; 343-350.
Becker, Wolfgang: Wahrheit und sprachliche Handlung. Untersuchungen zur sprachphilosophischen Wahrheitstheorie. Freiburg/München, 1988.
Beckermann, Ansgar: Die realistischen Voraussetzungen der Konsensustheorie von J.Habermas; in: Zeitschrift für allgemeine Wissenschaftstheorie 3/1972, 63-80.
Benn, S.I.; Mortimore, Geoffrey W.: Rationality and the Social Sciences - A Reply to John Kekes; in: Philosophy of the Social Sciences 9/1979, 175-180.
Benn, S.I.; Mortomore, Geoffrey W. (Hgg.): Rationality and the Social Sciences. London, 1976.
Benoist, Jean-Marie: The Structural Revolution. London, 1978.

Berger, Peter: An Invitation to Sociology. Garden City, 1963.
Bernstein, Richard J.: Beyond Objectivism and Relativism: Science; Hermeneutics, and Praxis. Philadelphia, 1985.
Bernstein, Richard J.: The Restructuring of Social and Political Theory. New York, 1976.
Betti, Emilio: Die Hermeneutik als allgemeine Methodik der Geisteswissenschaften. Tübingen, 2. Aufl. 1972.
Bieri, Peter u.a.: Transcendental Arguments and the Philosophy of Science. Dordrecht, 1979.
Blackstone, William T.: The Problem of Religious Knowledge: The Impact of Philosophical Analysis on the Question of Religious Knowledge. Englewood Cliffs, 1963.
Blanshard, Brand: The Nature of Thought, 2 Bde. London, 2. Aufl. 1969.
Blaug, Mark: Economic History and the History of Economics. New York, 1986.
Bloor, David: Knowledge and Social Imagery. London, 1976.
Blumenberg, Hans: Die Genesis der kopernikanischen Welt. Frankfurt, 1975.
Blumenberg, Hans: Die Legitimität der Neuzeit. Frankfurt, 1966.
Bohm, David: Wholeness and the Implicate Order. London, 1980.
Bonhoeffer, Dietrich: Widerstand und Ergebung. Briefe und Aufzeichnungen aus der Haft; hg. E.Bethge. München, 1952.
Bonjour, Laurence: The Structure of Empirical Knowledge. Cambridge, 1985.
Braaten, Carl E.; Clayton, Philip (Hgg.): The Theology of Wolfhart Pannenberg: Twelve American Critiques. Minneapolis, 1988.
Bradley, Francis H.: Essays on Truth and Reality. Oxford, 1914.
Braithwaite, Richard B.: Scientific Explanation: A Study of the Function of Theory, Probability and Law in Science. Cambridge, 1953.
Brehm, Jack; Cohen, Arthur R.: Explorations in Cognitive Dissonance. New York, 1962.
Brody, Baruch A. (Hg.): Readings in the Philosophy of Religion: An Analytic Approach. Englewood Cliffs, 1974.
Buck, Roger C.; Cohen, Arthur R. (Hgg.): PSA 1970: In Memory of Rudolf Carnap. Dordrecht, 1971 (Boston Studies, Bd. 8).
Bulhof, Ilse N.: Wilhelm Dilthey: A Hermeneutic Approach to the Study of History and Culture. Den Haag, 1980.
Bunge, Mario (Hg.): The Critical Approach to Science and Philosophy. New York, 1964.
Burrell, David: Religious Belief and Rationality; in: Delaney, C.F. (Hg.): Rationality and Religious Belief. Notre Dame, 1979; 84-115.
Burtt, Edwin A.: The Metaphysical Foundations of Modern Science. New York, 2. Aufl. 1951.
Butts, Robert; Hintikka, Jaako (Hgg.): Basic Problems in Methodology and Linguistics. Dordrecht, 1977.

Calvin, Johannes: Institutio Christiane religionis (1559); in: Ders.: Opera selecta, Bd. 3; hg. P.Barth; G.Niesel. München, 3. Aufl. 1967.
Calvin, Johannes: Unterricht in der christlichen Religion; übers. O.Weber. Neukirchen-Vluyn, 2. Aufl. 1963.
Capra, Fritjof: The Tao of Physics. New York, 1975.
Carnap, Rudolf: Der logische Aufbau der Welt. Berlin, 1928.
Carnell, Edward J.: An Introduction to Christian Apologetics. Grand Rapids, 1948.
Casper, Bernhard u.a.: Theologie als Wissenschaft. Methodische Zugänge. Freiburg, 1970.
Chomsky, Noam: Reflections on Language. New York, 1975.
Clayton, Philip: Anticipation and Theological Method; in: Braaten, C.E.; Clayton, P. (Hgg.): The Theology of Wolfhart Pannenberg: Twelve American Critiques. Minneapolis, 1988; 122-150.
Clayton, Philip: Being and One Theologian; in: The Thomist 52/1988, 645-671.
Clayton, Philip: Disciplining Relativism and Truth; in: Zygon 24/1989; 315-334.
Clayton, Philip: Explanation from Physics to the Philosophy of Religion; in: International Journal for Philosophy of Religion 26/1989; 89-108.
Clayton, Philip: In Defense of Regulative Realism; bald in: Synthesis Philosophica.
Clayton, Philip: Religious Truth and Scientific Truth; in: Guerrière, D. (Hg.): Phenomenology of the Truth Proper to Religion: An Anthology. Albany, 1990; 43-59.
Clayton, Philip: The God of History and the Presence of the Future; in: The Journal of Religion 65/1985, 98-108.
Clayton, Philip: Two Kinds of Conceptual-Scheme Realism; in: The Southern Journal of Philosophy 29/1991; 167-180.
Cobb, John B., Jr.; Griffin, David R.: Process Theology. Philadelphia, 1976.

Cobb, John B., Jr.; Tracy, David: Talking About God: Doing Theology in the Context of Modern Pluralism. New York, 1983.

Cohen, Robert S.; Feyerabend, Paul K.; Wartofsky, Marx W. (Hgg.): Essays in Memory of Imre Lakatos. Dordrecht, 1976 (Boston Studies, Bd. 39).

Cohen, Robert S.; Wartofsky, Marx W. (Hgg.): In Memory of R.N.Hanson. Dordrecht, 1967 (Boston Studies, Bd. 3).

Collingwood, Robin G.: The Principles of Art. Oxford, 1955.

Connolly, William E.: Rezension von T.McCarthy: The Critical Theory of Jürgen Habermas; in: History and Theory 18/1979, 397-417.

Coreth, Emerich: Metaphysik. Eine methodisch-systematische Grundlegung. Innsbruck, 2. Aufl. 1964.

Cross, Rod: The Duhem-Quine Thesis, Lakatos and the Appraisal of Theories in Macroeconomics; in: Economic Journal 92/1982, 320-340.

Daecke, Sigurd M. u.a.: Grundlagen der Theologie - ein Diskurs. Stuttgart, 1974.

Dallmayr, Winfried: Critical Theory Criticized: Habermas' »Knowledge and Human Interests« and Its Aftermath; in: Philosophy of the Social Sciences 2/1972, 211-229.

Dallmayr, Winfried (Hg.): Materialien zu Habermas' »Erkenntnis und Interesse«. Frankfurt, 1974.

Danto, Arthur C.: Analytical Philosophy of History. Cambridge, 1965.

Davies, Paul: God and the New Physics. New York, 1983.

Davis, Charles: The Reconvergence of Theology and Religious Studies; in: Studies in Religion 4/1975; 205-221.

Delaney, Cornelius F. (Hg.): Rationality and Religious Belief. Notre Dame, 1979.

Diderot, Denis: Addition aux Penseés philosophiques; in: Ders.: Oeuvres Complète, Bd. 1; hg. J.Assézat. Paris, 1875.

Dilthey, Wilhelm: Die Abgrenzung der Geisteswissenschaften; in: Ders.: Gesammelte Schriften, Bd. 7; hg. B.Groethuysen. Göttingen, 4. Aufl. 1965; 70-75.

Dilthey, Wilhelm: Einleitung in die Geisteswissenschaften. Versuch einer Grundlegung für das Studium der Gesellschaft und der Geschichte, Bd. 1; in: Ders.: Gesammelte Schriften, Bd. 1; hg. B.Groethuysen. Göttingen, 6. Aufl. 1966.

Dilthey, Wilhelm: [Über vergleichende Psychologie.] Beiträge zum Studium der Individualität; in: Ders.: Gesammelte Schriften, Bd. 5; hg. B.Groethuysen. Göttingen, 4. Aufl. 1964; 241-316.

Diwald, Hellmut: Wilhelm Dilthey. Erkenntnistheorie und die Philosophie der Geschichte. Göttingen, 1963.

Dray, William: »Explaining What« in History; in: Gardiner, P. (Hg.): Theories of History. Glencoe, 1959; 403-408.

Dray, William: Laws and Explanations in History. London, 1957.

Dray, William: Philosophy of History. Englewood Cliffs, 1964.

Duméry, Henry: Le Probleme du Dieu en philosophie de la religion. Paris, 1957.

Duméry, Henry: Phenomenology and Religion. Structures of the Christian Institution. Berkeley, 1975.

Duméry, Henry: The Problem of God in the Philosophy of Religion. Evanston, 1969.

Dummett, Michael: What is a Theory of Meaning?; in: Evans, G.; McDowell, J. (Hgg.): Truth and Meaning. Oxford, 1976; 67-137.

Dupré, Louis: The Other Dimension: A Search for the Meaningof Religious Attitudes. New York, 1972.

Dupré, Louis: Transcendent Selfhood: The Loss and Rediscovery of the Inner Life. New York, 1976.

Ebeling, Gerhard: Theologie und Verkündigung. Ein Gespräch mit Rudolf Bultmann. Tübingen, 1962.

Eliot, Thomas S.: The Complete Poems and Plays. New York, 1971.

Evans-Pritchard, Edward E.: Witchcraft, Oracles and Magic among the Azande. Oxford, 1937.

Ewing, Alfred C.: Idealism: A Critical Survey. London, 2. Aufl. 1974.

Fackenheim, Emil: Immanuel Kant; in: Smart, N. u.a. (Hgg.): Nineteenth Century Thought in the West, 3 Bde. Cambridge, 1985; 1/17-40.

Fahrenbach, Helmut (Hg.): Wirklichkeit und Reflexion. Walter Schultz zum 60. Geburtstag. Pfullingen, 1973.

Faust, David: The Limits of Scientific Reasoning. Minneapolis, 1984.

Feigl, Herbert; Maxwell, Grover (Hgg.): Scientific Explanation, Space, and Time. Minneapolis, 1962 (Minnesota Studies in the Philosophy of Science, Bd. 3).

Festinger, Leon: A Theory of Cognitive Dissonance. Evanston, 1957.

Festinger, Leon u.a.: When Prophecy Fails. Minneapolis, 1956.

Feyerabend, Paul K.: Against Method: Outline of an Anarchistic Theory of Knowledge. London, 1975.

Feyerabend, Paul K.: Consolations for the Specialist; in: Lakatos, I.; Musgrave, A. (Hgg.): Criticism and the Growth of Knowledge. Cambridge, 1970; 197-230.
Feyerabend, Paul K.: Explanation, Reduction and Empiricism; in: Feigl, H.; Maxwell, G. (Hgg.): Scientific Explanation, Space, and Time. Minnesota, 1962; 28-97.
Feyerabend, Paul K.: Imre Lakatos; in: British Journal for the Philosophy of Science 26/1975, 1-18.
Feyerabend, Paul K.: On the Critique of Scientific Reason; in: Cohen, R.S.; Feyerabend, P.K.; Wartofsky, M.W. (Hgg.): Essays in Memory of Imre Lakatos. Dordrecht, 1976; 109-143.
Finocchiaro, Maurice: Galileo and the Art of Reasoning. Dordrecht, 1980 (Boston Studies, Bd. 61).
Finocchiaro, Maurice: History of Science as Explanation. Detroit, 1973.
Fleck, Ludwik: Entstehung und Entwicklung einer wissenschaftlichen Tatsache. Basel, 1935.
Flew, Anthony; MacIntyre, Alasdair (Hgg.): New Essays in Philosophical Theology. London, 1955.
Forge, J.C.: Physical Explanation: With Reference to the Theories of Scientific Explanation of Hempel and Salmon; in: McLaughlin, R. (Hg.): What? Where? When? Why? Essays on Induction, Space and Time, Explanation. Dordrecht, 1982; 211-229.
Frankenberry, Nancy: Religion and Radical Empiricism. Albany, 1987.
Fransman, Martin: Conceptualising Technical Change in the Third World in the 1980's: An Interpretive Survey; in: Journal of Development Studies 21/1984, 572-652.
Frege, Gottlob: Über Sinn und Bedeutung; in: Zeitschrift für Philosophie und philosophische Kritik N.F. 100/1892, 25-50 (wieder abgedruckt in: Ders.: Funktion, Begriff, Bedeutung. Fünf logische Studien, hg. von G.Patzig. Göttingen, 2. Aufl. 1962).
Frege, Gottlob: Die Grundlagen der Arithmetik. Breslau, 1884.
Frei, Hans: David Friedrich Strauß; in: Smart, N. u.a. (Hgg.): Nineteenth Century Religious Thought, 3 Bde. Cambridge, 1985; 1/215-260.
Frei, Hans: The Eclipse of Biblical Narrative. New Haven, 1974.
Frei, Hans: The »Literal Reading« of Biblical Narrative in the Christian Tradition: Does It Stretch or Will It Break?; in: McConnell, F. (Hg.): The Bible and the Narrative Tradition. New York, 1986.
French, Peter u.a. (Hgg.): Realism and Antirealism. Minneapolis, 1988 (Minnesota Studies in Philosophy, Bd. 12).
Freundlieb, Dieter: Zur Problematik einer Diskurstheorie der Wahrheit; in: Zeitschrift für allgemeine Wissenschaftstheorie 6/1975, 82-107.
Frisby, David: The Popper-Adorno Controversy: The Methodological Dispute in German Sociology; in: Philosophy of the Social Sciences 2/1972, 105-119.

Gadamer, Hans-Georg: Rhetorik, Hermeneutik und Ideologiekritik. Metakritische Erörterungen zu »Wahrheit und Methode«; in: Apel, K.-O. (Hg.): Hermeneutik und Ideologiekritik. Frankfurt, 1971; 57-82.
Gadamer, Hans-Georg: Wahrheit und Methode. Grundzüge einer philosophischen Hermeneutik. Tübingen, 4. Aufl. 1975.
Gardiner, Patrick (Hg.): Theories of History. Glencoe, 1959.
Geehan, E.R. (Hg.): Jerusalem and Athens: Critical Discussions on the Theology and Apologetics of Cornelius Van Til. Nutley, 1974.
Geertz, Clifford: The Interpretation of Cultures. New York, 1973.
Geraets, Theodore F. (Hg.): Rationality To-day. Ottawa, 1979.
Gerrish, Brian A.: Friedrich Daniel Ernst Schleiermacher; in: Smart, N. u.a. (Hgg.): Nineteenth Century Religious Thought in the West, 3 Bde. Cambridge, 1985; 1/123-156.
Gerrish, Brian A.: The Old Protestantism and the New: Essays on the Reformation Heritage. Chicago, 1982.
Gerrish, Brian A.: A Prince of the Church: Schleiermacher and the Beginnings of Modern Theology. Philadelphia, 1984.
Gerrish, Brian A.: Tradition and the Modern World: Reformed Theology in the Nineteenth Century. Chicago, 1978.
Giddens, Anthony: Central Problems in Social Theory: Action, Structure, and Contradiction in Social Analysis. Berkeley, 1979.
Giddens, Anthony: New Rules of Sociological Method: A Positive Critique of Interpretive Sociologies. London, 1976.
Giddens, Anthony: Reason Without Revolution? Habermas' »Theory of Communicative Action«; in: Praxis International 2/1982, 318-338.
Glymour, Clark: Explanation and Realism; in: Leplin, J. (Hg.): Scientific Realism. Berkeley, 1984; 173-192.
Goodman, Nelson: Ways of Worldmaking. Indianapolis, 1978.
Gram, M.S.: Categories and Transcendental Arguments; in: Man and World 6/1973; 252-269.

Gram, M.S.: Transcendental Arguments; in: Nous 5/1971; 15-26.
Guerrière, David (Hg.): Phenomenology of the Truth Proper to Religion: An Anthology. Albany, 1990.
Gutting, Gary: Religious Belief and Religious Skepticism. Notre Dame, 1982.
Gutting, Gary (Hg.): Paradigms and Revolutions: Appraisals and Applications of Thomas Kuhn's Philosophy of Science. Notre Dame, 1980.

Habermas, Jürgen: Erkenntnis und Interesse. Frankfurt, 2. Aufl. 1973.
Habermas, Jürgen: Der philosophische Diskurs der Moderne. Frankfurt, 1985.
Habermas, Jürgen: Theorie des kommunikativen Handelns, 2 Bde. Frankfurt, 1981.
Habermas, Jürgen: Wahrheitstheorien; in: Fahrenbach, H. (Hg.): Wirklichkeit und Reflexion. Walter Schultz zum 60. Geburtstag. Pfullingen, 1973; 211-265.
Habermas, Jürgen: Was heißt Universalpragmatik? in: Apel, K.-O. (Hg.): Sprachpragmatik und Philosophie. Frankfurt, 1976; 174-272.
Habermas, Jürgen: Zur Logik der Sozialwissenschaften; in: Philosophische Rundschau 14/1967; Beiheft 5.
Habermas, Jürgen; Luhmann, Niklas: Theorie der Gesellschaft oder Sozialtechnologie - Was leistet die Systemtheorie? Frankfurt, 1971.
Hacking, Ian: Imre Lakatos' Philosophy of Science; in: British Journal for the Philosophy of Science 30/1979, 381-402.
Hallet, M.: Towards a Theory of Mathematical Research Programs; in: British Journal for the Philosophy of Science 30/1979, 1-25, 135-159.
Hands, Douglas W.: The Methodology of Scientific Research Programmes; in: Philosophy of the Social Sciences 9/1979, 293-303.
Hanson, Norwood R.: Patterns of Discovery: An Inquiry into the Conceptual Foundations of Science. Cambridge, 1958.
Harries, Karsten: Copernican Reflections and the Tasks of Metaphysics; in: International Philosophical Quaterly 23/1983, 235-250.
Harries, Karsten: Rezension von Schütz, Alfred: The Phenomenology of the Social World; in: The Journal of Value Inquiry 4/1970, 65-75.
Harris, Errol E.: Epicyclic Popperism; in: The British Journal for the Philosophy of Science 23/1972, 55-67.
Hartshorne, Charles: A Natural Theology for Our Time. La Salle, 1967.
Hauptli, Bruce: Inscrutability and Correspondence; in: The Southern Journal of Philosophy 17/1979, 199-212.
Hauptli, Bruce: Quinean Relativism: Beyond Metaphysical Realism and Idealism; in: The Southern Journal of Philosophy 18/1980, 393-410.
Heidegger, Martin: Der Ursprung des Kunstwerkes; in: Ders.: Gesamtausgabe, Bd. 5; hg. F.-W.- von Herrmann. Frankfurt, 1977; 1-74.
Heidegger, Martin: Vom Wesen der Wahrheit. Frankfurt, 6. Aufl. 1976.
Heimbeck, Raeburne: Theology and Meaning. Stanford, 1969.
Hekman, Susan J.: Weber, the Ideal Type, and Contemporary Social Theory. Notre Dame, 1983.
Held, David; Thompson, John B. (Hgg.): Habermas: Critical Debates. London, 1982.
Helm, Paul: Making Sense; in: London Times Higher Education Supplement. London, 2.2.1990; 20.
Helm, Paul: The Varieties of Belief. London, 1973.
Hempel, Carl G: Aspects of Scientific Explanation and Other Essays in the Philosophy of Science. New York, 1965.
Hempel, Carl G.: Deductive-Nomological vs. Statistical Explanation; in: Feigl, H.; Maxwell, G. (Hgg.): Scientific Explanation, Space, and Time. Minnesota, 1962; 98-169.
Hempel, Carl G.: Formulation and Formalization of Scientific Theories; in: Suppe, F. (Hg.): The Structure of Scientific Theories. Urbana, 2. Aufl. 1977; 244-254.
Hempel, Carl G.: Logical Positivism and the Social Sciences; in: Achinstein, P.; Barker, S.F. (Hgg.): The Legacy of Logical Positivism. Baltimore, 1969; 163-194.
Hempel, Carl G.: On the »Standard Conception« of Scientific Theories; in: Radner, M.; Winokur, S. (Hgg.): Analyses of Theories and Methods of Physics and Psychology (Minneapolis, 1970); 142-163.
Hempel, Carl G: Some Remarks on »Facts and Propositions«; in: Analysis 2/1935, 93-96.
Hempel, Carl G.: Studies in the Logic of Explanation; in: Ders.: Aspects of Scientific Explanation. New York, 1965; 245-290.
Hempel, Carl G.: The Logic of Functional Analysis; in: Ders.: Aspects of Scientific Explanation. New York, 1965; 297-330.

Hempel, Carl G.: The Theoretician's Dilemma: A Study in the Logic of Theory Construction; in: Ders.: Aspects of Scientific Explanation. New York, 1965; 173-228.
Hertz, Heinrich: Prinzipien der Mechanik; in: Ders.: Gesammelte Werke, Bd. 3; hg. P.Lenard. Leipzig, 1894.
Hesse, Mary: Comment; in: Körner, S. (Hg.): Explanation. New Haven, 1975; 45-54.
Hesse, Mary: Revolutions and Reconstructions in the Philosophy of Science. Bloomington, 1980.
Hesse, Mary: Rezension von P.Clayton: Explanation from Physics to Theology; in: Bulletin of the Center for Theology and the Natural Sciences 11/1991, 39f.
Hesse, Mary: Science and Objectivity; in: Held, D.; Thompson, J.B. (Hgg.): Habermas: Critical Debates. London, 1982; 98-115.
Hick, John: An Interpretation of Religion: Human Responses to the Transcendent. New Haven, 1989.
Hick, John: Faith and Knowledge. Ithaca, 2. Aufl. 1966.
Hirsch, Eric D., Jr.: The Aims of Interpretation. Chicago, 1976.
Hirsch, Eric D., Jr.: Validity in Interpretation. New Haven, 1967.
Hodges, Herbert A.: The Philosophy of Wilhelm Dilthey. Westport, 1952.
Hodges, Herbert A.: Wilhelm Dilthey: An Introduction. London, 1944.
Holmer, P.: Nygren and Linguistic Analysis; in: Kegley, C.W. (Hg.): The Philosophy and Theology of Anders Nygren. London, 1970.
Holmes, Arthur F.: Christian Philosophy in the Twentieth Century. Nutley, 1969.
Holmes, Arthur F.: Faith Seeking Understanding. Grand Rapids, 1971.
Holton, Gerald: The Scientific Imagination: Case Studies. Cambridge, 1978.
Holton, Gerald; Blanpied, William A.: Science and Its Public: The Changing Relationship. Dordrecht, 1976 (Boston Studies, Bd. 33).
Hook, Sidney (Hg.): Religious Experience and Truth: A Symposium. New York, 1971.
Hübner, Kurt: Wahrheit des Mythos. München, 1985.

James, William: The Varieties of Religious Experience: A Study in Human Nature. New York, 1958.
James, William: The Will to Believe; in: Ders.: The Will to Believe and Other Essays in Popular Philosophy. New York, 1923; 1-31.
James, William: The Will to Believe and Other Essays in Popular Philosophy. New York, 1923.

Kant, Immanuel: Die Religion innerhalb der Grenzen der bloßen Vernunft; in: Ders.: Werke in sechs Bänden, Bd. 4, hg. W.Weischedel. Darmstadt, 4. Aufl. 1975; 645-879.
Kayser, Wolfgang: Die Wahrheit der Dichter. Wandlung eines Begriffes in der deutschen Literatur. Hamburg, 1959.
Kegley, Charles W. (Hg.): The Philosophy and the Theology of Anders Nygren. London, 1970.
Kekes, John: A Justification of Rationality. Albany, 1976.
Kekes, John: The Rationality of Metaphysics; in: Metaphilosophy 4/1973, 124-139.
Kekes, John: Rationality and the Social Sciences; in: Philosophy of the Social Sciences 9/1979,105-113.
Kekes, John: Rationality and the Social Sciences - A Reply to Benn and Mortimore; in: Philosophy of the Social Sciences 9/1979, 181-184.
Kierkegaard, Søren: Abschließende unwissenschaftliche Nachschrift zu den philosophischen Brocken; in: Ders.: Gesammelte Werke, Bd. 16. Düsseldorf, 1957.
King-Farlow, John: Rezension von P.Clayton: Explanation from Physics to Theology; in: Canadian Philosophical Reviews 9/1989; 434-437.
Kitcher, Philip: Explanatory Unification and the Causal Structure of the World; in: Kitcher, P.; Salmon, W.C. (Hgg.): Scientific Explanation. Minneapolis, 1989; 410-505.
Kitcher, Philip; Salmon, Welsey C. (Hgg.): Scientific Explanation. Minneapolis, 1989 (Minnesota Studies in the Philosophy of Science, Bd. 13).
Knapp, Steven; Michaels, Walter B.: Against Theory; in: Mitchell, W.J.T. (Hg.): Against Theory: Literary Studies and the New Pragmatism. Chicago, 1985.
Körner, Stephan (Hg.): Explanation. New Haven, 1975.
Körner, Stephan u.a.: Zur Zukunft der Transzendentalphilosophie. , 1978.
Koller, John M.: Oriental Philosophies. New York, 1970.
Koyré, Alexandre: Études Galiléennes, 3 Bde. Paris, 1939.
Krishna, Daya: Religious Experience, Language and Truth; in: Hook, S. (Hg.): Religious Experience and Truth. New York, 1961; 231-240.
Kuhn, Thomas S.: Logic of Discovery or Psychology of Research: in: Schilpp, P.A. (Hg.): The Philosophy of Karl Popper. La Salle, 1974; 798-819.
Kuhn, Thomas S.: Reflections on My Critics; in: Lakatos, I.; Musgrave, A. (Hgg.): Criticism and the Growth of Knowledge. Cambridge, 1970; 231-278.

Kuhn, Thomas S.: Second Thoughts on Paradigms; in: Suppe, F. (Hg.): Structure of Scientific Theories. Urbana, 2. Aufl. 1977; 459-482.
Kuhn, Thomas S.: The Copernican Revolution: Planetary Astronomy in the Development of Western Thought. Cambridge, 1957.
Kuhn, Thomas S.: The Structure of Scientific Revolutions. Chicago, 2. Aufl. 1970.

Lakatos, Imre: Philosophical Papers, 2 Bde., hg. von J.Worrall; G.Curie (Bd. 1: The Methodology of Scientific Research Programmes; Bd. 2: Mathematics, Science and Epistemology). Cambridge, 1978.
Lakatos, Imre: Replies to Critics; in: Buck, R.S.; Cohen, R. (Hgg.): PSA 1970, In Memory of Rudolf Carnap. Dordrecht, 1971; 174-182.
Lakatos, Imre; Zahar, Elie: Why Did Copernicus's Programme Supersede Ptolemy's?; in: I.Lakatos: Philosophical Papers, Bd. 1. Cambridge, 1978; 168-192.
Lakatos, Imre; Musgrave, Alan (Hgg.): Criticism and the Growth of Knowledge. Cambridge, 1970.
Latsis, Spiro (Hg.): Method and Appraisal in Economics. New Xork, 1976.
Laudan, Larry: Progress and Its Problems: Towards a Theory of Scientific Growth. Berkeley, 1977.
Lewis, Gordon L.: Testing Christianity's Truth Claims. Chicago, 1976.
Lichtenberg, Georg Christoph: Schriften und Briefe, 3 Bde., hg. W.Promies. München, 1968-1972.
Lichtenberg, Georg Christoph: Vermischte Schriften, 9 Bde., hg. L.C.Lichtenberg; F.Kries. Göttingen, 1800-1806
Lindbeck, George: The Nature of Doctrine: Religion and Theology in a Post-Liberal Age. Philadelphia, 1984.
Lipton, Peter: Inference to the Best Explanation. London, 1992.
Locke, John: An Essay concerning Human Understanding, hg. P.H.Nidditch. Oxford, 1975.
Lonergan, Bernard: Insight: A Study of Human Understanding. New York, 1957.
Lonergan, Bernard: Method in Theology. New York, 1972.
Lovejoy, Arthur: The Great Chain of Being: A Study of the History of an Idea. Cambridge, 1936.
Luckmann, Thomas: The Invisible Religion: The Problem of Religion in Modern Society. New York, 1967.
Lukes, Steven: Methodological Individualism Reconsidered; in: Ryan, A. (Hg.): The Philosophy of Social Explanation. Oxford, 1973; 119-129.

MacIntyre, Alasdair: Is Understanding Religion Compatible with Believing?; in: Wilson, B. (Hg.): Rationality. Oxford, 1979; 62-77.
MacIntyre, Alasdair: The Idea of a Social Science; in: Ryan, A. (Hg.): The Philosophy of Social Explanation. Oxford, 1973; 15-32.
Masterman, Margaret: The Nature of Paradigm; in: Lakatos, I.; Musgrave, A. (Hgg.): Criticism and the Growth of Knowledge. Cambridge, 1970; 59-89.
McCarthy, Thomas: The Critical Theory of Jürgen Habermas. London, 1978.
McFague, Sallie: Metaphorical Theology. Philadelphia, 1982.
McFague, Sallie: Models of God: Theology for an Ecological, Nuclear Age. Philadelphia, 1987.
McMullin, Ernan: Values in Science; in: Proceedings of the Philosophy of Science Association 2/1982; 3-28.
McLaughlin, Robert (Hg.): What? Where? When? Why? Essays on Induction, Space and Time, Explanation. Dordrecht, 1982.
Mead, George H.: Mind, Self and Society from the Standpoint of a Social Behaviorist, hg. C.W.Morris. Chicago, 1934.
Misgeld, Dieter: Communication and Social Rationalization: A Review Essay of Jürgen Habermas's »Theorie des kommunikativen Handelns«; in: Canadian Journal of Sociology 8/1983, 433-453.
Misgeld, Dieter: Critical Theory and Sociological Theory; in: Philosophy of the Social Sciences 14/1984, 97-105.
Mitchell, Basil: The Justification of Religious Belief. New York, 1973.
Mitchell, Basil (Hg.): Faith and Logic: Oxford Essays in Philosophical Theology. London, 1957.
Morris, Thomas V.: God and the World: A Look at Process Theology; in: Ders.: Anselmian Explorations. Notre Dame, 1987; 124-150.
Moser, Simon; Pilick, Eckhart (Hgg.): Gottesbilder heute. Zur Gottesproblematik in der säkularisierten Gesellschaft der Gegenwart. Königstein, 1979.
Müller, Max: Klassische und moderne Metaphysik oder Sinn als Sein; in: Wisser, R. (Hg.): Sinn und Sein. Tübingen, 1960.
Mulkay, Michael; Gilbert, G. Nigal: Putting Philosophy to Work: Karl Popper's Influence on Scientific Practice; in: Philosophy of the Social Sciences 11/1981, 389-407.

Murphy, Nancey: Rezension von P.Clayton: Explanation from Physics to Theology; bald in: Faith and Philosophy 9/1992.
Murphy, Nancey: Scientific Realism and Postmodern Philosophy; in: British Journal for Philosophy of Science 41/1990; 291-303.
Murphy, Nancey: Theology in the Age of Scientific Reasoning. Ithaca, 1990.
Murphy, Nancey: Truth, Relativism, and Crossword Puzzles; in: Zygon 24/1989; 299-314.
Musgrave, Alan: Kuhn's Second Thoughts; in: Gutting, G. (Hg.): Paradigms and Revolutions. Appraisals and Applications of Thomas Kuhn's Philosophy of Science. Notre Dame, 1980; 39-53.

Nagel, Ernest: The Structure of Science: Problems in the Logic of Scientific Explanation. London, 1961.
Nagel, Ernest; Suppes, Patrick; Tarski, Alfred (Hgg.): Logic, Methodology and Philosophy of Science: Proceedings of the 1960 International Congress. Stanford, 1962.
Nash, Ronald H.: The Light of the Mind: St. Augustine's Theory of Knowledge. Lexington, 1962.
Newton-Smith, William H.: The Rationality of Science. Boston, 1981.
Nielsen, Kai: God, Scepticism and Modernity. Ottawa, 1989.
Northrop, Filmer S.C.: The Logic of the Sciences and the Humanities. New York, 1947.
Nozick, Robert: Philosophical Explanations. Cambridge, 1981.
Nygren, Anders: Sinn und Methode. Prolegomena zu einer wissenschaftlichen Religionsphilosphie und einer wissenschaftlichen Theologie, übers. G.Klose. Göttingen, 1979.

Oelmüller, Willi (Hg.): Transzendentalphilosophische Normenbegründungen. Paderborn, 1978.
Ogden, C.K.; Richards, Ivor A.: The Meaning of Meaning. New York, 10. Aufl. 1972.

Pannenberg, Wolfhart: Der Gott der Geschichte; in: Ders.: Grundfragen systematischer Theologie, Bd. 2. Göttingen, 1980; 112-128.
Pannenberg, Wolfhart: Grundfragen systematischer Theologie. Gesammelte Aufsätze, Bd. 1. Göttingen, 3. Aufl. 1979.
Pannenberg, Wolfhart: Grundfragen systematischer Theologie. Gesammelte Aufsätze, Bd. 2. Göttingen, 1980.
Pannenberg, Wolfhart: Grundzüge der Christologie. Gütersloh, 2. Aufl. 1966.
Pannenberg, Wolfhart: Metaphysik und Gottesgedanke. Göttingen, 1988.
Pannenberg, Wolfhart: Sinnerfahrung, Religion und Gottesfrage; in: Theologie und Philosophie 58/1984; 178-190.
Pannenberg, Wolfhart: Systematische Theologie, Bd. 1. Göttingen, 1988.
Pannenberg, Wolfhart: Systematische Theologie, Bd. 2. Göttingen, 1991.
Pannenberg, Wolfhart: Wahrheit, Gewißheit und Glaube; in: Ders.: Grundfragen systematischer Theologie, Bd. 2. Göttingen, 1980; 226-264.
Pannenberg, Wolfhart: Was ist Wahrheit?; in: Scharf, K. (Hg.): Vom Herrengeheimnis der Wahrheit. Festschrift für Heinrich Vogel. Berlin, 1962.
Pannenberg, Wolfhart: Wissenschaftstheorie und Theologie. Frankfurt, 1973.
Pannenberg, Wolfhart (Hg.): Offenbarung als Geschichte. Göttingen, 5. Aufl. 1982.
Parsons, Talcott: Social Systems and the Evolution of Action Theory. New York, 1977.
Parsons, Talcott: The Structure of Social Action. New York, 2. Aufl. 1961.
Passmore, John: Explanation in Everyday Life, in Science, and in History; in: History and Theory 2/1962, 105-123.
Patterson, Bob E.: Carl F.H.Henry. Waco, 1983.
Peacocke, Arthur R. (Hg.): The Sciences and the Theology in the Twentieth Century. Stocksfield, 1981.
Pepper, Stephen: World Hypotheses: A Study in Evidence. Berkeley, 1970.
Pettit, Philip: The Concept of Structuralism: A Critical Analysis. Dublin, 1975.
Peukert, Helmut: Wissenschaftstheorie - Handlungstheorie - Fundamentle Theologie. Frankfurt, 1978.
Phillips, Dewi Z.: Faith and Philosophical Inquiry. New York, 1970.
Phillips, Dewi Z.: Religion and Understanding. New York, 1967.
Phillips, Dewi Z.: Religion Without Explanation. Oxford, 1976.
Plantinga, Alvin; Wolterstorff, Nicholas (Hgg.): Faith and Rationality: Reason and Belief in God. Notre Dame, 1983.
Popper, Karl R.: Conjectures and Refutations: The Growth of Scientific Knowledge. London, 1963.
Popper, Karl R.: Die beiden Grundprobleme der Erkenntnistheorie, hg. T.E.Hansen. Tübingen, 1979.
Popper, Karl R.: Die Logik der Sozialwissenschaften; in: Adorno, T.W. u.a.: Der Positivismusstreit in der deutschen Soziologie. Berlin, 1969; 103-123.
Popper, Karl R.: Logik der Forschung. Tübingen, 9. Aufl. 1989.
Popper, Karl R.: Objective Knowledge: An Evolutionary Approach. Oxford, 2. Aufl. 1979.

Popper, Karl R.: The Open Society and Its Enemies, 2 Bde. London, 2. Aufl. 1952.
Popper, Karl R.: Postscript to the Logic of Scientific Discovery, 3 Bde., hg. W.W.Bartley. Totowa, 1983.
Popper, Karl R.: The Poverty of Historicism. London, 2. Aufl. 1960.
Popper, Karl R.: Reason or Revolution?; in: Archives européennes de sociologie 11/1970, 252-262.
Popper, Karl R.: Unended Quest: An Intellectual Autopbiography. Glasgow, 1974.
Proudfoot, Wayne: Religious Experience. Berkeley, 1985.
Puntel, Lorenz B.: On Communicative Rationality: A Critique of Habermas; bisher unveröffentlicht.
Puntel, Lorenz B.: Grundlagen einer Theorie der Wahrheit. Berlin, 1990.
Puntel, Lorenz B.: The Context Principle, Universals, and Primary States of Affairs; bald in: American Philosophical Quarterly 29/1992.
Puntel, Lorenz B.: Wahrheitstheorien in der neueren Philosophie. Eine kritisch-systematische Darstellung. Darmstadt, 2. Aufl. 1983.
Putnam, Hilary: The Many Faces of Realism. La Salle, 1987.
Putnam, Hilary: Realism and Reason. Cambridge, 1983.
Putnam, Hilary: Realism with a Human Face, hg. J.Conant. Cambridge, 1990.
Putnam, Hilary: Reason, Truth and History. Cambridge, 1981.
Putnam, Hilary: What Theories Are Not; in: Nagel, E. u.a. (Hgg.): Logic, Methodology and Philosophy of Science: Proceedings of the 1960 International Congress (Stanford, 1962), 240-251.

Quine, William V.O.: From a Logical Point of View. Cambridge, 2. Aufl. 1961.
Quine, William V.O.: Ontological Relativity and Other Essays. New York, 2. Aufl. 1971.
Quine, Willam V.O.: Two Dogmas of Empiricism; in: Ders: From a Logical Point of View. Cambridge, 2. Aufl. 1961; 20-46.
Quinn, Philip L.: Rezension von P.Clayton: Explanation from Physics to Theology; in: Theology Today 47/1990; 70-74.

Rabinow, Paul; Sullivan, William M. (Hgg.): Interpretive Social Science: A Second Look. Berkeley, 1987.
Radner, Michael; Winokur, Stephen (Hgg.): Analyses of Theories and Methods of Physics and Psychology. Minneapolis, 1970 (Minnesota Studies, Bd. 4).
Ramm, Bernard: Varieties of Christian Apologetics. Grand Rapids, 1961.
Ray, L.J.: Critical Theory and Positivism: Popper and the Frankfurt School; in: Philosophy and the Social Sciences 9/1979, 149-173.
Reichenbach, Hans: Experience and Prediction: An Analysis of the foundations and the Structure of Knowledge. Chicago, 1938.
Reichenbach, Hans: The Rise of Scientific Philosophy. Berkeley, 1951.
Reid, Thomas: An Inquiry into the Human Mind on the Principles of Common Sense. London, 1764.
Remenyi, Joseph V.: Core Demi-core Interaction: Toward a General Theory of Disciplinary and Subdisciplinary Growth; in: History of Political Economy 11/1979, 30-63.
Rescher, Nicholas: The Coherence Theory of Truth. Oxford, 1973.
Rescher, Nicholas: Methodological Pragmatism: A Systems-Theoretic Approach to the Theory of Knowledge. New York, 1977.
Rescher, Nicholas: The Primacy of Practice: Essays Towards a Pragmatically Kantian Theory of Empirical Knowledge. Oxford, 1973.
Rescher, Nicholas: Truth as Ideal Coherence; in: Review of Metaphysics 38/1985, 795-806.
Rickert, Heinrich: Die Grenzen der naturwissenschaftlichen Begriffsbildung. Tübingen, 2. Aufl. 1913.
Ricoeur, Paul: Hermeneutics and the Human Sciences. Essays on Language, Action and Interpretation. Cambridge, 1981.
Ricoeur, Paul: Interpretation Theory: Discourse and the Surplus of Meaning. Forth Worth, 1976.
Ricoeur, Paul: La fonction narrative; in: Etudes théologiques et religieuses 54/1979; 209-230.
Ricoeur, Paul: The Model of the Text: Meaningful Action Considered as a Text; in: Ders.: Hermeneutics and the Human Sciences. Essays on Language, Action and Interpretation. Cambridge, 1981; 197-221.
Ricoeur, Paul: The Narrative Function; in: Ders.: Hermeneutics and the Human Sciences. Essays on Language, Action and Interpretation. Cambridge, 1981; 274 -296.
Robbins, J. Wesley: Rezension von P.Clayton: Explanation from Physics to Theology; bald in: Zygon 27/1992.
Robinson, James; Cobb, John (Hgg.): The Later Heidegger and Theology. New York, 1962.
Ryan, Alan (Hg.): The Philosophy of Social Explanation. Oxford, 1973.

Salmon, Wesley C.: A Third Dogma of Empiricism; in: Butts, R.E.; Hintikka, J. (Hgg.): Basic Problems in Methodology and Linguistics. Dordrecht, 1977; 149-166.
Salmon, Wesley C.: Carl G. Hempel on the Rationality of Science; in: Journal of Philosophy 80/1983, 555-562.
Salmon, Wesley C.: Scientific Explanation and the Causal Structure of the World. Princeton, 1984.
Salmon, Wesley C.; Jeffry, Richard; Greeno, James: Statistical Explanation and Statistical Relevance. Pittsburgh, 1971.
Sauter, Gerhard: Theologie als Wissenschaft. Aufsätze und Thesen. München, 1971.
Sauter, Gerhard: Wissenschaftstheoretische Kritik der Theologie. Die Theologie und die neuere wissenschaftstheoretische Diskussion. München, 1973.
Schilpp, Paul A. (Hg.): The Philosophy of Karl Popper, 2 Bde. La Salle, 1974 (The Library of Living Philosophers, Bd. 14).
Schleiermacher, Friedrich Daniel Ernst: Der christliche Glaube, 2 Bde.; hg. M.Redeker (Berlin, 1960).
Schleiermacher, Friedrich Daniel Ernst: Hermeneutik und Kritik; hg. M.Frank. Frankfurt, 1977.
Schleiermacher, Friedrich Daniel Ernst: Kurze Darstellung des theologischen Studiums zum Behuf einleitender Vorlesungen, hg. H.Scholz. Hidesheim, 1961.
Schleiermacher, Friedrich Daniel Ernst: Über die Religion. Reden an die Gebildeten unter ihren Verächtern. Berlin, 1799.
Schoen, Edward: Religious Explanations. Durham, 1985.
Scholz, Heinrich: Wie ist eine evangelische Theologie als Wissenschaft möglich? in: Zwischen den Zeiten 9/1931, 8-53.
Schütz, Alfred: Der sinnhafte Aufbau der sozialen Welt. Eine Einleitung in die verstehende Soziologie. Wien, 1932.
Sedlmayr, Hans: Kunst und Wahrheit. Zur Theorie und Methode der Kunstgeschichte. Itzelsberger, 1978.
Segundo, Juan L.: The Liberation of Theology, übers. J.Drury. New York, 1976.
Seung, T.K.: Structuralism and Hermeneutics. New York, 1982.
Siemans, Helge; Siemans, Reuter (Hgg.): Theologie als Wissenschaft in der Gesellschaft. Ein Heidelberger Experiment. Göttingen, 1970.
Smart, Ninian: Doctrine and Argument in Indian Philosophy. London, 1964.
Smart, Ninian u.a. (Hgg.): Nineteenth Century Religious Thought in the West, 3 Bde. Cambridge, 1985.
Smart, Ninian: The Phenomenon of Religion. New York, 1973.
Smart, Ninian: Worldviews: Crosscultural Explorations of Human Beliefs. New York, 1983.
Smith, John E.: Ultimate Concern and the Really Ultimate; in: Hook, S. (Hg.): Religious Experience and Truth (New York, 1961); 65-69.
Smith, Wilfred C.: Towards a World Theology: Faith and the Comparative History of Religion. Philadelphia, 1981.
Stegmüller, Wolfgang: Hauptströmungen der Gegenwartsphilosophie, Bd. 3. Stuttgart, 8. Aufl. 1987.
Suppe; Frederick: Afterword 1977; in: Ders. (Hg.): The Structure of Scientific Theories. Urbana, 2. Aufl. 1977; 615-730.
Suppe, Frederick: The Search for Philosophic Understanding of Scientific Theories; in: Ders. (Hg.): The Structure of Scientific Theories. Urbana, 2. Aufl. 1977; 1-241.
Suppe, Frederick (Hg.): The Structure of Scientific Theories. Urbana, 2. Aufl. 1977.
Swinburne, Richard: Faith and Reason. Oxford, 1981.

Taylor, Daniel M.: Explanation and Meaning. Cambridge, 1970.
Tertullian: De praescriptione haereticorum; in: Corpus Christianorum, SL I/1. Turnholt, 1954.
Thomas, George F.: Philosophy and Religious Belief. New York, 1970.
Thomas von Aquin: Summa theologiae. (Turin, 1952).
Tillich, Paul: Dynamics of Faith. New York, 1957.
Tillich, Paul: Religionsphilosophie; in: Ders.: Gesammelte Werke, Bd. 1; hg. R.Albrecht. Stuttgart, 1959; 295-364
Tillich, Paul: Systematische Theologie, 3 Bde. Berlin, 8. Aufl. 1987.
Torrance, Thomas F.: The Ground and Grammar of Theology. Charlottesville, 1980.
Torrance, Thomas F.: Theological Science. London, 1969.
Toulmin, Stephen: Does the Distinction Between Normal and Revolutionary Science Hold Water?; in: Lakatos, I.; Musgrave, A. (Hgg.): Criticism and the Growth of Knowledge. Cambridge, 1970; 39-47.
Toulmin, Stephen: Conceptual Revolutions in Science; in Cohen, R.S.; Wartofsky, M.W. (Hgg.): In Memory of N.R.Hanson. Dordrecht, 1967; 331-347.
Toulmin, Stephen: Foresight and Understanding: An Inquiry into the Aims of Science. Bloomington, 1961.

Toulmin, Stephen: The Philosophy of Science: An Introduction. London, 1953.
Toulmin, Stephen: The Return to Cosmology: Postmodern Science and the Theology of Nature. Berkeley, 1982.
Tracy, David: Plurality and Ambiguity: Hermeneutics, Religion, Hope. San Francisco, 1987.
Tracy, David: The Analogical Imagination: Christian Theology and the Culture of Pluralism. London, 1981.
Troeltsch, Ernst: Gesammelte Schriften, 3 Bde. Tübingen, 1913.
Troeltsch, Ernst: Glaubenslehre. München, 1925.

Ullman, Stephen: Semantics: An Introduction to the Science of Meanings. Oxford, 2. Aufl. 1970.

Van Fraassen, Bas C.: The Pragmatics of Explanation; in: American Philosophical Quarterly 14/1977, 143-150.
Van Fraassen, Bas C.: The Scientific Image. Oxford, 1980.
Van der Leeuw, Gerardus: La Religion dans son Essence et ses Manifestations. Paris, 1955.
Van der Leeuw, Gerardus: Religion in Essence and Manifestation. New York, 1963.
Van Til, Cornelius: The Defense of the Faith. Philadelphia, 1955.
Von Wright, Georg H.: Explanation and Understanding. Ithaca, 1971.
Von Wright, Georg H.: Georg Christoph Lichtenberg als Philosoph; in: Theoria 8/1942; 201-217.
Vroom, Hendrik M.: Religions and the Truth: Philosophical Reflections and Perspectives, übers. J.W.Rebel. Grand Rapids, 1989.

Watkins, John W.N.: Confirmable and Influential Metaphysics; in: Mind N.F. 67/1958, 344-365.
Watkins, John W.N.: Ideal Types and Historical Explanations; in: Ryan, A. (Hg.): The Philosophy of Social Explanation. Oxford, 1973; 82-104.
Weber, Max: Der Sinn der »Wertfreiheit« der soziologischen und ökonomischen Wissenschaften; in: Ders.: Gesammelte Aufsätze zur Wissenschaftslehre; hg. J.Winckelmann. Tübingen, 3. Aufl. 1969; 489-540.
Weber, Max: Die »Objektivität« sozialwissenschaftlicher und sozialpolitischer Erkenntnis; in: Ders.: Gesammelte Aufsätze zur Wissenschaftslehre; hg. J.Winckelmann. Tübingen, 3. Aufl. 1968; 146-214.
Weber, Max: Die Wirtschaftsethik der Weltreligionen. Konfuzianismus und Taoismus; in: Ders.: Max Weber Gesamtausgabe, Bd. I/19, hg. H.Schmidt-Glintzer. Tübingen, 1989.
Weber, Max: Wirtschaft und Gesellschaft. Grundriß der verstehenden Soziologie, Bd. 1. Tübingen, 5. Aufl. 1976.
Wellmer, Albrecht: Methodologie als Erkenntnistheorie. Zur Wissenschaftslehre von Karl R. Popper. Frankfurt, 1967.
Wendt, Hans H.: System der christlichen Lehre. Göttingen, 2. Aufl. 1920.
Westman, Robert S. (Hg.): The Copernican Achievement. Los Angeles, 1976.
Westphal, Merold: God, Guilty, and Death: An Existential Phenomenology of Religion. Bloomington, 1984.
Whitehead, Alfred N.: Process and Reality, hg. D.R.Griffin; D.W. Sherburne. New York, 1978.
Whitehead, Alfred N.: Science and the Modern World. New York, 1925.
Wiebe, Donald: Explanation and the Scientific Study of Religion; in: Religion 5/1975; 33-52.
Wiebe, Donald: Religion and Truth: Towards an Alternative Paradigm for the Study of Religion. Den Haag, 1981.
Wilkins, Burleigh T.: Has history Any Meaning? A Critique of Popper's Philosophy of History. Ithaca, 1978.
Wilson, Bryan (Hg.): Rationality. Oxford, 1979.
Winch, Peter: The Idea of a Social Science and Its Relation to Philosophy. London, 1958.
Winch, Peter: Understanding A Primitive Society; in: Wilson, B. (Hg.): Rationality. Oxford, 1979; 78-111.
Wisser, Richard (Hg.): Sinn und Sein: Ein philosophisches Symposium. Tübingen, 1960.
Wittgenstein, Ludwig: Lectures and Conversations on Aesthetics, Psychology and Religious Belief, hg. C.Barrett. Oxford, 1966.
Wittgenstein, Ludwig: Philosophische Untersuchungen. Oxford, 1953.
Wittgenstein, Ludwig: Tractatus Logico-Philosophicus. London, 1922.
Wolterstorff, Nicholas: Can Belief in God Be Rational?; in: Plantinga, A.; Wolterstorff, N. (Hgg.): Faith and Rationality. Notre Dame, 1983; 135-186.
Zahar, Elie: Why Did Einstein's Programme Supersede Lorentz's?; in: British Journal for the Philosophy of Science 24/1973, 95-123, 223-262.
Zukav, Gary: The Dancing Wu-Li Masters: An Overview of the New Physics. New York, 1980.

Personen- und Sachregister